普通高等教育“新工科”建设系列教材

Intelligent and Informational Technologies for Road Transport Vehicles

道路运输车辆智能化与信息化

牛世峰 ◎主编

人民交通出版社
北京

内 容 提 要

本书为普通高等教育“新工科”建设系列教材。本书从交通运输和汽车运用的视角,聚焦于道路运输车辆智能化和车辆管理信息化的相关理论、方法、技术和案例,打通融合车辆具身智能化和车辆运输管理信息化两部分内容,为相关专业教学提供支撑。

全文共分为六章,包括道路运输车辆相关定义和发展趋势、道路运输车辆智能化与信息化基础技术、道路运输车辆智能驾驶辅助系统、道路运输车辆自动驾驶技术、道路运输车辆大数据分析技术、车辆运输管理信息化系统案例。

本书可作为高等院校汽车服务工程、交通运输、交通工程、车辆工程、智能车辆工程等专业的教材,同时也可供各类具有一定基础知识的从业人员参考使用。

图书在版编目(CIP)数据

道路运输车辆智能化与信息化/牛世峰主编.
北京:人民交通出版社股份有限公司,2025.5.
ISBN 978-7-114-20291-9

Ⅰ. U46-39

中国国家版本馆 CIP 数据核字第 2025ES2891 号

Daolu Yunshu Cheliang Zhinenghua yu Xinxihua

书　　名:**道路运输车辆智能化与信息化**
著 作 者:牛世峰
责任编辑:李　良　王　涵
责任校对:龙　雪
责任印制:张　凯
出版发行:人民交通出版社
地　　址:(100011)北京市朝阳区安定门外外馆斜街 3 号
网　　址:http://www.ccpcl.com.cn
销售电话:(010)85285911
总 经 销:人民交通出版社发行部
经　　销:各地新华书店
印　　刷:北京建宏印刷有限公司
开　　本:787×1092　1/16
印　　张:21.75
字　　数:500 千
版　　次:2025 年 5 月　第 1 版
印　　次:2025 年 5 月　第 1 次印刷
书　　号:ISBN 978-7-114-20291-9
定　　价:65.00 元
(有印刷、装订质量问题的图书,由本社负责调换)

前言

QIANYAN

交通运输是国民经济中具有基础性、先导性、战略性的产业，是服务行业和现代化经济体系的重要组成部分，是构建新发展格局的重要支撑和服务人民美好生活、促进共同富裕的坚实保障。

党的十八大以来，以习近平同志为核心的党中央领导交通运输事业取得了历史性成就、发生了历史性变革，党的十九大、二十大报告均提出建设交通强国。截至 2022 年年底，我国综合交通网络总里程突破 600 万 km，总规模居世界前列；客货运输量和周转量、港口货物吞吐量、快递业务量连续多年位居世界前列。在党中央、国务院的坚强领导下，我国交通运输发展取得了重大成就，也为经济社会发展和人民生活水平提高提供了有力保障。

道路运输作为一种在道路上运送旅客和货物的运输方式，是交通运输系统的重要组成部分。近年来，随着移动互联网、大数据、人工智能、云计算、新能源汽车、智能网联汽车等技术的发展和交叉融合，道路运输车辆智能化水平越来越高，车辆可采集数据越来越多，运输车辆管理的信息化水平越来越高，为道路运输车辆智能化和车辆管理智慧化提供了坚实的技术基础。但如何将技术进步转化为真正的生产力，仍是行业必须要面对的挑战。

道路运输车辆智能化装备和设备是车辆和驾驶员管理信息化、智慧化的基础，而车辆管理的信息化、智慧化才能真正发挥智能道路运输车辆的全部优势。道路运输车辆智能化发展趋势和车辆管理系统信息化发展趋势互为依托、相辅相成，已成为推动道路运输行业升级和可持续发展的动力源泉之一。

本书将从交通运输和汽车运用视角，聚焦于道路运输车辆智能化和车辆管理信息化的相关理论、方法、技术和案例,希望能够融合车辆具身智能化和车辆运输管理信息两部分内容,为相关专业教学提供支撑。

本书由牛世峰担任主编。具体分工为:第一章由长安大学牛世峰负责撰写,第二章由长安大学魏文辉和王泰琪负责撰写,第三章由长安大学牛世峰和孙秦豫撰写,第四章由长安大学辛琪撰写,第五章由长安大学潘应久撰写,第六章由上海中石化工物流股份有限公司邵敏政和长安大学潘应久撰写。博士研究生宋建宇参与第一章撰写,硕士研究生杨浪强、付俊杰、聂李嵘参与第二章撰写,徐国枭、周源龙和王芸豪参与第三章撰写,齐嘉乐、荚胜琪、王嘉琪、周纪、周海洋、王智龙、王彦锋、杨景浩参与第四章撰写,房文鹏、郗毅、朱德航、刘延森、闫慧敏、钱恒龙参与第五章和第六章撰写。

本书在编写过程中得到了上海中石化工物流股份有限公司的深度参与和鼎力支持,为本书提供了实践案例、数据、智能化管理场景等方面的支持,本书在编写过程中参考了网络资料和参考文献,也得到很多相关领域专家的支持,特向帮助本书编写的单位、专家和作者表示真挚的感谢。

由于编者学识有限,书中不当之处在所难免,望读者给予指正。

编　者

2024 年 11 月

目录

MULU

第一章

道路运输车辆相关定义和发展趋势

第一节　道路运输车辆、营运车辆、商用车定义

在不同使用场景中，客车和货车等车辆常被称为道路运输车辆、营运车辆和商用车等不同名称，三者定义的角度不同，使用场景也不同，很容易混淆。为了避免本书后续使用不同称谓给读者带来混淆，本书首先对其定义进行厘清。

道路运输是指在道路上通过交通运载工具运送旅客或者货物的活动。道路运输车辆就是从事道路运输活动的车辆。道路运输车辆主要从使用用途对车辆类型进行定义，只要从事道路运输活动的车辆都是道路运输车辆，而大部分从事道路运输的车辆都是商用车。

道路运输活动根据是否以盈利为目的可以分为经营性道路运输和非经营性道路运输。因此，道路运输车辆也可以分为营运车辆和非营运车辆，这是根据是否从事营运而对车辆类型进行分类。营运车辆一般指从事以盈利为目的道路运输经营活动的机动车，即通过与经营活动有关的运输产生和获得经济利益，其中大部分车辆是商用车。非营运车辆是不以盈利为目的的机动车，私家车、单位自用车一般都是非营运车辆。

商用车是从汽车设计角度对车辆的分类，《汽车、挂车及汽车列车的术语和定义　第1部分：类型》(GB/T 3730.1—2022)规定"客车、载货汽车、专项作业车、专门用途汽车统称为商用车，商用车是指设计、制造和技术特性上用于运送人员货物的汽车(乘用车除外)，可以牵引挂车"。客车定义为设计、制造和技术特性上用于载运乘客及其随身行李，包括驾驶员座位在内的座位数超过9个的汽车。载货汽车是设计、制造和技术特性上主要用于载运货物和/或牵引挂车的汽车，也包括装备一定的专用设备或器具但以载运货物为主要目的，且不属于专项作业车、专门用途汽车的汽车。专用汽车是设计、制造和技术特性上，用于载运特定人员、运输特殊货物(包括载货部位为特殊结构)，或装备有专用装置用于工程专项(包括卫生医疗)作业或专门用途的汽车。可见，商用车、道路运输车辆和营运车辆的定义角度不同，使用环境也有一定区分。本书总结了一些常见的道路运输车辆的分类如图1-1所示。

商用车由于其设计用途，大部分情况下都是道路运输车辆，但不一定是营运车辆，需要根据是否从事经营性活动进行确定。道路运输车辆不一定是商用车，也不一定是营运车辆，如出租汽车是道路运输车辆和营运车辆，却不是商用车；企业自用货物运输车辆是道路运输车辆和商用车，却不是营运车辆。

本书从交通运输和汽车运用的角度论述道路运输车辆智能化和管理信息化，内容既涵盖出租汽车等非商用车，也涵盖单位自用车等非营运车，因此采用道路运输车辆作为本书所论述车辆的名称。

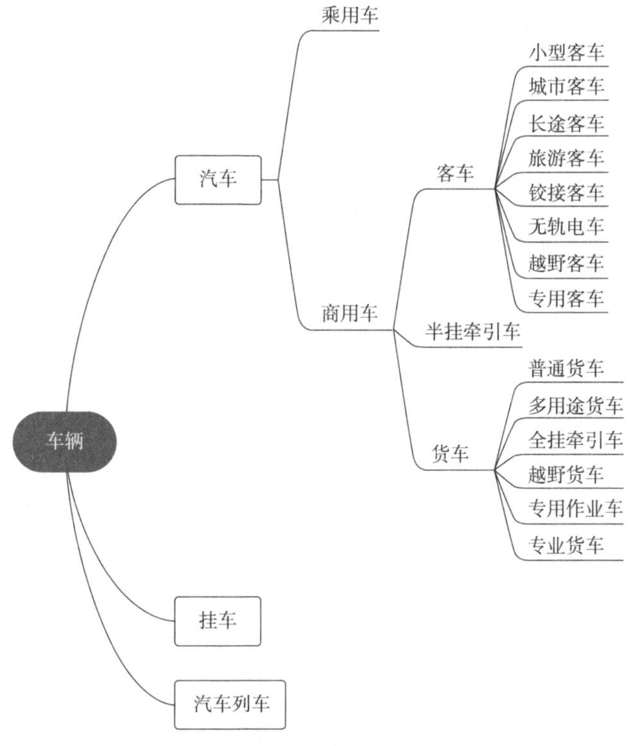

图 1-1 道路运输车辆的部分分类

第二节 道路运输车辆智能化分级标准

当前,专门针对车辆智能化水平的分级标准较少,大部分是针对车辆自动驾驶水平的分级标准。由于自动驾驶水平在很大程度上能表征车辆智能化程度,因此本节主要介绍自动驾驶分级标准。

目前,比较公认的车辆自动驾驶分级标准主要有两个,即国际汽车工程师学会(SAE International)与国际标准化组织(International Organization for Standardization,ISO)共同宣布的 SAE J3016—2021 标准中提出的分级标准和国家标准《汽车驾驶自动化分级》(GB/T 40429—2021)提出的分级标准。两者内容较为一致,均将自动驾驶分为 6 个等级,仅不同等级的定义稍有差异。此外,交通运输部公路科学院等科研机构也提出了车辆智能化分级标准。以下对 SAE J3016 分级标准、GB/T 40429—2021 分级标准和其他分级标准作简要介绍。

一、SAE J3016 分级标准

SAE J3016 将道路运输车辆的驾驶自动化分为 6 个等级,并作详细定义。

L0:驾驶人完全掌控车辆。

L1：自动化系统有时能够辅助驾驶人完成某些驾驶任务。

L2：自动化系统能够完成某些驾驶任务，但驾驶人需要监控驾驶环境并完成剩余驾驶任务，同时保证出现问题时能随时进行接管。在此层级，自动化系统的错误感知和判断由驾驶人随时纠正，大多数车企都能提供此层级的系统。L2 级可以通过速度和环境将行驶任务分割为不同的使用场景，如环路低速堵车、高速路上的快速行车和驾驶人在车内的自动泊车。

L3：自动化系统既能完成某些驾驶任务，也能在某些情况下监控驾驶环境，但驾驶人必须准备好重新取得驾驶控制权（在自动化系统发出请求时）。因此在该层级下，驾驶人仍无法进行睡觉或者深度休息。在 L2 研发完成后，车企的研究领域向此方向拓展。由于 L3 的特殊性，目前比较有意义的应用是对高速 L2 进行升级。

L4：自动化系统在某些环境和特定条件下，能够完成驾驶任务并监控驾驶环境；目前来看 L4 多数是基于城市的应用，可以是全自动的代客泊车，也可以直接结合打车服务使用。这个阶段下，在自动驾驶可以运行的范围内，驾驶相关的所有任务已与驾乘人无关了，感知外界的任务全由自动驾驶系统完成，这里就存在着不同的设计和应用思路了。

L5：自动化系统在所有条件下都能完成的所有驾驶任务。

二、GB/T 40429—2021 分级标准

《汽车驾驶自动化分级》（GB/T 40429—2021）基于驾驶自动化系统能够执行动态驾驶任务的程度，根据在执行动态驾驶任务中的角色分配以及有无设计运行范围限制，将道路运输车辆的驾驶自动化分成 0 级至 5 级。

L0：应急辅助。不能持续执行动态驾驶任务中的车辆横向或纵向运动控制，但具备持续执行动态驾驶任务中的部分目标和事件探测与响应的能力。

L1：部分驾驶辅助。系统在其设计运行条件下持续地执行动态驾驶任务中的车辆横向或纵向运动控制，且具备与所执行的车辆横向或纵向运动控制相适应的部分目标和事件探测与响应的能力。

L2：组合驾驶辅助。系统在其设计运行条件下持续地执行动态驾驶任务中的车辆横向和纵向运动控制，且具备与所执行的车辆横向和纵向运动控制相适应的部分目标和事件探测与响应的能力。

L3：有条件自动驾驶。系统在其设计运行条件下持续地执行全部动态驾驶任务。

L4：高度自动驾驶。系统在其设计运行条件下持续地执行全部动态驾驶任务并自动执行最小风险策略。

L5：完全自动驾驶。系统在任何可行驶条件下持续地执行全部动态驾驶任务并自动执行最小风险策略。

三、其他分级标准

交通运输部公路科学研究院在相关研究中对营运车辆现有智能化程度进行了分级和分类，共包括 5 个等级，具体见表 1-1。

营运车辆智能化分类 表 1-1

<table>
<tr><th colspan="2">分类</th><th>定义</th><th>执行主体</th><th>安全权重</th><th>应用举例</th></tr>
<tr><td rowspan="2">控制类</td><td>车辆操控类</td><td>信号提供给车辆,由车辆自主决策控制制动、驱动、转向</td><td>车辆</td><td>最高</td><td>自动紧急制动、自适应巡航、车道居中控制等</td></tr>
<tr><td>辅助控制类</td><td>信号提供给车辆,由车辆自主决策控制除制动、驱动、转向以外的其他车载系统</td><td>车辆</td><td>高</td><td>自动车门控制、自适应远光灯、自动刮水器等</td></tr>
<tr><td rowspan="2">服务类</td><td>操控服务类</td><td>信号提供给驾驶人,由驾驶人自主决策并控制制动、驱动、转向</td><td>驾驶人</td><td>中</td><td>前向碰撞预警、车道偏离预警、变道碰撞预警等</td></tr>
<tr><td>非操控服务类</td><td>信号提供给驾乘人员,由驾乘人员自主决策控制除制动、驱动、转向以外的其他车载系统</td><td>驾驶人/乘客</td><td>较低</td><td>道路运输车辆卫星定位系统、交通信息服务与通行引导等</td></tr>
<tr><td colspan="2">管理类</td><td>信号提供给运输企业,用于企业的管理决策</td><td>企业</td><td>低</td><td>驾驶人监控、车辆监控、汽车事件数据记录等</td></tr>
</table>

第三节 道路运输车辆智能化与信息化发展趋势

一、道路运输车辆智能化发展趋势

近年来,随着第 5 代移动通信技术(5th Generation Mobile Communication Technology,5G)、车用无线通信技术(Vehicle to Everything,V2X)、云计算、智能传感器和自动驾驶技术等的快速发展,车辆智能化和信息化程度越来越高,全球汽车产业在前所未有的大变革浪潮中快速发展变化。在这场变革中,中国、美国、日本、欧盟等国家和地区的传统汽车企业和高新技术企业积极投身于新能源汽车和自动驾驶汽车的研发中,取得了令人瞩目的成果。

近年来,我国汽车产业在汽车智能化方面频频发力。百度在线网络技术(北京)有限公司(简称百度)、北京小马智行科技有限公司(简称小马智行)、深圳安途智行科技有限公司(简称安途)、广州文远知行科技有限公司(简称文远知行)、滴滴出行科技有限公司(简称滴滴)、北京轻舟智航科技有限公司(简称轻舟智航)和深圳元戎启行科技有限公司(简称元戎启行)等企业在美国加州开展了大量的自动驾驶实车测试,上海、北京、广州等地也相继建立自动驾驶示范区,支撑自动驾驶技术的进一步发展。国家部委出台多部关于汽车智能化的重点政策,旨在推动智能汽车在多场景中应用计划的落地。国务院印发的《交通强国建设纲要》中明确指出加强智能网联汽车研发,包括智能汽车、自动驾驶和车路协同。国家发改委、科技部、工信部等 11 个部门联合印发《智能汽车创新发展战略》,提出"到 2025 年,中国标准智能汽车的技术创新、产业生态、基础设施、法规标准、产品监管和网络安全体系基本形成"。全世界各大车辆企业也先后发布车辆智能化发展战略,车辆向智能化和信息化发展的步伐越来越快。

道路运输车辆作为汽车产业的重要组成部分,也关系着经济体系的健康发展。道路运输车辆大部分为商用车,商用车发展历史最早可以追溯至1896年德国戴姆勒汽车公司推出的全球第一辆载货汽车。经过百余年的风风雨雨,目前全球商用车产量主要集中在中国、美国、欧盟、日本等国家和地区。目前全球商用车企业正纷纷开始进行新能源化、智能化布局,智能化与新能源化已经成为目前商用车的必然发展趋势。

商用车行业正加速迈入"智能化"时代。2022年4月,戴姆勒卡车(Daimler Truck)旗下的自动驾驶公司Torc Robotics,宣布与美国领先的物流公司就自动驾驶卡车在实际场景开发、应用达成战略合作。2022年6月,瑞典货运公司Einride获得美国高速公路安全管理局(NHTSA)的批准,允许其自动驾驶电动运输卡车(AET)在公共道路上行驶。同月,谷歌母公司Alphabet旗下自动驾驶卡车部门Waymo Via和Uber旗下货运业务部门Uber Freigh宣布,两家公司已经签署了长期战略合作协议,双方将实现技术互通,并在Uber Freight网络上大规模部署自动驾驶卡车,为在美国道路上高效安全地使用自动驾驶卡车解锁路线图。2022年6月24日,赢彻科技在浙江德清获得国内首张L4级"主驾无人"自动驾驶重卡公开道路测试牌照。此前,赢彻科技已于2021年12月23日在莱芜封闭高速测试场地内完成了具备量产基因的L4级无人驾驶重卡测试,全程模拟了国内最丰富、真实的场景和交通流,对L4能力进行全面展示,全程无人驾驶,无远程干预。智加科技与场景方深度合作,依托真实场景运营发展渐进式商业化落地,目前,已经与荣庆物流、华润万家、鑫志鸿物流等公司合作开辟了智能重卡运营专线,行程覆盖长三角、京津冀、珠三角等中国核心经济圈。在与荣庆物流开展的联合运营中,搭载PlusDrive系统的智能重卡在93天内有效运营里程达到91616km,自动驾驶比例高达96.7%,高速平均车速76km/h,稳定验证10%以上的节油比例,在各种恶劣环境天气条件下也实现了零事故目标。

自动驾驶汽车需要更加灵活的"手"和"脚"。作为实现智能驾驶,特别是高阶自动驾驶的主要执行载体,汽车底盘正朝着机电一体化、控制集成化、智能电动化等主要方向不断进化,线控底盘已是大势所趋。据测算,到2025年国内线控底盘市场空间有望超过600亿元,年复合增长率超过30%。

2023年11月21日,交通运输部印发《自动驾驶汽车运输安全服务指南(试行)》(以下简称《指南》),首次从国家政策层面明确智能网联汽车可以用于运输经营活动,为我国自动驾驶技术的商业化应用按下"加速键"。《指南》从运营安全管理制度、安全风险评估、运行状态信息管理、车辆动态监控、安全告知、突发事件应急处置等6个方面构建了安全保障体系。

二、道路运输车辆管理现状

以下对国际与国内的车辆管理现状作简要介绍。

1. 美国车辆管理现状

20世纪60年代末,美国已将车辆管理模式由分散管理转为集中管理,管理现状介绍如下。

(1)车辆管理主体及层级。设置有侧重性的“两部三级”机构,较好地规避了执法交叉现象。美国交通部是美国的车辆管理部门,主要分为国家、州和市县三级。

(2)车辆管理职责任务。美国交通部下设国家公路交通安全管理局、公路管理局和机动运载车安全管理局,分别负责车辆的产品及市场准入与产品召回、营运车辆安全管理和运输企业的管理。各州交通部门负责车辆的年检、牌照发放、维修检测和报废等工作,并负责建立车辆信息系统。

(3)车辆管理体系。美国国会通过有关法律分别授权美国交通部和美国环境保护署构建分工明确、严谨有效的法律法规体系。美国国会针对车辆管理进行相关立法,联邦政府依此授权交通部制定安全和节能相关技术法规标准和管理制度。例如,机动运载车安全管理局依据《机动运载车法》制定、实施联邦机动运载车安全法规;国家公路交通安全管理局制定、修订车辆安全认证制度,并依据《机动车情报和成本节约法》制定美国车辆燃油经济性标准。

(4)美国对车辆管理实施自我认证与强制性召回管理制度。

2. 欧洲车辆管理现状

欧洲车辆管理现状介绍如下。

(1)车辆管理主体及层级。在欧洲,机动车管理完全由交通运输主管部门负责。以德国为例,德国针对车辆管理设置了联邦机动车运输管理局与联邦物流和交通局,这两个机构拥有自己的交通警察队伍。

(2)车辆管理职责任务。机动车运输管理局全面负责车辆的产品及市场准入、车辆牌照发放、驾驶人资格考试、维修检测、车辆召回和报废等工作;联邦物流和交通局负责货运车辆准入和运输企业安全监管等工作。

(3)车辆管理体系。欧洲对车辆实行型式认证和自我召回制度,主要依据欧盟指令(EC Direction)和联合国欧洲经济委员会车辆法规(ECE 法规)建立了两种型式的批准体系,一种是以欧盟指令为依据的整车和零部件型式批准体系;另一种是以联合国欧洲经济委员会车辆法规的技术条件为依据的车辆系统和零部件型式批准体系(不含整车)。

3. 日本车辆管理现状

日本车辆管理现状介绍如下。

(1)车辆管理主体及层级。在日本,国土交通省是车辆产品的质量和安全主管部门,国土交通省下设车辆装置认可部、型式认证试验部、汽车安全局、自动车交通局等。

(2)车辆管理职责任务。日本对车辆按营业性和非营业性进行分类管理,车辆装置认可部和型式认证试验部负责车辆型式认证;汽车安全局负责车辆产品召回;自动车交通局负责运营市场的审核,地方交通局颁发执照和许可证。

(3)车辆管理体系。日本制定了《货物汽车运送事业法》《货物运送利用事业法》《道路运送车辆法》等与车辆及货物运输相关的法规,主要依据《汽车型式指定机制》《新型汽车申报机制》《进口汽车特别管理机制》《道路货物运输法实施规则》及相应的技术标准对道路运输车辆及运输企业进行监督管理。

(4)日本对车辆管理实施型式认证与自愿召回管理制度。

4. 我国车辆管理现状

为加强道路运输车辆技术管理，保持车辆技术状况良好，保障运输安全，发挥车辆效能，促进节能减排，根据《中华人民共和国安全生产法》《中华人民共和国节约能源法》《中华人民共和国道路运输条例》等法律法规，交通运输部门制定了《道路运输车辆技术管理规定》《营运客车安全技术条件》《营运货车安全技术条件》等规定和标准，以相关标准规范和管理文件为支撑管理制度，从源头上实现交通运输节能减排，提升道路运输车辆本质安全性能。道路运输车辆作为道路运输管理中的关键组成部分，是不可或缺的要素之一。我国车辆管理现状介绍如下。

(1)法律是道路运输车辆管理体制机制形成的核心依据。我国道路运输车辆管理体制的核心是法律法规，这与发达国家相关做法较为相似。《中华人民共和国道路运输条例》等相关法律明确规定了交通运输等部门对道路运输车辆的管理职责，确定了从中央到地方各级交通管理部门在车辆运营许可、安全监管、市场秩序维护等方面的具体职权，使管理工作有明确的主体和责任划分，确保管理工作有序开展。法律规定了道路运输车辆进入市场的条件和程序。比如，从事客运、货运的车辆需要达到相应的技术标准，取得营运许可证等。像《道路货物运输及站场管理规定》《道路旅客运输及客运站管理规定》等对车辆的类型、规格、安全设备配备以及驾驶员资质等都做出了详细规定，只有符合法定条件的车辆才能进入道路运输市场，从源头上保障运输安全和市场秩序。

(2)交通运输部门是营运车辆管理的主要机构，包括车辆技术管理和运输管理。车辆技术管理包括制定并实施营运车辆的技术标准和维护规范，要求车辆定期进行技术检测和维护，确保车辆性能符合安全要求。运输管理包括营运的车辆和企业进行资质审核、运营线路审批、驾驶员管理、动态监控、市场秩序维护和服务质量监督等。我国与发达国家对车辆产品的管理是法制化的管理，法律是车辆管理的基础。在实施车辆产品管理时，首先由国家最高权力机关制定、批准法律。之后，再由法律授权的执法部门依据法律，制定一系列技术法规，对车辆从型式认证、车辆注册、年检、车辆维修，直至车辆报废回收的全生命周期进行法制化管理。虽然各国准入管理的方式不同，但核心都是通过立法的方式对车辆产品全生命周期进行管理。

三、道路运输车辆管理系统发展趋势

随着社会的不断进步和发展，车辆管理系统已成为现代物流产业的重要组成部分。车辆管理系统是指通过计算机、网络和软件等技术手段，对车辆的运行状态、位置信息、车辆维护等进行实时监控和管理的系统。随着技术的不断创新和发展，车辆管理系统的未来发展趋势也越来越值得关注，可以预见，未来车辆管理系统将会向智能化、多元化、数据化方向发展，主要体现在以下几个方面。

(1)智能化发展。随着人工智能技术水平的不断提升，车辆管理系统将向智能化发展，实现车辆自动驾驶、自动导航等功能，提高车辆运行的安全性和效率。

(2)多元化应用。车辆管理系统将不仅仅用于物流行业，还将应用于公共交通、出租汽车、物流配送等多个领域，为城市交通和物流运输提供更为便利和高效的服务。

(3)数据化管理。车辆管理系统将更加注重数据化管理，通过收集和分析车辆信息，实现对车辆运行状态、油耗、维护等方面的管理，提高车辆的运行效率和经济性。

随着科技的不断发展，企业车辆管理也逐渐从传统的人工管理转变为数字化、智能化的管理方式。特别是一些中大型企业，其分公司多、部门多、员工多，单纯依靠人工管理，在日常用车频次非常高的情况下，很难保证能对车辆和驾驶员进行科学、高效的管理。

数字化车辆管理系统是企业车辆管理的新模式，其本身具有很高的实用价值。数字化车辆管理系统通过建立数字化管车系统、完善车辆信息管理、加强车辆维护管理等多项措施，帮助企业实现对车辆的全过程、全方位以及实时监管，提高企业的管理效率和运营水平。目前，国内市场上有很多优秀的企业车辆管理平台，为了迎合企业数字化转型的多样化需求，一些车辆管理系统还深度融合了办公自动化系统(Office Automation System，OA 系统)，例如钉钉用车申请等功能，补全了企业数字化运营的短板，进一步提升了企业车辆管理的效率和便捷性。

自 2009 年开始，交通运输部以上海世博道路运输安全保障工作为契机，规划建设重点营运车辆动态信息公共交换平台，实现营运车辆的跨区域、跨部门的联合监管。目前，全国重点营运车辆联网联控系统已实现与 30 个省级平台互联互通，在道路客运、旅游客运、危险品货运、包车、校车、营转非车辆、渣土车、出租汽车等重点车辆监控范围内，实现车辆的行驶轨迹记录和实时回传，对超速、禁行时间段(凌晨 2 ~ 5 点)行驶、长时间/疲劳驾驶、偏离路线行驶等驾驶行为实现全时段监控和管理，目前已经形成全球最大规模的道路运输车辆安全监测和管理平台。

在 2016 年，受工业和信息化部委托，北京理工大学电动车辆国家工程实验室负责建设并运维了新能源汽车国家监测与管理平台(以下简称国家平台)，国家平台具备千万辆级新能源汽车运行数据实时监测与安全监管能力。截至 2021 年 8 月底，国家平台共接入新能源汽车企业 318 家、车型 6477 款、新能源汽车 546.8 万辆，接入车辆累计行驶 1783 亿 km，是全球规模最大的新能源汽车车联网平台。

总体而言，我国在规模化智能监测和管理道路运输车辆方面具有较为丰富的建设和维护经验，取得了较为瞩目的成绩。

第二章

道路运输车辆智能化与信息化基础技术

第一节　全球导航卫星系统

一、定义与基本组成

1. 定义

全球导航卫星系统(Global Navigation Satellite System, GNSS),是能在地球表面或近地空间的任何地点为用户提供全天候的三维坐标、速度以及时间信息的空基无线电导航定位系统,包括一个或多个卫星星座及其支持特定工作所需的增强系统。

从 20 世纪 70 年代后期全球定位系统(Global Positioning System, GPS)的建设开始,多星座构成的全球导航卫星系统(图 2-1)均属于第 2 代导航卫星系统,包括中国的北斗导航卫星系统(BeiDou Navigation Satellite System, BDS)、美国的全球定位系统(Global Positioning System, GPS)、俄罗斯的格洛纳斯导航卫星系统(Global Navigation Satellite System, GLONASS)和欧盟的伽利略导航卫星系统(Galileo Navigation Satellite System, Galileo)4 个全球系统,以及日本准天顶卫星系统(Quasi-Zenith Satellite System, QZSS)和印度区域卫星导航系统(Indian Regional Navigational Satellite System, IRNSS)2 个区域系统,其中 IRNSS 也称为印度星座导航(Navigation with Indian Constellation, NavIC)。

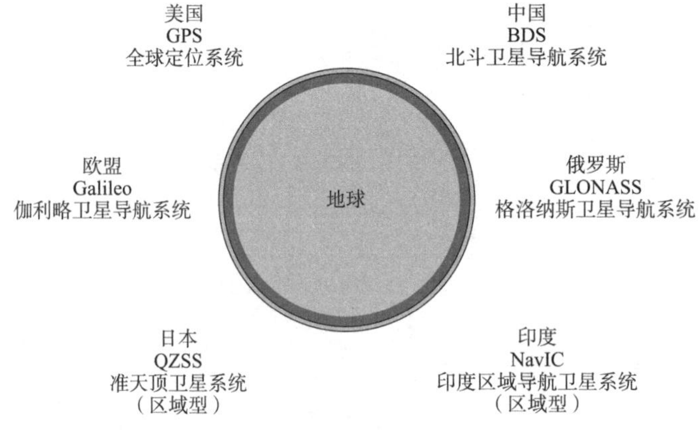

图 2-1　全球卫星导航系统

2. 基本组成

GNSS 和其他卫星通信一样,可以从结构上分为三部分:空间段-地面段-用户段,如图 2-2 所示,各部分介绍如下。

(1)空间段是在地球上空 20000 ~ 37000km 范围内运行的 GNSS 卫星,通过 GNSS 卫星的卫星广播信号可以识别正在传输的卫星及其时间、轨道和健康状况。

(2)地面段是一个由位于世界各地的主控、数据上传和监测站组成的控制网络,主要负责接收卫星信号,并将卫星显示的位置与轨道模型显示的位置进行比较以进行修正。这些轨道模型与预测数据被称为星历(Ephemeris)。

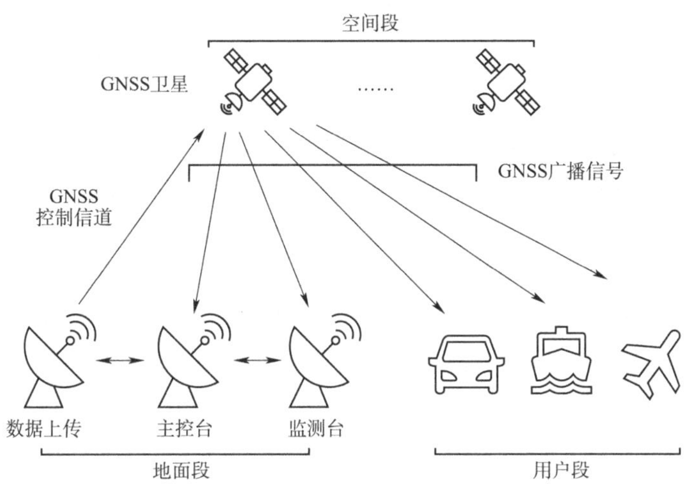

图 2-2 GNSS 的基本组成

(3)所有可以接收卫星信号并根据至少四颗卫星的时间和轨道位置输出位置的设备都可以称之为用户段,主要包含信号接收天线、可处理该信号并输出位置信息的接收与定位模块。用户段中有采用基准站与流动站参照提高定位精度的定位模块,也就是实时动态定位(Real-time Kinematic,RTK)。目前,随着自动驾驶与智能物联网等技术的发展,高精度定位发展也越发迅速,对定位精度与定位效果测试的需求也越来越高。

二、现有的全球卫星导航系统

1. 中国北斗卫星导航系统

1)北斗卫星导航系统简述

北斗卫星导航系统(Beidou Navigation Satellite System,BDS)是中国自主研制的全球卫星导航系统,也是继 GPS、GLONASS 之后的第三个成熟的卫星导航系统。中国 BDS、美国 GPS、俄罗斯 GLONASS 和欧盟 Galileo 均为联合国卫星导航委员会已认定的供应商。

20 世纪后期,我国开始探索适合国情的卫星导航系统发展道路,逐步形成了三步走发展战略:2000 年年底,建成北斗卫星导航试验系统即北斗一号(BDS-1),向中国地区提供服务;2012 年年底,建成北斗二号区域系统,向亚太地区提供服务;在 2020 年,建成北斗三号全球系统,向全球提供服务。根据系统建设总体规划,2018 年底完成 19 颗卫星发射组网和基本系统建设,向全球提供服务;2020 年完成由 3 颗地球静止轨道(Geostationary Earth Orbit,GEO)卫星、3 颗倾斜地球同步轨道(Inclined Geosynchronous Satellite Orbits,IGSO)卫星和 24 颗中圆地球轨道(Medium Earth Orbit,MEO)卫星组成的完整星座,全面建成北斗三号。2035 年前还将建设完善更加泛在、更加融合、更加智能的综合时空体系。

当前,北斗一号系统已退役;北斗二号系统 15 颗卫星连续稳定运行;北斗三号系统于 2020 年 7 月 31 日宣布建成,正式开通全球服务。

2)北斗卫星导航系统组成

BDS 由空间段、地面段和用户段三部分组成:空间段由若干地球静止轨道卫星、倾斜地球同步轨道卫星和中圆地球轨道卫星 3 种轨道卫星组成混合导航星座;地面段包括主控站、时间同步/注入站和监测站等若干地面站;用户段包括 BDS 兼容其他卫星导航系统的芯片、模块、天线等基础产品,以及终端产品、应用与服务系统等。

北斗卫星导航系统增强系统包括地基增强系统与星基增强系统。

北斗地基增强系统是北斗卫星导航系统的重要组成部分,按照“统一规划、统一标准、共建共享”的原则,整合国内地基增强资源,建立以北斗为主、兼容其他卫星导航系统的高精度卫星导航服务体系。利用 GNSS 高精度接收机,通过地面基准站网,利用卫星、移动通信、数字广播等播发手段,在服务区域内提供 1 ~2m、分米级和厘米级实时高精度导航定位服务。

北斗星基增强系统是北斗卫星导航系统的重要组成部分,通过地球静止轨道卫星搭载卫星导航增强信号转发器,可以向用户播发星历误差、卫星钟差、电离层延迟等多种修正信息,实现对于原有卫星导航系统定位精度的改进。按照国际民航标准,开展北斗星基增强系统设计、试验与建设。已完成系统实施方案论证,固化了系统下一代双频多星座(Dual Frequency Multiple Constellation,DFMC)星基增强系统标准中的技术状态,进一步巩固了北斗星基增强系统作为星基增强服务供应商的地位。

3)北斗卫星导航系统特点

BDS 具有以下特点:

(1)BDS 空间段采用三种轨道卫星组成的混合星座,与其他卫星导航系统相比高轨卫星更多,抗遮挡能力强,尤其低纬度地区性能特点更为明显;

(2)BDS 提供多个频点的导航信号,能够通过多频信号组合使用等方式提高服务精度;

(3)BDS 创新融合了导航与通信能力,具有实时导航、快速定位、精确授时、位置报告和短报文通信服务五大功能;

北斗系统已广泛应用于交通运输、农林渔业、水文监测、气象预报、救灾减灾等领域,并走出国门,在印尼的土地确权、科威特的建筑施工、乌干达的国土测试、缅甸的精准农业、马尔代夫的海上打桩、泰国的仓储物流、巴基斯坦的机场授时、俄罗斯的电力巡检等方面得到广泛应用。

2. 美国 GPS

1)GPS 简述

20 世纪 70 年代,美国陆、海、空三军联合研制了新一代全球定位系统(GPS),主要目的是为陆、海、空三军提供实时、全天候和全球性的导航服务,并用于情报搜集、核爆炸监测和应急通信等军事目的。经过 20 余年的研究实验,耗资 300 亿美元,到 1994 年,全球覆盖率高达 98% 的 24 颗 GPS 卫星星座已布设完成。GPS 自 2018 年陆续开始升级到第三代,其精度、稳定性、可靠性均得到很大提升。GPS 三代相对二代,最大的变化在于新增的 M 码(军码),其精度提高了 3 倍、抗干扰能力提高了 8 倍。就技术而言,目前 GPS 仍处于先进地位,是全球范围内发展最早、成熟度较高、商业应用开发较深入的导航定位系统。

GPS 系统使用的两个主要频段为 L1 频段和 L2 频段,其频率分别为 1. 57542GHz 和

1.2276GHz。其中,L1 频段是 GPS 系统中最常用的频段,其信号可以穿透云层和轻微的障碍物,因此可以在大多数情况下提供准确的位置信息。L2 频段的信号比 L1 频段的信号更强,因此可以在复杂的环境中提供更好的定位和导航性能。除了 L1 和 L2 频段之外,GPS 系统还使用了一些其他的频段,如 L3、L4 和 L5 频段,这些频段主要用于研究和开发。

2)GPS 组成

GPS 主要有三大组成部分:空间部分、地面监控部分和用户设备部分,分别介绍如下。

(1)GPS 的空间部分使用 24 颗高度约 2.02 万 km 的卫星组成卫星星座,分布在 6 个轨道面上(每轨道面 4 颗),均为近圆形轨道,轨道倾角为 55°,运行周期约为 11h58min。卫星的分布形式使得在全球任何地方、任何时间都可观测到 4 颗以上的卫星,并能保持良好定位解算精度的几何图形。GPS 卫星的基本功能是:接收并存储来自地面控制系统的导航电文;在原子钟的控制下自动生成测距码和载波;并将测距码和导航电文调制在载波上播发给用户;按照地面控制系统的命令调整轨道,调整卫星钟,修复故障或启用备用件以维护整个系统的正常工作。GPS 空间部分的卫星型号并不相同,不同型号 GPS 卫星的外形也各不相同。

(2)GPS 的地面监控部分是由分布在世界各地的 5 个地面站组成,按功能可分为监测站、主控站和注入站三种。监测站内设有双频 GPS 接收机、高精度原子钟、气象参数测试仪和计算机等设备,其主要任务是完成对 GPS 卫星信号的连续观测,并将搜集的数据和当地气象观测资料经过处理后传送到主控站。主控站除了协调管理地面监控系统外,还负责将监测站的观测资料综合处理,推算卫星的星历、卫星钟差和大气修正参数,并将这些数据编制成导航电文送到注入站;另外,它还可以调整偏离轨道的卫星,使之沿预定轨道运行,调度备用卫星,以替代失效的卫星开展工作。注入站的主要任务是将主控站编制的导航电文、计算出的卫星星历和卫星钟差的改正数等,通过直径为 3.6m 的天线注入相应的卫星。

(3)GPS 的用户设备主要由 GPS 接收机、硬件和数据处理软件、微处理机及终端设备组成。GPS 接收机由主机、天线和电源组成。GPS 用户设备的主要任务是捕获、跟踪并锁定卫星信号;对接收的卫星信号进行处理,测量出 GPS 信号从卫星到接收机天线间传播的时间;译出 GPS 卫星发射的导航电文,实时计算接收机天线的三维位置、速度和时间。

3)GPS 特点

GPS 是目前处于先进地位的卫星定位系统,被誉为人类定位技术的里程碑。归纳起来,GPS 具有以下特点。

(1)全球、全天候的导航定位能力。GPS 能为各类用户在全球任何地点和近地空间提供连续的、全天候的导航定位功能;用户不用发射信号,因而 GPS 能满足多用户使用。

(2)可实时导航,定位精度高,观测时间短。利用 GPS 定位时,在 1s 内可以取得多次位置数据,这种近乎实时的导航能力对于高动态用户具有重大使用价值,同时能为用户提供连续的三维位置、三维速度和精确的时间信息。随着 GPS 系统的不断完善和软件的不断更新,20km 以内相对静态定位仅需 15 ~20min;快速静态相对定位测量时,当每个流动站与基准站相距在 15km 以内时,流动站观测时间只需 1 ~2min,然后可随时定位,每站观测只需几秒。

(3)测站无需通视。GPS 测量只要求测站上空开阔,不要求测站之间互相通视,因此可节省大量的造标费用(一般造标费用占总经费的 30% ~50%)。由于无需点间通视,点位位置可根据需要可疏可密,这就使得选点工作变得非常灵活,也可省去经典测量中的传算点、过渡点的测量工作。

(4)可提供全球统一的三维地心坐标。GPS测量可同时精确测定测站平面位置和大地高程,且可满足四等水准测量的精度。此外,GPS定位是在全球统一的WGS-84坐标系统中计算的,因此全球不同地点的测量成果是相互关联的。

(5)仪器操作简便。随着GPS接收机的不断改进,GPS测量的自动化程度越来越高。在观测中测量员只需安置仪器、连接电缆线、量取天线高、监视仪器的工作状态,而其他观测工作(如卫星的捕获、跟踪观测和记录等)均由仪器自动完成。结束测量时,仅需关闭电源,收好接收机,便完成了野外数据采集任务。

如果在一个测站上需进行长时间的连续观测,还可以通过数据通信方式将所采集的数据传送到数据处理中心,实现全自动化的数据采集与处理。另外,接收机的体积也越来越小,重量也相应越来越轻,极大地减轻了测量工作者的劳动强度,使野外工作变得更为轻松。

(6)功能多、应用广泛。GPS是军、民两用系统,功能较多,其应用范围也十分广泛。具体的应用实例包括:汽车导航和交通管理、巡线车辆管理、道路工程、个人定位以及导航仪等。

3. 俄罗斯GLONASS

1)GLONASS简述

GLONASS最早开发于苏联时期,后由俄罗斯继续实施该计划。自2011年起全面运行,目前有24颗卫星在轨运行,分为GLONASS和GLONASS-M两种类型,后者使用寿命更长。新一代卫星GLONASS-K于2016年2月投入使用,在轨工作时间可长达10年至12年。以提升信号精度和可用性为目标,俄罗斯预计在2019—2033年间发射4颗二代GLONASS-M卫星、9颗GLONASS-K卫星和33颗GLONASS-K2卫星。

2)GLONASS组成

与GPS类似,GLONASS也分为空间卫星部分、地面控制部分和用户设备部分。

(1)GLONASS的空间卫星部分由21颗工作星和3颗备份星组成,因此GLONASS星座共由24颗卫星组成。24颗卫星均匀地分布在3个近圆形的轨道平面上,这三个轨道平面两两相隔120°,每个轨道面有8颗卫星,同平面内的卫星之间相隔45°,轨道高度1.91万km,运行周期11h15min,轨道倾角64.8°。

(2)GLONASS的地面控制部分由系统控制中心、中央同步器、遥测遥控站(含激光跟踪站)和外场导航控制设备组成。地面控制部分的功能在苏联境内的场地来完成。苏联解体后,GLONASS由俄罗斯航天局管理,地面控制部分也仅设置在俄罗斯境内的场地中,系统控制中心和中央同步处理器位于莫斯科,遥测遥控站位于圣彼得堡、捷尔诺波尔、埃尼谢斯克和共青城。

(3)GLONASS用户设备部分(即接收机)能接收卫星发射的导航信号,并测量其伪距和伪距变化率,同时从卫星信号中提取并处理导航电文。接收机处理器对上述数据进行处理并计算出用户所在的位置、速度和时间信息。GLONASS提供军用和民用两种服务,主要用途是导航定位。与GPS系统一样,GLONASS也广泛应用于各种等级和种类的定位、导航和时频领域等。

3)GLONASS 特点

与美国 GPS 不同的是 GLONASS 采用频分多址(Frequency Division Multiple Access, FDMA)方式,根据载波频率来区分不同卫星[GPS 采用码分多址(Code Division Multiple Access,CDMA),根据调制码来区分卫星]。每颗 GLONASS 卫星发播的两种载波的频率分别为$L1 = 1602 + 0.5625 \times K$(MHz)和 $L2 = 1246 + 0.4375 \times K$(MHz),其中 $K = 1 \sim 24$ 为每颗卫星的频率编号。

GLONASS 卫星的载波上也调制了两种伪随机噪声码:S 码和 P 码。俄罗斯对 GLONASS 采用了军民合用、不加密的开放政策。

4. 欧洲 Galileo

1)Galileo 简述

伽利略卫星导航系统(Galileo Satellite Navigation System,Galileo)是由欧盟研制和建立的全球卫星导航定位系统。该计划于 1999 年 2 月由欧洲委员会公布,欧洲委员会和欧洲空间局(简称欧空局)共同负责,系统由轨道高度为 2.32 万 km 的 30 颗卫星组成,其中有 27 颗工作星和 3 颗备份星,均匀分布于 3 个倾角为 56°的轨道平面内。

2023 年 1 月 27 日,欧空局在第 15 届欧洲太空会议上宣布,由 28 颗卫星组成的伽利略全球导航卫星系统,其高精度定位服务(High Accuracy Service,HAS)已启用,水平和垂直导航精度分别可达到 20cm 和 40cm。这也代表着欧洲的 Galileo(包括 28 颗卫星和一个全球地面系统)已经成为世界上最精确的卫星导航系统之一,目前已经服务于全球超过三十亿用户。

2)Galileo 组成与特点

Galileo 也由空间段、运控段(地面段)和用户段组成。星座有 24 颗卫星分置于 3 个中圆地球轨道面内。Galileo 信号工作的主要频段为 E1、E5 和 E6,它们各自发射独立的信号,发射的中心频率分别为:1575.42MHz、1191.795MHz 和 1278.75MHz。其中,E5 又分为 E5a 和 E5b 子信号。为了实现与 GPS 的兼容互操作,Galileo 的 E1 和 E5a 信号的中心频率与 GPS 的 L1 和 L5 相互重合。出于同样的兼容互操作目的,Galileo 的 E5b 与 GLONASS 的 G3 信号中心频率重合。

Galileo 虽然提供的信息仍是位置、速度和时间,但是 Galileo 提供的服务种类远比 GPS 多,GPS 仅有民用的标准定位服务(Standard Positioning Service,SPS)和军用的精密定位服务(Precise Positioning Service,PPS)两种,而 Galileo 则提供五种服务,即:

(1)公开服务(Open Service,OS),与 GPS 的 SPS 相类似,免费提供;

(2)生命安全服务(Safety of Life Service,SoLS);

(3)商业服务(Commercial Service,CS);

(4)公共特许服务(Public Regulated Service,PRS);

(5)搜救服务(Search and Rescue Support Service,SAR)。

以上所述的前四种是 Galileo 的核心服务,最后一种则是支持搜救卫星服务(Search and Rescue Satellite-aided Tracking,SARSAT)。由于生命安全服务实际运作有一定难度,近些年来提及较少。即使这样,Galileo 服务还是种类较多且独具特色,能提供完好性广播、服务保证,以及民用控制和局域增强。

5. 现有卫星导航系统对比

现有卫星导航系统的组成、信号处理、定位原理等基本上是相似的,具体描述如下。

(1)卫星数目和分布。现有卫星导航系统均基本至少需要21颗导航卫星均匀分布在三个轨道平面内,其中GPS初期方案同GLONASS、Galileo和BDS类似,但实施过程中因为预算和经费缩减,采用了六个轨道平面分布。此外,因GPS部署较早,占用了最优的卫星轨道,因此可以采用最少的卫星数目达到较大的覆盖范围,而其他卫星导航系统只能采用次优卫星轨道,为了达到较大覆盖范围,相对需要更多的卫星数目。

(2)信号频段。频率资源是有限的,且国际电信联盟(International Telecommunication Union,ITU)详细划分了各不同频率的应用去处,对于卫星导航用的频率主要为1~2GHz。这是因为要有效接收一个电磁波,接收天线的尺寸最好是在1/4波长左右,而1~2GHz电磁波的波长范围为15~30cm,接收这些频率的天线尺寸为3~8cm,便于实际应用。总之,分配给卫星导航系统的频率资源十分有限(只有5段),是世界上想要发展自己的卫星导航系统的国家必争的宝贵资源。想要取得合法的轨位,需要先向ITU申报,并与相关系统进行协调。导航卫星的“黄金导航频段”L频段已经被先发的GPS(L1、L2和L5)和GLONASS(L1、L2和L3)占领,中国和欧盟只能采用次优频段。总体上,不同卫星导航系统的载波频谱大部分是隔开的,小部分频谱被不同的卫星导航系统共享,如GPS和GLONASS共享L1、L2频段,GPS L1、L5与Galileo E1、E5a共享频谱,BDS B2与Galileo E5b共享频谱。

(3)信息加密。卫星传输的信息使用不同的协议进行加密,GLONASS采用频分多址方式,这是一种更耗能的协议,但具有更好的数据保护,此外信号接收设备较为复杂,不易与其他设备兼容;GPS、Galileo和BDS均采用码分多址,具有经济、能耗低、设备简单的优点,但是安全性较低。

(4)系统组成。卫星导航系统的组成大体上一致,即空间卫星部分、地面监控部分和用户设备部分。其中,BDS为了实现有源接收方式(接收机主动发信号给卫星)和卫星短报文通信功能,空间卫星部分增加了其他卫星导航系统没有的高轨道星座。此外,因中国和俄罗斯不具备全球布站的条件,地面监控部分只覆盖了本国境内,而BDS通过星间链路技术,基于国内测站实现了全球运行监控。2022年11月24日,北斗三号首个海外综合监测站在白俄罗斯首都明斯克市建成运行。

(5)定位原理。卫星导航系统的定位原理基本上是相似的,都是基于卫星信号测量和三角定位法。通过接收卫星发射的信号,计算信号传播的时间差,进而确定接收器与卫星之间的距离,最终利用三角定位法计算出接收器的位置。部分系统还利用多普勒效应来提高定位精度(如GLONASS和BDS)。

(6)服务模式。类似于GPS,目前卫星导航系统均采用了标准定位服务和精密定位服务两种模式,分别采用不同的信号频段。前者主要用于航空、航海、车辆导航、智能手机等民用领域,提供免费的导航和定位服务,定位精度较差;后者主要用于军事、科学研究、测绘、测量等高精度应用领域,通过授权、商用等方式,提供更精准的导航和定位服务。

不同卫星导航系统的对比如表2-1所列。

不同卫星导航系统对比 表 2-1

卫星导航系统	卫星数目	卫星分布	设计寿命	信号频段	系统组成	定位原理	服务区域	优缺点	授时精度
BDS（三号）	35 颗:5 颗地球同步轨道卫星(GEO)、3 颗倾斜地球同步轨道卫星(IGSO)和 27 颗中高轨道卫星(MEO)	5 颗 GEO 分布于地球同步轨道,轨道高度 3.6 万 km;3 颗 IGSO 分布在 3 个轨道面,轨道倾角 55°,轨道面间相隔 120°;27 颗 MEO 均匀分布在 3 个轨道面上,轨道高度 2.15 万 km,倾角 55°,运行周期 13h	10 年	主要有 B1、B2 和 B3,中心频率分别为:1561.098MHz、1207.14MHz 和 1268.52MHz,采用码分多址(CDMA)方式区分卫星	空间部分的同步轨道卫星也用于有源接收方式(接收机主动发信号给卫星)和卫星短报文通信功能	采用中国国家 CGCS-2000 大地坐标系	全球覆盖,地面支持只限中国境内,提供开放和授权两种服务	优点:抗遮挡能力强,安全性高,具有短报文通信,服务种类多样,低纬度地区定位性能更优越。 缺点:目前处于推广应用阶段,国际用户接受程度相对较低	10～20ns
GPS	24 颗中高轨道卫星(MEO):21 颗工作卫星,3 颗备用卫星	均匀分布在 6 个近圆轨道上,每个轨道面 4 颗,相邻轨道面互隔 60°,轨道高度 2.02 万 km,轨道倾角 55°,运行周期约为 11h58min	12～15 年	两个主要频段:L1 为 1575.42MHz,L2 为 1227.6MHz。L3、L4 和 L5 频段主要用于研究和开发。采用码分多址(CDMA)方式区分卫星,测距码分为 C/A 码(L1)和 P 码(L2)	主要由三大组成部分:空间部分(GPS 卫星)、地面监控部分和用户设备部分	基于卫星信号测量和考虑时间因素的三角定位法,采用 WGS-84 坐标系	全球覆盖,分为标准定位服务(SPS)和精密定位服务(PPS)	优点:定位精度高、技术先进及成熟度高、服务水平高、民用市场占有率高。 缺点:抗干扰能力不够,易受遮挡或人为干扰;极地地区导航性能较差	20ns

续上表

卫星导航系统	卫星数目	卫星分布	设计寿命	信号频段	系统组成	定位原理	服务区域	优缺点	授时精度
GLONASS	24 颗 MEO：21 颗工作卫星，3 颗备用卫星	均匀分布在 3 个近圆轨道上，每个轨道面 8 颗，相邻轨道面互隔 120°，轨道高度 1.91 万 km，轨道倾角 64.8°，运行周期 11h15min	5 ~ 10 年	L1 为 1602 + 0.5625 × K(MHz)和 L2 为 1246 + 0.4375 × K(MHz)，其中 K = 1 ~ 24，为每颗卫星的频率编号。采用频分多址（FDMA）方式区分卫星，测距码分为 S 码和 P 码。目前正在改为 GPS 的频率	与 GPS 类似	与 GPS 类似，采用 PZ-90 坐标系	全球覆盖，地面支持只限俄罗斯境内，采用军民合用、不加密的开放政策	优点：抗干扰能力强、稳定性和可靠性较好、极地和高纬度地区定位性能更优，低纬度地区精度较差。 缺点：接收设备较为复杂，与其他 GNSS 兼容性一般。因技术和资金，当前维护困难	20 ~ 30ns
Galileo	30 颗 MEO：27 颗工作卫星，3 颗备用卫星	均匀分布在 3 个近圆轨道上，每个轨道面上有 10 颗卫星，9 颗正常工作，1 颗运行备用；轨道高度 2.32 万 km，轨道倾角 56°，运行周期 14h	不少于 12 年	主要有 E1、E5 和 E6，中心频率分别为：1575.42MHz、1191.795MHz 和 1278.75MHz。可与 GPS 和 GLONASS 有效兼容。采用码分多址（CDMA）方式区分卫星	与 GPS 类似	与 GPS 类似，采用 ITRF-96 大地坐标系	全球覆盖，第一个基于民用的 GNSS，提供民用和商用两种服务	优点：实时高精度、高可靠定位，服务种类较多且独具特色，与其他 GNSS 兼容性好。 缺点：系统不够稳定	20ns

三、卫星导航定位原理

1. 卫星定位的几何学原理

在已知卫星位置和传播信号特性的基础上，利用接收器和卫星之间的几何关系，可以实现基于 GNSS 技术的定位。考虑一颗 GNSS 卫星 i 和位于空间中任意位置的接收器，假设以下数据已知：笛卡尔坐标系下的卫星位置(x_i, y_i, z_i)，真空中光传播的名义速度 c，一个给定的信号以该速度从卫星开始传播，以及它从卫星 i 到接收器的传播时间 Δt_i。根据以上条件，可以计算出接收器和卫星之间的几何距离 γ_i，计算公式见式(2-1)。

$$\gamma_i = c\Delta t_i \tag{2-1}$$

卫星与接收器之间的几何距离也可以表示为未知接收器位置(x, y, z)的函数，见式(2-2)。

$$\gamma_i(x, y, z) = \sqrt{(x_i - x)^2 + (y_i - y)^2 + (z_i - z)^2} \tag{2-2}$$

该关系将会使接收器的位置约束在一个以卫星位置(x_i, y_i, z_i)为中心、γ_i 为半径的球面上，如图 2-3 所示。

在已知两颗卫星的位置、信号传递时间和接收器的接收时间的情况下，可以计算出接收器到两颗卫星之间的距离，并利用这两个距离画出两个球面。接收器的位置被约束在这两个球面的交叉区域，即一个二维圆内。在已知三颗卫星的位置、信号传递时间和接收器的接收时间的情况下，可以计算出接收器到三颗卫星的距离，并利用这三个距离画出三个球面，接收器的位置被约束在这三个球面的交叉区域内。理论上，三个球面的交叉区域是一个点，即可以唯一确定接收器的位置，如图 2-4 所示。

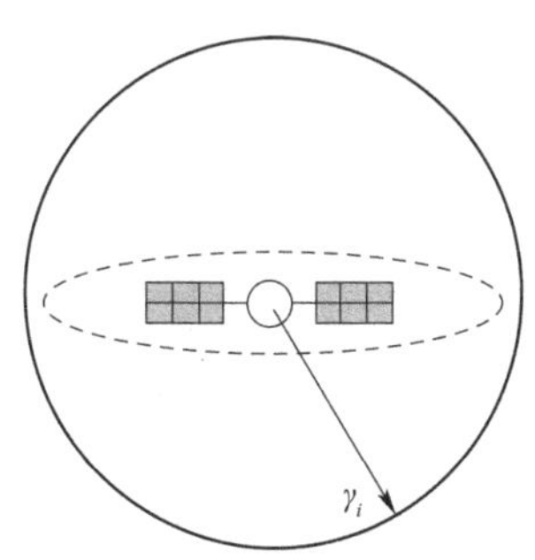

图 2-3 接收器的位置范围

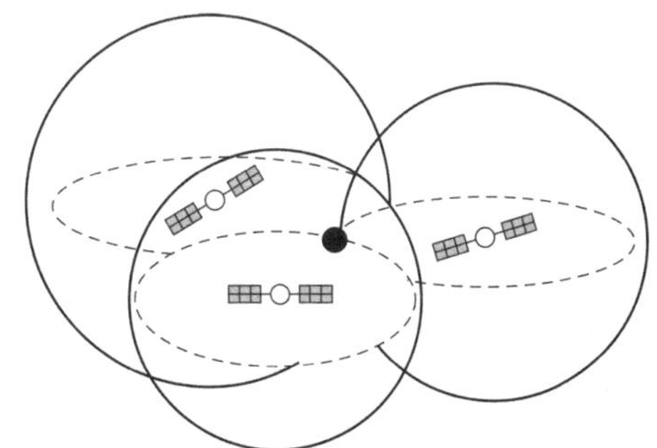

图 2-4 接收器位置的几何关系

从每一颗卫星传递而来的信号均会按照卫星系统时钟进行周期性重复。如果接收器遵循卫星系统时钟，则就能知道信号被传递的时间。随后，如果记录了信号接收的时间和来自每颗卫星 i 的信号传递时间 Δt_i，则范围 γ_i 也变成已知值，最后便可确定接收器的位置。

在卫星定位系统中，一个主要的任务是确保卫星和接收器的时钟与系统时钟的同步。因为时钟的不完美同步，会导致传播时间的测量误差。以传播时间误差为例，即使有 1ms 的误差，也会导致巨大的定位误差。根据光速的传播速度，1ms 的误差相当于约 3×10^5m 的范围误差，这样的误差对于全球定位来说显然是不允许的。

发送时刻 t_i^S 和记录在接收器里的卫星信号接收时刻 t_i^r 之间的差异，正是传递时间加上卫星和接收器之间的未知时钟偏差造成的误差。通常情况下，与系统时钟相比，接收器时钟偏差量比卫星时钟偏差量大得多。因此，假设卫星与系统时钟完全同步，能基于信号测量进行计算的并非几何距离 $\gamma_i = c\Delta t_i$，而是所谓的伪距 $\rho_i = c(t_i^r - t_i^S)$。将偏离系统时钟的偏差记为 δ_t，则伪距和几何距离之间的关系见式(2-3)。

$$\rho_i = \gamma_i(x,y,z) + c\delta_t \tag{2-3}$$

需要注意的是，δ_t 对于同一时刻的所有伪距测量值都是相同的。结合式(2-2)给出的3个未知量(x,y,z)和 δ_t。在有三颗卫星时(图2-4)，只有3个约束($i=1,2,3$)可用，为解决这一不确定性，需要第4颗卫星的等式约束。因此，至少需要能够看到4颗卫星才能进行定位。如图2-5所示，球面半径都有一个相同的未知偏移 $c\delta_t$ 需要确定。以上就是在GNSS定位中所使用的几何学关系。

最后一个在定位几何关系中需要克服的难点是如何处理除去时钟偏差后，在无线信号的传播和接收过程中出现的误差源，该误差由 t_i^r 和 t_i^S，以及随后的 ρ_i 中引入偏差导致。广泛地讲，图2-4中的约束球面其实是一个球壳。相应地，图2-4中的3个或者更多的球面的交叉区域应为球壳的交叉区域，这会导致接收器的位置处一个不确定的空间中，而不是单个且位置确定的点。球壳的交叉区域和不确定的体积如图2-5所示。这种情况可推广为图2-6所示的几何关系，并且最后必须基于某些误差最小化原则来决定接收器的位置。

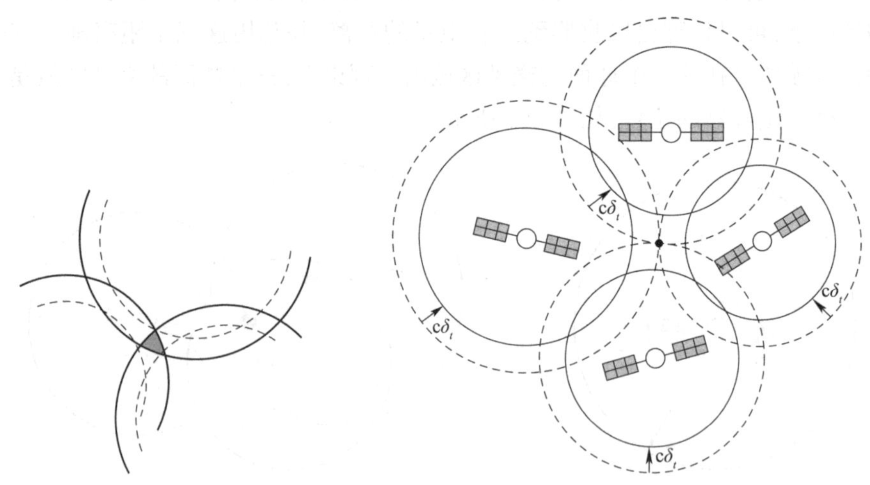

图2-5　球壳的交叉区域

图2-6　接收器带偏差量的几何关系

2. 信号属性

从上述定位原理可知，每颗同步卫星传递的信号 $S_i(t)$ 必须向接收器传递以下信息。

一个跟随系统时钟带确定相位的周期成分。信号标记确定了卫星 i，其相位给出了相应的伪距 $\rho(i)$。由于信号同时被发送，它们需要以某些多址接入方式进行传输。通常采用码分多址法(CDMA)，GLONASS针对其部分信号采用频分多址法(FDMA)。为简便起见，本书仅叙述使用CDMA的情况。几何范围和不同信号相位之间的关系如图2-7所示，卫星的当前位置原则上可以通过其他通道传播，但一般也编码在卫星信号的一个子集中。

在图 2-7 中,竖线标示的是不同信号的相位。几何距离越远,相位偏移越多。需要注意的是,信号只表明了相位偏移的特性,而不承载卫星签名,与典型的全球导航卫星系统信号并不相似。

卫星所需传递的信息包含在一个电磁波中,其无线电频率能够穿透大气并到达地球表面。全球导航卫星系统的卫星信号在 2~40MHz 的频带发送,其光谱范围为 1.2~1.6GHz。所发射的卫星信号功率必须足够大,以减轻无线电波的其他源的干扰,但仍需满足卫星的约束条件。一般情况下,由于信号中传递的信息非常小(仅相位),而且信号采用扩频技术发射,可设定发射功率的值,使地球上接收到的信号很弱。所接收的信号功率通常低于 -153dBW,这低于一般典型操作温度下的热本底噪声。

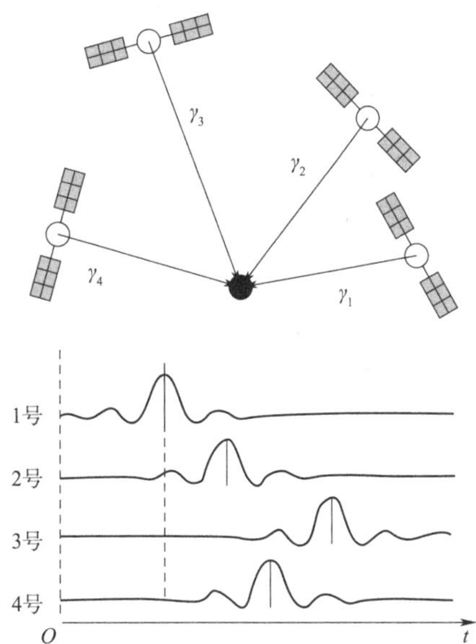

图 2-7　不同信号的几何距离和相位关系

信号的一般模型是一个载波模型 $\sqrt{P}\cos(2\pi f_c t)$ 其频率为 f_c,功率为 P。通过具有双极性的信息信号 $C_i(t)$ 的调制得到唯一的信号签名,见式(2-4)。

$$S_i(t) = \sqrt{P}C_i(t)\cos(2\pi f_c t) \tag{2-4}$$

在信号的处理中,一般假定信息信号 $C_i(t)$ 已知。信息信号 $C_i(t)$、载波 $\cos(2\pi f_c t)$ 和调制信号 $S_i(t)$ 的波形如图 2-8 所示。该信息信号可设计为伪随机噪声码(Pseudo random Noise,PRN),这使信号具有明显的相位,并可获得其间的几何距离和不同信号的相位关系。该信号是同步发送的,图 2-8 中的横杠表示不同信号的相位。

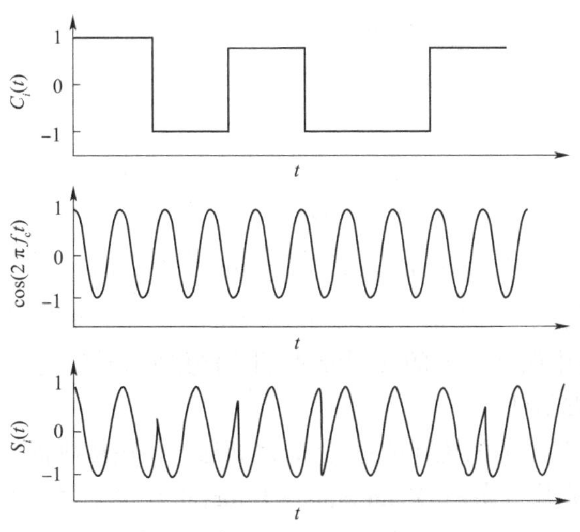

图 2-8　信息信号、载波和调制信号

3. 伪距与位置的关系

在四维或更多维度上可以通过伪距以多点法确定位置,然而从原则上来说,位置、接收到的信号与测量的伪距之间的关系并不清楚。下面将说明测量的伪距与测量位置在功能上的相关性，并给出最小化原则，最终在理论上用测量的伪距来估计位置。此外，还将利用信号的基本属性，从原信号中归纳出伪距的数学关系。

测量出的伪距 $\tilde{\rho}_i$ 与卫星 i 的位置 (x_i, y_i, z_i)、理想的伪距离 ρ_i 及接收器位置 (x, y, z) 之间的关系见式(2-5)。

$$\tilde{\rho}_i = \rho_i + e_i = \gamma_i(x, y, z) + c\delta_t + e_i \tag{2-5}$$

式中，$\gamma_i(x, y, z) = \sqrt{(x - x_i)^2 + (y - y_i)^2 + (z - z_i)^2}$ 为卫星 i 的几何范围；c 为光速；δ_t 为未知的接收器的时钟偏差；e_i 为非理想的信号传输、传播和接收的误差项。虽然没有明确说明，但误差项 e_i 有分量，且与时间、接收器位置、卫星位置以及随机分量有关，假设 e_i 可以部分建模且补偿为 e_i^{model}。

基于多个伪距测量值 $\tilde{\rho}_i (i = 1, 2, 3, \cdots, N)$，接收器位置可估计为 (x, y, z)。如果有 4 个或更多的测量结果可用，则未知数 (x, y, z, δ_t) 的个数不大于约束个数，见式(2-6)。

$$\begin{cases} \tilde{\rho}_1 = \gamma_1(x, y, z) + c\delta_t + e_1 \\ \tilde{\rho}_2 = \gamma_2(x, y, z) + c\delta_t + e_2 \\ \quad \cdots \\ \tilde{\rho}_N = \gamma_N(x, y, z) + c\delta_t + e_n \end{cases} \tag{2-6}$$

式中，$N \geqslant 4$。由于 e_i 的模型并不完美且是随机组成的，不同的约束下 e_i 的取值是不一致的，因此位置 (x, y, z) 不能被求解，该位置必须根据一些非一致最小化原则来估计。综合式(2-6)的非线性特性，归纳成一个非线性最小化问题，见式(2-7)。

$$[\hat{x}, \hat{y}, \hat{z}] = \text{argmin}_{[x,y,z]}(\min_{\delta_t} F(x)) \tag{2-7}$$

式中，$[\hat{x}, \hat{y}, \hat{z}]$ 为位置的估计，$x = [x, y, z, \delta_t]$ 为未知变量，$F(\cdot)$ 是评价函数，$\text{argmin}(\cdot)$ 表示使指定函数达到最小值时对应的变量取值，$\min(\cdot)$ 表示指定函数的最小值。如果 $x = [x, y, z, \delta_t]$ 或者先验统计信息所统计的有关测量错误的信息不可用或可以忽略，则总和平方测量残差 r_i 见式(2-8)。

$$r_i(x) = \tilde{\rho} - \gamma_i(x, y, z) - c\delta_t - e_i^{\text{model}} \tag{2-8}$$

式(2-8)通常可作为评价函数，式(2-7)即可展开为

$$[\hat{x}, \hat{y}, \hat{z}] = \text{argmin}_{[x,y,z]}\left(\min_{\delta_t}\left(\sum_{i=1}^{N} r_i^2(x)\right)\right) \tag{2-9}$$

由此可将最小化问题归结为最小二乘（Least Squares，LS）问题。需注意的是，对于最小化问题，所有伪距测量中误差项 e_i 的常用分量等同于接收器时钟偏差。因此，伪距中常见的模式错误不会影响位置估计。

此外，如果真实变量之前的统计信息已知，例如通过使用接收器的动态运动模型和统计测量模型[式(2-5)]，则均方误差（Mean Square Error，MSE）可作为评价函数模型，即

$$[\hat{x}, \hat{y}, \hat{z}] = \text{argmin}_{[x,y,z]}(\min_{\delta_t}(E(\|x^* - x\|_2^2))) \tag{2-10}$$

其中，预期值由之前的所有伪距测量决定，并将最小化问题归结为最小均方误差（Minimum Mean Square Error，MMSE）问题，通过贝叶斯估计框架求解。这两种方法的解决方案，

见式(2-9)和式(2-10)。

四、卫星定位精度优化技术

1. 差分定位技术

差分定位(Differential Positioning)技术是一种常用的卫星定位精度优化技术,通过同时接收一个已知位置的基准站和目标站的卫星信号,利用基准站的精确位置信息进行误差修正,从而提高目标站的定位精度。差分定位技术的原理基于基准站和目标站之间的误差是相对稳定且具有一定空间相关性的假设。基准站先进行单点定位,确定自身的位置,并记录下卫星观测值;然后,基准站将观测数据和位置信息发送给目标站,目标站利用这些信息进行计算,消除大部分系统误差,从而提高定位精度。差分定位可以分为实时差分定位和后处理差分定位两种方式。

(1)实时差分定位是基准站实时地将观测数据和位置校正信息通过无线电或互联网传输给目标站,在目标站上进行实时计算,得到高精度的定位结果;

(2)后处理差分定位是基准站和目标站分别记录观测数据,在数据采集结束后,将基准站的观测数据和位置校正信息应用于目标站的数据中进行计算,得到高精度的定位结果。

差分定位技术的基本原理如下。

(1)基准站定位。在已知位置的基准站上进行单点定位,确定其精确的地理坐标位置。

(2)观测数据采集。基准站和目标站同时接收卫星信号,并记录下相应的观测数据,包括卫星的伪距测量值、多普勒频移等信息。

(3)误差校正。基准站将自身的精确位置信息和观测数据传输给目标站。目标站利用基准站提供的数据,进行误差校正计算。误差校正的方式有差分伪距、差分相位等。

(4)定位计算。目标站利用经过误差校正的观测数据,结合自身的接收情况,进行定位计算。通过消除基准站和目标站之间的相对误差,得到目标站的高精度定位结果。

差分定位技术可以实现厘米级的定位精度,在无法直接接收卫星信号的复杂环境中表现尤为出色。差分定位技术广泛应用于测绘、农业、航空、海洋、车辆导航等领域。同时,差分定位技术也可以与其他辅助定位技术[如惯性导航系统(Inertial Navigation System,INS)]进行融合,进一步提高定位的准确性和稳定性。

2. 实时动态定位技术

实时动态(Real-time Kinematic,简称 RTK)定位是一种差分定位技术的应用,用于实现实时位置和姿态的高精度测量。与传统的差分定位技术相比,RTK 技术能够实时地提供更高的定位精度。RTK 技术的测量过程介绍如下。

(1)基准站设置。在已知位置的基准站上设置接收卫星信号的设备,并进行单点定位,确定其精确的地理坐标位置。

(2)观测数据采集。基准站和移动站(或目标站)同时接收卫星信号,并记录下相应的观测数据,包括卫星的伪距测量值、载波相位等信息。

(3)差分校正。基准站将自身的精确位置信息和观测数据通过无线电或其他方式传输给移动站。移动站利用基准站提供的数据,进行差分校正计算,消除大部分常见误差,如卫星钟差、电离层延迟、对流层延迟等。

(4)实时解算。移动站利用经过差分校正后的观测数据,结合自身的接收情况,进行实时解算。通常采用的方法是相位解算,利用载波相位信息计算目标站与基准站之间的相对位置和姿态。

通过RTK技术,可以实现厘米级甚至亚厘米级的实时定位精度。这种高精度的位置和姿态信息在许多领域中具有重要应用,如精密测绘、机器导航、自动驾驶等。

需要注意的是,RTK技术的实时性和精度高度依赖于基准站和移动站之间的通信和数据传输质量。同时,由于RTK技术对环境条件和接收设备有一定要求,使用时需要考虑周围的遮挡物、电磁干扰等因素,以确保系统能够正常运行并提供可靠的高精度定位结果。

3.多频测量技术

多频测量技术是一种基于卫星导航系统的信号处理技术,通过接收和分析卫星信号的不同频率,提高定位精度和可靠性。多频测量技术主要应用于GPS、Galileo等卫星导航系统。

传统的单频测量只能使用卫星信号的L1频段,而多频测量则可以使用L1、L2、L5等多个频段进行信号处理和解算,使得多频测量具有更高的抗干扰能力、更好的环境适应性和更高的定位精度。具体来说,多频测量技术具有以下优势。

(1)消除电离层误差。在传统的单频测量中,电离层延迟是影响定位精度的主要因素之一。而在多频测量中,可以利用不同频段的信号对电离层延迟进行消除或校正,从而提高定位精度。

(2)消除多路径效应。多路径效应是指卫星信号在传播中受到建筑物、山脉等遮挡物的反射和衍射,导致信号到达移动站时出现时间延迟和相位偏移。在多频测量中,可以通过分析不同频段的信号,判断并消除多路径效应对定位精度的影响。

(3)提高定位精度。多频测量可以利用不同频段的信号提供更多的观测值,从而增加解算时的信息量和可靠性。因此,多频测量可以在相同条件下实现更高的定位精度,甚至可以达到亚厘米级别的精度。

4.实时动态轨道改正技术

实时动态轨道改正技术是一种基于实时星历数据和卫星运动的动态特性进行位置改正的技术。在卫星导航系统中,卫星的轨道并不是完全精确的,而是会受到多种因素的影响而产生偏差,这些偏差会导致定位误差。实时动态轨道改正技术通过获取卫星的动态轨道信息,并结合接收机的测量数据,对接收机的位置进行实时的改正,从而提高定位精度。这项技术的关键是获取准确的卫星星历数据,卫星星历数据通常由地面控制站或其他数据源提供。实时动态轨道改正技术主要包括以下几个步骤。

(1)星历数据获取。通过卫星导航系统或其他数据源获取准确的卫星星历数据,数据主要包含了卫星的位置、速度等信息。

(2)卫星轨道预测。根据星历数据,利用数学模型进行卫星轨道预测,预测卫星在接收机位置上的位置和速度。

(3)接收机测量数据。接收机通过接收卫星信号,并对信号进行测量,得到接收机的位置和时间信息。

(4)动态轨道改正。将接收机测量数据与卫星轨道预测进行比较,计算出接收机位置与预测位置之间的差异,并将该差异作为实时改正量应用于接收机的位置。

(5)迭代优化。根据实时改正量,重新计算接收机位置,并不断进行迭代优化,直到达到所需的精度要求。

5. 多传感器融合技术

多传感器融合技术是指将来自不同传感器的信息进行整合和处理,以获取比单一传感器更准确、可靠的信息结果的技术。在卫星导航系统中,多传感器融合技术通常将来自卫星接收机、惯性导航系统、地面基站、天文导航系统(Celestial Navigation System,CNS)、雷达、视觉等多个传感器的信息进行融合,以提高导航系统的精度、可靠性和鲁棒性。

多传感器融合技术的主要优势包括:

(1)通过融合多个传感器的信息,可以弥补各个传感器各自存在的误差和不确定性,从而提高系统的整体精度;

(2)当某个传感器出现故障或受到干扰时,多传感器融合技术可以通过其他传感器提供的信息来保持系统的稳定性和可靠性;

(3)不同传感器可能具有不同的环境适应性,多传感器融合技术可以扩展系统的覆盖范围,适用于更广泛的使用场景;

(4)通过综合考虑多个传感器提供的信息,可以降低系统误判的概率,提高对真实情况的识别准确性。

五、当前导航卫星系统定位精度分析

全球导航卫星系统(GNSS)的精度指的是接收器所测量的位置与真实位置之间的差异,这种差异通常用距离或角度来表示。GNSS 系统的精度受到多种因素的影响,包括卫星的几何分布、接收器性能、大气条件、多径效应等。

GNSS 精度通常以水平误差和垂直误差为指标。水平误差是指接收器测量的水平位置与真实水平位置之间的差异,而垂直误差则是指接收器测量的垂直位置与真实垂直位置之间的差异,这些误差通常以米或英尺为单位来表示。

按照技术类别不同,常用的 GNSS 定位技术主要有单点定位、差分定位技术、实时动态定位(RTK)技术、星基增强定位等。

单点定位是仅使用单一接收器接收卫星信号进行定位,并没有利用其他参考站或数据校正的定位方式。在单点定位中,接收器通过接收多颗卫星(至少 4 颗)的信号并计算其距离,从而确定其位置。单点定位的主要特点是操作简单、成本低廉,但精度相对较低。目前,单点定位的水平精度可达到 10m 以内,在一些特殊环境下可能会受到干扰而进一步降低精度。因此,单点定位适用于一些对定位精度要求不高的应用场景。

差分定位技术是一种通过使用多个接收器(至少两个)同时接收卫星信号,利用参考站的精确位置信息对测量接收器进行校正,从而提高定位精度的技术,通常可以达到亚米级或更高的精度。根据参考站发送的信息方式可将差分定位分为三类:位置差分、伪距差分和相位差分,其中 RTK 即为载波相位差分。差分定位的实施需要具备参考站和测量站之间的通信能力,对单个基站的依赖程度较高,且对地面基站的数量需求较多,因此覆盖范围受到较严重的限制;此外,差分定位技术也会受到环境条件和干扰的影响。

星基增强系统(Satellite Based Augmentation Systems,SBAS)通过地球静止轨道(Geostationary Earth Orbit,GEO)卫星搭载卫星导航增强信号转发器,发送与 GNSS 导航信息相近的信号实现增强效果,这些信号被 SBAS 地面控制站接收并进行解算处理,以消除星历误差、卫星钟差、电离层延迟等部分导航误差,生成导航增强信息并发送给用户,用户同时接收 GNSS 和 SBAS 信号,通过差分解算消除区域导航误差,从而获取更高精度的导航定位服务。由于 SBAS 具备高精度、高效率、低成本以及广域覆盖等优点,世界各国均在 GNSS 系统上研发对本国区域导航进行增强的星基增强系统。表 2-2 为现有导航卫星定位系统在不同定位技术下的定位精度。

各个导航卫星系统定位精度对比 表 2-2

定位技术	GPS	GLONASS	Galileo	BDS
单点定位	民用:5～10m 军用:0.1m	民用:3～5m 军用:1.2m	民用、商用: 0.2～0.4m	民用:2.5～5m 军用:<0.1m
伪距差分定位技术①	厘米级	厘米级	厘米级	厘米级
实时动态差分定位(RTK)技术①	亚厘米级	亚厘米级	亚厘米级	亚厘米级
星基增强系统(SBAS)①	亚米级	亚米级	亚米级	亚米级

注:①参考当前主流 GNSS 设备定位精度(截至 2024 年 1 月),例如美国天宝(Trimble)、瑞士诺瓦泰(Novatel)、日本拓普康(Topcon)等。

必须说明的是,一个导航卫星系统的定位精度比另一个高或低的说法是不正确的。不同国家地面跟踪站的国家运营商指出,在不同纬度地区,不同 GNSS 系统的定位精度各有优劣。例如,在北纬高纬度地区,GLONASS 可能比 GPS 更准确,而在南非纬度地区则可能相反。因此,导航卫星系统的定位精度、效率等取决于诸多因素,不能一概而论。

第二节 电子地图和地图匹配技术

一、电子地图概述

1. 概念及特征

电子地图(Electronic Map),即数字地图,是利用计算机技术,以数字形式存储和查阅的地图。电子地图一般使用向量式图像储存,地图比例可放大、缩小或旋转而不影响显示效果;早期使用位图式储存,地图比例不能放大或缩小。现代电子地图软件一般利用地理信息系统来储存和传送地图数据。

在计算机屏幕上可视化是电子地图的根本特征。电子地图的特点如下所述:

(1)可以快速存取显示;

(2)可以生成动画地图;

(3)可以将地图要素分层显示;

(4)利用虚拟现实技术将地图立体化、动态化,令用户有身临其境之感;

(5)利用数据传输技术可以将电子地图传输到其他地方;

(6)可以实现图上的长度、角度、面积等的自动化测量。

2. 分类

电子地图从数据存储格式上可以分为矢量地图和栅格地图。矢量和栅格之分主要是针对道路形状数据和背景数据中与地物相关部分而言,前者用于地图缩放、路径计算分析等场合,而后者则主要用于固定比例尺地图的显示。

根据电子地图应用场合的不同,也可将其划分为车载导航电子地图、应用于监控跟踪的电子地图、用于导游的手持式电子地图、用于智能交通全局指挥调度的电子地图等。这些不同的种类也对应着不同的电子地图数据构成要求和技术要求,其中与道路运输车辆紧密相关的是车载导航电子地图,主要用于路径规划和导航功能的实现。

3. 数据结构

为了更好地实现地图比例缩放、旋转等特性,现在的电子地图数据主要采用矢量数据结构。采用此种存储方式,对电子地图进行放大、缩小或是不同角度的位置变化都不会改变其形状和显示精度,因而能够更好地满足用户对电子地图中实体的各种显示与操作要求。

矢量电子地图的数据主要由空间数据和属性数据组成,通过地图元素的标识符实现电子地图中这两种数据的映射连接。其中,空间数据(即几何数据)用于描述地图元素的空间位置信息,是指包括在地理中所处的坐标、形状、分布特征信息的数据,不仅反映了元素本身的空间几何信息,还反映了元素之间的空间结构和空间关系。属性数据是用于表征地图元素类型特征的数据,包括分级信息、质量描述信息、数量描述信息以及其他一些特征信息等。

空间数据由描述空间地理实体几何类型的点、线、面数据以及它们之间的拓扑关系构成。通过拓扑关系,用户可以方便地了解地理信息分布,从而便捷实现各种操作。矢量电子地图的数据构成如图 2-9 所示,空间数据的组成介绍如下。

(1)点数据可以表示抽象的地理单个目标或地理单元,主要用来定义电子地图中元素所对应的地理实体的准确地理位置,点数据也称为点图元。

(2)线数据用来表述行政、水路分界线、道路走势等数据信息,这些事物本身可能具有一定宽度,但相较于宽度而言,其形状和长度是地图上的主要特征,因此将这些实体抽象为线图元。线数据记录了实体对象在电子地图中的位置、形状,以及其他附属信息等,不仅为其他类型的数据提供了空间位置依据,而且线数据提供的道路信息是导航系统得以准确运行的基础。

(3)面数据主要用来表征一定类型的现象或实体的区域范围,包括气候类型、行政区域、水域、植被特征等，均可用面数据来表示。这些数据可以通过电子地图为导航系统提供区域级别的实际地理信息。

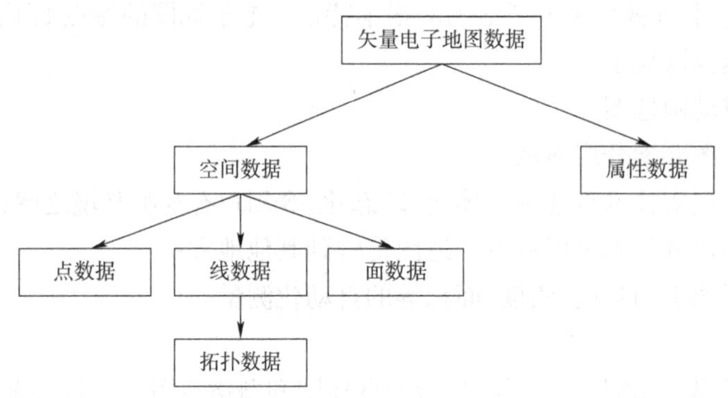

图 2-9　矢量电子地图的数据构成

(4)除去描述地理对象的空间数据，还存在一种与对象位置无关的属性数据。属性数据可以描述地理事物或现象的性质，从语义上对空间数据特性进行了说明，分为定性和定量两大类。定性类型包括实体的名称、所属类型以及相关特性等，例如所属行政区域、气候类型等。定量类型包括实体的数量、等级等，例如车道级别、范围面积、长度特征等。属性数据主要用于各类导航系统中的信息搜索与查询，且随着电子地图导航系统被越来越广泛地应用在实际工程中，属性数据的精准度也成为电子地图质量的评判标准。

(5)拓扑关系可以表述地理事物点、线、面试题之间的空间联系，主要有拓扑包含、拓扑相邻、拓扑连接这几类。拓扑数据的定义为电子地图数据本身的完整性检查、网络路径搜索和实现地理信息处理提供了依据。

随着城市规模越来越大，地图上地物点信息越来越多，为了更加合理地表示电子地图信息，目前电子地图的结构普遍采用了分层的思想，将不同地物信息归类分开表示，如图 2-10 所示。这种分层思想极大地方便了对地图对象的管理，在工程实践中广为开发者所接受。

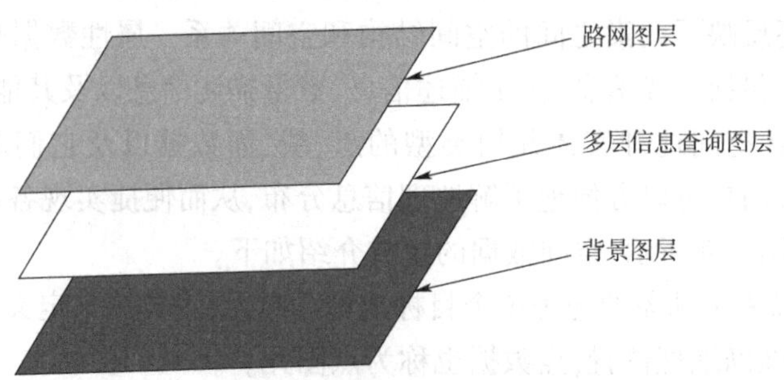

图 2-10　电子地图分层结构示意图

二、道路高精导航电子地图

为了满足当前自动驾驶和车辆高精度定位需求，道路高精导航电子地图得到迅速发展。与传统电子地图相比，道路高精电子地图含有道路网、车道网、道路标线以及道路设施的几何、属性与关系,支持道路动态数据与自定义数据的接入,可以辅助道路交通工具自主智能运动与道路交通精细化管理,且能够与通用导航电子地图协同应用。

一直以来,国内道路高精导航电子地图存在标准不统一且受保密政策制约的问题,严重影响了整个行业的发展。为此,自然资源部于 2023 年 11 月发布了《道路高精导航电子地图数据规范》(CH/T 4026—2023)和《道路高精导航电子地图生产技术规范》(CH/T 4027—2023)行业标准,有助于减少汽车制造商的开发时间并降低不必要的成本,同时保证未来跨品牌车辆使用的高精地图都可以不断共享刷新。

1. *数据内容*

道路高精导航电子地图的数据内容主要包括以下部分。

(1)基础数据包括地图基础数据、区域数据、图幅数据、图层组数据与图层数据。

①地图基础数据包括地图代码、大地坐标系、高程基准等地图基础属性信息。

②区域数据包括区域代码、行政区划等级(省级、地级、县级和乡级)、图幅数量等区域属性信息。

③图幅数据包括索引代码、分幅形式等图幅属性信息。

④图层组数据包括图层组代码,道路网图层组、车道网图层组、道路标线图层组、道路设施图层组、动态信息图层组、自定义图层组等图层组名称,图层总数等图层组属性信息。

⑤图层数据包括图层代码,道路结点层、道路网路口层、道路参考线层、道路虚拟连接线层等 37 种图层名称,图层标识等图层属性信息。

(2)要素数据包括要素共性数据与要素专有数据。要素共性数据包括各要素的共性属性信息,例如关联图层代码、索引代码、空间序列等。要素专有数据包括各要素专有的属性信息,以图层组为划分标准,对要素及其关联关系进行详细规定,实现对道路高精导航电子地图要素专有数据的组织与管理。

(3)其他数据包括动态数据与自定义数据。其中,自定义数据主要是用户根据需求发布的、用于特定应用程序、用于特定应用场景等的数据[如数字高程模型(Digital Elevation Model,DEM)数据、数字地面模型(Digital Terrain Model,DTM)数据、数字正射影像图(Digital Orthophoto Map,DOM)数据],是对现有地图数据的扩展与修改。

道路高精导航电子地图的数据在水平方向采用分区方式,可按区域(行政级别)、图幅进行分区;在垂直方向采用分层方式,按多个维度抽象地图数据。“地图-区域-图幅-图层组-图层-要素”分层组织结构如图 2-11 所示。

2. *要素模型*

现实道路交通网络中的要素由几何与属性两部分构成,且要素间具有某些特殊关系,如图 2-12 所示。

(1)每个要素都具有空间几何信息,具有一个或多个属性,可以与一个或多个其他要素建立关系。根据要素在现实道路交通网络中的作用与特性,可将其划分大类,分属于不同的图层组。

(2)几何是对要素几何表达、空间序列以及要素间拓扑关系的记录。几何表达包括表达形态与表达位置。表达形态根据要素表达类型的不同可分为点、线、面、体。要素表达形态的形状点的地理位置信息记录为空间序列，主要包括道路网与车道网两种几何网络，用于记录相应要素之间的拓扑关系。

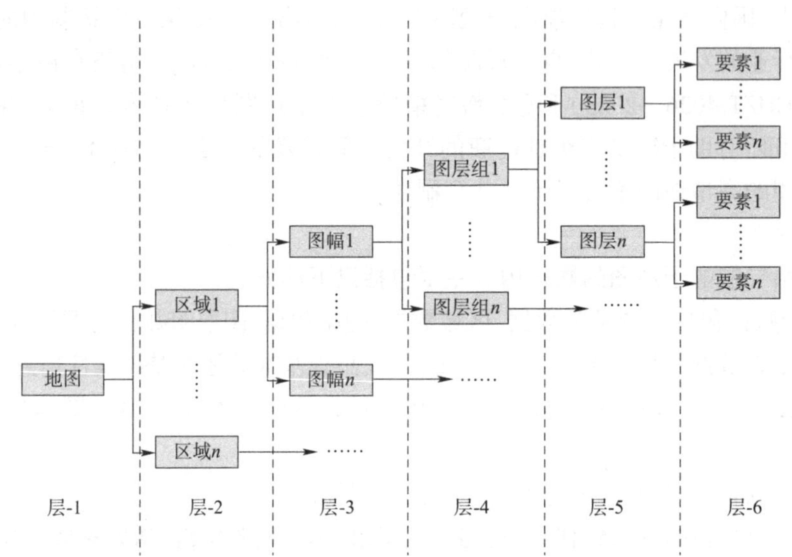

图 2-11　道路高精导航电子地图数据分层组织结构

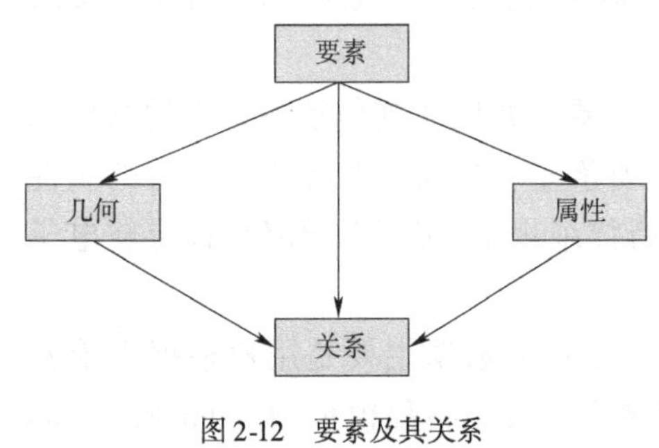

图 2-12　要素及其关系

(3)属性分为空间属性、描述属性和关系属性。空间属性是指与空间位置相关的属性。描述属性是指与空间位置无关或无直接关系的属性。关系属性是记录与本要素存在关联的其他要素的属性。属性可分为多个属性项，属性项用属性名称和属性值来标识，且具有一个或多个属性值。属性可随要素一起存储，也可独立存储，并建立与要素或图层的关联关系。

(4)关系是一个要素所具有的涉及其他要素的特性，用于表达要素之间的非拓扑关系(语义关系)。关系可以存在于同一图层组内，也可以存在于不同图层组之间，可以是要素与要素、要素与图层、要素与图层组、图层与图层组、图层组与图层组之间的关系，道路高精导航电子地图中主要记录图层组与图层组、图层组与通用导航电子地图之间的关联关系。

道路高精导航电子地图图层组的要素划分与表达类型见表 2-3。

道路高精导航电子地图图层组要素划分与表达类型　　表 2-3

序号	图层组名称	图层名称	要素名称	要素表达类型
1	道路网图层组	道路结点层	道路结点	点要素
2		道路网路口层	道路网路口	
3		道路参考线层	道路参考线	线要素
4		道路虚拟连接线层	道路虚拟连接线	

续上表

序号	图层组名称	图层名称	要素名称	要素表达类型
5	车道网图层组	车道结点层	车道结点	点要素
6		车道网路口层	车道网路口	
7		车道参考线层	车道参考线	线要素
8		车道虚拟连接线层	车道虚拟连接线	
9	道路标线图层组	车道线特征点层	车道线特征点	点要素
10		车道线层	车道线	线要素
11		停止线层	停止线	
12		待转区层	待转区	
13		突起路标层	突起路标	
14		轮廓标层	轮廓标	
15		人行横道层	人行横道	面要素
16		面状交通标线层	面状交通标线	
17	道路设施图层组	紧急电话亭层	紧急电话亭	点要素
18		消火栓层	消火栓	
19		道路感知设施层	道路感知设施	
20		线状分离设施层	线状分离设施	线要素
21		交通路障层	交通路障	
22		线状跨路设施层	线状跨路设施	
23		杆状物层	杆状物	
24		道路交通标志层	道路交通标志	面要素
25		交通信号灯层	交通信号灯	
26		减速丘层	减速丘	
27		收费站层	收费站	
28		检查站层	检查站	
29		面状跨路设施层	面状跨路设施	
30		桥梁层	桥梁	
31		隧道层	隧道	
32		路侧建筑物层	路侧建筑物	
33		停车场层	停车场	
34		路内停车位层	路内停车位	
35		安全岛层	安全岛	
36		立杆无棚站台层	立杆无棚站台	
37		一般公交站台层	一般公交站台	体要素

3. 高精地图数据格式

当前业界较为通用的高精地图数据格式有两种，一种是导航数据标准(Navigation Data

Standard Association,NDS),另一种是 OpenDrive。在自动驾驶领域,NDS 基本是高精地图行业默认的专业标准。

NDS 是面向汽车生态系统的地图数据全球标准,由巴伐利亚发动机制造厂股份有限公司(简称宝马)、大众汽车集团(简称大众)、戴姆勒股份公司(简称戴姆勒)等知名国际汽车厂商、系统商以及数据商为主导建立,旨在制定适合汽车制造商、系统供应商以及地图供应商未来发展的标准导航电子地图数据格式。NDS 的突出特点是在兼顾性能和功能的基础上,采用了数据库技术存储地图数据,能够比较好地解决地图增量更新、扩展和数据安全的问题。

OpenDrive 是德国制定的国际通用标准,国内主要是百度的 Apollo 软件平台(简称阿波罗)采用。阿波罗采用的 Apollo OpenDrive 规范是在标准 OpenDrive 规范基础上结合阿波罗在自动驾驶方面的技术积累和实践经验优化而成,在数据表达上更加简单易行,对自动驾驶开发者也更加友好。

三、地图匹配技术的基本步骤

地图匹配技术是将实际观测到的位置数据(如 GNSS 轨迹数据)与地图数据进行对应和匹配的过程。地图匹配技术通过分析和比较位置数据与地图数据之间的差异,找到最佳的匹配关系,从而确定目标在地图上的准确位置。

地图匹配技术通常包括以下步骤。

(1)数据预处理。对观测到的位置数据进行预处理,包括数据清洗、滤波、采样等。这些步骤旨在去除噪声和异常值,提高位置数据的质量和可靠性。

(2)特征提取。从地图数据和位置数据中提取出特征,以便进行后续的匹配计算。地图数据的特征包括道路网络、交叉口、标志物等,位置数据的特征包括位置坐标、速度、方向等。

(3)相似度计算。利用某种相似性度量方法,将位置数据与地图数据进行比较,计算它们之间的相似度或距离。常用的相似度计算方法包括欧氏距离、曼哈顿距离、动态时间规整等。

(4)匹配算法。根据相似度计算的结果,采用匹配算法将位置数据与地图数据进行匹配。常见的匹配算法包括最近邻匹配、最佳路径匹配、隐马尔可夫模型(Hidden Markov Model,HMM)匹配等。

(5)误差校正。对匹配结果进行误差校正,通过消除或减小位置数据与地图数据之间的差异,提高匹配的准确性。常见的误差校正方法包括滤波算法、平滑算法、插值算法等。

(6)结果评估。对匹配结果进行评估,衡量匹配的准确性和可靠性。评估指标包括匹配误差、匹配精度、完整性等。

地图匹配技术广泛应用于交通管理、车辆导航、物流配送、出行分析等领域。它能够将实际位置数据与地图信息结合起来,提供准确的位置信息和导航指引,为用户和系统提供更精确、高效的定位和路径规划服务。

四、地图匹配方法

地图匹配的目的是整合定位数据与空间道路网络数据，识别车辆所行驶的实际连接道路，并确定该连接道路上的车辆位置。如图 2-13 所示，A、B、C、D 为道路节点，道路 AB 和 CD 相交于 A 点，假设车辆的实际位置为 Q 时，P 表示从车辆导航系统 GNSS/DR(Dead Reckoning，航迹推算)获得的位置坐标。由于地图和导航数据中的误差，P 与道路中心线之间会存在一定偏离。地图匹配算法针对定位点 P 识别出正确的连接道路(AB)，并将其迅速跳转到连接道路 AB 上，得到位置坐标 R。

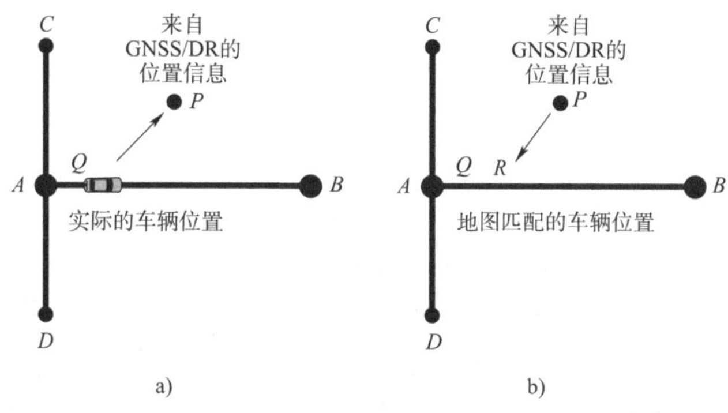

图 2-13 地图匹配概念

一般情况下，任何的地图匹配过程均包括三个主要阶段：初始地图匹配；连接道路上的地图匹配；交叉口处的地图匹配。

初始地图匹配过程的目标是确保第一个定位点能够正确地匹配到所处的道路段。在确定了与第一个定位点相连的选定道路后，该算法会检测车辆是否正在该道路或者其附近的下游交叉口行驶。为了检测车辆与下游交叉口之间的距离，需要利用先前地图匹配中车辆位置与下游交叉口之间的距离、在最后一个时间间隔内车辆行驶的距离以及车辆运动方向(即车辆航向)相对于先前选定的连接道路方向的变化等信息。在第二阶段中，也就是对连接道路的匹配过程中，算法会直接将车辆匹配到先前选择的道路段的最后一个定位点上。如果车辆到达了下游交叉口，地图匹配算法需要正确识别车辆所行驶的道路段。

在初始地图匹配和交叉口处的地图匹配中，算法按照以下三个步骤连续进行：

(1)识别一组位于定位点周围的备选连接道路；

(2)从备选连接道路中选择正确的连接道路；

(3)确定所选择道路段上的车辆位置。

地图匹配算法的重要部分之一是从一组备选道路段中识别出正确的道路段，地图匹配算法的性能也取决于对备选连接道路的识别处理。如果车辆所行驶的正确道路段不在备选连接道路集合中，地图匹配的结果就可能会出现错误。一些现有的地图匹配算法在最终确定正确连接道路之前，会进行一致性检验，旨在确保地图匹配的准确性，避免错误的匹配结果。当从一组备选道路段中识别出错误的道路段时，称为失配。

以下介绍地图匹配的常用算法。

1. 几何地图匹配算法

几何地图匹配算法是利用数字道路网的几何信息,仅考虑连接道路的形状进行地图匹配的算法。在该算法中,最常用的是点对点匹配方法,即将定位修正与最接近的"节点"或道路段的"形状点"进行匹配。这种方法使用一系列数据结构和算法,在给定的点周围选择最近的节点或形状点。点对点匹配方法具有易于实现和运行速度快的优点,但对于网络数字化的方式非常敏感,因此在实际应用中可能存在许多问题。比如,当其他条件相同时,有更多形状点的弧更有可能匹配正确。此外,在有两个端点的直弧中,所有该弧上的定位点只能与弧的末端节点进行匹配。

另一种几何地图匹配算法是点对曲线的匹配方法,该方法将导航系统获取的位置坐标匹配到网络中最接近的曲线上。每条曲线由分段线性的线段组成,通过计算位置坐标到每条线段的距离,选取距离最短的线段作为车辆最有可能行驶的道路线段。相比于点对点匹配,点对曲线的匹配方法提供了更好的结果,但仍然存在一些缺陷,限制了在实际应用中的适用范围。例如,在城市网络中,由于道路密度较高,该方法得到的结果可能非常不稳定。此外,距离最短的线段不一定是车辆行驶的道路线段,这也限制了该方法的准确性。

第三种几何地图匹配算法是将车辆轨迹与已知道路进行比较,也称为曲线到曲线的匹配。该方法首先使用点对点匹配方法确定备选节点,然后从该节点开始构建分段线性曲线,构成一条路径,表示车辆可能行驶的路线。接下来,该方法构造车辆的轨迹,即在定位点的分段线性曲线上进行插值,并计算这条轨迹与对应于道路网的曲线之间的距离。如果某个定位点的轨迹距离某条道路的曲线较近,则该道路被视为车辆可行驶的道路。然而,该方法对异常值非常敏感,且结果准确度取决于点对点匹配的准确度,有时甚至会得到意外的错误结果。

2. 拓扑地图匹配算法

拓扑地图匹配算法是几何地图匹配算法的一种改进方法,通过考虑识别正确道路段时的附加信息来提高匹配准确性。拓扑地图匹配算法使用的附加信息包括历史或过去的匹配信息、车速、车辆转向限制以及空间路网的拓扑信息,这些信息除了道路的几何形状外,还包括连接道路的连通性等其他方面。相比于几何方法,拓扑地图匹配算法通过利用附加信息可以更好地解决实际应用中出现的问题,从而提高匹配的准确性和鲁棒性。拓扑地图匹配算法相较于几何地图匹配算法的基本优点如下:

(1)定位点并非独立使用,且历史/过去的匹配信息也得到了充分利用;

(2)正确道路段的识别处理更合乎逻辑;

(3)空间道路网络的拓扑信息(例如连接道路的连通性)和附加信息,如车速和前进方向,在正确连接道路的识别处理中得到了利用。

早期的拓扑地图匹配算法通过识别距离定位点最近的节点或形状点以及与之连接的道路来确定备选连接道路。一些算法利用车辆的航向信息来为每个定位点识别一组备选连接道路。如果车辆的航向与道路段的方向不一致,则将该道路段从备选路段中排除。如果算法可以获得可靠的先前地图匹配位置,就可以利用网络拓扑结构(即道路的连通性)进行当前定位点的地图匹配,这意味着此算法利用与先前地图匹配的连接道路相连的道路段来确定当前的道路段。近年来,算法的开发中引入了定位点误差圆的概念,误差圆的半径主要取决于即时位置数据(例如方差、东向和北向的协方差)的质量。所有在误差圆内或接触误差圆边界的连接道路被认为是针对该定位点的备选连接道路。

根据不同的准则,如车辆运动方向和连接道路方向的相似性以及定位点与连接道路的接近程度,基于权重的拓扑地图匹配算法会为所有备选连接道路分配权重。同车辆运动方向一致的连接道路应被赋予较大的权重,距离定位点更近的连接道路应被赋予较大的权重。此外,空间道路网络(如连接道路的连通性和转向限制)的拓扑信息也被用作加权参数。例如,一条连接道路与先前行驶过的连接道路相连,并且法律允许车辆转弯到该连接道路,则该连接道路应被赋予较大的权重。但连接道路连通性和转向限制的信息对于初始地图匹配(即针对第一个定位点的地图匹配)是无效的,因为对于第一个定位点而言,先前行驶过的道路段是未知的。最终,具有最高总加权分数的备选连接道路将被选定为交叉口处的正确连接道路,定位点在正确连接道路上的垂直投影提供了车辆在路段上的位置。总加权分数的计算方法见式(2-11)。

$$\mathrm{TWS}_j = W_\mathrm{h} + W_\mathrm{p} + W_\mathrm{c} + W_\mathrm{t} \tag{2-11}$$

式中:TWS_j——总权重分数;

W_h——针对前进方向的权重分数,表示车辆运动方向与连接道路方向的相似性;

W_p——针对接近度(定位点与连接道路的接近程度)的权重分数;

W_c——针对连接道路与先前行驶过的连接道路之间的连通性的权重分数;

W_t——转向限制的权重分数。

3. 高级地图匹配算法

任何地图匹配算法都需要输入一定范围内的数据,包括定位数据、数字地图数据和空间道路网络数据的拓扑特征。定位数据包括 GNSS 东向和北向坐标(即 X 坐标和 Y 坐标)、车辆航向(即车辆相对于北向的行驶方向),以及以 m/s 为单位的车速数据。数字地图数据包括节点数据和连接道路数据,节点数据包括节点 ID、节点的东向和北向坐标(即 X 坐标和 Y 坐标),连接道路数据包括路段 ID 以及每个连接道路的起始节点和结束节点。其他可能的输入数据包括道路之间的连通性、交叉口处的转向规则和限制信息、交通限速、道路类型(例如单向或双向道路)、定位解的质量指标[如水平精度因子(Horizontal Dilution of Precision, HDOP)],以及有关备选连接道路的原始 GNSS 定位点和数字道路地图的误差信息。在高级地图匹配算法中,通常还会引入许多新的输入数据,以便精准确定车辆所行驶的正确道路以及车辆在所选道路上的位置。例如,一种基于模糊逻辑的地图匹配算法,除基本车辆位置数据和数字地图数据外考虑了以下附加信息:①该车辆的速度;②连接道路之间的连通性;③定位解算的质量,如 HDOP;④有关备选连接道路的定位点位置。

高级地图匹配算法和拓扑地图匹配算法的基本步骤非常相似,按照以下流程进行。

(1)备选连接道路的识别。根据车辆位置和数字地图数据,确定与车辆当前位置相邻的一组备选连接道路。

(2)正确连接道路的识别。通过分析车辆行驶方向、速度和转弯情况等信息,从备选连接道路中识别出最有可能的正确连接道路。

(3)车辆在所选连接道路上位置的识别,并对此进行一致性检验。利用车辆当前位置和连接道路的几何特征,计算车辆在所选连接道路上的位置,并通过一致性检验来验证地图匹配结果的准确性。

这些高级地图匹配算法被应用于正确连接道路的识别处理中,同时也提高了二维平面精度。这是因为识别和定位精度之间存在内在联系,如果车辆被定位在错误的道路段上,其定位精度将会降低,反之亦然。通常,水平精度可以分为两部分:顺轨误差和横轨误差。顺轨误差表示沿着道路方向的地图匹配点的位置偏差,而横轨误差则表示与道路方向交叉的地图匹配点的位置偏差。在图2-14中,原始定位点P归属于点M处的道路中央线(X,Y),点A代表该定位点的实际车辆位置。实际(真实)的位置可以由具有高精度的测量手段[如GNSS载波相位观测值(即精确GNSS的观测值),及高质量的惯性导航系统等独立的来源]获得。在图2-14中,实际车辆位置(点A)与地图匹配的车辆位置(点M)之间的距离为水平误差,其相应的组成部分为顺轨误差和横轨误差。

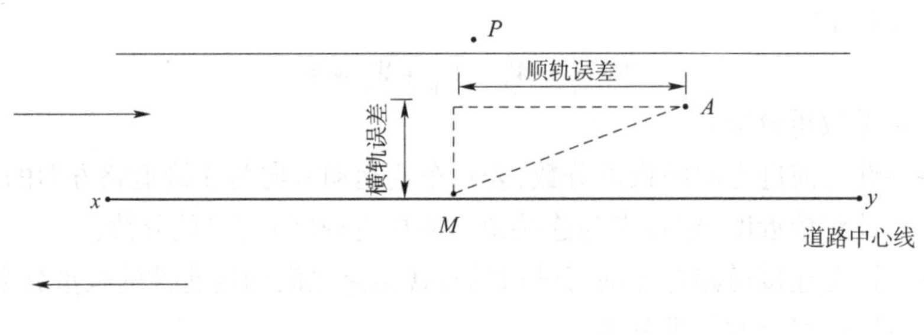

图2-14 地图匹配误差

地图匹配算法的精度不仅取决于所使用的算法类型,以及原始GNSS数据输出的质量,还受到数字地图质量的影响。研究表明,空间道路网络数据的质量对地图匹配算法的性能有着重要影响。

五、地图匹配定位误差分析

地图匹配定位误差主要是由局部搜索范围正确性问题引起的。局部搜索范围正确性即道路选择的正确性,是地图匹配中极大的影响因素,在选择道路正确的情况下,才能继续之后的地图匹配过程。造成道路选择错误的原因主要包括路况引起的误差、传感器误差、高精度地图误差及算法误差等方面。

(1)路况引起的误差。真实道路的情况复杂多变,无法保证汽车在各种复杂路况上都能够正确地提取特征,并实现正确定位。车速变换将会影响传感器采集数据的质量,车速越快,质量越低,甚至产生运动模糊、失真等情况。在没有配备INS的定位系统中,各种路况下造成的汽车轮胎漂移及路面颠簸等情况都可能使激光点云数据发生畸变、抖动和运动模糊等问题。与此同时,实际行驶情况中汽车有时会离开道路,这将导致道路匹配错误并引起误差。

(2)传感器误差。进行地图匹配需要利用传感器(如激光雷达、摄像头)的量测信息,这些数据存在误差将直接影响定位效率与准确程度。

(3)高精度地图误差。在实际使用中,一般默认高精度地图的精度比传感器获得的数据精度高,但实际上,高精度地图同样有可能存在较大误差。在地图数据本身存在误差时,即使在正确选择道路的情况下也会引入误差。

(4)算法误差。在地图匹配过程中,不可避免地存在因算法的缺点而导致发生错误匹配,发生错误匹配会对之后的地图匹配定位结果产生恶劣影响。

第三节 常用车载智能化传感器和执行器

汽车传感器主要是在车辆动力总成系统、车身控制系统以及底盘系统中进行信息的采集和传输,汽车传感器采集的信息由电控单元处理后,形成向执行器发出的执行指令,完成电子控制。传感器被分为两个类别:一般车载传感器和感知传感器。一般车载传感器主要用于采集汽车运行自身状态数据,已在商用汽车中得到大规模应用;感知传感器用于采集汽车行驶环境的外部数据,但由于成本因素目前市场普及率仍然不高。执行器按所用驱动能源分为机械、电动、气动或液压执行器、压电执行器和热双晶执行器。执行器作为电控系统的一个元件,从微小处体现了汽车智能化发展的势不可挡。

一、一般车载传感器

1.速度传感器

汽车的速度传感器主要有发动机转速传感器、车速传感器、车轮转速传感器,这几类速度传感器的主要作用和功能分别介绍如下。

(1)发动机转速传感器用于检测发动机转速,并把检测结果输入到汽车仪表系统显示发动机工况或输入发动机控制系统和底盘某些控制系统的发动机控制单元(Engine Control Unit,ECU),用于燃油喷射量、点火提前角、动力传动等控制,其构造如图2-15所示。发动机转速的检测通常利用曲轴位置传感器的检测信号实现,主要类型有包括电磁感应式、霍尔式和光电式。

大众第二代EA888发动机转速传感器G28的信号轮安装在曲轴后部,传感器安装在缸体上,对准信号轮的部位。曲轴每转一圈,信号轮能够在传感器的线圈上产生58个信号电压,其中57个信号电压的高低电平各占3°的曲轴转角时间,1个信号电压的高电平占3°的曲轴转角时间、低电平占15°的曲轴转角时间。

(2)车速传感器用于检测汽车行驶速度,并把检测结果输入给汽车仪表系统,用于显示车速或用于自动变速器系统、巡航定速系统等。车速通常通过直接或间接检测汽车轮胎的转速获得,主要类型有电磁感应式、光电式、可变磁阻式和霍尔式等。

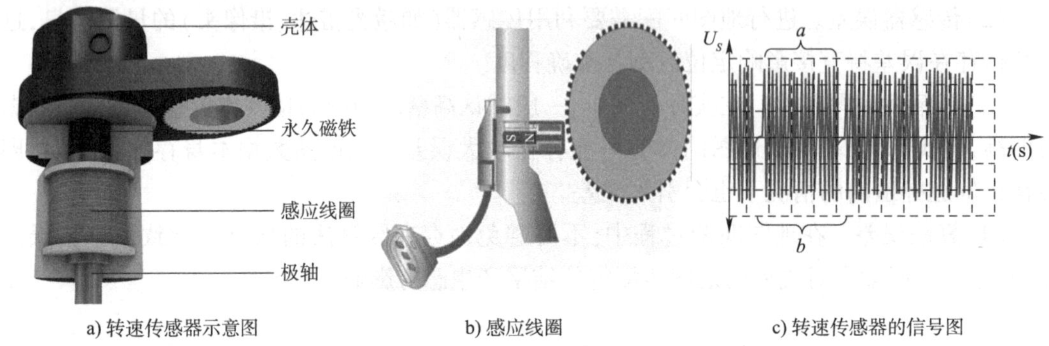

图 2-15　发动机转速传感器

a-58 个波形；b-1rad；U_S-感应电压；t(s)-时间

如图 2-16 所示为电磁式车速传感器结构，其中车速传感器由永久磁铁和电磁感应线圈组成，它被固定安装在变速器输出轴附近的壳体上，输出轴上的驻车锁定齿轮为感应转子。

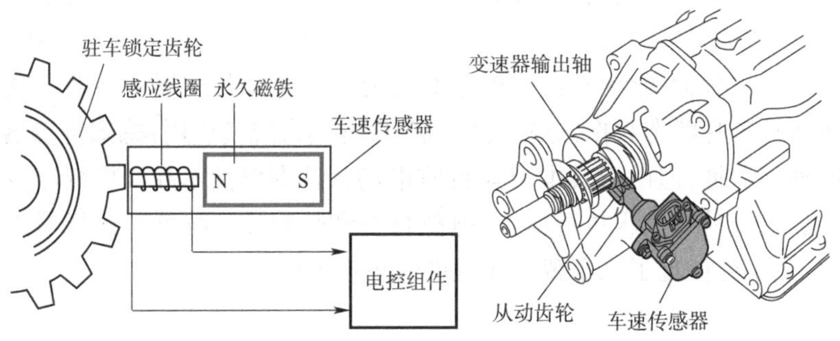

图 2-16　电磁式车速传感器结构

当变速器输出轴转动时，驻车锁定齿轮的凸齿不断地靠近或离开车速传感器，使线圈内的磁通量发生变化，从而产生交流电。车速越高，输出轴转速也越高，感应电压脉冲频率也越高，电控组件根据感应电压脉冲的频率计算汽车行驶的速度。

(3) 车轮转速传感器用于检测车轮转速，并把检测结果输入防抱死制动系统（Anti-lock Braking System，ABS）、语音识别（Automatic Speech Recognition，ASR）、电子制动力分配（Electronic Brakeforce Distribution，EBD）或车身电子稳定系统（Electronic Stability Program，ESP）等系统的 ECU，以获取车轮的转速状况并用于汽车的制动或驱动控制。车速传感器通常通过检测汽车传动系统的转动，再换算为汽车驱动轮的转速间接获得；而轮速传感器一般是直接检测车轮的转速且所有车轮的转速均检测，主要包括电磁式和霍尔式两类。

如图 2-17 所示为电磁式轮速传感器，传感器探头安装在不随车轮旋转的部件（如转向节、悬架支承、半轴套管或制动底板）上，齿圈安装在随车轮旋转的部件（如轮毂、制动盘或半轴）上。电磁式轮速传感器的优点是结构简单、成本低、对粉尘污染不敏感且传感头不需外接电源；不足之处是输出信号的幅值和频率受转速影响大，抗电磁波干扰能力差，易产生误信号，适用于车速 15～160km/h 的情况。

霍尔式轮速传感器利用外部导磁零件运动引起磁场变化，改变作用于霍尔元件上的磁场强度，从而产生霍尔电压信号，信号经过内藏式集成芯片处理后可直接为控制系统提供电压信号,如图2-18所示。相比电磁式轮速传感器,霍尔式轮速传感器具有输出信号电压幅值不受转速的影响、频率响应高、抗电磁波干扰能力强的显著优点。

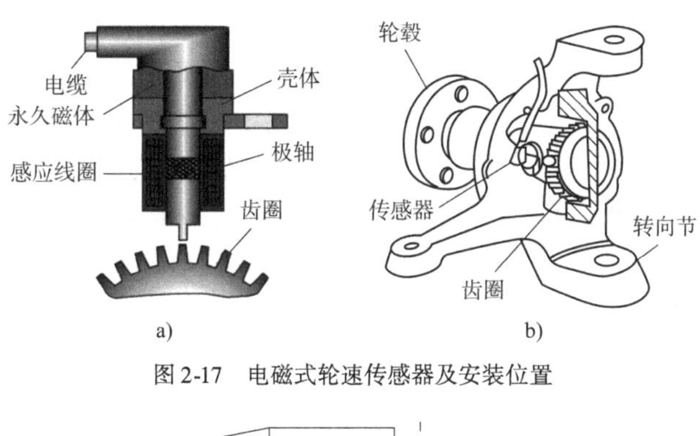

图2-17 电磁式轮速传感器及安装位置

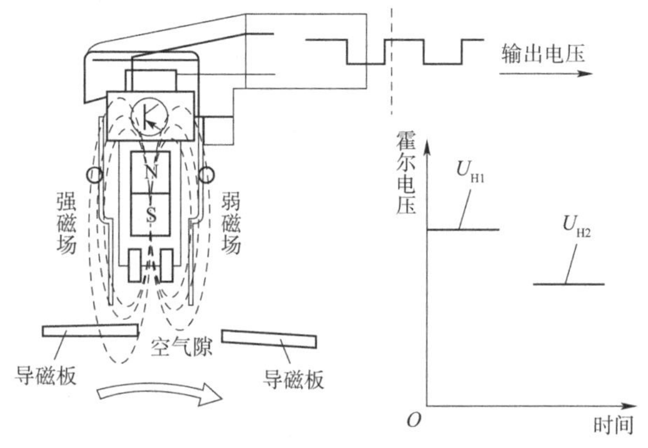

图2-18 霍尔式轮速传感器

2. 温度传感器

应用在汽车中的温度传感器有冷却液温度传感器、进气温度传感器、排气温度传感器、油温度传感器、蒸发器出口温度传感器和车内(外)温度传感器等,其位置如图2-19所示。温度传感器的作用是检测气体液体的温度,并把检测结果转换成电信号输入给ECU。根据结构、用途的不同分类,对温度传感器作以下介绍。

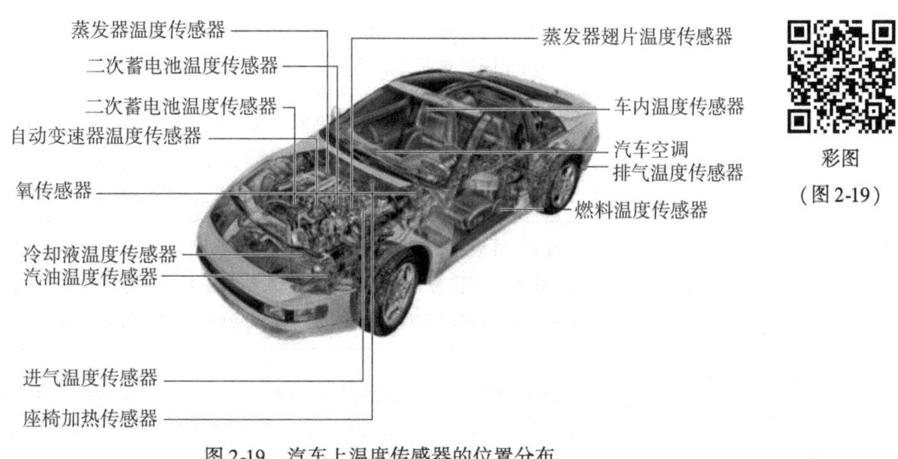

彩图
(图2-19)

图2-19 汽车上温度传感器的位置分布

(1)按结构原理分类,有热电耦式、线绕电阻式、热敏电阻式等温度传感器以及石蜡式、双金属片式和热敏铁氧体等非电量温度传感器。

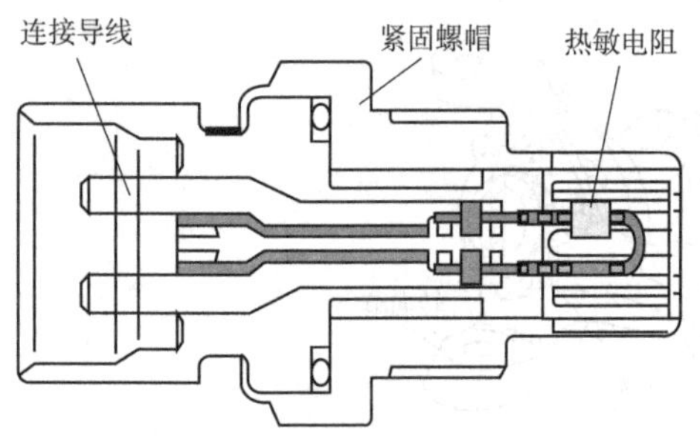

图 2-20 NTC 热敏电阻结构

热敏电阻式温度传感器利用陶瓷半导体材料的电阻值随温度变化而变化的特性测量温度。主要分为负温度系数(NTC)型热敏电阻和正温度系数(PTC)型热敏电阻,汽车上的冷却液、进气管、蒸发器出口、车内外等处的温度检测普遍采用 NTC 热敏电阻,如图 2-20 所示。

热敏电阻式温度传感器灵敏度高,响应特性较好,但线性差,适应温度较低;线绕电阻式温度传感器精度高,但响应特性差;热电偶温度传感器精度高,测量温度范围宽,但需要配合放大器和冷端处理器使用。

(2)按用途分类,各种温度传感器按用途分类的具体内容见表 2-4。

各种温度传感器及用途 表 2-4

温度传感器	用途
冷却液温度传感器	发动机冷却液温度传感器的细长头部与冷却液接触,内部装有负温度系数的热敏电阻;当发动机冷却液温度发生变化时,传感器的输出电压也随之发生变化;ECU 收到冷却液温度传感器的信号后,对发动机的喷油时间和点火时间进行修正
进气温度传感器	进气温度传感器用于监测发动机进气管路中的空气温度,并将空气温度转换成电压信号输送给发动机控制模块(Engine Control Module,ECM),ECM 根据此信号实现控制功能
排气温度传感器	排气温度传感器可帮助发动机控制单元(ECU)确定燃料-空气混合比和点火正时;通过持续监测排气温度,ECU 可以优化燃烧过程,以获得更好的性能并减少排放。这可确保发动机在所需的温度范围内运行,从而最大限度地提高效率并降低过热或损坏的风险
液压油温度传感器	液压油温度传感器是专门为测量在液压系统内的液压油温度而设计的,是为了维持液压设备适当工作温度的重要组成部分。通过监测液压油温度,该传感器有助于防止因过热而导致的效率下降以及对系统的潜在损坏
蒸发器温度传感器	蒸发器温度传感器中热敏电阻的工作原理与车内、车外温度传感器相同,通过测量蒸发器表面温度,可以修正混合门位置,控制压缩机,并在蒸发器表面温度低于一定值时,使压缩机停止工作,以防止蒸发器表面结霜
车内、外温度传感器	车内、外温度传感器都是热敏电阻式温度传感器,用于测量车内、外的空气温度,并将温度信号转化为电信号输入到空调控制系统的 ECU 中,实现汽车空调控制系统对温度的控制,以保持汽车内部温度恒定在设定的温度范围
废气再循环(Exhaust Gas Re-circulation,EGR)监测温度传感器	EGR 监测温度传感器负责监测废气在再循环回发动机之前的温度。帮助发动机控制单元(ECU)调节 EGR 流量,确保最佳燃烧状态并减少有害排放

3. 压力传感器

压力传感器在汽车中的作用是检测气体或液体的压力变化情况，并把检测结果转换成电信号输入给电控单元，通常应用于发动机的进气歧管处检测大气压力变化、检测涡轮增压机的增压压力、检测悬架系统的油压、实时检测轮胎压力、测量气缸内混合气燃烧压力等。

汽车压力传感器可按结构、信号产生原理、信号产生的应用进行分类。

(1)汽车压力传感器按结构的不同可分为以下几种类型。

①电磁式，或称膜盒传动的可变电感式、差动变压器组合式。敏感元件有膜盒、波纹管、U 形管等。

②压阻效应式。压阻效应是指半导体受到应力作用时，由于载流子迁移率的变化，其电阻率发生变化的现象。半导体压阻式传感器因具有灵敏度高、动态响应好、精度高、易于微型化和集成化等特点而应用广泛。

③电阻-应变效应式。电阻-应变效应是指金属导体的电阻在导体受力产生变形(伸长或缩短)时发生变化的现象。

(2)汽车压力传感器按信号产生原理的不同可分为以下几种类型。

①电压型，包括压阻效应式(或半导体压敏电阻式)压力传感器和电磁式(膜盒传动的可变电感式)压力传感器。

②频率型，包括电容膜盒式压力传感器和表面弹性波式压力传感器。

(3)汽车压力传感器按信号产生的应用的不同可分为以下几种类型。

①进气歧管压力传感器，用于检测歧管压力、间接获取 EFI 系统流量、EGR 控制。

②大气压力传感器，用于检测大气压力、修正空燃比。

③制动主缸压力传感器，用于检测制动主缸压力。

④蓄压器压力传感器，用于检测蓄压器压力。

⑤空气滤清器真空开关，用于检测压力差，判断滤清器是否堵塞。

⑥机油压力开关，用于检测发动机有无机油压力。

⑦变速器油压力传感器，用于检测变速器油压、控制换挡。

⑧轮胎气压传感器，用于检测轮胎气压是否过高。

二、感知传感器

1. 毫米波雷达传感器

毫米波雷达传感器(图 2-21)是为汽车提供环境感知、规划决策的智能传感器之一，其核心原理为通过发射微波、声波或激光并接收回波来进行物体探测，是自动驾驶的核心传感器，起到无人驾驶汽车“眼睛”的作用，为无人驾驶提供安全保障。

毫米波雷达是工作在毫米波波段的雷达。毫米波是指波长为 1 ~ 10mm 的电磁波，对应的频率范围为 30 ~ 300GHz。毫米波位于微波与远红外波相交叠的波长范围，所以毫米波兼有这两种波谱的优点，同时也有自己独特的性质。

彩图
(图2-21)

a)

b)

图2-21 毫米波雷达传感器

毫米波雷达测距原理为毫米波雷达通过天线向外发射毫米波接收机接收目标反射信号,经信号处理器处理后,即可快速准确地获取汽车周围的环境信息。

毫米波雷达的优点如下:

(1)毫米波雷达探测距离远,探测性能好;

(2)响应速度快,适应能力强;

(3)抗干扰能力强。

毫米波雷达的缺点如下:

(1)覆盖区域呈扇形,有盲点区域;

(2)无法识别交通标志和交通信号灯。

毫米波雷达可以按照工作原理、频段和探测距离进行分类,见表2-5。

各种毫米波雷达的参数 表2-5

参数	短程毫米波雷达	中程毫米波雷达	远程毫米波雷达
频带(GHz)	24	76~77	77~81
带宽(GHz)	4	0.6	0.6
测距范围(m)	0.15~60	1~100	10~250
最大视角(°)	±80	±40	±15
测距精度(m)	±0.02	±0.1	±0.1
方位精度(°)	±1	±0.5	±0.1
测速精度(m/s)	0.1	0.1	0.1

短程毫米波雷达主要安装在汽车车身的边缘区域,用来探测靠近汽车的物体(其他车辆、栏杆等)。此外,短程毫米波经常被用来监控汽车的后方区域,有时也用于辅助前方区域的远程毫米波雷达工作。远程毫米波雷达通常安装在前保险杠的中间,主要用于正面防撞;极少情况下,也可安装在后保险杠上,或者将两个远程毫米波雷达同时安装在前保险杠上,以此扩展前方的视野范围。短程毫米波雷达的探测范围是有限的,为了满足不同探测距离的需要,可以组合配置各种短程、中程和远程毫米波雷达。根据实现功能的不同,毫米波雷

达类型、数量以及安装位置都需要进行最优设计和配置。短程和远程毫米波雷达功能对比如图 2-22 所示。

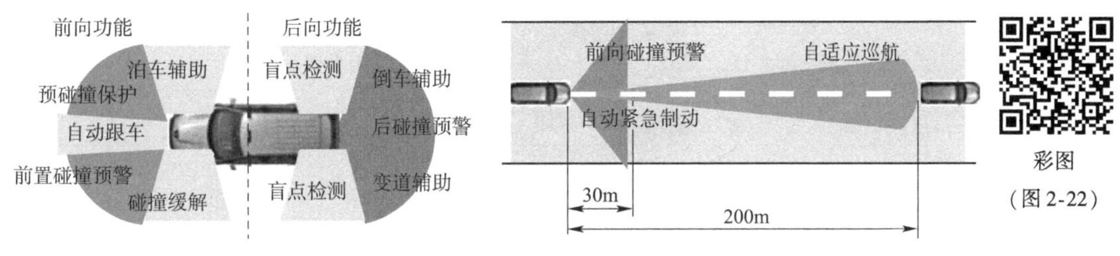

a) 短程毫米波雷达(24GHz)功能　　b) 远程毫米波雷达(24GHz)功能

图 2-22　短程和远程毫米波雷达功能对比

2. 激光雷达传感器

激光雷达是工作在光波频段的雷达，利用光波频段的电磁波先向目标发射探测信号，然后将其接收到的回波信号与发射信号相比较，从而获得目标的位置(距离、方位和高度)、运动状态(速度、姿态)等信息，实现对目标的探测跟踪和识别。

激光雷达按有无机械旋转部件分类，可分为机械激光雷达和固态激光雷达。机械激光雷达带有控制激光发射角度的旋转部件，而固态激光雷达则依靠电子部件来控制激光发射角度，无需机械旋转部件。激光雷达传感器的常见应用场景如图 2-23 所示。

a)　　b)

图 2-23　激光雷达传感器的应用场景

由于内部结构有所差别，两种激光雷达的体积大小也不尽相同。机械激光雷达体积较大、价格昂贵、测量精度相对较高，一般置于汽车外部。固态激光雷达尺寸较小、性价比较高、测量精度相对低一些，但可隐藏于汽车车体内，不会破坏外形美观。固态激光雷达的优势是响应速度快，控制电压低，扫描角度大，价格低。

根据线束数量的多少，激光雷达又可分为单线束激光雷达与多线束激光雷达。顾名思义，单线束激光雷达扫描一次只产生一条扫描线，所获得的数据为 2D 数据，因此无法区别有关目标物体的 3D 信息。单线束激光雷达具有测量速度快、数据处理量少等特点，多被应用于安全防护、地形测绘等领域。多线束激光雷达扫描一次可产生多条扫描线，目前市场上多线束产品有 4 线束、8 线束、16 线束、32 线束、64 线束等。

激光雷达的组成如图 2-24 所示，由发射模块、接收模块和扫描模块组成。

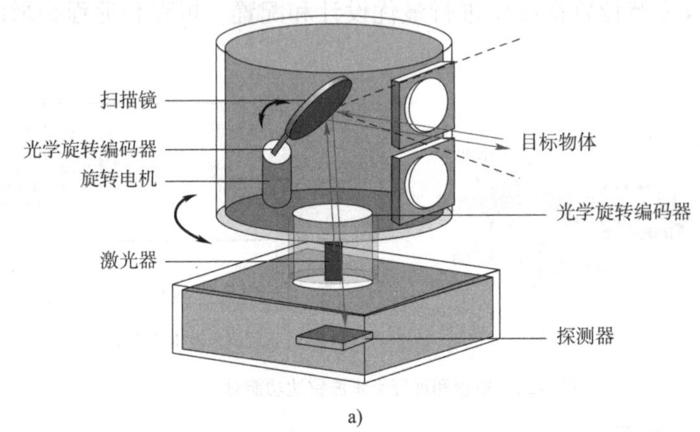

a)

彩图
（图2-24）

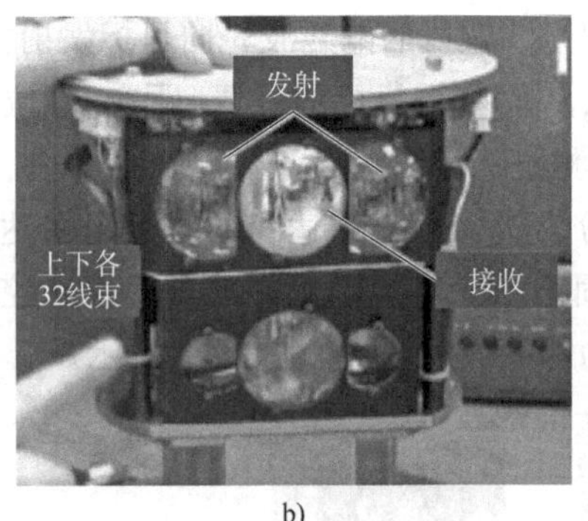

b)

c)

图2-24 激光雷达组成

（1）发射模块。发射端主要是激光器，最具有代表性的有NdYAG固体激光器、CO_2气体激光器、GaAlAs半导体二极管激光器、光纤激光器等。

（2）接收模块。接收端又叫光电探测器，原理是利用光电效应，把光信号转换为电信号。

（3）扫描模块。扫描式激光雷达用到光学扫描器，混合式激光雷达以MEMS振镜为扫描器，相控阵激光雷达以相控阵器件为扫描器。相控阵雷达的扫描器最难实现，其主要问题在于如何改变各个单元的相位，目前可通过电光效应、电吸收效应、自由散流效应、液晶等方法，但还没有兼顾成本与效果的解决方案。

激光雷达的优点如下：

（1）全天候工作，不受光照条件的限制；

（2）激光束发散角小、能量集中，有较高的分辨率和灵敏度；

（3）可以获得幅度、频率和相位等信息，可以探测从低速到高速的目标；

（4）抗干扰能力强，隐蔽性好；

（5）激光不受无线电波干扰。

激光雷达的缺点如下：

（1）雨雪、雾霾等恶劣天气精度下降；

（2）激光雷达难以分辨交通标识的含义和红绿灯颜色；

（3）由于接收的是光信号，易受太阳光、其他车辆的激光雷达等光线的影响。

3. 视觉传感器

自汽车诞生至今,声音和视觉系统已成为汽车领域发展最快的技术。车载摄像头是智能汽车的重要视觉传感器,功能是监控汽车内外环境以辅助驾驶人行驶。

用于车道和交通标志识别以及物体探测(行人、汽车等)等的视觉系统可分为:电荷耦合器件传感器(Charge Coupled Detector,CCD)、互补金属氧化物半导体传感器(Complementary Metal Oxide Semiconductor,CMOS)、红外线传感器(Infrared Transducer,IR)、智能视觉系统,介绍如下。

(1)电荷耦合器件传感器(CCD)和互补金属氧化物半导体传感器(CMOS)。图像传感器主要分为CCD图像传感器和CMOS图像传感器两大类,目前CMOS已经成为图像传感器市场的主导产品。CCD和CMOS图像传感器的主要区别在于二者感光二极管的周边信号处理电路和对感光元件模拟信号的处理方式不同。

CCD图像传感器中感光元件接受的模拟信号直接进行依次传递,在感光元件末端将所传递的模拟信号统一输出,并由专门的数模转换芯片及信号处理芯片进行放大、数模转化及后续数字信号处理,CCD图像传感器具有高解析度、低噪声等优点,但生产成本相对较高,主要用于专业相机、摄影机等设备。

CMOS图像传感器中每个感光元件均能够直接集成放大电路和数模转换电路,无需进行依次传递和统一输出,再由图像处理电路对信号进行进一步处理,CMOS图像传感器具有成本低、功耗小等特点,且其整体性能随着产品技术的不断演进而持续提升。目前,全球主要CMOS图像传感器供应商包括三星集团(简称三星)、索尼株式会社(简称索尼)、豪威科技股份有限公司(简称豪威科技)等。

(2)红外线传感器(IR)。车载红外相机采用的是红外热成像技术,在军事、消防、医疗、工业生产、海关中的应用已非常广泛。疫情期间,公共场所负责体温检测的设施,应用的就是红外热成像技术。

车载红外相机的核心零部件包括镜头、探测器、处理电路及图像处理软件。物体的红外辐射经镜头聚焦到探测器上,探测器对接收到的红外辐射进行光电处理,然后根据目标与背景或目标各部分之间的温差或热辐射差,通过图像处理软件处理得到电子视频信号,最后生成人眼可见的红外图像。红外热成像探测器作为车载相机的核心部件,是探测、识别和分析物体红外信息的关键,其性能直接决定了设备最终成像的分辨率和灵敏度,其探测原理如图2-25所示。

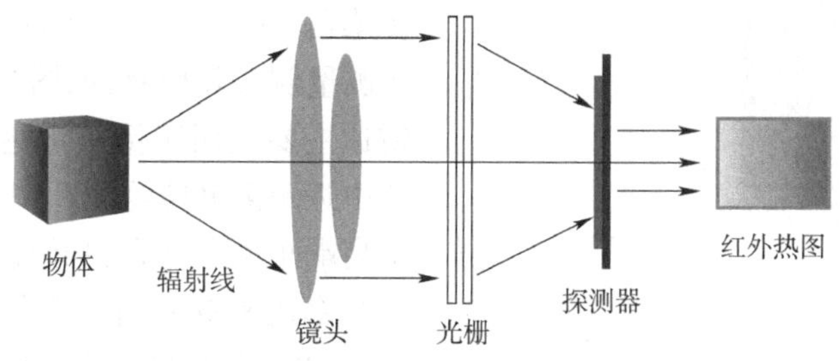

图2-25 车载红外相机的探测原理

(3)智能视觉系统。智能视觉系统是一种视野上的视觉感受,将驾驶安全和智能化技术提升到了一个新的高度,即平视显示系统。

平视显示系统(Head Up Display,HUD)是指不用低头看仪表显示,平视前方即可读取车辆信息的一种显示系统,通常也称为抬头系统,如图2-26所示。系统用于将重要的车辆参数直接投影显示在驾驶人的视线范围之内,使驾驶人总是能在基本的视野中获得与驾驶相关的各种信息。HUD的使用为驾驶人带来了便利,更重要的是将驾驶安全性提升到新的高度,实用性强,驾驶人不必低头(因为低头可能存在着很高的危险性,车速在120km/h的情况下,每低一次头看仪表就相当于盲开了50m左右)就可以看到信息,从而避免分散对前方道路的注意力,很大程度上也可避免眼睛的疲劳,华为技术有限公司(简称华为)研发的AR-HUD是如今技术较为先进的模拟系统,其显示界面如图2-27所示。

图2-26　平视显示

图2-27　华为AR HUD

4.超声波传感器

超声波雷达的工作原理是通过从超声波发射装置向外发出超声波,到接收器接收到超声波的时间差来测算距离。超声波雷达成本低,在短距离测量(探测范围为0.1~3m)中具有优势,而且精度较高,因此非常适合应用于泊车。但超声波雷达测量距离有限,且很容易受到恶劣天气的影响。

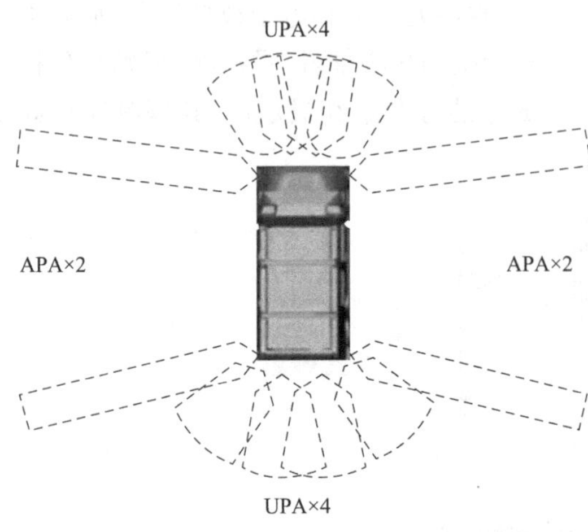

图2-28　超声波雷达在汽车中的应用

超声波雷达一般安装在汽车的保险杠或者侧面,前者称为超声波驻车辅助传感器(Ultrasonic Parking Assistant,UPA),一般用于测量汽车前后障碍物,后者称为自动泊车辅助传感器(Automatic Parking Assistant,APA),用于测量侧方障碍物,如图2-28所示。超声波雷达主要应用于倒车雷达,以及自动泊车系统中近距离障碍监测。倒车雷达的应用已经由高端车型下沉到中低端车型,渗透率较高,前装率达80%左右。倒车雷达系统通常需要4个UPA超声波雷达,自动泊车雷达系统需要6~12个超声波雷达,典型配置是8个

UPA 和 4 个 APA。APA 是自动泊车辅助系统的核心部件,探测距离较远,可用作探测车位宽度,获得车位尺寸及车辆的位置信息。

超声波雷达的技术方案,一般有模拟式、四线式数位、二线式数位、三线式数位四种,其在信号干扰的处理效果上依次提升,在技术难度、装配上各有优劣,模拟式占据主要市场,比较详情如表 2-6 所示。目前市场上使用较多的是模拟式技术方案,其优点为产品成本低,但易受外界环境干扰。未来智能化趋势下,数位式技术方案的应用将更为广泛且更受欢迎。在数位式技术方案中,信号数字化可以极大程度地提高雷达的抗干扰能力。

超声波雷达技术方案对比表 表 2-6

对比项	模拟式	四线式数位	二线式数位	三线式数位
信号抗干扰能力	基础滤波,适用于低噪声环境	数字滤波,支持多频段噪声抑制	实时数字信号处理,动态噪声消除	自适应数字信号处理,AI 降噪优化
技术难度	简单,传统模拟电路设计	中等,需集成数字信号处理模块	较高,需高精度时序控制	高,需复杂算法支持
装配复杂度	简单,接线少	中等,需四线连接	较简单,仅需双线	复杂,需专用接口
典型应用	基础近距离障碍物检测	中短距离泊车辅助系统	全自动泊车系统(APS)	智能驾驶辅助系统(ADAS)

三、执行器

(一)车辆执行器分类

执行器是自动控制系统中必不可少的重要组成部分,作用是接收控制器送来的控制信号,改变被控介质的大小,从而将被控变量保持在所要求的数值或一定的范围内。在汽车电子控制系统中,执行器用于接收 ECU 的控制指令,并对控制对象实施相应的操作。

在车辆中使用的通用执行器是燃油泵、喷油器、燃油压力调节器、怠速执行器、火花塞、点火线圈、可变进气控制系统、冷却风扇,以及空调(Air Condition,A/C)压缩机。随着近几年来科学技术的不断发展,各类执行机构正逐步向智能化的方向发展,执行器也将用于更复杂的应用功能,如自动制动和紧急情况下的转向控制,甚至以全自动方式驱动车辆。

执行器按其能源形式可分为气动、电动和液动三大类,它们各有特点,适用于不同的场合。

1. 气动执行器

气动执行器有角行程气动执行器和直行程气动执行器两种。气动执行器的执行机构和调节机构是统一的整体,其执行机构有薄膜式[图 2-29a)]和活塞式[图 2-29b)]两类。活塞式行程较长,适用于要求有较大推力的场合,不但可以直接带动阀杆,还可与蜗轮蜗杆等配合使用;而薄膜式行程较短,只能直接带动阀杆。气动执行器分为正作用和反作用两种形式,正作用形式就是信号压力增大,推杆向下;反作用形式就是信号压力增大,推杆向上。执行机构的输出位移与输入气压信号成正比例关系，信号压力越大，推杆的位移量也越大。当压力与弹簧的反作用力平衡时，推杆稳定在某一位置。

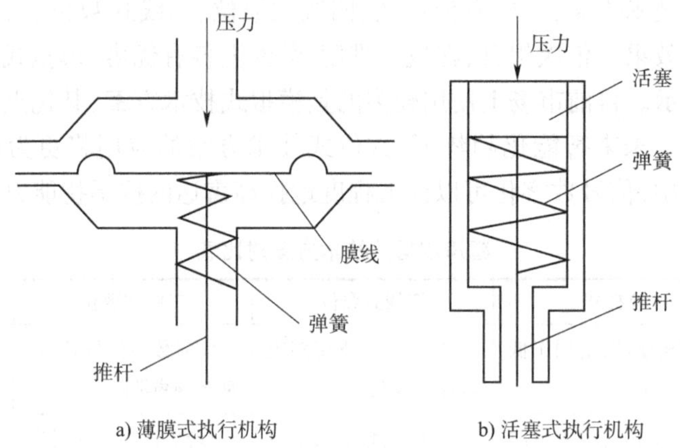

图 2-29　气动执行器的执行机构

随着气动执行器智能化的不断发展，智能阀门定位器成为其不可缺少的配套产品。智能阀门定位器内装高集成度的微控制器，采用电平衡原理代替传统的力平衡原理，将电控命令转换成气动定位增量来实现阀位控制；利用数字式开、停、关的信号来驱动气动执行机构的动作，阀位反馈信号直接通过高精确度的位置传感器，实现电气转换功能。智能阀门定位器具有提高输出力和动作速度、调节精确度(最小行程分辨率可达 ±0.05%)、克服阀杆摩擦力、实现正确定位等优点。正是由于这些配套产品的不断智能化，才使得气动执行器更加智能化。

2. 电动执行器

电动执行器的执行机构和调节机构是分开的两部分，其执行机构分为角行程和直行程两种。电动执行器接受来自调节器的直流信号，并将其转换成相应的角位移或直行程位移以操纵阀门、挡板等调节机构，以实现自动调节。电动执行器组成如图 2-30 所示。

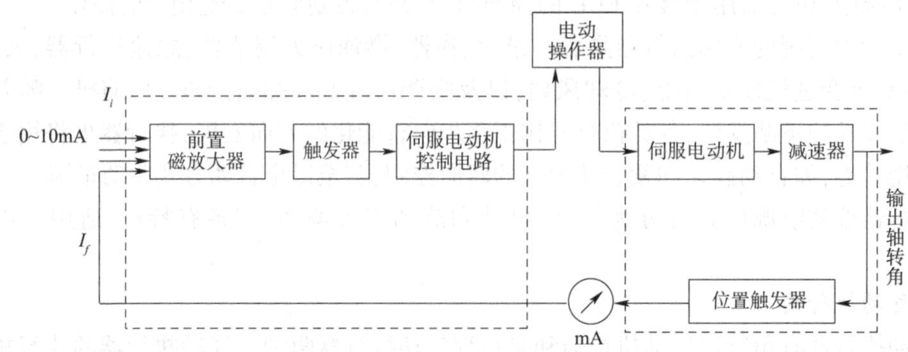

图 2-30　电动执行器的组成

电动执行机构具有安全防爆性能差、电动机动作不够迅速、在行程受阻或阀被扎住时电动机容易受损的缺点。尽管近年来电动执行机构在不断改进并有扩大应用的趋势，但从总体上看不及气动执行机构应用普遍。随着自动化、电子和计算机技术的进步，现在越来越多的电动执行机构已经向智能化发展。

3. 液动执行器

液动执行器使用任何不可压缩的液压油(通常是具有流体特性的任何油),并且将它们加压到最大程度,以便将液压能有效地转换为机械力。液动执行器可以施加较大的力,并且可输出为线性、旋转或振荡运动,即将加压流体的能量转换为旋转或直线运动。

液动执行器的工作需要外部液压系统的支持,运行液动执行器要配备液压站和输油管路,相对电动执行器和气动执行器来说,液动执行器的一次性投资更大,安装工程量也更大,因此只有在较大的工作场合才使用液动执行器。

(二)车辆执行器结构和原理

汽车执行器按照使用场景分类,可分为进排气系统执行器、机油系统执行器、冷却系统执行器、转向系统执行器、制动系统执行器等,其结构和原理介绍如下。

1. 进排气系统执行器

进排气系统是指发动机在工作时需要进气系统和排气系统的辅助,而这两系统组成了进排气系统。在进排气系统中,常见的执行器有排气阀、EGR 阀、增压阀和节气门。排气阀通过开启或关闭排气管的阀门来控制排气流量和排气噪声,EGR 阀通过控制废气回收量来降低发动机排放的氮氧化物。

EGR 阀是一个安装在柴油机上用来控制反馈到进气系统的废气再循环量的机电一体化产品,通常位于进气歧管的右侧,靠近节气门体,有一通向排气歧管的短金属管与之相连。其作用是对进入进气歧管的废气量进行控制,使一定量的废气流入进气歧管进行再循环。EGR 阀是废气再循环装置中的关键部件。EGR 阀通过将发动机燃烧排出的废气,引导至进气歧管参与燃烧来降低燃烧室温度,提高发动机工作效率,改善燃烧环境,降低发动机负担,有效减少 NO 化合物的排放,减少爆震,并延长各部件使用寿命。

增压阀是以压缩空气为动力源的一种活塞式增压阀。进气时增压气控阀的阀芯往复切换工作,控制增压阀活塞以极快的速度作往复运动,随着输出压力的增压,活塞的往复速度减慢直至停止。此时,增压阀输出的压力恒定,能量消耗低,各部件停止工作。无论何种原因造成的保压回路压力下降,增压阀均将自动启动,补充泄漏压力,保持回路压力恒定。

2. 机油系统执行器

机油系统的作用是在发动机工作时,连续不断地把数量足够、温度适当的洁净机油输送到全部传动件的摩擦表面,并在摩擦表面之间形成油膜,实现液体摩擦,从而减小摩擦阻力、降低功率消耗、减轻机件磨损,以达到提高发动机工作可靠性和耐久性的目的。机油系统的组成部分主要有机油泵、压力调节阀、机油集滤器、机油滤清器、机油散热器、油压传感器、喷嘴、油道、曲轴箱通风滤清器等,其中主要的执行器有机油泵和压力调节阀。

机油泵按结构形式可分为齿轮式和转子式两类。齿轮式机油泵又分为外啮合齿轮式和内啮合齿轮式。机油泵的工作原理是:当发动机工作时,凸轮轴上的驱动齿轮带动机油泵的传动齿轮,使固定在主动齿轮轴上的主动齿轮旋转,从而带动从动齿轮作反方向的旋转,将机油从进油腔沿齿隙与泵壁送至出油腔。由此,进油腔处便形成低压且产生吸力,将油底壳内的机油吸进油腔。主、从动齿轮不断地旋转,机油便不断地被压送到需要的部位。

3. 冷却系统执行器

冷却系统的主要工作是将热量散发到空气中以防止发动机过热，除此之外还有其他重要作用。汽车中的发动机在适宜的高温状态下处于最佳运行状态，如果发动机变冷，就会加快组件的磨损，从而使发动机效率降低并且排放出更多污染物。因此，冷却系统的另一重要作用是使发动机尽快升温，并使其保持恒温。汽车冷却系统有液冷和风冷两种类型，但风冷系统如今已经使用较少，大多数汽车使用的是液冷系统。

冷却系统中最主要的执行器是冷却风扇和冷却液泵，两者实际上都是一个带有控制电路的直流电动机，可以通过控制电动机的转速来改变冷却风扇的空气流量和冷却液泵内冷却液的体积流量以此精确控制发动机温度。

4. 转向系统执行器

转向系统按转向系统能量来源可分为机械转向系统和助力转向系统。机械转向系统（Mechanical Steering，MS）完全靠驾驶人体力操纵，助力转向系统则借助发动机或电动机的动力进行转向辅助。助力转向系统在机械转向系统基础上加设一套转向助力装置，可分为三类：机械液压助力转向系统（Hydraulic Power Steering，HPS）、电子液压助力转向系统（Electro-Hydraulic Power Steering，EHPS）和电动助力转向系统（Electrical Power Steering，EPS）。电子助力转向（Electrical Power Steering，EPS）为当前转向系统主流方案，逐步向线控转向（Steer by Wire，SBW）发展。随着智能驾驶向高级别进阶，线控转向发展或将加速。转向系统的发展历程如图 2-31 所示。

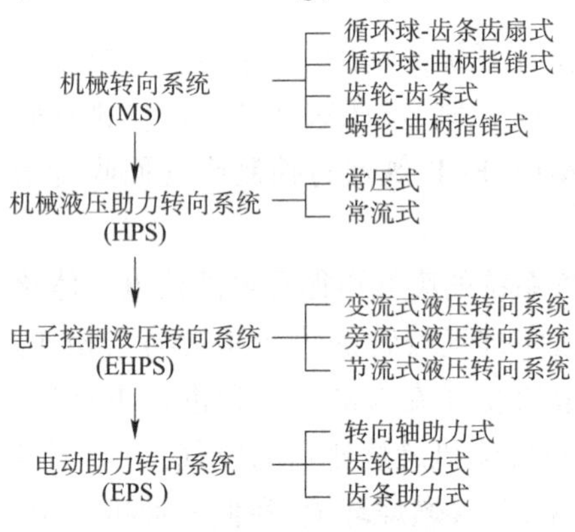

图 2-31 汽车转向系统的发展历程

EPS 工作原理是转向盘转动时，扭矩传感器将检测到的转向盘上的扭矩信号和转向信号传递给 ECU，ECU 根据信号决定电动机的助力电流，最后助力电流通过 ECU 内部的电动机驱动电路对电动机实行扭矩控制。依据电动机的位置，EPS 可以分为转向轴助力式、齿轮助力式、齿条助力式三种类型，如图 2-32 所示。

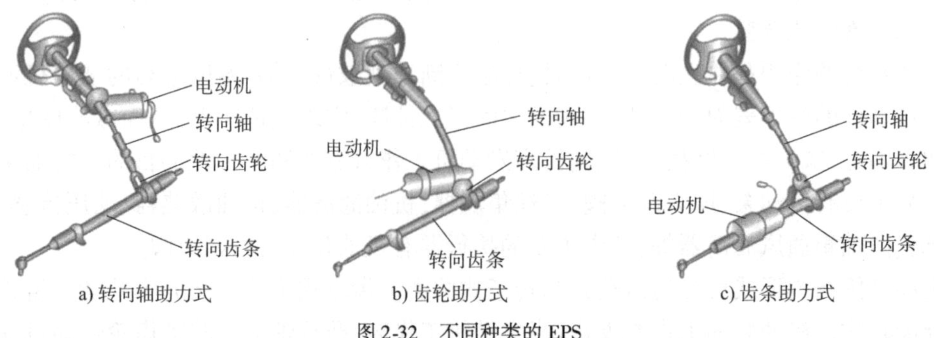

图 2-32 不同种类的 EPS

SBW 工作原理是利用扭矩传感器和转向角传感器检测驾驶人的转向数据，然后通过数据总线将信号传递给车上的 ECU，ECU 再将转向指令发送至转向电动机，从而控制车轮转向。但 SBW 相较 EPS 完全没有机械连接，用户手握转向盘时将无法感受到车轮的振感影响操作手感,故而需要通过算法模拟振感提升用户车感,对技术要求较高。

5. 制动系统执行器

防抱死制动系统(ABS)是使用最广泛的制动辅助系统。在制动时,ABS 根据每个车轮速度传感器传来的速度信号,可迅速判断出车轮的抱死状态,关闭开始抱死车轮上面的常开输入电磁阀,让制动力不变。如果车轮继续抱死,则打开常闭输出电磁阀,此车轮上的制动压力由于出现直通制动液贮油箱的管路而迅速下移,防止因制动力过大而将车轮完全抱死。ABS 令制动状态始终处于最佳点(滑移率 S 为 20%),制动效果最好,行车状态最安全。ABS 系统中的执行器是液压电磁阀,通过改变制动轮缸的制动液压力,以控制制动力大小,整个执行器单元就是 ABS 调节器。

目前,一种采用电子传感器和执行器替代传统机械部件的线控制动系统正在开发中。尽管类似的电子液压制动(EHB)系统已在一些高端车型中实现量产并投入使用,但该技术仍在不断优化中,以进一步提高系统的可靠性和安全性。目前,线控制动系统主要分为三种类型:第一种是电子液压制动(Electric Hydraulic Brake,EHB)系统,第二种是电子机械制动(Electric Mechanical Brake,EMB)系统,第三种是混合线控制动(Hybrid Brake by Wire System,HBBW)系统。电子机械制动(EMB)系统是用电子元件代替液压元件构成一个完全机电一体化系统,该系统通过电子控制单元对制动电动机实施电流大小控制,通过制动器的夹钳从两侧夹紧摩擦盘,实现车轮制动。当汽车在不同工况上行驶,产生减速需求时,驾驶人会踩下制动踏板,电子制动踏板上的制动踏板传感器检测出踏板加速度、位移以及踏板力的大小等制动信号,ECU 单元通过车载网络接收制动指令信号,综合当前车辆行驶状态下的其他传感器信号并结合相应的意图识别算法识别出驾驶人的制动意图,计算出每个车轮各自实时所需的最佳制动力。四个车轮独立的制动模块,接受 ECU 的输出信号控制电动机的转速完成扭矩响应,然后控制 EMB 执行器来产生相应的制动力实现制动。

第四节 车载通信技术

车载通信包括车上以及车与车外目标的通信,是在智能交通系统、传感器网络技术发展基础上,在车辆上应用先进的无线通信技术,实现交通高度信息化、智能化的手段。

车载通信技术是将汽车技术、电子技术、计算机技术、无线通信技术紧密结合,整合各种不同的应用装置而产生的一种技术,主要实现汽车状况实时监测、车内无线移动通信与办公、GNSS 全球定位、汽车行驶导航、远程访问车辆指挥调度、环境参数采集、车内娱乐等功能。

一、车载通信技术概念

1. 车载通信方式

车辆物联网(Internet of Vehicles,IoV),是以行驶中的车辆为信息感知对象,借助新一代信息通信技术，实现车与X（即车与车、人、路、服务平台）之间的网络连接，提升车辆整体的智能驾驶水平，为用户提供安全、舒适、智能、高效的驾驶感受与交通服务，同时提高交通运行效率，提升社会交通服务的智能化水平。

目前，车载通信主要可分为有线通信和无线通信两大类。车载有线通信主要有控制器局域网络（Controller Area Network，CAN）、本地互联网（Local Interconnect Network，LIN）、FlexRay、MOST、以太网等。车载有线通信主要方式如图2-33所示。

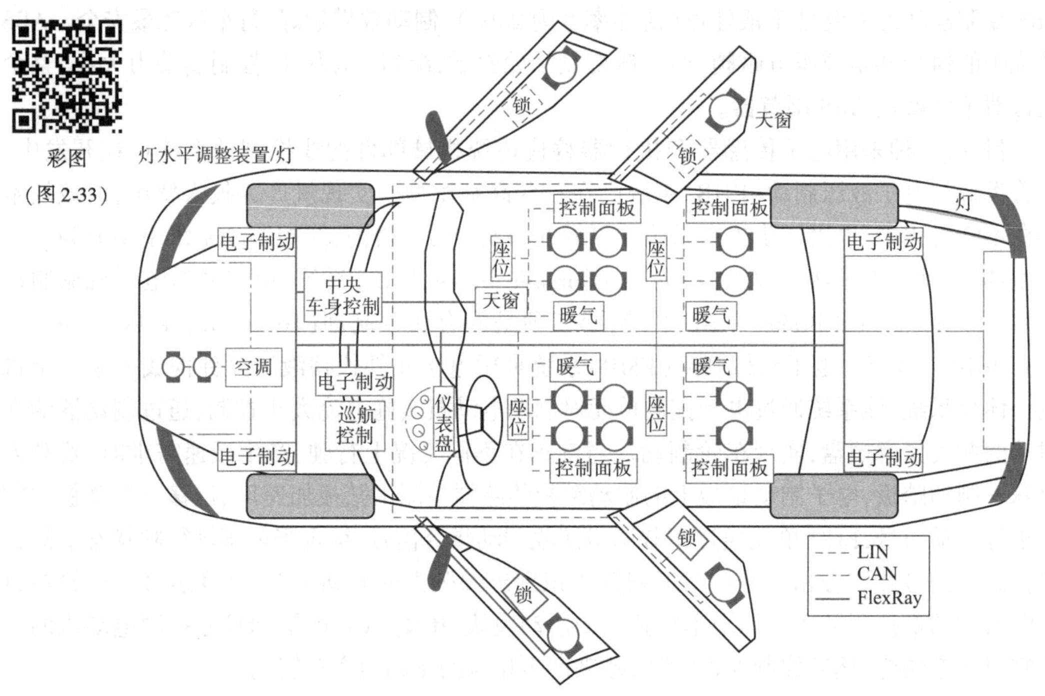

图2-33　车载有线通信主要方式

目前，绝大多数车用总线都被美国汽车工程师协会（SAE）下属的汽车网络委员会按照协议特性分为A、B、C、D四类。

A类总线是面向传感器或执行器管理的低速网络，位传输速率通常小于20kbit/s。以LIN规范应用最为广泛。LIN是由摩托罗拉公司（Motorola Inc）与奥迪股份公司（Audi AG）等知名企业联手推出的一种新型低成本的开放式串行通信协议，主要用于车内分布式电控系统，尤其是面向智能传感器或执行器的数字化通信场合。

B类总线是面向独立控制模块间信息共享的中速网络，位传输速率一般在10～125kbit/s之间，以CAN最为著名。CAN网络最初是罗博特·博世有限公司（简称BOSCH）为欧洲汽车市场所开发的，只用于汽车内部测量和执行部件间的数据通信，逐渐发展完善技术和功能，1993年ISO正式颁布了国际标准ISO 11898-1，近几年低速容错CAN的标准ISO 11519-2也开始在欧洲的一些车型中得到广泛的应用。B类总线主要应用于车身电子的舒适型模块和显示仪表等设备中。

C类总线是面向闭环实时控制的多路传输高速网络，位传输速率多在125kbit/s～1Mbit/s之间，主要用于车上动力系统中对通信的实时性要求比较高的场合，主要服务于动力传递系统。在欧洲，汽车厂商大多使用高速CAN作为C类总线，实际上就是ISO 11898-1中位传输速率高于125kbit/s的部分标准。美国则在卡车及其拖车、建筑机械和农业动力设备中大量使用SAE专门定义的通信协议J1939。

D类总线是面向多媒体设备、高速数据流传输的高性能网络，位传输速率一般在2Mbit/s以上，主要用于CD等播放机和液晶显示设备。D类总线近期才被采纳入SAE对总线的分类范畴之中。其带宽范畴相当大，用到的传输介质也有许多种，一些网络的基本介绍如表2-7所列。

一些网络的基本介绍 表2-7

名称	通信速率	通信介质	特性及应用
CAN	125kbit/s～1Mbit/s	共享式双线串行通信总线 非屏蔽双绞线	具有非破坏性仲裁，分布式实时控制，可靠的错误处理和检测机制等特性
CAN FD	5Mbit/s	共享式双线串行通信总线 非屏蔽双绞线	继承了CAN总线的绝大多数特性的同时，弥补了CAN总线在带宽和数据长度的不足，将数据位最大的字节数提高至64字节
LIN	20kbit/s	低成本的串行总线 单线缆	LIN总线网络采用单主多从的模式架构，使用单信号线进行传输，主、从节点间的通信有具体的规则，只有主节点需要，从节点才能发送信息，不需要总线仲裁
FlexRay	1～10Mbit/s	共享式总线 双绞线/光线	具备时间可确定性的、分布式时钟同步的、故障容错的总线标准。适用于豪华车中的线控系统（如悬挂控制、换挡控制、制动控制、转向控制等）
MOST	150Mbit/s	双绞线/光纤	采用环形网络拓扑结构，其线束质量轻、抗干扰性强、带宽高、信号衰减少，可同时传输音像流数据、文本数据等应用于中高端车
LVDS	655Mbit/s	低压差分高速信号标准的传输线缆（增加传输屏蔽层） 双绞线串/并行	点对点的图像传输技术，每个接口只能有一个摄像头或者一个视频输出口，严重限制了扩展功能
Ethernet	1Gbit/s	非屏蔽双绞线电缆	对高可靠性、低电磁辐射、低功耗、带宽分配、低延迟以及同步实时性等方面的要求。车载以太网同时支持AVB、TCP/IP、DOIP、SOME/IP等多种协议或应用形式
TTP/C协议	10Mbit/s	双绞线/光纤	基于TTA架构定义的高速、无主机、双余度、分布式、多点串行、硬实时容错总线规范

无线通信就是不用导线、电缆、光纤等有线介质，而是利用电磁波信号在自由空间中传播的特性进行信息交换的一种通信方式，可以传输数据、图像、音频和视频等，原理图如2-34所示。无线通信系统一般由发射设备、传输介质和接收设备组成；发射设备和接收设备需要安装天线，以完成电磁波的发射与接收。

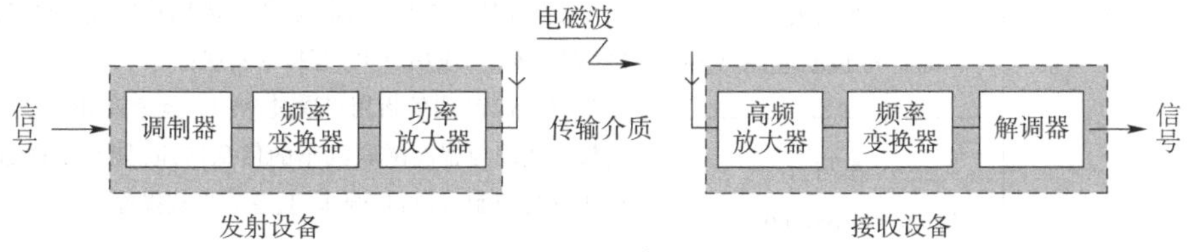

图2-34 无线通信原理图

无线通信的实现方式有很多种，如无线电、广播、蜂窝式网络、短距离点对点通信、无线感测网络（ZigBee、Bluetooth 等）、无线局域网（WLAN、Wi-Fi）等，简介见表 2-8。

常用无线通信的简介　　表 2-8

<table>
<tr><th>名称</th><th colspan="2">全称</th><th>特性及应用</th></tr>
<tr><td>LTE</td><td colspan="2">通用移动通信
Long Term Evolution</td><td>3G 与 4G 技术之间的过渡，是蜂窝式网络中的一种；TDD（Time DiVision Duplexing，时分双工）和 FDD（Frequency DiVision Duplexing，频分双工）为两种主流制式，FDD-LTE 在国际中应用广泛，而我国常用的是 TDD-LTE；主要用于 TBOX（车载终端），LTE 是一切远距离通信的基础</td></tr>
<tr><td>Wi-Fi</td><td colspan="2">无线局域网
Wireless Fidelity</td><td>Wi-Fi 的覆盖范围约为 100m；车机和 TBOX 两个零部件均有 Wi-Fi 模块</td></tr>
<tr><td rowspan="3">BT</td><td rowspan="3">蓝牙
Bluetooth</td><td>经典蓝牙</td><td>可用于传声音（蓝牙耳机、蓝牙音箱）、传大量数据（把蓝牙当作一个无线串口使用）；分为传统蓝牙（3 个功率级别为 Class1、Class2、Class3，分别支持 100m、10m、1m 的传输距离）和高速蓝牙</td></tr>
<tr><td>BLE 功耗蓝牙
Bluetooth Low Energy</td><td>耗电低、数据量小（无线鼠标、共享单车锁、心跳带等）；用于手机和智能硬件</td></tr>
<tr><td colspan="2">带有蓝牙的是车机和 TBOX；TBOX 上的蓝牙，可实现远程寻车或解闭门锁，通常是在地下车库，无 4G 网络，手机可以通过连接 TBOX 的蓝牙，将指令发送给 TBOX 进行远控</td></tr>
<tr><td>NFC</td><td colspan="2">近场通信
Near Field Communication</td><td>由非接触式射频识别（RFID）及互连互通基于移动终端实现移动支付、门禁等应用场景；通信距离一般在 10cm 以内，传输速度有 106kbit/s、212kbit/s 和 424kbit/s 三种</td></tr>
<tr><td>ETC</td><td colspan="2">全自动电子收费系统
Electronic Toll Collection</td><td>ETC 的通信距离一般为 10m</td></tr>
<tr><td>5G</td><td colspan="2">第 5 代移动通信
5th Generation Mobile Communication Technology</td><td>具有高速率、低时延和大连接的特点；利用 5G 网络大带宽、低时延和高可靠的特性实现远程驾驶、车辆编队等应用</td></tr>
<tr><td rowspan="4">C-V2X</td><td rowspan="4">基于蜂窝网络的车用无线通信
Cellular Vehicle-to-Everything</td><td>车与车
（Vehicle to Vehicle，V2V）</td><td rowspan="4">V2X 通信的主流技术分两种：DSRC（Dedicated Short Range Communication，专用短程通信）和 C-V2X（基于蜂窝移动通信系统）；具有更远的通信距离、更高的可靠性，部署成本低，兼容性高；
车-车（V2V）的通信目前主要依靠 LTE-V2X、DSRC（短途专用协议）等协议实现；
车-路（V2R）的通信目前主要依靠 LTE-V2X、DSRC、射频通信（较不安全，应用较少）等技术实现；
车-人（V2P）通信指用户通过 Wi-Fi、蓝牙或蜂窝移动通信网络技术实现与智能网联汽车的信息传递，如车主通过手机对车辆进行控制，进行打开车门、音乐播放操作等</td></tr>
<tr><td>车与路边设施
（Vehicle to Infrastructure，V2I）</td></tr>
<tr><td>车与人
（Vehicle to Pedestrian，V2P）</td></tr>
<tr><td>车与云
（Vehicle to Network，V2N）</td></tr>
</table>

2. 车联网概念

车联网是利用传感技术感知车辆的状态信息,并借助无线通信网络与现代智能信息处理技术实现交通的智能化管理,以及交通信息服务的智能决策和车辆的智能化控制。车联网分为三个部分:车内网、车际网和车载移动互联网。

车内网是指通过应用成熟的总线技术建立一个标准化的整车网络,为位于汽车内部的部件提供网络通信,车内总线协议包括 CAN、LIN、FlexRay、MOST 等。

车际网可监测道路上行驶的其他车辆的速度、位置等对其他驾驶人无法开放的隐私数据,同时自动预测出在该车行车道路前方是否有发生碰撞的可能。对外通信技术主要包括:专用短程通信(Dedicated Short Range Communication,DSRC)、蜂窝移动通信(LTE)、用于车联网通信和 5G 通信技术。

车载移动互联网利用车载网关同外部移动互联网和互联网实现互联互通,车联网系统组成如图 2-35 所示。

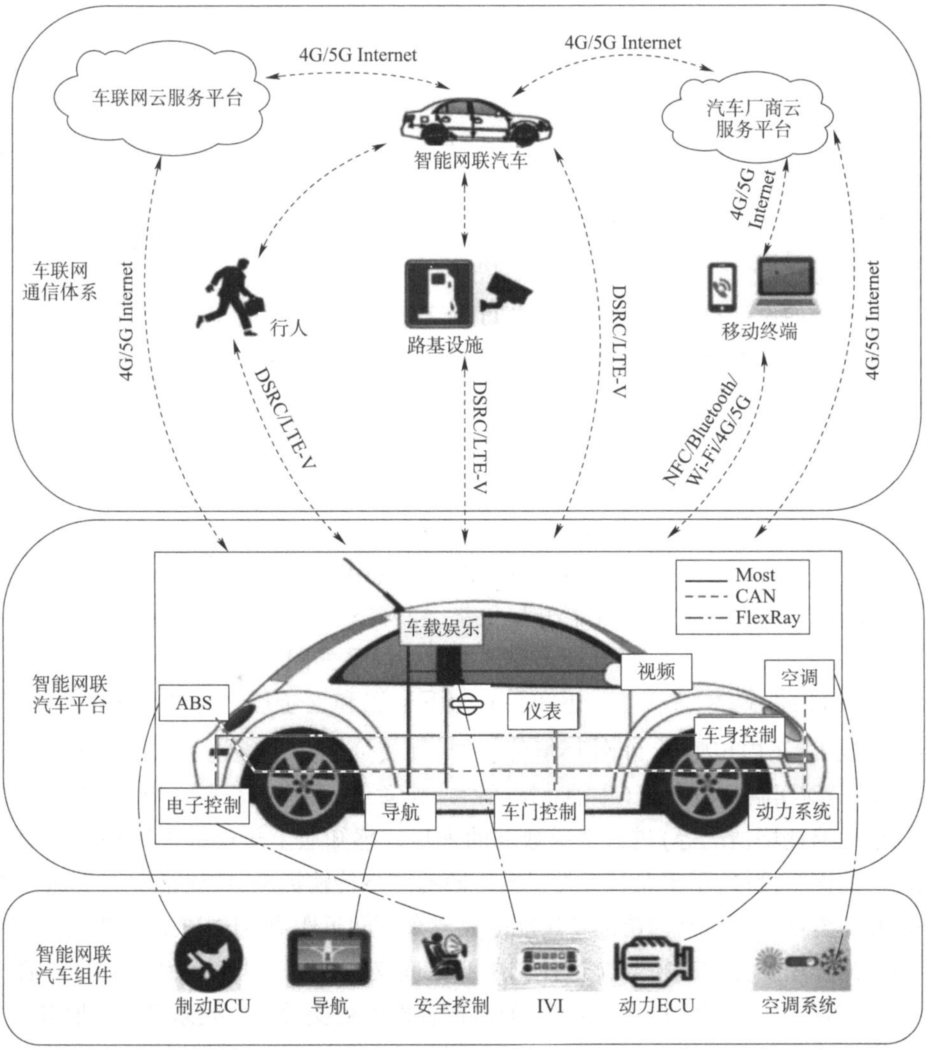

彩图

(图 2-35)

图 2-35 车联网系统组成

3. 车联网架构

1) 车联网组成要素

车联网架构是指通过互联网将车辆、驾驶人和交通基础设施进行连接和集成的系统架构。包括以下几个主要组成部分。

(1) 车载设备。车联网架构的核心是车载设备,可以是安装在汽车上的电子设备,用于采集车辆的数据和信息。车载设备通常包括定位系统(如 BDS)、传感器(如雷达、摄像头等)、通信模块(如无线通信模块)等。

(2) 通信网络。车联网需要一个稳定可靠的通信网络来实现车辆之间以及车辆与交通基础设施之间的信息交互。通信网络可以是移动通信网络(如 4G、5G 网络)、卫星通信网络或者专用的车联网通信网络。

(3) 云平台。云平台是车联网架构的核心支撑,用于接收、存储和处理车辆和驾驶人的数据和信息。云平台可以提供数据存储、计算、分析、应用开发等功能,为车联网提供强大的数据处理和应用支持。

(4) 应用服务。车联网架构中的应用服务为用户提供各种功能和服务,例如导航应用、远程诊断应用、车辆定位和跟踪应用等,这些应用服务可以通过云平台和通信网络与车辆和驾驶人进行交互。

(5) 数据安全和隐私保护。车联网架构需要考虑数据的安全性和隐私保护。车辆和驾驶人的数据包括车辆状态数据、位置信息、个人信息等,需要采取相应的安全措施来保护数据的安全性和隐私。

车联网架构的设计目标是实现车辆之间的信息共享和互联互通,提供更安全、便捷、智能的汽车使用体验。通过车联网架构,可以实现车辆远程监控与管理、智能导航、车辆安全与故障诊断、交通流量优化等功能,推动汽车行业的智能化和信息化发展。

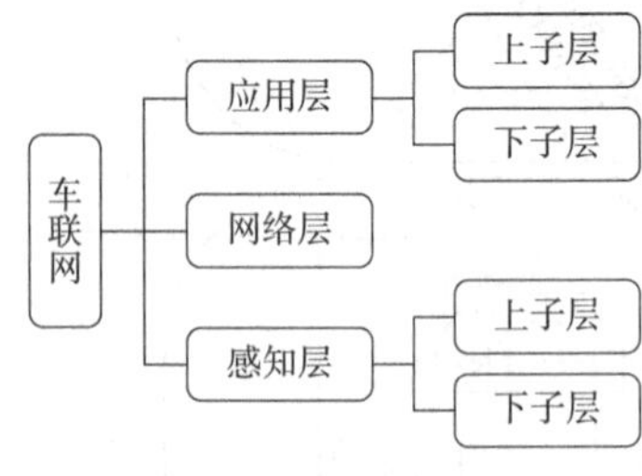

图 2-36 车联网架构体系图

2) 车联网架构体系

车联网的架构及其协同工作机制决定了车联网能够实现的功能。车联网的架构体系分为感知层、网络层和应用层。其中,感知层和应用层又分为上、下两个子层。交通数据由感知层采集,经网络层传递至应用层,从而实现一系列的功能。车联网架构体系如图 2-36 所示。

感知层分为下子层和上子层。感知层下子层的作用是通过传感器技术(车内传感器、车外环境传感器)和交通信息采集技术(RFID、视频采集器、BDS、GNSS 等)对车辆运行状况(车辆状况、速度、位置等)和周边行驶环境(行人位置、天气、温度、路况、道路拥堵情况等)进行交通数据的采集。感知层上子层的作用是为感知层下子层提供统一的网络接口,用于兼容各类车辆不同的网络传输标准,以保证所有交通数据传输的统一性和完整性。同时感知层上子层能够完成车辆间近距离、小规模的数据传递。

网络层的作用是完成车辆与交通控制中心之间交通数据大规模、远距离的传输。同时网络层可以实现车辆的网络接入,为车上的出行者提供社交、影音、娱乐等网络服务。

应用层分为下子层和上子层。应用层下子层通过大数据处理技术和云计算,对感知层采集到的交通数据进行实时处理,并及时通过网络层进行数据传输,为车辆提供动态路径诱导、停车诱导等相关服务。应用层上子层是人机交互界面,通过电子显示屏、车载系统和应用软件为出行车辆提供经应用层下子层采集和处理的交通信息,车联网的所有功能和服务均通过这一子层定义和实现。车联网的三大系统层数据逐层传递,协同实现车联网的一系列功能。图 2-37 展示了车联网三大系统层的协同工作机制。

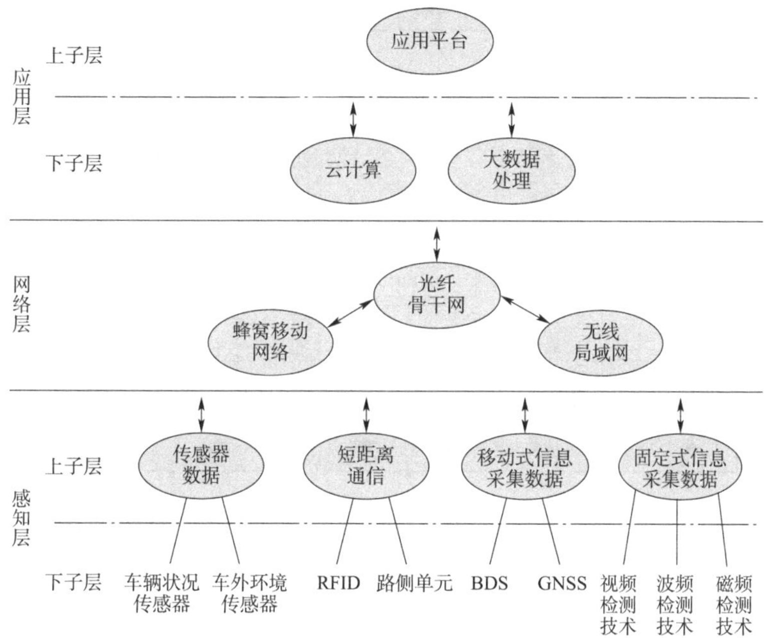

图 2-37 车联网三大系统层的协同工作机制示意图

二、CAN 总线网络

CAN 是控制器局域网络(Controller Area Network)的简称,是 BOSCH 公司在 1985 年为了解决汽车上众多测试仪器与控制单元之间的数据传输,而开发的一种支持分布式控制的串行数据通信总线,图 2-38 展现了汽车 CAN 总线。CAN 总线在汽车电子系统中起到了至关重要的作用,连接了发动机控制单元、制动系统、安全气囊、仪表盘等各个子系统,实现了数据的交换与共享,提高了汽车的安全性、性能和功能,具有高可靠性、高带宽性、多节点通信的特点。目前,CAN 总线已经是国际上应用最广泛的网络总线之一,其数据信息传输速率最大为 1Mbit/s,属于中速网络,通信距离(无须中继)最远可达 10km。

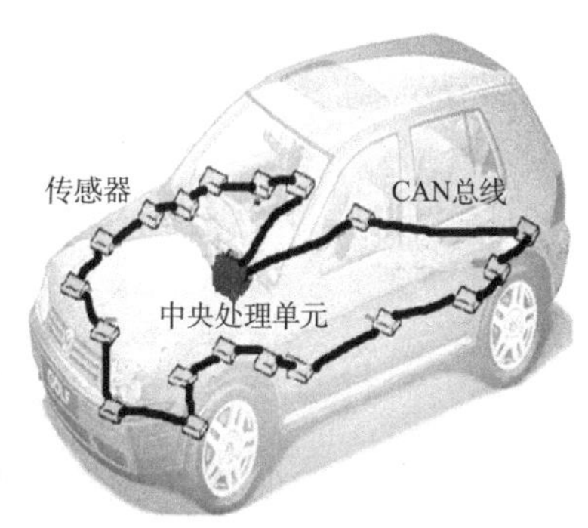

图 2-38 汽车 CAN 总线

1. CAN 总线基本工作原理和特点

CAN 总线的通信是通过一种类似于会议的机制实现的,但会议的过程并不是由一方

(节点)主导,而是每一个会议参加人员都可以自由提出会议议题(多主通信模式)。多个控制单元以并联方式经收发器与总线连接,每个控制单元都有权向总线发送信息(多主处理器结构)。在同一时刻只有一个控制单元向总线发送信息,其他的控制单元接收信息,其中一些控制单元对这些数据感兴趣并采用这些数据,而另一些控制单元则可能不理会这些数据。CAN 总线节点数据的总收发示意图如图 2-39 所示。

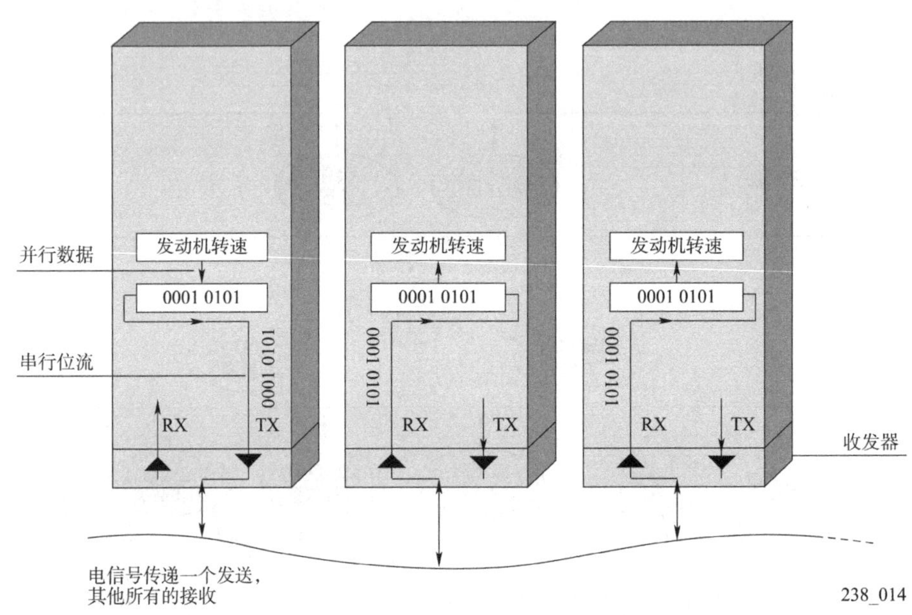

图 2-39　CAN 总线节点数据的收发示意图

CAN 总线节点的硬件构成如图 2-40 所示。

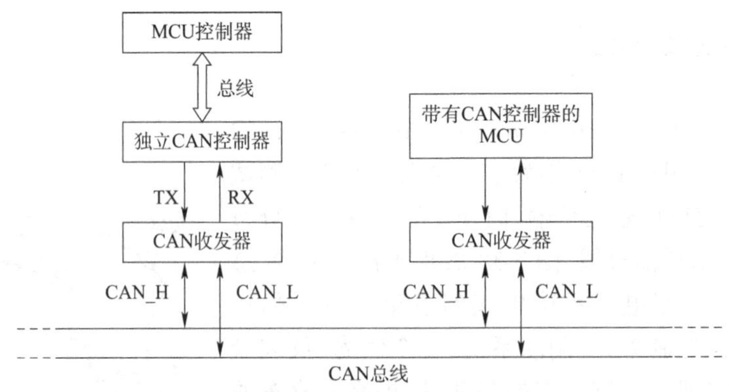

图 2-40　CAN 总线节点的硬件构成

CAN 总线节点的硬件构成方案有以下两种。

(1)第 1 种方案为 MCU 控制器 + 独立 CAN 控制器 + CAN 收发器。独立 CAN 控制器如 SJA10000MCP2515,其中 MCP2515 通过 SPI 总线和 MCU 连接,SJA1000 通过数据总线和 MCU 连接。

(2)第 2 种方案为带有 CAN 控制器 MCU + CAN 收发器。目前,市场上带有 CAN 控制器的 MCU 有许多种，如 P87C591、LPC2294、C8051F340 等。两种方案的节点构成都需要通过 CAN 收发器同 CAN 总线相连，常用的 CAN 收发器有 PCA82C250、PCA82C251、TJA1050、TJA1040 等。

CAN 总线最大通信距离取决于以下物理条件：

(1)连接的各总线节点的 CAN 控制器、收发器的循环延迟，以及总线的线路延迟；

(2)由于振荡器容差而造成位定时额度的不同；

(3)总线电缆的串联阻抗、总线节点的输入阻抗而使信号幅值下降因素。

CAN 总线最大有效通信距离和通信波特率的关系如表 2-9 所列。

CAN 总线最大有效通信距离 表 2-9

位速率(kbit/s)	5	10	20	50	100	125	250	500	1000
最大有效距离(m)	10000	6700	3300	1300	620	530	270	130	40

CAN 与其他现场总线相比，具有突出的可靠性、实时性和灵活性，其技术特点如下。

(1)CAN 从本质上讲是一种多主或对等网络，网络上任一节点均可主动发送报文，不分主从，通信方式灵活。

(2)废除了传统的站地址编码，而代之以对通信数据进行编码；通过报文过滤，可实现点对点、多点播送(传送)、广播等数据传送方式。

(3)采用短帧结构，传输时间短，受干扰概率低，具有极好的检错效果。CAN 的每帧信息都有 CRC 及其他检错措施，降低了数据出错概率。

(4)具有多种检错措施及相应的处理功能，包括位错误和位填充错误检测、CRC 校验、报文格式检查和应答错误检测及相应的错误处理。检错效果极好，处理功能很强，保证了通信的高可靠性。

(5)通信介质(媒体)可为双绞线、同轴电缆或光纤，选择灵活。

(6)总线长度可达 10km(速率为 5kbit/s 及以下)，网络速度可达 1Mbit/s(总线长度为 40m 及以下)。

(7)网络上的节点数主要取决于总线驱动电路，目前可达 110 个；标准格式的报文标识符可达 2032 个，而扩展格式的报文标识符的个数几乎不受限制。

(8)通过报文标识符来定义节点报文的优先级。对于实时性要求不同的节点报文，可定义不同级别的优先级，从而保证高优先级的节点报文得到优先发送。

(9)采用非破坏性逐位仲裁机制来解决总线访问冲突。通过采用这种机制，当多个节点同时向总线发送信息时，优先级较低的节点会主动退出发送，而最高优先级的节点可不受影响地继续传输数据，从而大大节省了总线冲突仲裁时间，即使在网络负载很重时，也不会出现网络瘫痪现象。

(10)发生严重错误的节点具有自动关闭输出的功能，以使总线上其他节点的通信能够继续进行。

2. CAN 总线中的逻辑电平

CAN 能够使用多种物理介质，例如双绞线、光纤等，最常用的是双绞线，信号使用差分电压传送。如图2-41所示,两条信号线被称为CAN_H和CAN_L,静态时均为2.5V左右,此时状态表示为逻辑1,也可以称作隐性;用CAN_H比CAN_L高表示逻辑0,称为显性,此时通常电压值为CAN_H=3.5V和CAN_L=1.5V。

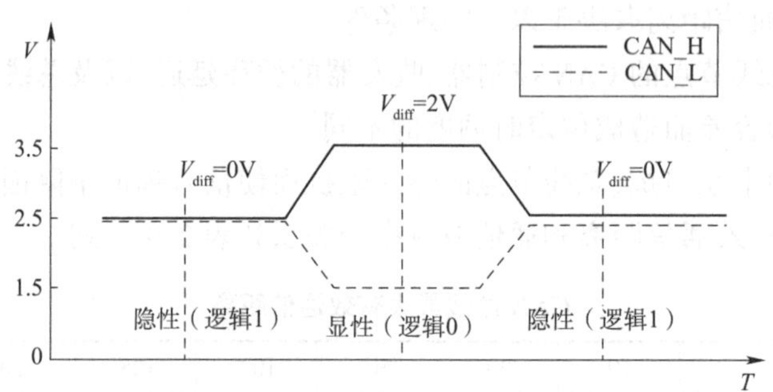

图2-41　双绞线CAN总线电平标称值

3.报文传送、帧格式和帧类型

在CAN总线上传输的信息称为报文,当总线空闲时,任何连接的单元都可以开始发送新的报文。报文相当于邮递信件的内容。总线上的报文信息表示为以下几种固定的帧类型:

(1)数据帧,用于从发送节点向其他节点发送的数据信息;

(2)远程帧,用于向其他节点请求发送具有同一识别符的数据帧;

(3)错误帧,用于当检测到总线错误时,发送错误帧;

(4)过载帧,用于在数据帧或远程帧之间提供附加的延时。

CAN总线通信有两种不同的帧格式:

(1)标准帧格式,具有11位标识符;

(2)扩展帧格式,具有29位标识符。

标准CAN的标识符长度是11位,而扩展格式CAN的标识符长度可达29位。CAN2.0A协议版本规定CAN控制器必须有一个11位的标识符,同时在CAN2.0B协议版本中规定CAN控制器的标识符长度可以是11位或29位。遵循CAN2.0B协议的CAN控制器可以发送和接收11位标识符的标准格式报文或29位标识符的扩展格式报文。如果禁止CAN2.0B,则CAN控制器只能发送和接收11位标识符的标准格式报文,而忽略扩展格式的报文,但不会出现错误。两种帧格式的确定通过控制场(Control Field)中的识别符扩展位(IDE bit)来实现,两种帧格式可出现在同一总线上。

1)数据帧

数据帧由7个不同的区域组成:帧起始(Start of Frame)、仲裁区域(Arbitration Field)、控制区域(Control Field)、数据区域(Data Field)、CRC区域(CRC Field)、应答区域(ACK Field)、帧结尾(End of Frame)。图2-42是CAN数据帧格式表达。

帧起始标志数据帧和远程帧的起始,由一个单独的“显性”位组成。只在总线空闲时,才允许节点开始发送。所有的节点必须同步于首先开始发送信息节点的帧起始前沿。

仲裁场用于写明需要发送到目的CAN节点的地址、确定发送的帧类型(数据帧还是远程帧)以及确定发送的帧格式(标准帧还是扩展帧)。仲裁场在标准格式帧和扩展格式帧中有所不同，标准格式帧的仲裁场由11位标识符和远程发送请求位RTR组成，扩展格式帧的仲裁场由29位标识符和远程发送请求位RTR组成。

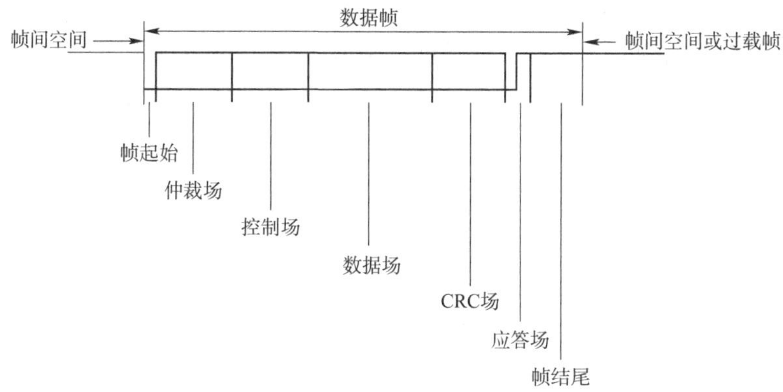

图2-42 CAN数据帧格式

控制场由6个位组成，包括数据长度代码和两个将来作为扩展用的保留位。数据长度代码指示了数据场中字节数量。数据长度代码为4个位，在控制场里被发送，数据帧长度允许的字节数为0、1、2、3、4、5、6、7、8，其他数值为非法的。

数据场由数据帧中的发送数据组成，可为0～8字节，每字节包含了8位，首先发送最高有效位MSB，依次发送至最低有效位LSB。

CRC场包括CRC序列（CRC Sequence）和CRC界定符（CRC Delimiter），用于信息帧校验。

应答场长度为2位，包含应答间隙（ACK Slot）和应答界定符（ACK Delimiter）。在应答场里，发送节点发送两个"隐性"位。当接收器正确地接收到有效的报文，接收器就会在应答间隙期间（发送ACK信号）向发送器发送一个"显性"位以示应答。

帧结尾是每一个数据帧和远程帧的标志序列界定，这个标志列由7个"隐性"位组成。

标准数据帧基于早期的CAN规格（1.0和2.0A版），格式如图2-43所示，使用了11位的识别域。CAN标准帧帧信息是11字节，包括帧描述符和帧数据两部分，前3字节为帧描述符部分。

字节		位							
		7	6	5	4	3	2	1	0
字节1	帧信息	FF	RTR	×	×	DLC（数据长度）			
字节2	帧ID1	ID.10—ID.3							
字节3	帧ID2	ID.2—ID.0		×	×	×	×	×	×
字节4	数据1	数据1							
字节5	数据2	数据2							
字节6	数据3	数据3							
字节7	数据4	数据4							
字节8	数据5	数据5							
字节9	数据6	数据6							
字节10	数据7	数据7							
字节11	数据8	数据8							

图2-43 标准数据帧

字节 1 为帧信息，第 7 位（FF）表示帧格式，在标准帧中 FF = 0；第 6 位（RTR）表示帧的类型，RTR = 0 表示为数据帧，RTR = 1 表示为远程帧。字节 1 中"×"表示 CAN 标准帧中的保留位（r0 和 r1），它们在 CAN 2.0A 协议中无特定用途，发送时通常填充为'0'，接收时应忽略。DLC 表示在数据帧时实际的数据长度。字节 2～3 为报文识别码，其高 11 位有效，字节 3 中的"×"表示未使用的填充位。字节 4～11 为数据帧的实际数据，远程帧时无效。标准数据帧如图 2-44 所示。

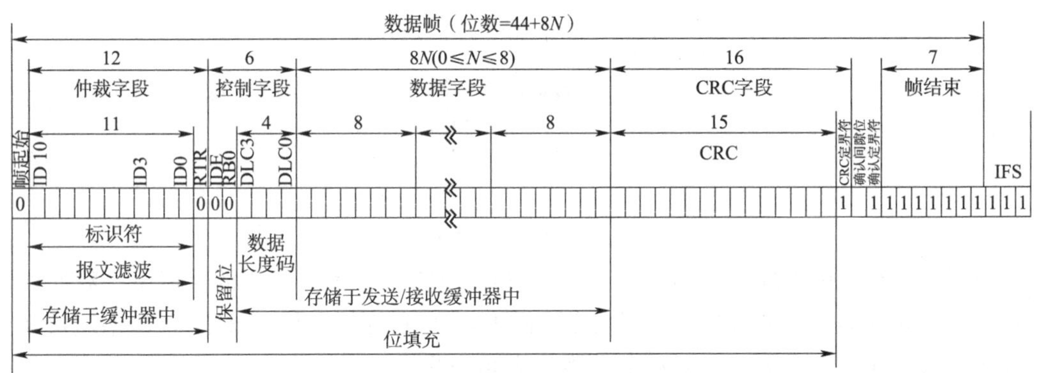

图 2-44　标准数据帧示意图

CAN 扩展帧帧信息是 13 字节，包括帧描述符和帧数据两部分，前 5 字节为帧描述部分，扩展数据帧格式如图 2-45 所示。

字节		位							
		7	6	5	4	3	2	1	0
字节 1	帧信息	FF	RTR	×	×	DLC（数据长度）			
字节 2	帧 ID1	ID. 28—ID. 21							
字节 3	帧 ID2	ID. 20—ID. 13							
字节 4	帧 ID3	ID. 12—ID. 5							
字节 5	帧 ID4	ID. 4—ID. 0					×	×	×
字节 6	数据 1	数据 1							
字节 7	数据 2	数据 2							
字节 8	数据 3	数据 3							
字节 9	数据 4	数据 4							
字节 10	数据 5	数据 5							
字节 11	数据 6	数据 6							
字节 12	数据 7	数据 7							
字节 13	数据 8	数据 8							

图 2-45　扩展数据帧

字节 1 为帧信息，第 7 位（FF）表示帧格式，在扩展帧中 FF = 1；第 6 位（RTR）表示帧的类型，RTR = 0 表示为数据帧，RTR = 1 表示为远程帧。DLC 表示在数据帧时实际的数据长度。字节 2～5 为报文识别码，其高 28 位有效；字节 6～13 为数据帧的实际数据，远程帧时无效。扩展数据帧示意图见图 2-46。

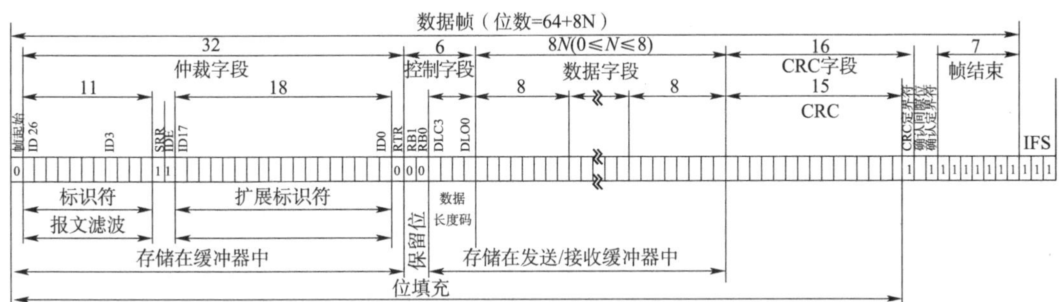

图 2-46 扩展数据帧示意图

2)远程帧

远程帧除了没有数据域(Data Frame)以及 RTR 位是隐性以外,与数据帧完全一样。RTR 位的极性表示了所发送的帧是数据帧(RTR 位为“显性”)还是远程帧(RTR 位为“隐性”),远程帧格式见图 2-47。

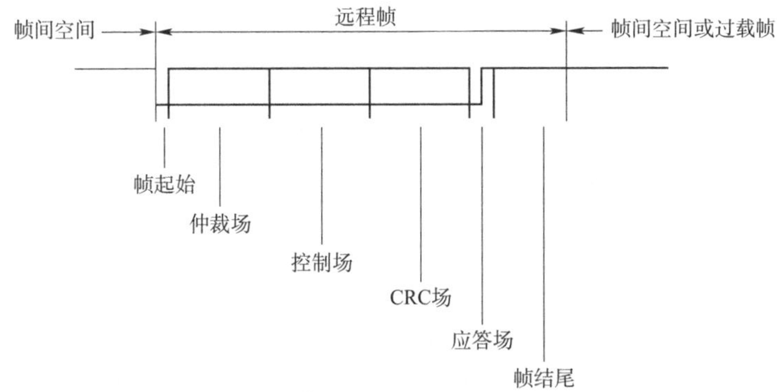

图 2-47 CAN 远程帧格式

远程帧也包括标准远程帧和扩展远程帧两种,示意图分别如图 2-48 和图 2-49 所示。

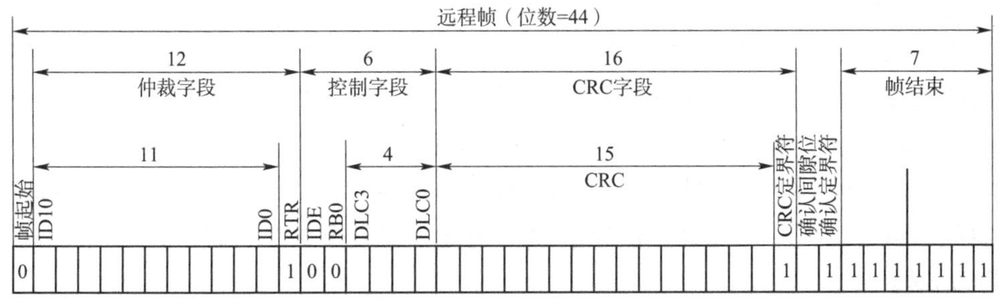

图 2-48 标准远程帧示意图

3)错误帧

当节点检测到一个或多个由 CAN 标准所定义的错误时,就会产生一个错误帧。错误帧由两个不同的场组成:第一个场是不同站提供的错误标志(Error Flag)的叠加,第二个场是错误界定符(Error Delimiter),错误帧格式如图 2-50 所示。

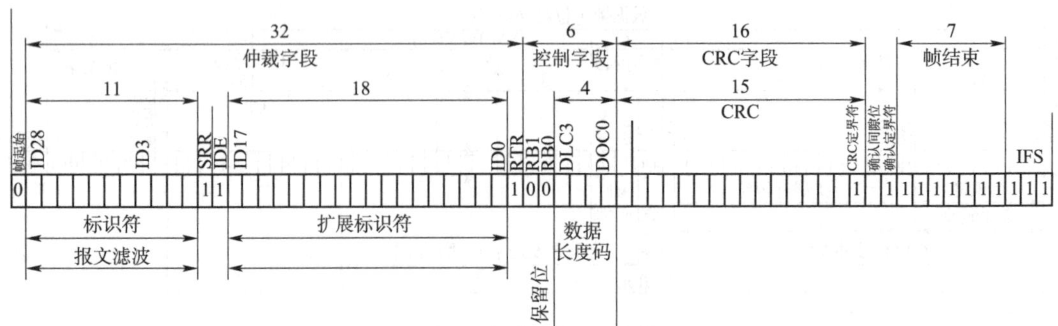

图 2-49　扩展远程帧示意图

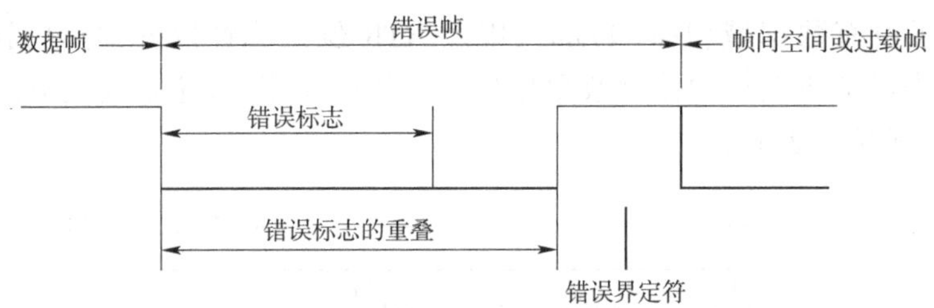

图 2-50　错误帧格式

有两种形式的错误标志:主动的错误标志和被动的错误标志。主动的错误标志由 6 个连续的“显性”位组成;被动的错误标志一般由 6 个连续的“隐性”位组成,除非被其他节点的“显性”位重写。

检测到错误条件“错误激活”的站通过发送主动错误标志指示错误。错误标志的形式破坏了从帧起始到 CRC 界定符的位填充的规则,或者破坏了 ACK 场或帧结尾的固定形式,所有其他的站由此检测到错误条件并与此同时开始发送错误标志。因此,“显性”位(此“显性”位可以在总线上监视)的序列导致个别站发送的不同的错误标志叠加在一起,这个序列的总长度最小为 6 位,最大为 12 位。

检测到错误条件的“错误被动”的站试图通过发送被动错误标志指示错误。“错误被动”的站等待 6 个相同极性的连续位(这 6 个连续位处于被动错误标志的开始)。当这 6 个相同的位被检测到时,被动错误标志的发送就完成了。

错误界定符包括 8 个“隐性”位。当错误标志传送后,每一节点就发送“隐性”位并一直监视总线,直到检测出一个“隐性”位为止,然后开始发送其余 7 个“隐性”位。

4)过载帧

过载帧用于在先行和后续的数据帧(或远程帧)之间提供一个附加的延时,过载帧格式如图 2-51 所示。过载帧包括两个位场:过载标志和过载界定符。

以下 3 种情况会引起过载标志的传送:

(1)接收器内部情况(此接收器对于下一数据帧或远程帧需要有一延时);

(2)在间歇的第一字节和第二字节检测到一个显性位;

(3)CAN 节点在错误界定符或过载界定符的第 8 位(最后一位)采样到一个显性位。

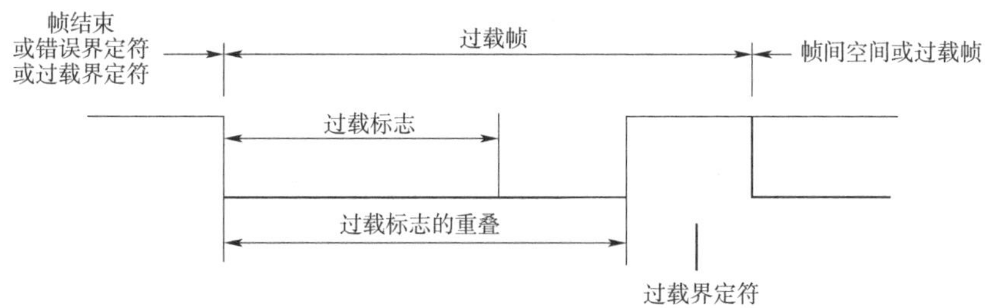

图 2-51 过载帧格式

过载标志(Overload Flag)由 6 个“显性”位组成。过载标志的所有形式和主动错误标志的相同。过载标志的形式破坏了间歇场的固定形式,因此,所有其他的站都检测到过载条件并与此同时发出过载标志。如果有的节点在间歇的第 3 个位期间检测到“显性”位,则这个位将解释为帧的起始。

过载界定符(Overload Delimeter)包括 8 个“隐性”位。过载界定符的形式和错误界定符的形式相同。过载标志被传送后,站就一直监视总线直到检测到一个从“显性”位到“隐性”位的跳变。此时,总线上的每一个站完成了过载标志的发送,并开始同时发送其余 7 个“隐性”位。

5)帧间空间

无论前面帧的类型如何(数据帧、远程帧、错误帧、过载帧),数据帧(或远程帧)与它前面的帧的隔离是通过帧间空间实现的。但是,过载帧与错误帧之前没有帧间空间,多个过载帧之间也不是由帧间空间隔离的。

帧间空间的组成如下:

(1)3 个隐性(“1”)的间歇场(Intermission Field)。间歇包括 3 个“隐性”位。间歇期间,所有的站均不允许传送数据帧或远程帧。唯一的作用是标示过载条件。

(2)长度不限的总线空闲位场(Bus Idle Field)。总线空闲的时间是任意的。只要总线被认定为空闲,任何等待发送报文的站就会访问总线。在发送其他报文期间有报文被挂起,对于这样的报文,其传送起始于间歇之后的第一位。

(3)如果“错误被动”节点已经作为前一报文的发送器,帧间空间还包括暂停发送场(Suspend Transmission Field)。“错误被动”的站发送报文后,站就在下一报文开始传送之前或总线空闲之前发出 8 个“隐性”位跟随在间歇的后面。与此同时,另一站开始发送报文(由另一站引起),则此站就作为这个报文的接收器。非“错位被动”节点帧间空间示意图和“错位被动”节点帧间空间示意图见图 2-52 和图 2-53。

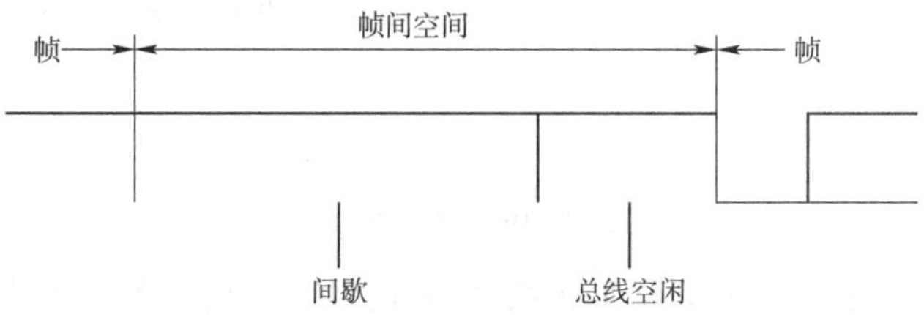

图 2-52 非“错位被动”节点帧间空间示意图

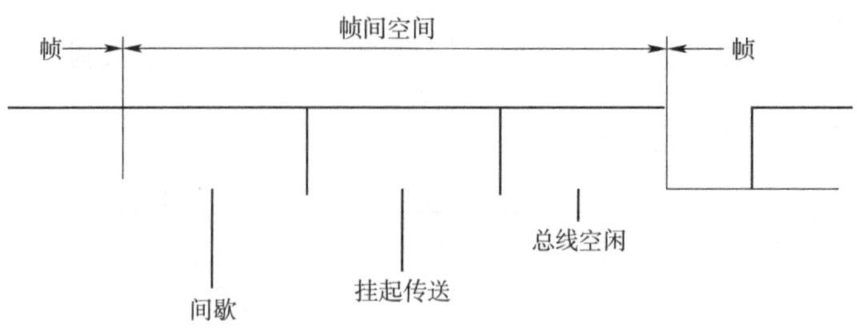

图 2-53 “错误被动”节点帧间空间示意图

三、专用短程通信技术

国际上最典型的 V2X 通信技术为车辆专用短程通信(Dedicated Short Range Communication,DSRC)技术。DSRC 系统是一种无线移动通信系统,它通过数据的双向传输将车辆和道路有机地结合起来利用计算机网络,在智能交通系统中提供车-车、车-路之间的信息高速传输的无线通信服务。DSRC 系统能够提供高速的数据传输,并保证通信链路的低延时和低干扰,确保整个交通系统的可靠性。DSRC 于 1998 年由美国国会颁布的《21 世纪交通平等法》最先提出,它是以 IEEE802.11p 为基础,将 5.850 ~ 5.925GHz 中的 75MHz 频段作为智能交通系统中专用短程通信的无线电服务,目的是为了提高交通安全程度、减少拥堵等。之后,欧盟、日本、新加坡、韩国等也相继推出自己的通信标准,但是都是基于美国的 DSRC 标准派生而来。

1. DSRC 系统的组成

DSRC 系统主要由路边设备(Rood Side Unit,RSU)、车载单元(on Board Unit,OBU)和专用通信链路组成,而 DSRC 通信协议是 RSU 与 OBU 实现无线短程通信、保证信息安全可靠传输的核心技术。DSRC 系统组成结构如图 2-54 所示。

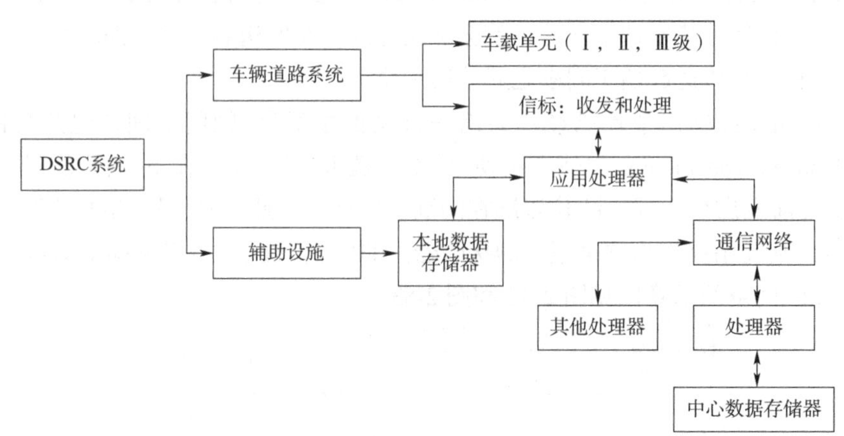

图 2-54 DSRC 系统网络结构

路边设备(RSU)包括射频部分(如天线、收发信机等)、控制单元和显示设备等。安装在指定地点(如车道旁边、车道上方等)固定的通信设备,可以与不同车载单元(OBU)进行实时高效的通信,实现信息的交互,其有效的覆盖区域为 3 ~ 30m。

车载单元(OBU)包括射频部分和控制单元,视具体应用需求可配置车载装置和显示设备等。路边设备、控制中心和相关辅助设备形成路边网络,通过控制中心与其他网络相连进行信息交换,从而实现自动收费、地理信息下载和信息发布等功能。

专用通信链路是 OBU 和 RSU 保持信息交互的通道,它由两部分组成:下行链路和上行链路。RSU 到 OBU 的通信应用下行链路,主要实现 RSU 向 OBU 写入信息的功能。上行链路是从 OBU 到 RSU 的通信,主要实现 RSU 读取 OBU 信息的功能,完成车辆的自主识别功能。

DSRC 协议栈如图 2-55 所示。在物理层和媒介存取(Media Access Control,MAC)层,DSRC 使用 IEEE 802.11p[IEEE 802.11(Wi-Fi)的改进版]提供车载环境下的无线接入。在协议栈中间位置,DSRC 采用一套 IEEE 1609 工作组定义的标准;IEEE 1609.2 主要负责安全服务,IEEE 1609.3 主要负责网络服务,IEEE 1609.4 主要负责车辆环境中的无线接入(Wireless Access in the Vehicular Environment,WAVE)的多信道操作,即上层 MAC 标准的制定,而 IEEE 802.11p 则负责下层 MAC 标准和物理(Physical,PHY)层标准的制订。

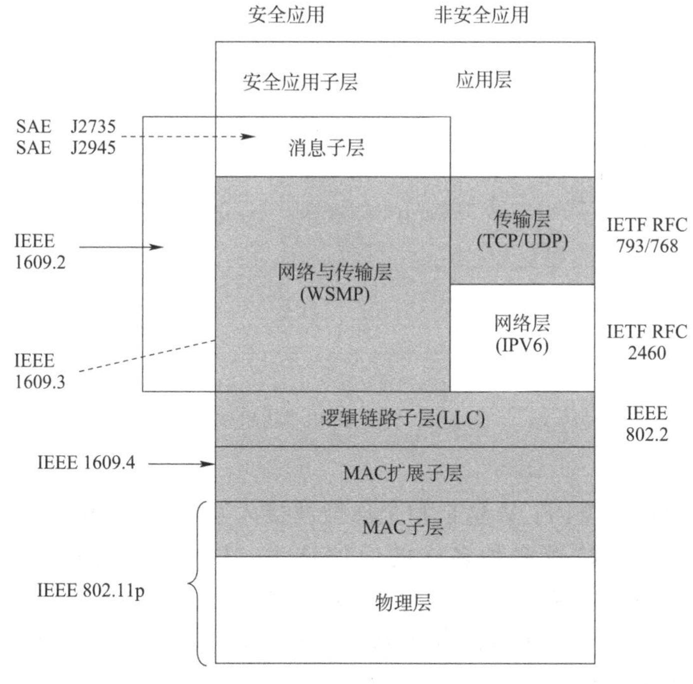

图 2-55 美国 DSRC 标准通信协议栈

DSRC 还支持在网络和传输层使用互联网协议第 6 版(Internet Protocol Version 6,IPv6)、用户数据报协议(User Datagram Protocol,UDP)和传输控制协议(Transmission Control Protocol,TCP),以支持接入 Internet 的需求。在具体通信过程中,选择使用短层通信协议(WAVE Short Message Protocol,WSMP)还是 IPv6 + UDP/TCP 取决于应用程序给定的要求。单跳消息例如以碰撞预防为基础的应用,通常使用通信效率高的 WSMP,多跳数据包可使用 IPv6 的路由功能。

在协议栈顶部,SAE J2735 标准指定了固定的消息格式来支持各种基于车辆的应用程序,其中最重要的消息格式是基本安全消息,它传达了重要的车辆状态信息来支持车对车通信技术(Vehicle to Vehicle,V2V)安全应用程序。频繁发送基本安全消息(Basic Safety Message,BSM)的车辆可以互相追踪周边其他车辆的运动状态,通过具体算法分析行为轨迹以防止潜在的碰撞。SAE J2945.1 标准中对通信最低性能要求标准有详细说明,需要解决的主要问题在于 BSM 传输速率和功率、BSM 数据的准确性以及信道拥塞控制。

1999 年,美国联邦通信委员会(Federal Communications Commission,FCC)将 5.850 ~ 5.925GHz 的 5.9GHz 频带分配给 DSRC 通信,这段频谱包含了 7 个 10MHz 的信道和在最底部预留一个 5MHz 的保护间隔,并指定了每个信道是服务信道(Service Channel,SCH)还是控制信道(Control Channel,CCH),如图 2-56 所示。其中,两个 10MHz 的信道也能组合成 20MHz 的信道。美国在有关 DSRC 的测试中大多使用 10MHz 信道,测试显示这种带宽在汽车行驶环境中遇到延迟和多普勒扩散也可保证有效传输。信道拥塞问题能通过提升到 20MHz 的信道容量来解决,需要加以考虑的是,虽然 20MHz 能降低信息碰撞概率,但传输一个给定调制方式和编码方式帧在 10MHz 信道上的花费只有 20MHz 上的一半,此外一个 20MHz 的信道在一个给定背景频谱下会产生更多的噪声。

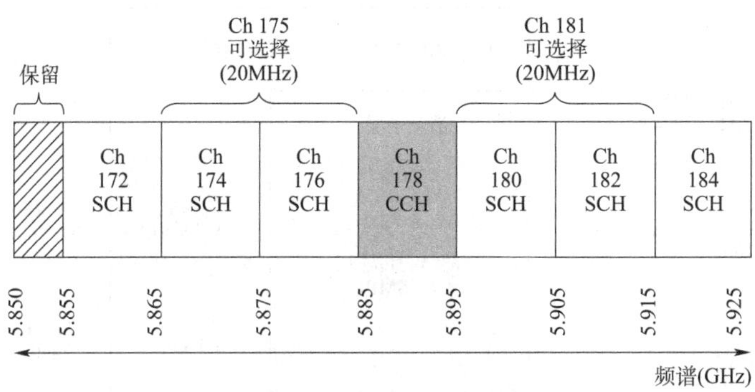

图 2-56 美国 DSRC 信道划分

2. DSRC 协议标准

车联网行业中拥有 Wi-Fi、WAVE 和全球微波接入互操作性(World Interoperability for Microwave Access,WiMAX)等多种多样的通信技术,其中以美国电子电气工程师协会(IEEE)制定的基于 IEEE 1609.x/802.11p 的 DSRC 标准最具有代表性。美标 DSRC 包括两大组成部分:接入层的 IEEE 802.11p 标准和网络传输层的 IEEE 1609.x 标准。

1)IEEE 802.11p 标准

2004 年,IEEE 成立了 802.11p 工作组,在著名的 IEEE 802.11a 标准的基础上开展制定 IEEE 802.11 在 WAVE 的版本,并于 2010 年发布了 IEEE 802.11p 标准,该标准对物理层和介质访问控制子层两个部分进行了标准化。该通信标准拥有 300m 的单跳覆盖范围和 3 ~ 27Mbit/s 的数据传输速率,同时还针对车辆通信环境从热点切换、移动性支持、通信安全等方面对传统标准进行了优化。

IEEE 802.11p 标准是由 IEEE 802.11a 演变而来的,在物理层方面同样采用了正交频分复用(Orthogonal Frequency Division Multiplexing,OFDM)技术,只是为了适应车辆通信环境中较高的时延扩展而加大了符号周期和保护间隔(802.11a 标准的两倍)。在 MAC 子层方面,IEEE 802.11p 标准同样采用了 CSMA/CA 机制,同时在服务质量方面引入了 IEEE 802.11e 标准中的多信道机制,以期为交通安全类应用提供低延迟的传输保障。

IEEE 802.11p 的帧结构以无线帧为基本单位,每个无线帧包含 10 个子帧,每个子帧包含 10 个时隙,而时隙有前导序列时隙和业务时隙两种,如图 2-57 所示。前导序列时隙在同步、信道估计等方面的应用非常广泛,业务时隙则是用于传输不同类型的数据信息。

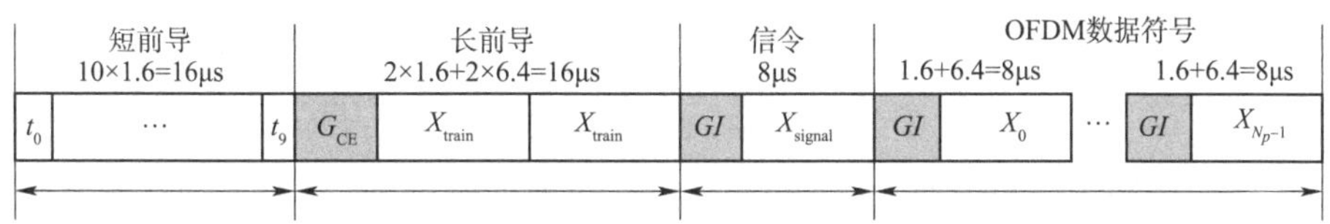

图 2-57 IEEE 802.11p 帧结构

一个 OFDM 帧包括几串 OFDM 符号。在每一帧中有两个前导信号,第一个前导信号是短前导信号,由 10 个短训练符号组成,用于进行数据帧检测、频率偏移估计、符号定时;第二个前导信号是长前导信号,由两个相同的训练序列组成,用于信号估计,置于长度为 G_{CE} = 3.2μs的长保护间隔之后。需要注意的是,在短前导信号中,$t_0 \sim t_9$ 的长度是相等的,且前者为后者的循环前缀,这在长前导信号的两个训练序列中同样适用。训练序列之后是信令域,包含速率域和长度域两个主要字段,速率域用于传输有关后继数据符号所用到的调制和码率信息。信令域之后跟随的便是数据域,根据信令信息选择不同的数据调制编码方式来获得不同的传输速率。

IEEE 802.11p 物理层标准定义了物理层会聚协议(Physical Layer Convergence Procedure,PLCP)子层,主要用于将来自 MAC 子层的服务数据单元通过编码、调制、映射等过程转换为物理层服务数据单元,并在其头部添加 PLCP 前导码和帧头,进而构成完整的物理层 PLCP 协议数据单元(PLCP Protocol Data Unit,PPDU),这些附加的信息对接收端的解调来说是至关重要的。

PPDU 的帧格式如图 2-58 所示,由前导码、头部、PLCP 服务数据单元(PLCP Service Data Unit,PSDU)、尾比特及填充比特构成。PLCP 头部中包含了后续 PSDU 的基本信息,如长度(Length)、调制速率(Rate)、奇偶校验位(Parity),以及服务域(Service)等。长度、速率、校验字段构成了 PPDU 帧的 Signal 域,由于其中包含了该帧最重要的参数信息,物理层采用调制方式为 BIT/SK 且码率为 1/2 的单个 OFDM 符号来传输。PLCP 头部中的 Service 和 PSDU 字段构成了 DATA 域,这部分数据采用 Rate 字段中指定的速率进行编码调制,通常由可变数量的 OFDM 符号组成。Signal 域中尾比特的存在使得接收端在收到该符号后立即就可以对其进行解调和译码,这一点对于接收端来说是至关重要的,否则只能在接收到整个 PPDU 后才能进行解调和译码。此外,由于 Signal 域采用了固定的调制方式和速率,即使接收端不支持后续数据符号的调制方式和编码速率,它仍然能够获取该接收帧的基本信息,这一特性使得 MAC 子层的虚拟载波侦听机制不会失效。

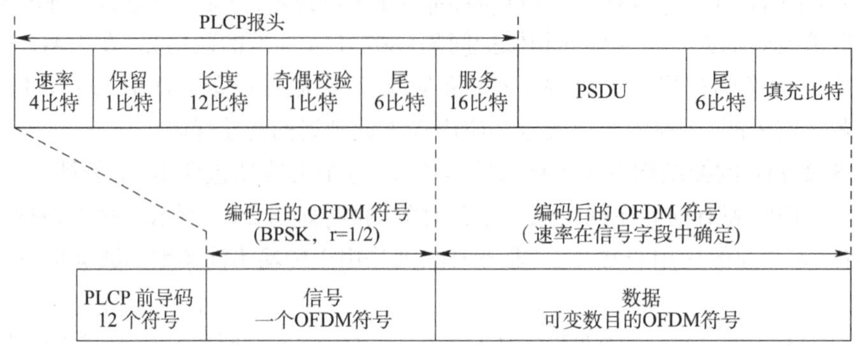

图 2-58　PPDU 帧格式

(1)生成前导结构(PLCP Header)。前导码结构即训练序列,包含了十个重复的短训练序列和两个重复的长训练序列。短训练序列主要作用是在接收端进行同步和频率和相位偏差估计,而长训练序列用于接收端的信道估计和比较精确的频偏矫正,其中在长短序列之间有一个长保护间隔,用于防止训练序列之间的码间干扰。训练序列符号对于发送端和接收端都是已知的,因此,生成前导码只需采用只读存储器(Read-Only Memory,ROM)将已知的数据存入再读取出来。

(2)生成报头即 Signal 域信号。信令域由 Rate、Length 和 Service 信号三个部分组成。其中 Rate 长度为 4 比特,Length 信号长度为 12 比特,二者合称为 Signal 域信号,被单独进行调制为一个完整的 OFDM 符号。此外,Signal 域中还有一位预留比特和一位校验位和 6 位尾比特。生成信令域符号时,是将 MAC 层传送的 PHY_TXSTART 信号中提取 Rate 和 Length 信号,再加上尾比特,生成一个长 22 比特的 Signal 域数据。

(3)生成 Data 域信号。Data 域由 Service 域、PSDU、尾比特和填充比特(Pad)组成。Service 域有 16 比特,其中前 7 位置零,以初始化接收机的解扰码器,后 9 比特被预留给将来使用。尾比特与 Signal 域的尾比特一样,用于卷积编码器的移位寄存器清零。Pad 部分的作用在于使得整个 Data 域的比特流刚好是整数个 OFDM 符号,如果 PSDU 部分比特数不足整数倍,可以适当补零。

2)IEEE 1609. x 标准

IEEE 1609. x 标准针对 WAVE 定义了适合车联网环境的通信系统架构和系列标准化服务接口,主要目的是规范 OBU 之间、OBU 与 RSU 之间的无线通信协议,并提供汽车行驶环境下的汽车安全、交通管理、动态地图与导航定位等应用所要求的通信标准。IEEE 1609 标准由 IEEE 汽车技术学会智能运输系统委员会发起,在 2006 和 2007 年进行了一定范围内的试用,并在 2010 年发布了完全版的使用标准,如图 2-59 所示。部分 IEEE 1609 系列标准的主要内容叙述如下。

(1)IEEE 1609. 1 描述了 WAVE 系统结构中的一些重要组成部分,定义了控制信息格式和数据存储格式,并规定了远程应用和资源管理之间的控制流程,为应用的注册、管理及车载设备资源的存取提供标准接口,以便传送数据、命令和状态信息,为综合应用层服务。

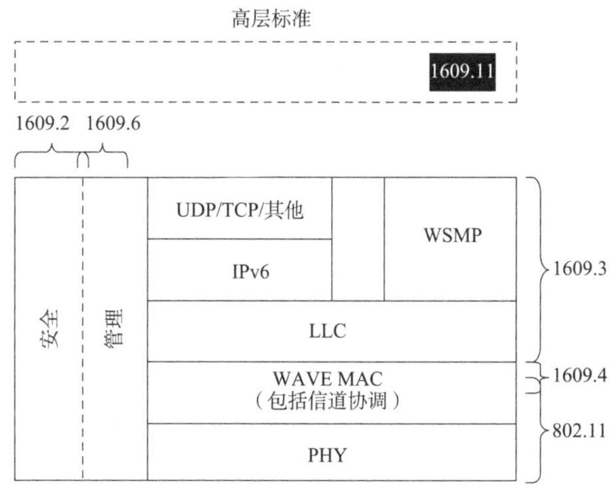

图 2-59　IEEE 1609. x 完全版使用标准

(2)IEEE 1609. 2 主要考虑 WAVE 中安全相关的业务和信息管理,规范签名、数字加密等工作过程,实现安全信息格式、节点认证和信息加密等功能。

(3)IEEE 1609. 3 规范了网络传输层的服务标准,主要设计 WAVE 的连接设置和管理;设计了两条并列的网络传输通道:用户数据报协议(User Datagram Protocol,UDP)IPv6 和 WSMP。

(4)IEEE 1609. 4 描述了多信道操作、CCH 与 SCH 相关参数、信道优先接入参数、信道的路由与切换及 WAVE 模式等;通过信道管理对不同发送优先级的 MAC 服务数据单元(MAC Service Data Unit,MSDU)进行分类,并进行信道的路由和切换,达到合理利用信道资源的目的;为支持安全和非安全类应用,将消息分为不同的优先级:非安全类消息、高安全类消息;SCH 用于传输非安全类应用消息。

(5)IEEE 1609. 0 用于描述 IEEE 802. 11p/1609 标准体系的整体架构和 WAVE 终端多信道通信服务。

3. DSRC 在 V2X 上的应用

利用车辆共享信息、相互协作以提高交通的安全性、高效性和娱乐性的想法是非常具有引力,与该概念相关的各种技术统称为合作式智能运输系统(Cooperative Intelligent Transportation System,C-ITS),如图 2-60 所示,C-ITS 有望缓解交通堵塞,减轻交通对环境的影响,大幅减少致命交通事故的数量。仅根据其对安全方面的积极影响就值得将 C-ITS 纳入考虑范围,因为据世界卫生组织(Word Health Organization,WHO)统计,2015 年有近 125 万人死于交通事故,为各国政府造成的经济损失约占 GDP 的 3% 。

C-ITS 实现的一项关键技术是无线通信技术,包括车辆对车辆通信、车辆对基础设施通信和基础设施对车辆(Infrastructure Vehicle,I2V)通信,统称为 V2X 通信。

V2X 需要支持 ITS 系统的诸多安全相关和非安全相关用例,主要用例见表 2-10。安全相关用例,比如收发紧急电子制动灯消息的能力,车辆以广播模式每 0. 1s 发送一次该消息,报告紧急制动行为;非安全相关用例,比如交通灯最佳建议速度消息,该消息旨在通过定期广播,用给出最佳速度建议的方式改善交通流。

图2-60 合作式智能运输系统

安全相关和非安全主要用例 表2-10

主要用例		用例	类型	通信模式	最小频率(Hz)	最大延迟(ms)
安全服务	车辆状态警告	紧急电子制动灯	DEN/V2X	基于事件的限时广播	10	100
		异常状况警告	DEN/V2X	基于事件的限时广播	1	100
	车辆类型警告	应急车辆警告	CAM/V2X	定期广播,因车辆模式而异	10	100
		慢速车辆警告	CAM/V2X	定期广播,因车辆模式而异	2	100
		摩托车警告	CAM/V2X	定期广播	2	100
		脆弱道路使用者警告	CAM/VRU2X	定期广播	1	100
	交通危险警告	错路行驶警告	DEN/V2X	基于事件的限时广播	10	100
		静止车辆警告	DEN/X2X	基于事件的限时广播	10	100
		交通条件警告	DEN/X2X	基于事件的限时广播	1	100
		闯红灯警告	DEN/I2X	基于事件的限时广播	10	100
		道路施工警告	DEN/I2X	基于事件的限时广播	2	100
	车辆动态警告	超车警告	DEN/V2X	基于事件的限时广播	10	100
		变道辅助	DEN/V2X	基于事件的限时广播	10	100
		碰撞前检测警告	DEN/V2X	基于事件的限时广播	10	50
		协同减少眩光	DEN/V2X	基于事件的限时广播	2	100

续上表

<table>
<tr><th colspan="2">主要用例</th><th>用例</th><th>类型</th><th>通信模式</th><th>最小频率(Hz)</th><th>最大延迟(ms)</th></tr>
<tr><td rowspan="9">非安全服务</td><td rowspan="5">交通管理</td><td>限速</td><td>12V</td><td>定期广播</td><td>1</td><td>—</td></tr>
<tr><td>交通灯最佳速度提醒</td><td>12V</td><td>定期广播</td><td>2</td><td>100</td></tr>
<tr><td>十字路口管理</td><td>12V</td><td>定期广播</td><td>1</td><td>100</td></tr>
<tr><td>协同灵活变道</td><td>12V</td><td>定期广播</td><td>1</td><td>500</td></tr>
<tr><td>电子收费</td><td>12V</td><td>定期广播</td><td>1</td><td>500</td></tr>
<tr><td rowspan="4">信息娱乐</td><td>目标点通知</td><td>12V</td><td>定期广播</td><td>1</td><td>500</td></tr>
<tr><td>本地电子商务</td><td>12V/V21</td><td>双工,互联网接入</td><td>1</td><td>500</td></tr>
<tr><td>媒体下载</td><td>12V</td><td>双工,互联网接入</td><td>1</td><td>500</td></tr>
<tr><td>地图下载和更新</td><td>12V</td><td>双工,互联网接入</td><td>1</td><td>500</td></tr>
</table>

为了支持安全相关和非安全相关信息,V2X 通信中使用的无线技术需要满足以下要求:

(1)需要在高度动态化的环境中工作,其中,发射器与接收器之间有着相对较高的速率;

(2)需要为安全相关应用提供极低延迟支持(如碰撞前检测警告消息的延迟为 50ms);

(3)还需要承受因多个主机定期传输多条消息而造成的高负载,以及交通堵塞时存在的高车辆密度问题。

此外,V2X 通信具有局域性,也就是说,V2X 通信对附近的接收者最为重要。例如,碰撞前检测警告消息对碰撞事故周围车辆极其重要,但与远离现场的车辆无关。

四、C-V2X 技术

V2X 通信不仅可以促进 ITS 的发展和应用,还有利于创新智慧交通的新模式,对进一步减少交通拥堵、提高交通安全水平和交通效率及实现绿色交通具有重要意义。目前,支持 V2X 通信的主流技术解决方案包括基于 IEEE 802.11p 协议标准的专用短程通信(Dedicated Short Range Communication,DSRC)技术和基于蜂窝网的 V2X(Cellular Vehicle to Everything, C-V2X)技术(包括 LTE-V2X 和 5G NR-V2X)。

第 3 代合作伙伴计划(3rd Generation Partnership Project,3GPP)是一个由五大区域中七个主要成员组成的国际电信标准化发展协会,致力于制定电信产品标准并满足区域通信标准服务的需求,同时促进国际通信标准服务间的互操作性。3GPP 的 C-V2X 标准化工作主要分为三个阶段:

(1)第一阶段是基于长期演进(Long Term Evolution,LTE)技术满足 LTE-V2X 的基本业务需求,对应 LTE Rel-14 版本;

(2)第二阶段是基于 LTE 技术满足部分 5G-V2X 增强业务需求(LTE-eV2X),对应 LTE Rel-15 版本;

(3)第三阶段是基于 5G 新空口(5G NR)技术实现全部或大部分 5G-V2X 增强业务需求,对应 5G NR Rel-16 和 Rel-17 版本。

1. LTE-V2X

1) LTE-V2X 工作模式

基于 LTE 系统的 LTE-V 技术主要包括蜂窝方式(LTE-V-Cell)和直通方式(LTE-V-direct)两种工作模式。

(1)蜂窝方式利用基站作为集中式的控制中心和数据信息转发中心,由基站完成集中式调度、拥塞控制和干扰协调等,可以显著提高 LTE-V2X 的接入和组网效率,保证业务的连续性和可靠性。

(2)直通方式利用车与车间直接通信,针对道路安全业务的低时延高可靠传输要求、节点高速运动、隐藏终端等挑战,进行了资源分配机制增强。

在实际应用中,LTE-V-cell 技术可以为车辆提供高速数据的连续性传输,LTE-V-direct 技术可以实现车车之间的信息交互,避免车辆碰撞发生事故。图 2-61 为四种 LTE-V 技术的典型工作场景。在图 2-61a)中,车辆通过基站或路侧设备获得与远端 ITS(Intelligent Transportation System,智能交通系统)服务器的 IP 地址接入;在图 2-61b)中,车辆利用不同的基站或路侧设备,进而通过云平台获得分发的远距离车辆的信息;在图 2-61c)中,车辆间直接交互与道路安全相关的低时延安全业务信息;图 2-61d)为非视距(Not Line of Sight,NLOS)场景,车辆在十字路口由于建筑物的遮挡不能直接交互低时延安全业务,此时可以通过基站或路侧设备的转发,获得车辆间的道路安全信息。在上述场景中,图 2-61c)中场景可采用 LTE-V-direct 模式进行通信,其他场景可采用 LTE-V-cell 模式进行通信。

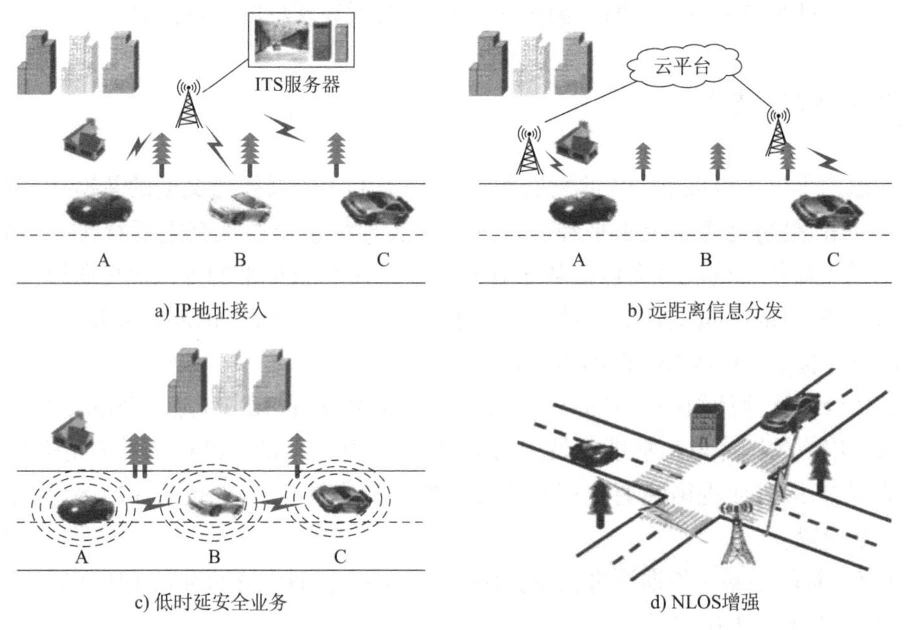

图 2-61 LTE-V 典型工作场景

在 3GPP 的 LTE-V2X 标准化过程中,为了加快进程,确定基于 LTE-D2D(Device to Device,直连通信)通信的物理层和高层进行增强,以支持多种 V2X 业务。LTE-D2D 系统主要用于满足商业应用和公共安全的设备间通信,支持基站集中调度和分布式调度两种方式。

LTE-V2X 由于需要支持道路安全应用,资源分配机制应满足低时延、高可靠、更高效等需求。与 LTE-D2D 类似,LTE-V2X 也支持集中式调度(mode 3)和分布式调度(mode 4)。其中,mode 3 方式基于 LTE-Uu 接口进行集中调度,mode 4 方式基于 PC5 接口直通方式进行分布式调度。

在 V2X 中,RSU 指的是支持 V2X 且能够与其他支持 V2X 的实体交换信息的固定设备实体。V2X 中有两种 RSU(图 2-62),一种是结合了支持 V2X 应用和 eNB 功能的 RSU,即 eNB 类型的 RSU;另一种是结合了支持 V2X 应用和 UE 功能的 RSU,即 UE 类型的 RSU。UE 类型 RSU 与 UE 之间的接口为 PC5,eNB 类型 RSU 与 UE 之间的接口为 Uu。

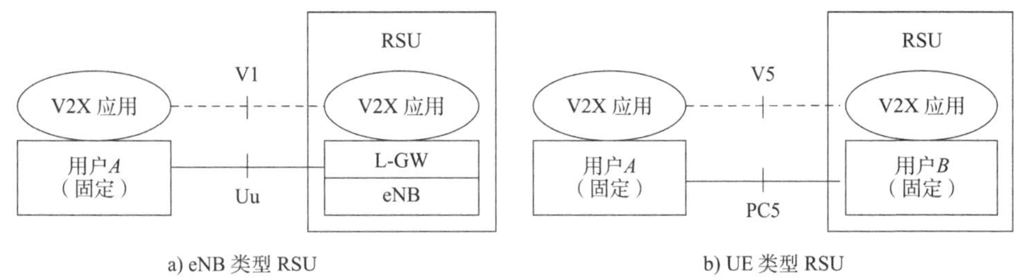

图 2-62 RSU 的两种类型

基于这两种接口的 V2X 应用各有优缺点。基于 PC5 的 V2X 有利于满足端到端时延要求。一些安全服务(比如前碰预警)需要非常小的时延,而在没有其他重要蜂窝技术增强的情况下,基于 Uu 的 V2X 难以满足这一要求。基于 PC5 的 V2X 还能够支持网络覆盖外的操作,在任何地点都能够提供安全服务。而基于 Uu 的 V2X 易于使用多种蜂窝网络特性,覆盖范围比基于 PC5 的更大,适用于需要长距离通信的 V2X 服务;在不支持 D2D 的 UE 上也能够提供 V2X 通信,能够最小化 UE 实施成本。LTE-V2X 的 PC5 接口是在 Release 12 LTE-D2D(Device to Device)基础上进行了多方面的增强设计,从而支持车辆之间的车辆动态信息(例如位置、速度、行驶方向等)的快速交换和高效的无线资源分配机制,此外,还对物理层结构进行了增强以便支持更高的移动速度(可达 500km/h)。而 LTE-V2X 的 Uu 接口是在 LTE 的 Uu 接口基础上进行了针对性的增强,例如,优化了 LTE 广播多播技术以有效支持车联网这种广播范围小且区域灵活可变的业务,对控制信道进行裁剪,以便进一步降低延迟。

2)LTE-V2X 车联网标准

在 LTE-V2X 技术及标准的基础上,国内外进行了大量的研究,并着手于 5G NR-V2X 的相关研究。

(1)对于 3GPP 而言,其 V2X 通信标准化具体可以分为三个阶段,其中 3GPP R14 版标准支持 LTE-V2X,并已在 2017 年完成发布;R15 版标准则支持 LTE-V2X 经过增强以后的 LTE-eV2X,已于 2019 年发布。R16 版标准则在 2020 年 7 月完成,标志着 5G NR-V2X 的第一个演进版本正式确立。截至目前,R18 版标准已于 2024 年 6 月 18 日正式冻结,标志着 5G 技术演进和增强版本 5G-A 的商用大门已经开启。2015 年,在中国大唐集团有限公司(简称大唐)等企业的推动之下,3GPP 开始正式对 LTE-V2X 技术进行标准化,主要从安全研究、系统架构、业务需求以及空口技术等方面入手开展各项工作,并已经获得了一定的成果。2017

年，LTE-V2X 标准正式完成。其中，安全方面主要是对 V2X 的安全需求进行研究，并对当前安全构架及功能的增强进行调研及评估工作；系统架构主要是对架构强化所需接口传输业务进行确定；业务需求方面需要对 LTE-V2X 支持的相关业务要求进行定义，例如人、车、路以及网络通信之间的业务内容，并在特定场景当中给出相应的性能要求；空口技术由多家公司共同主导，对 V2X 标准进行第一阶段的研究，包括 V2X 将 LTE 作为基础的可行性研究、以 LTEPC5 接口为基础的 V2V 标准立项等，主要对强化支持 V2X 业务的技术方法进行评估，同时对资源分配、性能要求、信道结构、射频指标以及同步过程等较为关键的技术进行研究。

2016 年，相关人员开始针对强化 V2X 业务需求方面的 WI 和 SI 标准进行研究，在对 TS22.886 标准研究中，进行了 25 个用例的定义，将需求分为五大类，分别是基本需求、支持扩展传感、远程驾驶、自动车队驾驶以及半/全自动驾驶。2017 年，在大唐、韩国 LG 集团（简称 LG）以及华为等公司主导下，开始对 3GPPV2X WI 标准进行第二阶段的研究，主要内容有资源共享、高阶调制、载波聚合、缩减延时及发送分集等。同年，3GPP RAN 开始对评估 V2X 新型应用的相关方法 SI 进行研究，并结合 3GPP TS22.886 做出的增强业务需求定义进行评估研究，具体内容包括业务模型、信道模型、性能指标、仿真场景以及频谱需求等。

（2）ITU-R 主要对智能交通方面的频谱分配进行研究，其主要目的是为了在当前移动业务划分的状态下，尽可能地实现区域的频段统一，乃至全球的频段统一，同时，针对车联网标准开展各项工作，并对协作智能交通安全方面的相关标准进行研究。

（3）ISO 主要针对智能交通系统以及车联网当中的信息技术标准进行研究，并提出了 CALM（Communication Access for Land Mobiles）的相关概念，能够对各种形式的通信接入技术（包括短距及蜂窝等）加以支持，已推动 CALM 系统架构在 LTE-V2X 技术方面的支持进程。

3）LTE-V2X 的研发及应用

为了有效促进相关产业的发展，大唐针对 V2X 应用进行了原型系统的开发，并完成了技术验证，大唐将 LTE-V 芯片作为基础，开发出了 LTE-V 通信测试设备，并在 2017 年进行了 LTE-V 预商用通信模组的发布，大唐与美国福特汽车公司（简称福特）合作对 LTE-V 进行了实际道路测试。华为也对 LTE-V 通信原型设备进行了开发。

2017 年 9 月，相关工作组对 LTE-V2X 测试规范予以发布，以实验室环境为基准，明确了测试 LTE-V2X 终端设备性能的方法。同年 12 月，大唐、华为以及国家研究院进行合作，根据相关测试规范对 LTE-V2X 终端进行了直通形式的互操作测试。该项测试工作在短时间内完成，使 LTE-V2X 技术标准的可靠性得到了有效的验证。根据智慧交通以及智能汽车等示范项目，在全国各地（包括北京、上海、重庆、长春、杭州以及武汉等城市）对 LTE-V2X 技术、标准进行了示范应用。其中，上海为国家批准的首个车联网示范区，目前已经基于 LTE-V2X 车联网技术进行了相应的示范应用；其他城市的示范应用，主要是为了获得不同条件下车联网技术的应用情况，包括极寒环境测试、智能交通管理的综合测试、V2N 相关应用测试等。

对 LTE-V2X 的研发与应用，必然会对我国的 LTE-V2X 产业化进行有效推动，使我国在智能网联汽车方面实现快速发展。

2.5G-V2X

5G 网络是具有超大带宽、超低时延和超大连接特点的新一代移动通信技术，是实现人、机、物互联的网络基础设施，正在创造“万物互联”的新时代，驱动出现新的应用场景及新的业务形态，对于社会生活方式的改变有巨大的推动作用。随着车载激光雷达、车载人工智能(Artificial Intelligence，AI)摄像机、高精度定位系统等产品的成熟和量产，辅助驾驶、自动驾驶技术的不断成熟，单车自动驾驶已经逐步实现。而实现真正意义上的全路段自动驾驶，则需要车联网通信技术同步实现突破；车联网技术在行驶安全、交通效率和信息服务等方面也对移动网络质量提出了更高的要求。5G-V2X 技术的相关应用场景如图 2-63 所示。

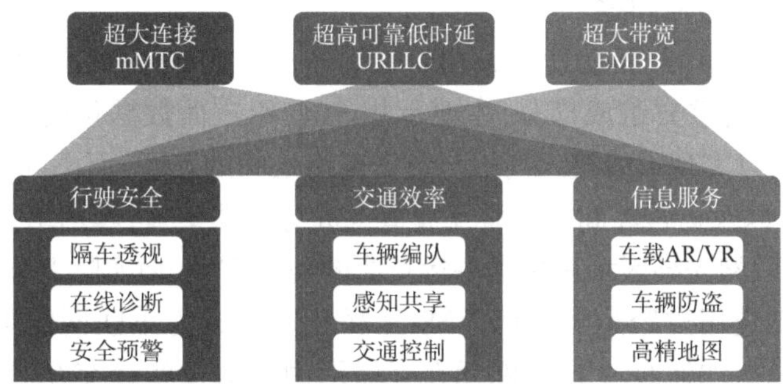

图 2-63　5G-V2X 典型应用场景

1)5G-V2X 的基本架构

基于 5G 网络的车联网方案是指在汽车上搭载先进的车载传感器、控制器、执行器等装置，并融合 5G 网络技术等先进的通信与网络技术，实现车与人、车、路、云等多方场景的智能交换与共享，具备复杂环境感知、智能决策、协同控制等功能，实现“安全、高效、舒适、节能”的行驶能力，最终实现自动驾驶的新一代汽车技术方案，其应用总体架构如图 2-64 所示。

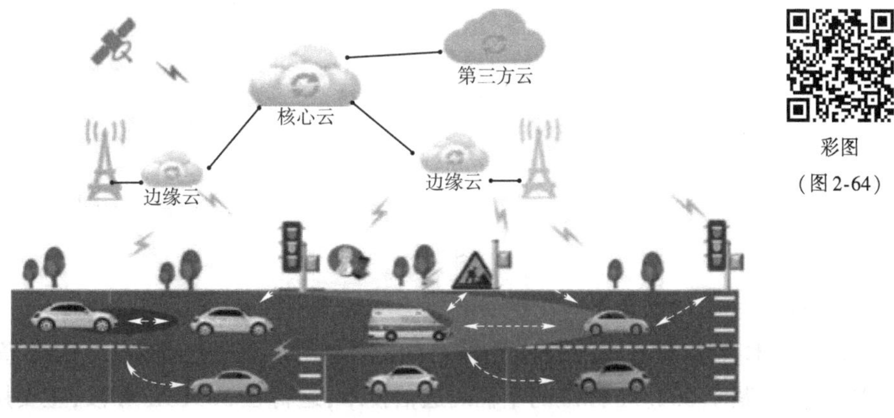

彩图
(图 2-64)

图 2-64　应用总体架构示意图

2)5G-V2X 的技术优势

早期的车联网技术是基于 DSRC 专用短距离通信技术。DSRC 经过多年开发测试，已经广泛应用于车对基础设施(Vehicle to Infrastructure，V2I)、V2V 场景中，后期随着蜂窝移动通信技术发展，出现了 C-V2X 技术。如今，随着 5G 组网技术的成熟和覆盖的逐步完善，5G-

V2X 技术将成为 C-V2X 的主流方向。与 DSRC 相比,5G-V2X 具有三个关键优势。

(1)5G-V2X 拥有更大的探测范围和更高的可靠性,从而可以提高自动驾驶的安全性。在 V2V 场景下,与 DSRC 相比,5G-V2X 分别具备 400m、100m 的视线和非视线可靠传输,而 DSRC 分别只有 240m、60m。

(2)V2I 场景下使用 DSRC 进行通信,对 RSU 的建设投资依赖程度很高,而 RSU 的建设成本较高,通常只在城市路段建设较为完备。而在农村路段、高速场景下,5G-V2X 显然更适合应用于车联网。

(3)5G-V2X 带宽更大,因此能支持更多的非安全类应用。

3)5G-V2X 的互联互通问题

在 5G 网络架构中,用户面功能(User Plane Function,UPF)网元是 3GPP 5G 核心网(5G Core,5GC)系统架构的重要组成部分,主要承担 5GC 用户面数据包的路由和转发等功能。UPF 与互联网对接,以实现无线接入网络与数据网络之间的互联,而不同运营商间的终端数据交互则通过 UPF 以及运营商间的互联互通节点进行数据交互,其网络拓扑结构如图 2-65 所示。目前国内车联网先导区均采用单一运营商的网络方案,但实际上车载 5G 网络的运营商是不可控的,规模应用中跨运营商的 V2X 互联互通将成为车联网的重要组成场景。当 V2X 跨运营商交互时,如何通过 UPF 网元在互联网中有效及快速交互,是实现车联网实际应用的关键,因此跨运营商的 5G 车联网技术方案正成为业界研究的热点方向。

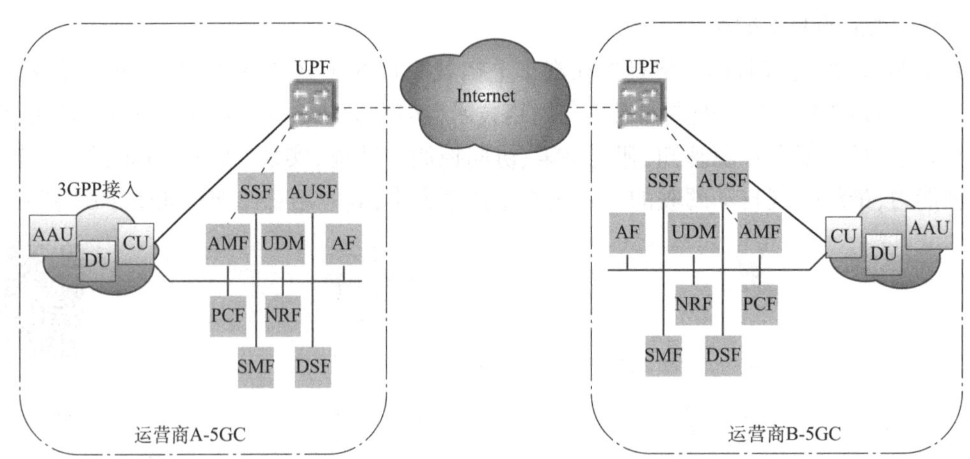

图 2-65　网络拓扑图

3. DSRC 与 C-V2X 技术的比较

V2X 技术有两条不同的技术路线:DSRC(专用短程通信)和 C-V2X(蜂窝车联网)。DSRC 是一种基于 802.11 标准的车辆间通信技术,运行在 5.9GHz 频段,主要用于车辆间的短距离通信,包括车辆对车辆(V2V)、车辆对基础设施(V2I)等通信。DSRC 技术已经在一些地区和国家得到部署和应用,具有实时性强、通信延迟低等特点,适用于车辆安全、智能交通系统等方面。

C-V2X 是一种基于蜂窝网络的车辆间通信技术,可通过 4G LTE 和 5G 网络提供广域覆盖的通信服务,包括车辆对车辆(V2V)、车辆对基础设施(V2I)、车辆对行人(Vehicle to

Pedestrian,V2P)等通信。C-V2X技术具有广域覆盖、高带宽、支持大规模设备连接等特点,可以实现更多复杂的车联网应用,如交通管理、自动驾驶等。

DSRC是由美国、日本主导的标准,标准自2004年开始制定,于2010年发布。DSRC以IEEE 802.11p和IEEE 1609为基础,提供短距离无线传输的技术,其主要承载基本交通安全业务,实现车与车、车与路通信,不支持未来的自动驾驶。C-V2X是基于蜂窝移动通信技术演进的车用无线通信技术,包括直连通信(D2D)和蜂窝通信两种方式,支持车与车、车与路、车与人、车与服务平台等各类车联网应用。C-V2X是3GPP全球标准,跟随3GPP的移动通信网络标准不断发展演进,包括基于4G技术的LTE-V2X和基于5G NR(新空口)技术的5G-V2X,LTE-V2X支持向5G-V2X的平滑升级。LTE-V2X可支持Ll~L3级别的自动驾驶,主要承载基本交通安全业务,如交通事故提醒、紧急制动提醒、远程诊断、红绿灯车速引导等。5G-V2X相比LTE-V2X,在时延、可靠性、速率、数据包大小等方面性能有大幅提高,可支持L4~L5级别的自动驾驶业务,如车辆编队行驶、自动驾驶、远程控制等。

五、车联网安全

1.车联网通信安全

1)车联网安全威胁

(1)通信协议破解和中间人攻击成为车-云通信主要威胁。车-云通信在车联网安全中占据重要地位,成为车联网攻击的主要目标,面临的主要威胁是中间人攻击。攻击者通过伪基站、域名系统(Domain Name System,DNS)劫持等手段劫持远程信息处理器(Telematics BOX,T-BOX)、会话,监听通信数据,一方面可破解通信协议,另一方面可窃取汽车敏感数据,如车辆识别代码(Vehicle Identification Numbe,VIN)、用户账户信息等。此外,在破解协议基础上,结合会话劫持,攻击者可以基于中间人伪造协议而实施对汽车动力系统的非法控制。例如,2015年1月德国ADAC的安全研究员基于中间人对宝马ConnectedDrive系统进行攻击,通过伪基站逆向了通信控制协议后,伪造控制指令解锁了车门。

(2)恶意节点成为车-车通信威胁,可信通信面临挑战。在未来车联网应用场景中,直连模式的车-车通信将成为路况信息传递、路障报警的重要途径。车联网中网联汽车面临节点频繁接入与退出,在现阶段的LTE-V2X网络接入与退出管理中,不能有效实施对车辆节点的安全接入控制进行有效实施,对不可信或失控节点的隔离与惩罚机制尚未建立完善,LTE-V2X可信网络环境的安全隐患尤为突出。一旦存在恶意节点入侵,可通过阻断、伪造、篡改车-车通信或者重放攻击影响甚至破坏车-车通信信息的真实性,影响路况信息的传递。

(3)协议破解及认证是车联网短距离通信的主要威胁。随着多种无线通信技术和接口的广泛应用,车辆节点需要部署多个无线接口,实现Wi-Fi、蓝牙、IEEE 802.11p、LTE-V2X等多种网络的连接。短距离通信中的协议破解及认证机制的破解已成为当前的主要威胁。通过实现Wi-Fi、蓝牙等认证口令的破解,攻击者可以通过Wi-Fi或蓝牙接入到汽车内部网络,获取汽车内部数据信息或者进行渗透攻击。

2)车联网通信安全策略

目前的车联网通信安全防护主要针对车-云通信,以加强访问控制并开展异常流量监测为主。

(1)加强车载端访问控制,实施分域管理,降低安全风险。建立安全分级访问机制,智能网联汽车通常配备有两个接入点名称(Access Point Name,APN)接入网络。APN1 负责车辆控制域通信,主要传输汽车控制指令及智能汽车相关敏感数据,通信对端通常是整车厂商私有云平台,安全级别较高。APN2 负责信息服务域(Dirty Zone)通信,主要访问公共互联网信息娱乐资源,通信对端可能是整车厂公共云平台或者第三方应用服务器,车载信息娱乐系统(In-Vehicle Information,IVI)中的车载应用,如新闻、娱乐、广播等通常通过 APN2 进行通信。

车辆控制域和信息服务域采用隔离的方式来加强安全管理。一是网络隔离,APN1 和 APN2 之间网络完全隔离,形成两个不同安全等级的安全域,避免越权访问。二是车内系统隔离,车内网的控制单元和非控制单元进行安全隔离,对控制单元实现更强访问控制策略。三是数据隔离,不同安全级别数据的存储设备相互隔离,并防止系统同时访问多个网络,避免数据交叉传播。四是加强网络访问控制,车辆控制域仅可访问可信白名单中的 IP 地址,避免受到攻击者干扰,部分车型对于信息服务域的访问地址也进行了限定,加强网络管控。

(2)基于公钥基础设施(Public Key Infrastructure,PKI)和通信加密,构建可信车-云通信。目前企业普遍重视通信加密,部分厂商在软加密基础上建立 PKI 系统,搭建更便捷的车-云通信。采取的防护措施一是基于证书的车载端身份认证,传统的车-云通信通过车机编码绑定的方式进行认证,易被伪造绕过。目前较完备的方式是基于 PKI 证书身份认证,智能网联汽车首次启动进行通信连接时,云平台签发可信证书写入车载安全芯片,用于车-云通信,确保仅有认证后的车辆可与私有云通信,同时基于 PKI 技术使得云平台具备证书撤销和更新的功能;二是基于证书的传输加密,智能网联汽车在获取可信证书后,后续通信通过证书进行密钥协商并加密通信数据,加密协议通常采用 HTTPS 应用层加密或者 SSL、TLS 传输层加密,增加攻击者窃听破解的难度,保障通信安全。

(3)网络侧进行异常流量监测,提升车联网网络安全防护能力。此方案由运营商部署,目前联通智网公司对此方案进行了试点应用,采用异常流量监测对车联网业务进行流程监测,提供安全监测预警及应急处置服务,具体分为监测预警、网络控制两个方面。监测预警功能包括定制监控服务,对安全事件进行探测,提供流量监控优化、异常流量告警、历史数据留存等;网络控制包括定义受保护的 IP 地址/范围、阻止点对点通信、借助防火墙和入侵检测系统中断异常 IP 通信等。

3)车联网安全认证方案

在车与其他实体进行通信的过程中,安全认证是保证通信安全的关键机制。根据使用方法的不同,车联网下的安全认证技术可以分为基于 PKI 的身份认证、基于假名的身份认证、基于群签名的身份认证三种类型,如图 2-66 所示。

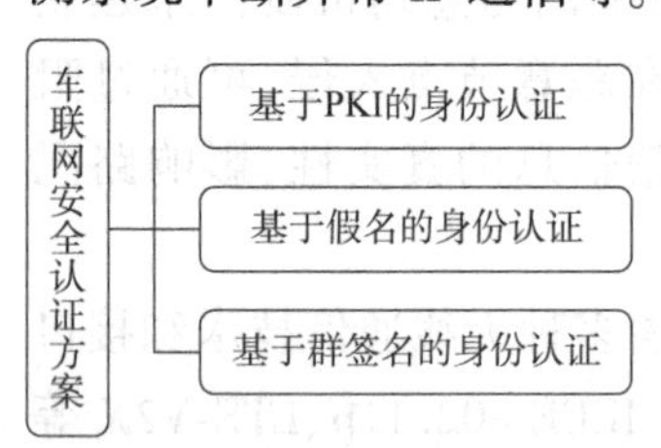

图 2-66 车联网下的安全认证技术的三种类型

三种类型的车联网安全认证方案介绍如下。

(1)基于 PKI 的身份认证。该技术利用数字签名技术实现数据的可认证性和不可否认性。系统为每个车辆颁发相关密钥及公钥证书,以保证车辆用户与基础设施之间的安全通信。该技术的缺点是签名认证的过程中无法满足车辆的身份保护,也会在通信过程中产生较高的计算和传输成本。

(2)基于假名的身份认证。该技术采用假名代表车辆与其他实体进行通信。证书授权中心(Certificate Authority,CA)在车辆进行注册的时候,为注册车辆分配多个假的身份信息用于以后的认证,以保证车辆拥有者真实身份信息的保密性。CA 虽然可以对车辆节点的假名进行全权控制,但大量存储空间被过量假名信息所占用,假名的作废过程也会产生极高的计算成本。

(3)基于群签名的身份认证。该技术使得车辆群体的每个成员都能以匿名的方式代表整个群体对消息进行签名,并可以使用群的公钥进行公开验证,达到匿名性的要求。当存在恶意车辆时,车辆群体能够查明恶意车辆并将其清逐出群。但群签名的作废同样成本较高。

2. 车联网信息服务平台安全

1)车联网信息服务平台简介

车联网信息服务平台(简称平台)是以车载终端为基础进行构建的。车载终端安装在车辆上以采集位置、速度、三维空间坐标等轨迹数据。车载终端将轨迹数据发送至轨迹接收服务器,轨迹数据经过无线网络传输至轨迹数据接收服务器后被接收。轨迹数据接收服务器接收后解析处理存储到 HBase 数据库。采用 HBase 数据库的原因,是由于 HBase 具有良好的可扩展性、高可用性以及可以存储非结构的数据。利用开源的 Web 应用框架 Grails、分布式服务框架 Dubbo 以及 Web 服务器 Tomcat 等技术,构建车联网信息服务平台。在构建过程中,由于对平台业务数据的数据一致性要求比较高,平台采用了开源的关系型数据库 MySQL 进行数据存储。最终,该平台可为用户提供包括车辆状态监控、行驶轨迹查看、车辆相关信息管理、车辆规范化使用、电子围栏设置等的综合服务。图 2-67 描述了车联网信息服务平台的整个体系。

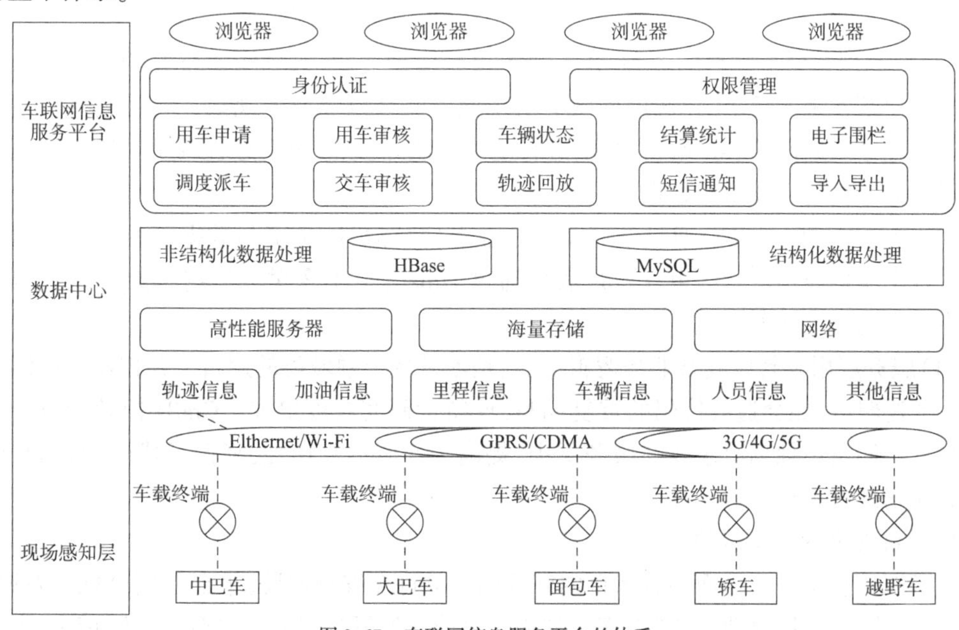

图 2-67 车联网信息服务平台的体系

车联网信息服务平台的软件结构采用的是浏览器/服务器(Browser/Server,B/S)结构。相比于客户端/浏览器(Client/Server,C/S)结构,B/S结构打破了地域和时间的限制,通过普通的浏览器就可以访问车联网信息服务平台。此外,在平台的重用性和可维护性方面,B/S结构优于C/S结构。车载终端安装在车辆上,将采集的数据通过无线网络传输到轨迹数据接收服务器解析处理存储到HBase数据库。接着,通过结合Spring框架、Dubbo框架等技术实现从HBase获取相应车辆的行驶轨迹数据的轨迹查询服务。该轨迹查询服务在Dubbo服务注册中心ZooKeeper进行注册后,便可提供远程调用。由于平台是基于开源Web应用框架Grails开发的,因此平台也是采用MVC模式设计的,它的控制层作为Dubbo服务消费方,引入Dubbo后并在其控制层实现调用远程服务即轨迹查询服务。同时,平台采用了分层模块化设计方式,这样不同层之间耦合度小,不仅有利于平台的维护和扩展,而且有利于团队成员并行工作,进而提高开发效率。平台实现的具体架构如图2-68所示。

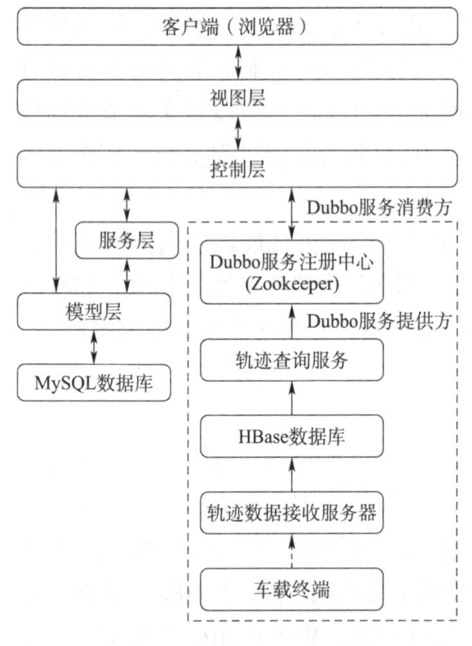

图2-68 平台实现的具体架构图

车联网信息服务平台的分层包括视图层、控制层、模型层和服务层,各层详细介绍如下。

(1)视图层主要负责数据的展示,为用户提供友好的界面。该层采用GSP(Grovy Server Page)、JavaScript、Bootstrap等技术实现,把控制层的数据处理结果显示在Web页面上。该层包含所有前台展示页面,比如平台登录页面、申请用车页面等。用户通过浏览器访问这些页面。

(2)控制层是整个平台的核心,介于视图层与模型之间,起到沟通桥梁的作用。该层负责处理客户端发来的请求,并调用领域类实现业务流程以及业务规则。同时选择恰当的视图并将处理结果返回给客户端,在页面进行呈现。此外,该层负责远程调用轨迹查询服务从而获得相应车辆的行驶轨迹数据。

(3)模型层(即领域层)通过领域类封装业务实体属性,负责与数据库的交互。领域类可以对各个实体属性进行约束,Grails底层通过Hibernate对象关系映射框架实现领域类与数据库中表的一一映射。

(4)服务层用来封装复杂业务逻辑,尤其是涉及多个领域类的逻辑。在控制层中编写复杂的业务逻辑,可能会造成代码的重复编写,使得代码冗余度增加。Grails把较为复杂的业务逻辑从控制层中抽离出来放在服务层中,提高了代码的复用性,降低了代码的耦合度,进而提高代码的可维护性。

2)平台面临的安全威胁

车联网信息服务平台面临着来自内外部网络的许多安全威胁,平台的安全性涉及网络、服务器(主机)、应用、数据、物理等多个层面。结合车联网信息服务平台的实际情况,下面对这些层面所面临的安全威胁逐个进行详细分析。

(1)物理层的安全威胁。物理层的安全威胁有许多种,既包括自然灾害比如地震,也包括意外事故比如机房断电。但由于平台部署在云服务器上,云服务供应商负责其数据中心环境的物理安全,提供了较高的安全保障,因此本书对平台中物理层面的安全不作分析。

(2)应用层的安全威胁。车联网信息服务平台的具体软件结构是基于 B/S 结构的,平台用户通过浏览器访问平台的应用服务器。与其他 Web 应用平台类似,平台中同样存在常见的 Web 应用安全威胁。比如,用户申请用车时填写的用车申请单中存在跨站脚本攻击风险,车辆管理模块中根据车牌号查询相应的车辆信息时存在 SQL 注入攻击风险。车联网信息服务平台并不是对所有用户开放的,只有注册了的用户并通过身份的合法性验证后方可登录平台。同样,平台也不是对所有的车载终端开放的,只有注册了的车载终端发送的有效报文数据并通过消息的合法性验证后,这些数据才存储到 HBase 数据库中。另外,对于登录成功后的用户,用户拥有权限也不一定相同。平台中可能存在越权访问的安全风险。比如平台普通用户进行用车审核或者调度派车,这就是属于越权的行为,平台的普通用户并未被授权进行这些操作。

(3)网络层的安全威胁。车联网信息服务平台不仅需要与客户端(即浏览器)进行网络通信,而且需要与车载终端进行无线网络通信。平台中业务数据在传输过程中,可能存在数据被监听、篡改等安全威胁,且平台中车载终端采集的轨迹数据在无线网络传输过程中也可能存在被监听的安全威胁。同时,在目前信息安全形势依然严峻的情况下,平台可能遭受各种网络攻击,比如 DDOS 攻击、安全漏洞攻击。

(4)数据层的安全威胁。车联网信息服务平台数据库中存储大量的敏感数据,比如驾驶人的个人信息、用户的密码、车辆相关资料等。平台中数据库的安全威胁包括数据库中数据被非法访问、数据泄漏、数据丢失等。

(5)服务器层的安全威胁。不法分子利用各种各样的攻击手段入侵运行车联网信息服务平台的服务器。一旦入侵服务器成功,不法分子将获得非法操作权限,就能够对服务器进行破坏。除了外部网络的攻击,平台还存在内部网络的安全威胁,运维人员可能在服务器上执行误操作或非法操作。不法分子在攻击服务器时,服务器会产生记录攻击痕迹的日志,若不法分子攻击成功后将产生的日志删除,则无法分析判断服务器已被攻击。通常,服务器被攻击时,其系统运行状况以及各种资源使用情况会表现异常,若未对平台进行监控的话,则无法及时知道服务器被攻击。

3)平台的安全需求

平台应满足以下安全需求。

(1)抵御常见的 Web 应用安全威胁的攻击。车联网信息服务平台应能够对常见的 web 应用安全威胁、SQL 注入攻击、会话攻击等进行安全防御。

(2)身份认证。当用户登录平台时,对用户的身份的合法性进行验证,验证通过后方可进入平台。对于安全性要求高的用户,能够使用比“用户名 + 静态密码”更安全的方式进行身份认证。此外,车联网信息服务平台中轨迹接收服务器能够对车载终端的身份进行合法性的验证。

(3)权限管理。平台中用户各自可以拥有不同的权限,用户只能访问平台中被授权范围内的资源,不能越权访问其他资源。

(4)保证数据传输安全。平台应确保车载终端与平台的数据传输安全以及客户端与平台的数据传输安全。

(5)保证服务器和数据库的可用性。在平台中,可用性的目标一是保护车联网信息服务平台的正常使用,对合法用户的服务请求不会被不正当地拒绝。二是尽可能降低停机时间,减少数据丢失以及减少服务恢复时间,从而提高数据库服务器的持续服务能力。

(6)保证敏感数据的机密性。对于平台中敏感数据,比如用户的密码、个人手机号码等,通过加密处理后存储到平台中数据库。

(7)保证服务器能够防御非法访问和恶意代码的侵害。隔离平台中服务器与互联网,让合法访问服务器能够正常进行并且防御非法访问或攻击。

(8)安全运维审计。运维人员在服务器或网络设备的操作,包括误操作以及违规操作能够进行安全审计,以便追查取证。

(9)平台实时监控和日志实时采集分析。对平台中服务器资源进行实时监控,一旦出现异常,能够实时报警并及时响应。对平台中产生的日志能够实时采集与分析,及时检测服务器是否存在攻击或者非法操作行为。

4)平台的安全体系设计

平台的安全是保证车联网信息服务平台稳定可靠运行的前提。与此同时,平台涉及大量的敏感数据,一旦发生数据泄漏、丢失或遭受不法分子攻击,将给用户和运营商造成严重的损失。总之,安全性问题对于平台而言是至关重要的问题。对于网络、主机、应用、数据层面存在的安全威胁,仅仅依靠一种安全机制是难以解决的。根据平台实际的安全需求,将针对平台所面临的不同安全威胁所采取的安全防御机制有机整合在一起,并发挥这些安全防御机制自身的优势,进而构建一个从多个层面、多个维度保护整个车联网信息服务平台的安全体系。如图 2-69 所示,该体系贯穿整个车联网信息服务平台,主要包括应用层安全、数据传输安全、数据库安全、运维安全,详细介绍如下。

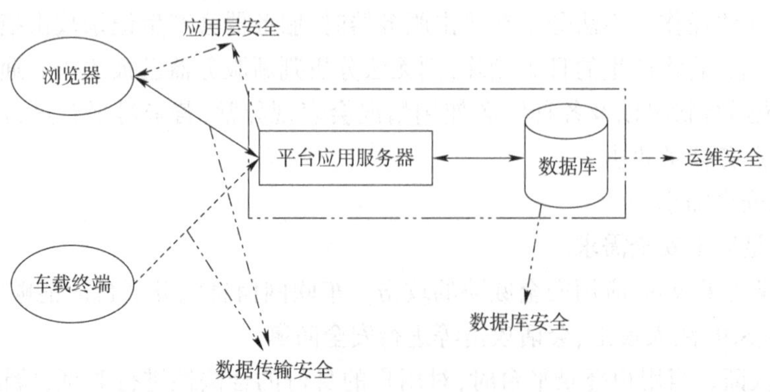

图 2-69　安全体系在平台中的具体体现

(1)应用层安全。首先,对平台中存在的 Web 应用安全风险采用一系列安全措施进行防御。接着，通过基于 USB Key 的身份认证方式来提高用户登录平台的安全性以及对平台中车载终端进行身份认证。最后，采用基于角色访问控制策略对平台中权限进行管理，只允许用户访问被授权的资源。

(2)数据传输安全。在平台服务器集群中部署 HTTPS，以此提高业务数据在网络传输中的安全性。同时，车载终端对采集的轨迹数据进行加密处理，以此提高轨迹数据在无线网络传输中的安全性。

(3)数据库安全。采用用户认证、权限管理、审计追踪、数据加密、备份与恢复等安全机制对平台中数据库进行安全防护。此外，为了提高平台中业务数据库的可用性，通过 Mycat 数据库中间件实现业务数据库的高可用性。

(4)运维安全。首先，通过自 ptables 防火墙为平台中服务器与其所连接的网络之间架设一道安全关卡，让合法访问服务器能够正常进行并且避免非法及越权访问。然后，通过堡垒机实现运维人员在操作平台中整个操作过程的可见、可控，从而尽可能减少或避免运维人员的误操作或非法操作。通过 Nagios 监控平台中服务器资源的状况，一旦出现异常能及时报警并能准确定位故障的位置。最后，利用一个分层可扩展的日志采集与分析系统，对非法攻击留下的日志记录进行采集并分析。

此外，安全管理也是必不可少的，在平台安全机制实现过程中，应将安全管理要求落实到每个层面。

3. 车联网数据安全和个人隐私保护

车联网数据安全需要从数据全生命周期进行体系性防护，数据安全和个人信息的保护，要遵循国家主要数据安全法规和汽车行业自身数据安全要求。

在数据感知采集过程中，智能网联汽车会通过车载的各类雷达、导航系统、测速仪、摄像头、声控、遥控等分类感知器持续采集车内外各种数据，包括车辆位置信息、速度信息、路况信息、周边环境、车辆运行数据、用户个人数据等，这些数据会在本地和云端进行存储处理，供车载和云端各类应用系统分析使用。由于采集手段不同、数据类别差异大、安全和管理机制不健全，可能导致车载系统存在数据安全问题。

在数据传输过程中，车辆车载诊断系统接口、车内各类传感器可能会被攻击者进行通信信息篡改、窃听、中断、信号注入等，有可能造成无人驾驶或者自动巡航的汽车诱导偏航、紧急制动等危险情况。智能网联汽车车内搭载大量基于蓝牙、Wi-Fi、卫星、移动通信网(2.5G/3G/4G 等)、V2X 等无线通信手段的车载单元，易被攻击者通过身份假冒等方式进行监听和数据窃取等攻击；在通信过程中，无线通信未经加密很容易被攻击者窃取、窃听和篡改，造成信息泄露甚至被劫持操控，从而引发车辆被远程控制等危险。

在数据共享过程中，当车辆采集的各类数据跨不同网络或者系统的安全域之间进行信息汇聚和交换时，易被攻击者通过一个攻击点进入系统，从而对其他相连接的系统发起跳板攻击和横向移动攻击，对关键系统和信息造成安全威胁。

在数据存储和使用中，大量数据的汇聚和分析使用易受到数据治理不足、访问控制机制不完善、对敏感数据缺乏针对性保护等因素的影响，产生被攻击者非法访问、数据窃取、数据泄露、数据篡改等风险，造成敏感数据大量泄露和用户隐私泄露等严重问题。综上所述，车联网数据攻击威胁模型如图 2-70 所示。

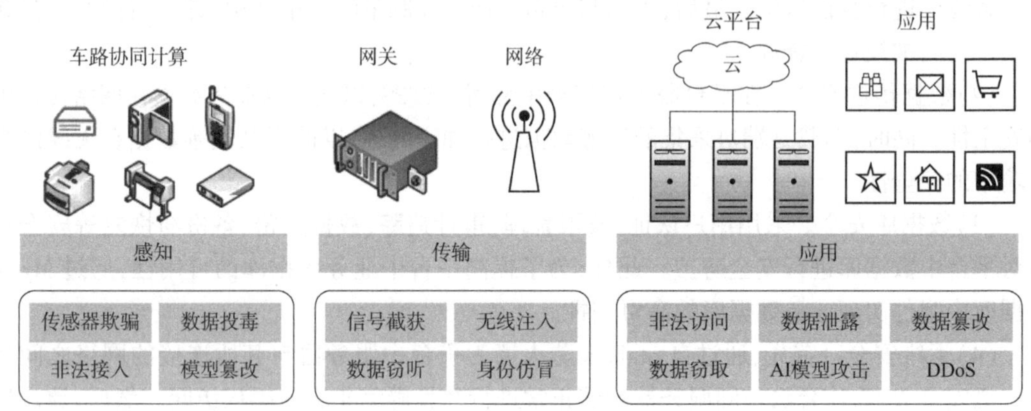

图 2-70　车联网数据攻击威胁模型

车联网数据主要来源于车辆端侧的各类环境感知、导航定位、监控检测、人车交互、车车交互等传感器的采集和产生，并通过网络传送到云端进行汇聚和处理。这些数据从采集、传输、汇聚、共享交换、存储、计算使用等环节都存在不同的安全威胁。因此，针对车联网数据安全问题，一方面，需要采用传统数据安全手段，对数据传输、共享交换和分析使用等进行加密、认证、访问控制等严格的安全措施；另一方面，需要对数据智能分析使用的算法进行安全加固，谨防数据投毒攻击、对抗样本攻击等非常规攻击手段，以确保车联网中智能网联和无人驾驶系统的安全可控。典型的车联网数据安全防护技术架构如图 2-71 所示。

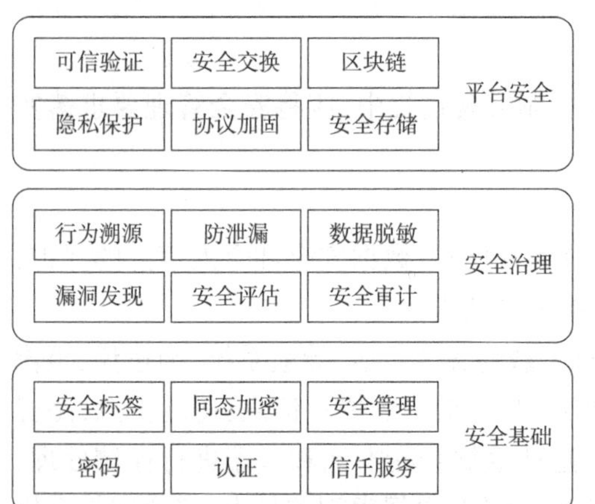

图 2-71　车联网数据安全防护技术架构

密码、认证、数据安全标签、信任服务等作为整个安全防护的基础，为各种安全服务的实现提供支撑，如加解密服务、认证服务、数据分级分类标签、信任度量等；数据脱敏、漏洞发现、数据访问行为追踪溯源、安全评估等安全治理能力，为数据全生命周期安全提供监管和防护；平台安全则通过全面的安全存储、协议加固、区块链数据确权、可信验证等技术，对数据平台和计算服务提供安全保护。

车联网中存在大量涉及用户车辆的位置、运行轨迹、家庭住址、工作单位、个人信息、无线信号、周边环境信息等隐私数据，一旦遭到泄露，可能导致严重的后果，甚至威胁国家安全。车联网数据若想发挥价值，就要进行共享计算使用，使其支撑交通决策和智慧交通。在数据使用中，数据隐私保护计算成为当前数据安全的研究热点，通过隐私保护计算，数据可以在受保护、不泄露的情况下完成计算使用，达到保护隐私安全的要求。当前数据隐私计算主要有以下 3 条技术路径。

（1）可信执行环境（Trusted Execution Enviroment，TEE）。该技术基于密码技术构建可信根,保证在计算平台加载的代码和数据安全可信,目前 Intel、ARM 等主流计算平台厂商都各自提出了解决方案。

(2)联邦学习(Federated Learning,FL)。该技术采用了分布式机器学习架构,使得计算参与方共享计算模型而不是共享数据,从而保证数据在本地即可完成联合计算。由于该计算模式能够做到数据不发生转移和对外交换,因此不会泄露数据隐私或影响数据使用,但该技术目前还存在适用范围受限、计算模型安全性等方面的局限需要突破。目前国内已有部分安全厂商提供了相应的安全产品和计算平台。

(3)多方安全计算(Secure Multi Party Computation,MPC)。该技术起源于 20 世纪 80 年代姚期智院士提出的百万富翁问题,主要解决在互不信任的参与方之间联合计算一个函数的问题,能够使多个数据所有者在缺乏可信第三方,彼此不信任的情况下共同计算某个函数,得到各自该得到的输出结果。在计算过程中,各参与方除了自己的数据和自己应该得到的计算结果,不能获得任何额外的信息。目前国内已有厂商提供了相关产品解决方案。

第五节　车载终端和云平台软件开发技术

随着汽车制造商对软件开发的需求不断增加,汽车软件开发也成为一个备受关注的领域。汽车软件开发是指开发和维护汽车电子控制模块、汽车信息系统、车载通信系统等各种软件系统的过程。汽车软件开发分为软件设计、编码、测试、部署和维护等各个阶段。汽车软件开发的目的是开发出高质量、可靠、安全、高效的软件系统,使汽车能够更好地适应各种路况和驾驶条件,提高行驶的安全性和舒适性。

一、汽车嵌入式系统软件开发体系

1. 汽车嵌入式系统概述

我国《信息技术　嵌入式系统术语》(GB/T 22033—2017)中对嵌入式系统的定义是:“置入应用对象内部,起信息处理或控制作用的专用计算机系统”。由此可见,嵌入式系统是一种作为装置或设备一部分的专用计算机系统。嵌入式系统一般由嵌入式微处理器、外围硬件设备、嵌入式操作系统以及用户的应用程序四个部分组成,用于实现对其他设备的控制、监视或管理等功能。嵌入式软件就是基于嵌入式系统设计的软件,也是计算机软件的一种,同样由程序及其文档组成,是嵌入式系统的重要组成部分,其基本架构如图 2-72 所示。

汽车电子控制系统的发展经历了近半个世纪,早期由于汽车电子系统开发手段的相对落后和认识的制约,汽车嵌入式系统基本上是围绕单一功能的 ECU 的开发,开发流程大多是自发且不成系统的,传统基于代码的汽车嵌入式系统开发大致流程如图 2-73 所示。传统的汽车嵌入式系统开发主要包括硬件和软件的设计与开发两部分,再加上一些必要的试验验证等。

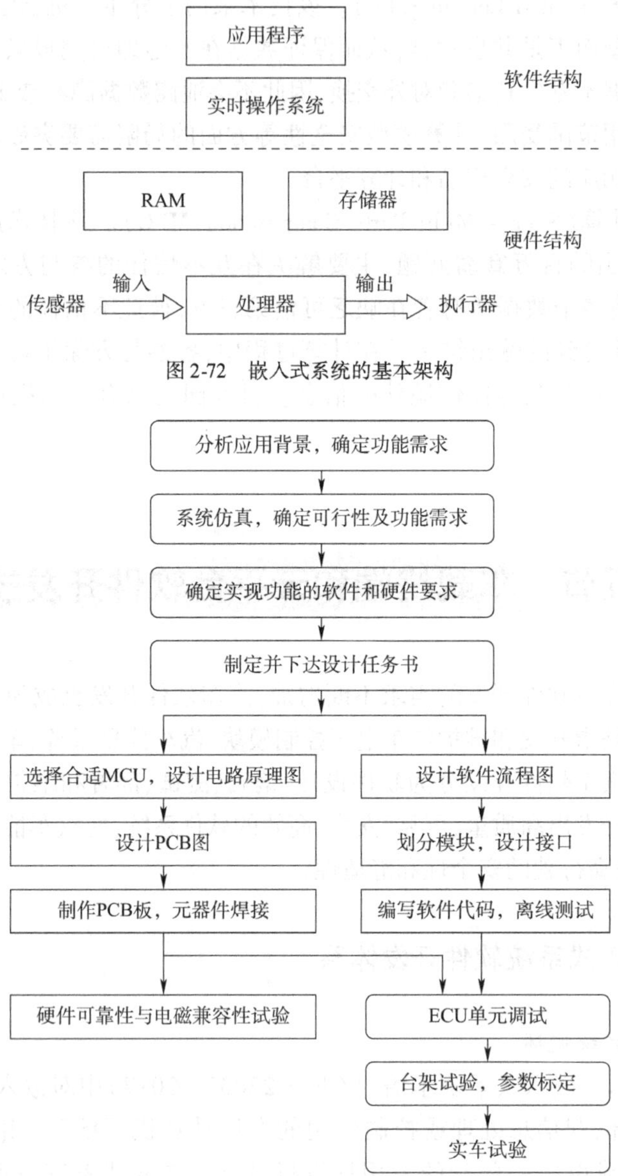

图 2-72 嵌入式系统的基本架构

图 2-73 传统汽车 ECU 开发流程

传统汽车 ECU 开发流程存在以下不足：

(1)系统设计的错误不易发现；

(2)排除错误花费时间较长；

(3)软件与硬件协同调试困难；

(4)系统仿真阶段和实现阶段脱离；

(5)移植性较差。

2003 年 9 月德国的汽车制造商和汽车电子产品供应商成立了汽车开放系统架构 AUTOSAR(Automotive Open System Architecture)组织,旨在推动建立汽车电子电气架构(Electrical and Electronic Architecture,EEA)的开放式标准,使它成为汽车嵌入式应用功能管理的基础架构,并规范汽车电子产品、软件和元器件的互通性。

2. 汽车嵌入式系统软件开发流程

汽车电子产品的软件开发分为功能描述、软件设计、代码生成、操作系统环境下的高级调试等步骤。随着汽车嵌入式系统越来越复杂,系统开发的时间和空间的跨度也相应变大,基于模型的开发方法(Model-Based Development,MBD)也得到了越来越广泛的应用。

基于模型的开发方法是一种以模型为中心的软件设计方法,该方法通过采用特定的建模语言对系统进行建模,抽象出软件系统的关键问题,并描述系统的解决方案;通过采用形式化的工具对系统型进行验证,以保证系统设计的正确性。主要的开发模型有以下四种,分别介绍其开发流程。

(1)V 模型。V 形开发流程分为五个阶段:需求定义与功能设计;快速控制原型(Rapid Control Prototype,RCP);目标代码生成;硬件在环(Hardware InLoop,HIL);测试与标定,如图 2-74 所示。

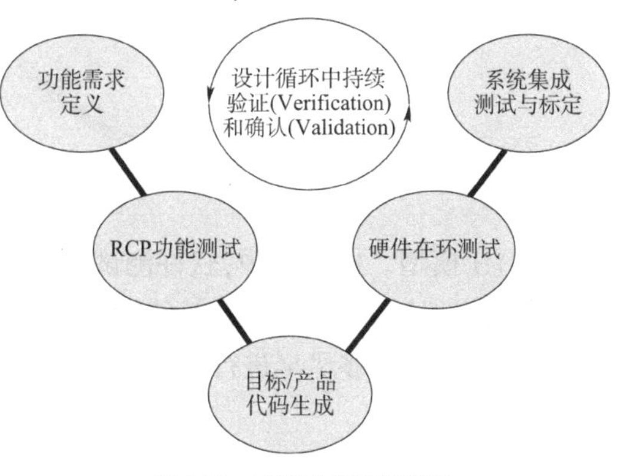

图 2-74　V 模型的开发流程

(2)W 模型。V 模型的局限性在于没有明确地说明早期的测试,无法体现“尽早地和不断地进行软件测试”的原则。在 V 模型中增加软件各开发阶段应同步进行的测试,即可演化为 W 模型。在 W 模型中不难看出,开发是一个 V 模型,测试是与此并行的另一个 V 模型,如图 2-75 所示。

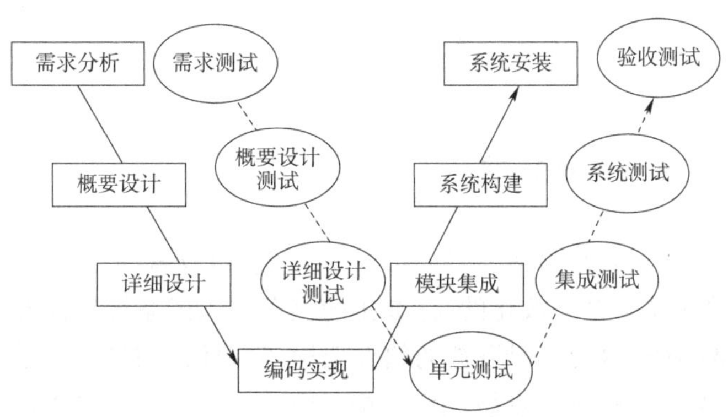

图 2-75　W 模型的开发流程

(3)X 模型。X 模型也是对 V 模型的改进。X 模型的左边描述的是针对单独程序片段进行的相互分离的编码和测试,此后进行频繁交接,通过集成最终成为可执行的程序,然后再对这些可执行程序进行测试。已经通过集成测试的成品可以进行封装并提交给用户,也可以作为更大规模和范围内集成的一部分。在 X 模型中,多根并行的曲线表示变更可以在各个部分发生,如图 2-76 所示。

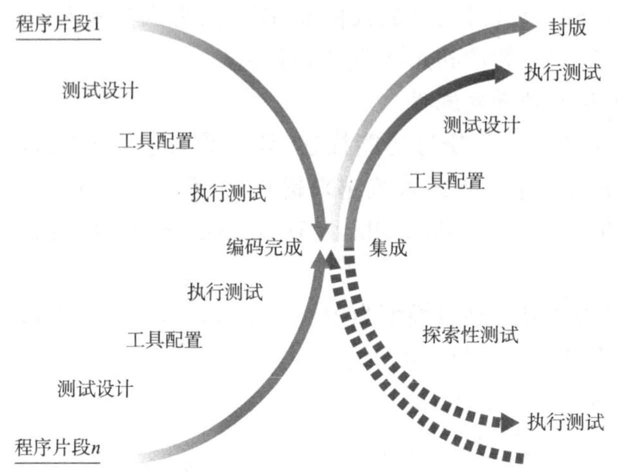

图 2-76　X 模型的开发流程

(4)H 模型。H 模型中,软件测试过程活动完全独立贯穿于整个产品的周期,与其他流程并发进行,某个测试点准备就绪时,就可以从测试准备阶段进行到测试执行阶段。在 H 模型中,软件测试能够尽早进行,并且可以根据被测物的不同而分层次进行,如图 2-77 所示。

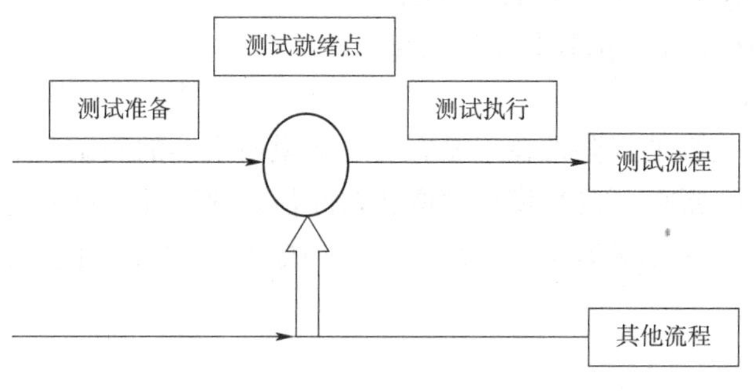

图 2-77　H 模型的开发流程

二、汽车开放系统架构标准

汽车开放系统架构联盟是由整车厂、零配件供应商,以及软件、电子、半导体公司联合成立的组织,此联盟推出了一个开放化的、标准化的汽车嵌入式系统软件架构:汽车开放系统架构 AUTOSAR。AUTOSAR 是一种开放的软件架构,需要汽车制造商、零部件供应商、芯片供应商及软件公司共同合作来实现该软件架构。简单来说,AUTOSAR 是一套标准协议、软件架构。图 2-78 是 AUTOSAR 的制造商和供应商。

AUTOSAR 架构在软件中可抽象地分成三层,软件运行在微控制器上,自下向上分别是:基础软件层(Basic Software Layer,BSW)、实时运行环境层(Runtime Environment,RTE)、应用软件层(Application Layer,APP),如图 2-79 所示。

图 2-78　AUTOSAR 的制造商和供应商

基础软件层又被细分成：服务层（Services Layer）、ECU 抽象层、微控制器抽象层、复杂驱动层（Complex Drivers），如图 2-80 所示。

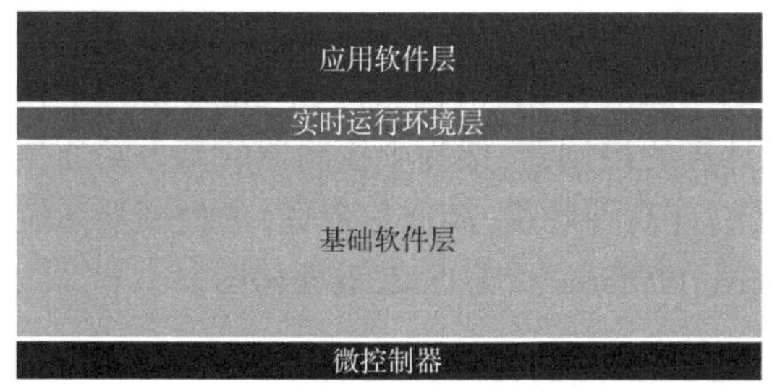

图 2-79　AUTOSAR 架构的分层

应用软件层
实时运行环境层
服务层
ECU抽象层
微控制器抽象层
复杂驱动层
微控制器

图 2-80　基础软件层的分层

服务层在 BSW 层最上层，包含实时操作系统、通信与网络管理、内存管理、诊断服务、状态管理、程序监控等服务，介绍如下。

复杂驱动层的目的是提供复杂传感器和执行器的驱动，功能是使重要的应用模块可以直接访问硬件资源，如喷油量控制、胎压监测，提供集成特殊功能的可能性，如设备的驱动。这些驱动有以下特点：

①在 AUTOSAR 中没有明确规定；

②对时序要求比较高；

③用于移植目的 ECU 抽象层（ECU Abstraction Layer）提供访问外围设备的应用程序编程接口（Application Programming Interface，API），使更上层的软件独立于 ECU 硬件。

ECU 抽象层中封装了微控制器层及外围设备的驱动，微控制器抽象层包含了访问微控制器的驱动，复杂驱动为应用层通过 RTE 访问硬件提供支持。微控制器抽象层包含可以直接访问微控制器和外围设备的底层驱动。

实时运行环境层（RTE）是 AUTOSAR ECU 体系结构的核心组成部分，应用程序软件组件包含独立于 CPU 和所处位置的系统软件，这就意味着为了满足系统设计者所设计的一些限制,应用程序组件能够在系统配置期间被映射到任何有效的 ECU 上,RTE 负责确保这些组件能够通信,RTE 实现了 AUTOSAR VFB 的接口,从而实现了 AUTOSAR 软件组件之间的通信。

应用层包含若干软件组件(Software Component,SWC),SWC 封装了需要实现的具体功能,独立于微控制器的类型,与底层硬件的独立性是通过虚拟功能总线(VFB)来实现。而 VFB 则提供了一种通信机制,具体由 RTE 和 BSW 来实现。SWC 由端口(Port)和运行实体(Runnable Entity,RE)组成。端口(Port)是 SWC 之间进行通信的接口,通信内容包含数据元素(Data Element,DE)和操作(Operation,OP)。常用的端口有两种:发送-接收端口(Sender-Receiver Interface,S/R)和客户端-服务器端口(Client-Server,C/S)。S/R 用于数据传递,发送方将数据元素(Data Element,DE)发送给一个或者多个接收方。C/S 用于操作(Operation,OP),即函数调用,服务器提供函数,客户端用来调用函数,一个函数可以被多个客户端调用,但是一个客户端不能调用多个函数。运行实体(Runnable Entity,RE)是一段可执行代码,封装了具体算法。

AUTOSAR 目前分为两种:Classic Platform AUTOSAR 和 Adaptive Platform AUTOSAR,也称为 CP 和 AP。通常提到的 AUTOSAR 一般指 Classic Platform AUTOSAR,是用在众多汽车 ECU 上的 AUTOSAR 架构。随着近些年汽车信息娱乐系统的发展,Adaptive Platform AUTOSAR 成为在带有高级操作系统(Linux 或 QNX)的车载芯片系统(System-on-Chip,SoC)上使用的一种 AUTOSAR 架构。AP 要求具备高性能计算的控制器,架构中控制器的算力及通信的带宽均需发生巨大升级。而具备高性能计算能力(高吞吐量、高通信带宽)的控制器系统架构,也需要适配的软件架构。图 2-81 是 Adaptive Platform AUTOSAR 的架构图。

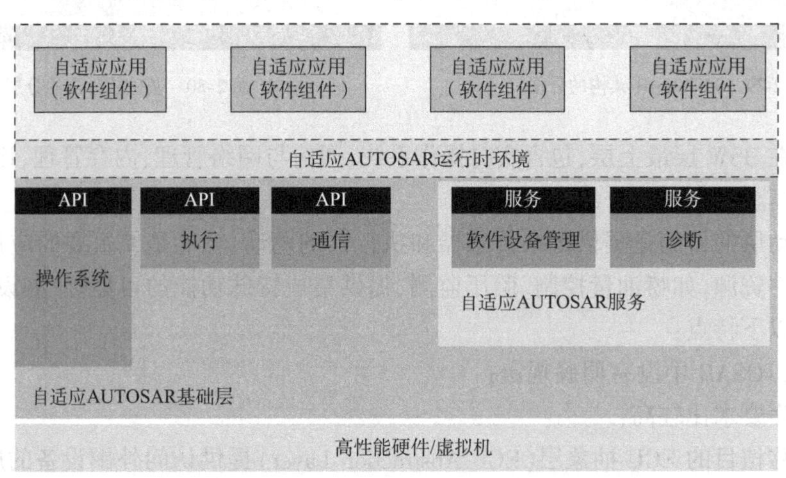

图 2-81 Adaptive Platform AUTOSAR 架构

AP 面向高性能计算处理器架构,其硬件层的算力更高,具有更高的吞吐量,操作系统需兼容可移植操作系统接口(Portable Operating System Interface of UNIX,POSIX)。AP 可采用软实时操作系统,而 CP 基于兼容 OSEK 实时操作系统;AP 采用 C + + 语言开发,CP 基于 C 语言开发;AP 采用基于服务(Service-Oriented)通信,CP 基于信号(Signal-Oriented)通信。AP 平台和 CP 平台如图 2-82 所示。

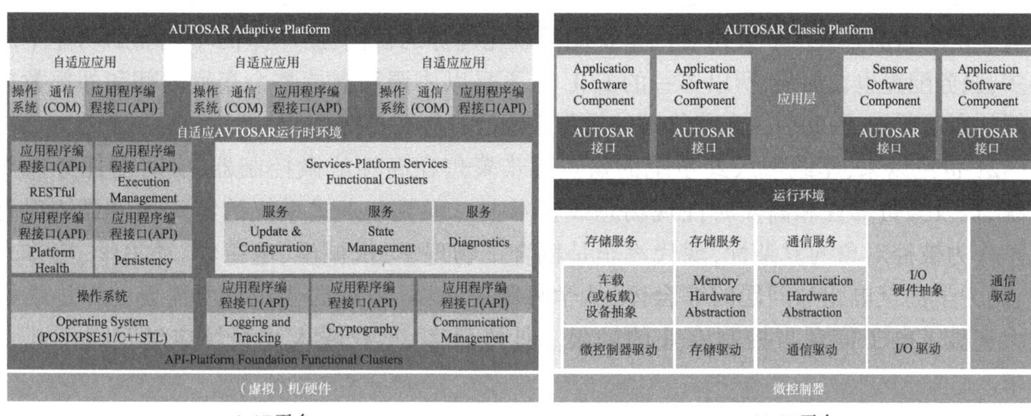

a) AP平台　　b) CP平台

图 2-82　AP 平台和 CP 平台

AUTOSAR 提供的一个解决方案就是标准化,除了标准化的软件架构以外,还在其他方面对开发进行了规定。一是交换格式的标准化,AUTOSAR 规定了一系列的以 XML 文件为基础的交换格式,所有的开发都可以基于 AUTOSAR 提供的模板进行软件、硬件的描述和对系统的描述。在 OEM 和供应商之间也可以进行这样信息的交换。二是底层软件的标准化。标准化可以从两个方面来进行理解,一方面是底层软件功能的标准化,AUTOSAR 有很多的软件规范和要求,规定了软件需要实现的功能。另一个方面,软件的标准化是软件接口的标准化,通过这些标准化的接口,可以不用关心软件内部是如何实现的,只需要调用这些标准化的接口就可以实现对应的功能。

AUTOSAR 应用广泛,以下是一些 AUTOSAR 应用实例。

(1)电子控制单元(ECU):这是 AUTOSAR 最常见的应用之一,ECU 是汽车电子系统的核心部件之一,控制着各种设备和传感器,包括发动机、制动系统、空调、音响等。AUTOSAR 提供了一种可靠的方式来设计、实现和部署 ECU 软件。

(2)无线通信模块:AUTOSAR 还可以用于设计和实现无线通信模块,如车载通信模块和车载娱乐系统。这些模块通常需要与多个设备进行通信,因此需要一种可靠的通信管理方案。

(3)自动驾驶系统:自动驾驶系统是当前汽车行业的热门话题,AUTOSAR 可以用于设计和实现自动驾驶系统中的各种控制模块、传感器和通信模块,以提高系统的可靠性和安全性。

(4)诊断系统:AUTOSAR 还可以用于设计和实现汽车诊断系统,以便快速识别和解决汽车故障。这些系统通常需要与多个 ECU 进行通信,并提供详细的故障诊断和解决方案。

三、车载终端应用开发技术

车载智能终端为用户提供信息通信、地图导航、生活服务和安防等功能,就像互联网中的电脑、移动端的手机,车载终端是车主与车联网交互的平台,更是车联网中最重要的移动节点。由于当前各大汽车公司对汽车智能网联化趋势的认同,新车型的车载辅助功能不断增多,服务配置也在加强,所以单一的 ECU 已不足以协调和支持整个车辆内部和外部数据之间的高速通信,因此引入车载终端的操作系统已经势在必行。

21 世纪以来,车载嵌入式系统的焦点逐步聚焦在高性能微控制器、实时多任务操作系统,以及高可靠性和高实时性现场总线技术上。车载嵌入式系统的特殊性主要体现为汽车作为被控对象的复杂性,现代汽车是耦合了物理学、机械学、电工学、动力学、流体力学、热力学甚至电化学问题的综合体,从学科跨度来讲,理解现代汽车所需要的知识结构大大突破了电子信息与控制专业的局限。具体而言,车载嵌入式系统应满足以下几点要求。

(1)实时性强,以满足车辆高速移动时的安全性和发动机以及整车控制器精确控制的需要。

(2)适应恶劣的工作环境,必须能够满足剧烈变化的苛刻环境要求,温度、光照、湿度的变化甚至振动等都会对控制系统的性能造成不利影响。灵活性大,可以满足各种法规、系统兼容及不同客户的需求,适应多变的工作环境、不同风格的驾驶人操作。

(3)可靠性和安全性要高,控制系统需要有诊断、容错、失效安全保护等功能。

(4)涉及范围广,不仅融合了机械、电磁、流体、软件和硬件设计,而且系统建模也需要结合控制算法和系统标定数据。

(5)可实现系列化、规模化、低成本的生产。

车载终端应用的开发通常需要在特定的车载操作系统上进行。因此,应选择一种合适的操作系统作为基础设计开发车载终端、手机移动端以及云服务平台系统,使其能够高效地支撑整个车联网系统,成为车联网产业链中应用开发的基石。车载终端与手机同样属于智能移动终端,除了完成本身的信息传播类功能之外,其娱乐、资讯等功能也越来越受到重视,集成更多的传感器来实现更多先进的功能也成了普遍现象。不同的系统拥有不同的生态环境,这意味着对操作系统的选择,其实也是对其生态环境的选择。

目前车载终端市场上存在多种操作系统平台,主要有 QNX(Quick UNIX)、Linux 和 Android。除了汽车企业前装市场份额较大的 QNX 车载系统外,开源操作系统平台 Android 和 Linux 也有望成为车载终端的主流操作系统。Android 专为触摸操作进行了优化,体验良好,可个性化定制,应用丰富且应用数量快速增长,已经形成了较为成熟的网络生态系统。而 Genivi 联盟主推的 Linux 操作系统在车载平台上应用较广泛,具有实时、稳定的优点。

从汽车行业市场的实际应用情况可以发现,QNX 车载系统属于商业级嵌入式操作系统,所以在性能以及服务上有较好的保证,但是价格昂贵,且不公开核心代码,可定制性较差;而 Linux 和 Android 系统属于开源操作系统,核心代码是公开的,尽管其在技术支持和服务上有所欠缺,且对开发人员有较高的要求,但具有用户可定制性好、可持续开发性强及费用低廉等优势。正因为开源系统具有的特点及优势,从目前来看,有可能成为车载端操作系统应用的主要推动力。表 2-11 统计了一些主流的车联网信息。

主流车联网品牌及其采用系统统计表 表 2-11

车载系统	所属公司	车联网品牌	优点	缺点
QNX	通用	ON STAR	稳定、可靠、安全,实时性好,兼容 Android 系统,市场占有率高	非开源,价格昂贵,开发成本高,仅适用于高端车型,需结合应用层开发
	丰田	Entune		
	吉利	G-Netlink		
	福特	SYNC3		
	FCA	Uconnect		
	大众	MIB Ⅱ		
	沃尔沃	Sensus(当前)		
	奔驰、宝马、奥迪	COMMAND、ConnectedDrive、MMI		
Android	雷诺、DS	R-Link DSConnect	开源,便于应用层开发,扩展性好,开发成本低,阿里云具有导航本土化和互联网生态优势	根据车规级标准要求,需要对原 Android 系统的底层架构进行相应的改造
	上汽 + 斑马	YunOS Auto		
	沃尔沃	Sensus(未来)		
Android Auto	谷歌	Android Auto	兼容多种车载系统	依赖手机映射到车机端
Linux	凯迪拉克	CUE	稳定、可靠,开源,开发成本低	需结合应用层开发
	特斯拉	Autopilot		
车机映射	百度	Carlife	兼容多种车载系统	依赖手机映射到车机端
	苹果	CarPlay		

目前,QNX 已成为汽车领域最大的操作系统。QNX 遵从 POSIX 规范,类似于 UNIX 实时操作系统,目标市场主要是面向嵌入式系统。ONX 是建立在微内核上的,架构特点是既可以支持小型的缺乏运行资源的嵌入式系统,也适合大型分布式实时系统。该系统的大多数系统服务是基于多进(线)程的形式来表示的,这些进(线)程被封装在自己的地址空间里面,与用户空间隔离。微内核本身提供操作系统的基本管理功能,扩展模块提供设备、网络、文件和图像用户接口,这些模块都是可以裁减的。这样的特点让 QNX 可以适用于非常广泛的嵌入式应用场景,支持更多的嵌入式处理器,提供可靠性较强的操作系统环境和接近实时的运行环境。QNX 是基于微内核的嵌入式操作系统中最成功的一个。微内核运行在自己的空间,而中间件、应用和驱动都在内核空间外运行,如果某一部分程序出错,对内核不会造成任何影响,这也是在许多重要领域(比如外科手术、核电站控制室及军工产品)使用 QNX 系统的原因。

QNX CAR 系统符合 ISO 26262 标准的 ASI-D 级要求,这是标准中定义的最高安全等级。针对功能性安全标准的认证提供独立的验证,即当产品被用于乘用车的电气、电子和基于软件的系统中时,能提供非常高的可靠性并且降低风险。

Android Auto 与 CarPlay 类似,在手机上运行并投影至车载屏幕上。如果在手机上安装了一个适配车载系统的应用程序,那么应用程序将会显示在车载系统上。CarPlay 秉持了苹果保守、非开源的理念;Android Auto 则将 API 和 SDK 都提供给开发者。

Android 不是实时系统,在汽车运行中,从安全的角度考虑,对实时通信的要求非常高,所以有观点认为安卓系统不适合作为车载底层操作系统。但近年来,谷歌针对车载应用推出了专为汽车环境优化的 Android Automotive OS(AAOS)。AAOS 通过引入专用硬件抽象层、优化实时任务调度和增强系统稳定性等措施,显著提升了在车载环境中的性能。目前,AAOS 已在多款量产车型中应用(例如 Polestar 2 等),并支持访问 CAN 总线,从而实现对座椅加热、空调制冷、车窗控制等局部系统的高效控制操作,这表明基于 Android 的平台正逐步满足车载系统对实时性和安全性的要求,已成为车载信息娱乐系统的重要选择之一。

四、云平台管理软件开发技术

1. 车联网云平台架构

车联网的应用系统主要围绕车辆的数据汇聚、计算调度、监控、管理与应用,而云平台提供了数据融合感知、数据分析、大容量存储、数据接口融合、资源动态分配、多边融合等功能。同时,云平台按照多级架构进行设计搭建,各级平台功能可依据所提供的应用服务,按需进行部署,车联网云平台架构及功能如图 2-83 所示。

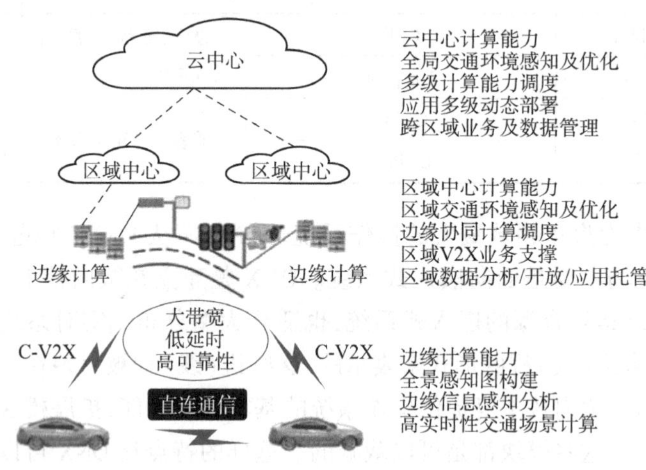

图 2-83　车联网云平台架构

云计算技术从 2000 年左右开始兴起,是分布式计算的一种。云计算在计算中心部署大量计算主机资源,被称为云端的计算资源。云计算使用互联网通信获取用户数据,使用云端主机集群的资源进行分布式计算,再将结果通过互联网返回给用户。

云计算的模式依赖于核心网络的信息传输,这会带来较大延迟和性能损失。为了使云计算的服务更加可靠快速,提出了一种新型的计算架构边缘计算。边缘计算指的是将计算系统和存储系统放置于网络边缘,在网络距离上尽可能接近生成所处理的数据的部件、设备、应用或人,从而达到更好的网络服务质量。边缘计算与云计算是一种互补的关系,边缘计算弥补了云计算网络距离遥远而带来的网络延迟和不可靠的问题。学术界与工业界当前普遍认可的三层边缘计算系统的网络模型如图 2-84 所示,介绍如下。

(1)车内边缘的计算。在车内边缘计算方面,车内通信多采用控制器车载总线(如 CAN 等)实现对车内的各个子系统进行检测与控制,未来将转变为高速实时车载以太技术(如基于 TSN 的 TCP/IP 的网络),汽车则成为边缘计算节点,结合边云协同在本地提供车辆增值服务与控制能力。

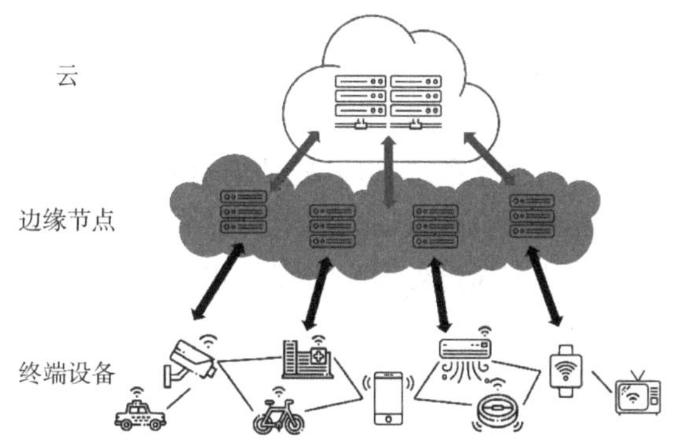

图 2-84 三层边缘计算系统的网络模型

(2)路侧边缘计算。在道路边缘计算方面,未来新的路侧系统将综合内置多类通信协议,提供多维传感器接口以及局部地图系统、提供信号配时信息和周边运动目标信息、提供车辆协同决策等多种技术与能力,综合构建为道路侧边缘计算节点。除了车辆内部,车辆间、车路协调驾驶均可以通过事故预警与规避的手段,降低事故发生的概率。汽车需要将雷达、摄像头等获得的数据与周边车辆和道路基础设施通过边缘网关进行交互,并提升感知范围,从而达到车辆间、车路间的协同,为驾驶人提供碰撞预警、变道预警、自适应巡航等驾驶辅助功能,必要时接管汽车防止事故的发生。

(3)云中心计算。面向车联网的中心云平台通过分析当前资源的情况,收集车辆道路信息,实时发布广播消息,可以把云中未分配的资源分配给资源请求者,通常包括计算、存储和管理资源。中心云为了保证云中资源的高稳定性、可用性,大多采用分布式结构来管理。防止宕机对云计算服务的影响,云中心采用冗余存储方式,保证数据的及时备份保存。备份数据分布在不同的主机上,保证存储数据的可靠性,可以有效保证数据的安全。但同时,为了满足车辆用户的不同应用需求,为用户提供个性化的服务,云计算服务需要具备高速的网络连接能力、高并发的网络请求能力以及高吞吐率的数据存储技术,为路侧和车载终端提供和发布各种交通服务信息。

云平台在技术选项中采用了大量可分布式部署技术,可以支持快速的扩展在数据接入支持 WebSocket、UDP 及 MQTT 等多种方式,在流式计算框架方面使用了 Jstorm,通过分级拓扑实现低时延的网内计算,在缓存使用了 redis 及 kafka 技术,存储方面使用了 hdfs 及 Hbase 等大数据技术。以下着重介绍所提及的几项关键技术。

Netty 是由 JBOSS 提供的 java 开源框架,提供了异步的、事件驱动的网络应用程序框架和工具,用以快速开发高性能、高可靠性的网络服务器和客户端程序。Netty 是一个基于 NIO 的客户、服务器端编程框架,可以确保快速和简单的开发出一个网络应用,如实现了某种协议的客户、服务端应用。Netty 相当于对网络应用的编程开发过程进行了简化和流线化,如基于 TCP 和 UDP 的 socket 服务开发。值得注意的是,Netty 是一个吸收了多种协议(包括 FTP、SMTP、HTTP 等各种二进制文本协议)的技术,在保证易于开发的同时,还保证了其应用的性能、稳定性和伸缩性。

Spring Boot 是由 Pivotal 团队提供的全新框架,其设计目的是用来简化新 Spring 应用的初始搭建以及开发过程。该框架使用了特定的方式来进行配置,从而使开发人员不再需要定义样板化的配置。通过这种方式，Spring Boot 致力于在蓬勃发展的快速应用开发（Rapid Application Development）领域成为领导者。

Kafka 是由 Apache 软件基金会开发的一个开源流处理平台，是一种高吞吐量的分布式发布订阅消息系统，可以处理消费者在网站中的所有动作流数据。这种动作（网页浏览、搜索和其他用户的行动）是现代网络上许多社会功能的一个关键因素。这些数据通常根据吞吐量的要求通过处理日志和日志聚合来解决。对于类似于 Hadoop 的日志数据和离线分析系统，Kafka 是一个可行的解决方案。Kafka 的目的是通过 Hadoop 的并行加载机制来统一线上和离线的消息处理，也通过集群提供实时消息。

Apache Storm（简称 Atorm）是一个分布式实时大数据处理系统，用于在容错和水平可扩展方法中处理大量数据。它是一个流数据框架，具有较高的摄取率。虽然 Storm 是无状态，但可以通过 Apache ZooKeeper 管理分布式环境和集群状态。Storm 易于设置和操作，并且能够保证每个消息将通过拓扑至少处理一次。

HBase 是一个分布式、面向列的开源数据库。HBase 在 Hadoop 之上提供了类似于 Bigtable 的能力。HBase 是 Apache 的 Hadoop 项目的子项目。HBase 不同于一般的关系数据库，而是一个适合于非结构化数据存储的数据库。

2. 车联网云平台管理软件开发流程

车联网云平台管理软件信息系统的开发过程涉及多个关键步骤，包括需求分析、架构设计、开发实现、测试部署和维护优化。

（1）需求分析。在设计车联网云平台管理软件之前，首先需要对用户需求进行深入分析。车联网平台的用户可以包括车辆驾驶人、车辆制造商、道路交通管理部门等，对于车联网平台的需求可能有所不同。因此，需要针对不同的用户进行需求调研，确定平台的功能和特性。

用户需求调研可以通过市场调研、用户调研、竞品分析等方式进行。通过调研可以了解到用户对于车联网平台的期望功能，比如导航系统、远程监控等。同时还可以了解到用户对于平台的性能指标的要求，比如实时性、安全性等。在需求分析的过程中，需要将用户需求进行优先级划分，以确定平台的核心功能和非功能要求，为后续的设计和开发打下基础。

（2）架构设计。在进行车联网平台的架构设计时，需要考虑平台的可扩展性和可靠性。车联网平台通常分为前端和后端两部分。前端主要是指车辆上的硬件设备和用户使用的移动终端，后端则是指车联网平台的服务器和相关基础设施。

在前端设计方面，需要确定车辆上的硬件设备类型和数量，比如定位系统、传感器等。同时还需要设计用户使用的移动终端应用，为用户进行控制和监控提供入口。在设计移动终端应用时，需要考虑提供用户友好的界面设计和良好的用户体验。

在后端设计方面，需要设计车联网平台的服务器系统和数据库。服务器系统应具备高可用性和高性能，能够支持大量用户同时访问。数据库的设计需要考虑数据安全和查询性能。此外，还需要设计数据接口和协议，与车辆及其他终端进行数据交互。

（3）功能模块开发。在进行车联网云平台的功能模块设计和开发时，需要根据需求分析的结果确定平台的核心功能，并结合架构设计进行模块划分。

常见的车联网云平台功能包括：

①实时数据监控,包括车辆的位置监控、车辆行驶状态的监控等。该功能需要通过前端设备采集数据,并通过后端实时处理和显示。

②导航系统,提供实时导航和路线规划功能,帮助用户选择最佳路径。导航系统需要通过地图数据和实时交通信息进行计算和展示。

③远程控制,提供远程锁车、解锁、空调控制等功能,方便用户在远程控制车辆。

④故障诊断和维护。通过车辆传感器和故障码等信息,帮助用户进行故障诊断和维护指导。

⑤数据分析和可视化。通过对车辆数据的分析和可视化展示,提供用户的驾驶行为评估和能耗分析等功能,帮助用户优化驾驶习惯和降低能源消耗。

每个功能模块都可以进行独立设计与开发,并通过接口与其他模块进行集成。在进行功能模块设计时,需要考虑模块的可复用性和可测试性,以便后续的平台升级和维护。

(4)安全性设计。车联网平台作为车辆和互联网的连接,面临着安全性的挑战。为了保障车联网平台的安全,需要采取一系列的安全措施,包括以下三方面。

①数据安全方面的设计:车联网平台需要采用加密技术,保护数据在传输和存储过程中的安全性。同时还需要对数据的访问进行权限控制,确保只有合法的用户才能访问敏感数据。

②网络安全方面的设计:车联网平台需要采用防火墙、入侵检测等技术,保护网络免受恶意攻击。此外,还需要对平台进行定期的安全漏洞扫描和补丁更新,确保平台的安全性。

③用户隐私保护方面的设计:车联网平台需要明确用户数据的收集和使用目的,并与用户进行透明的沟通和同意。同时,还需要建立健全的数据隐私保护机制,确保用户的个人信息不被滥用和泄露。

(5)测试部署。完成开发实现后,需要进行系统测试工作。测试工作包括单元测试、集成测试、系统测试等多个层次,需要验证系统是否满足预期需求,同时进行性能优化和安全检查。随后,系统将被部署至生产环境,并进行最终验收。

(6)维护优化。系统上线后,需要进行后续的维护和优化工作,包括故障排除、性能监控、版本迭代更新等。此外,还需不断根据用户反馈和行业变化进行功能优化和改进。

以上是车联网云平台管理软件信息系统开发的主要流程。在整个开发过程中,需求分析和架构设计是决定项目成功的关键,而严谨的开发实现、全面的测试部署以及持续的维护优化则是保证系统质量和稳定性的重要保障。

第三章

道路运输车辆智能驾驶辅助系统

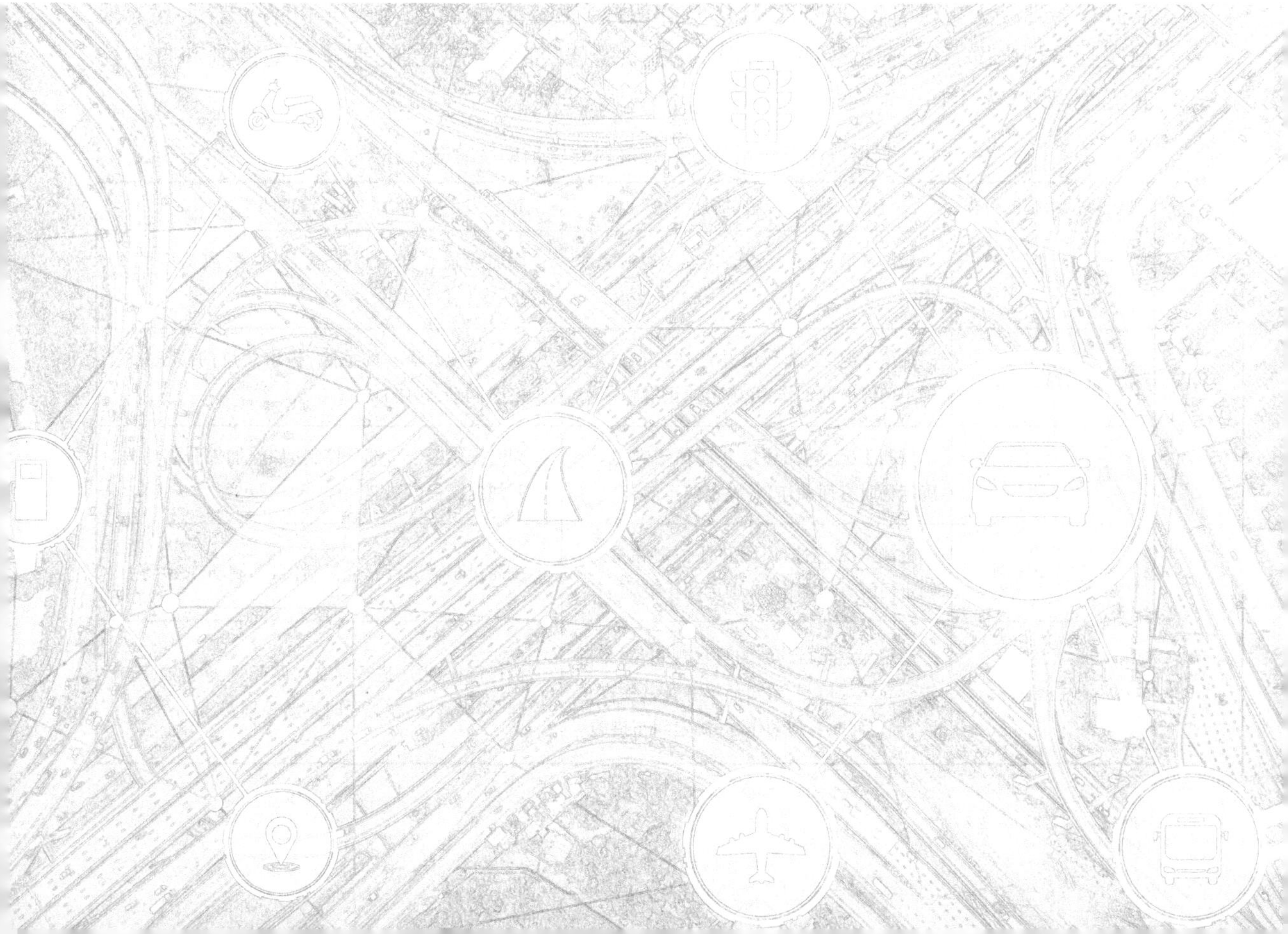

第一节　驾驶辅助基本理论

驾驶机动车是反复做观察、判断和操作的过程，道路运输车辆驾驶是一项复杂的任务。为了给驾驶人创造更好的执行任务环境，道路设计、交通设施设计、车辆设计和相关法律法规的制定，都需要符合驾驶人的需求，不能超越驾驶人与生俱来的能力极限，这些设施和法律法规本质上都起到了驾驶辅助作用。驾驶辅助系统主要用于协助驾驶人完成驾驶任务和一些非驾驶次任务（如操作收音机等），旨在提高驾驶的安全性、舒适性和通行效率，常见的辅助方式包括驾驶人的信息增强、感知能力增强和辅助控制等。本节将主要介绍驾驶辅助的基本理论和方法，讨论车辆驾驶辅助系统对驾驶任务的辅助作用。

一、驾驶辅助的类型与等级

1. 基于干预强度的驾驶辅助分类

根据人机协同方式和系统车辆的干预程度，可对驾驶辅助系统进行分类。一些主动安全系统会自动控制车辆，而其他系统仅提示或警告驾驶人。前者自动控制系统会直接控制车辆部分和全部操作，如自动变速器替代驾驶人进行手动换挡操作，实现自动地稳定控制。后者仅为驾驶人提供有价值的信息以增强其环境感知能力，如预报天气和路面结冰等。根据实际干预强度，驾驶辅助等级可以分为提示、警告、部分自动控制、完全自动控制和自主控制五个等级（表3-1）。

根据协同与干预驾驶人程度对驾驶辅助系统进行分类　　表3-1

驾驶辅助系统的分类	任务（感知：传感、估计、计算）	人机协同或对驾驶的干预
提示	检测环境、道路、天气，检索实时或离线数据	增加环境感知与监控能力：显示或提示相关信息
警告	检测工况、感知环境并评估潜在危险，确定何时有何动作，并确定纠正措施	警告驾驶人潜在的危险，提示建议的纠正措施（减速、制动、转向）
部分自动控制	检测工况、感知环境并评估潜在危险，确定何时有何动作，并确定纠正措施	同时提供警告与部分控制（如施加部分制动力，松开加速踏板以减速）
完全自动控制	检测工况、感知环境并评估潜在危险，确定何时有何动作，并确定纠正措施	按需对车辆进行完全控制（自动制动、ESP等）
自主控制	制定起点至目的地的行程规划，对车辆进行导航与控制，感知环境并评估潜在危险，确定何时有何动作，并确定纠正措施	执行行程规划，进行导航与路径规划，实施车辆控制，实现避撞，在必要时重新规划路线

1)提示系统

提示系统一般仅以被动的方式向驾驶人提供影响驾驶人决策与驾驶行为的有价值的额外信息(如道路结冰、前方有停止车辆等提示),不干预驾驶控制,主要在非危险紧急工况起作用。随着车辆智能化程度越来越高,车路协同信息越来越丰富,车辆可提供的提示信息将越来越多。

2)警告系统

警告系统主要是警告驾驶人潜在的临近危险,也可以提示驾驶人可采取的避免危险发生的措施。警告方式和模式需要根据驾驶人的特性和能力进行设计,表现形式可能是仪表板、抬头显示器上的标志、听觉信息、触觉(如座椅或转向盘振动)等一种或多种方式的组合。

3)部分自动控制系统

部分自动控制系统提供了支持或纠正驾驶人控制的部分控制功能,允许驾驶人超越系统来控制车辆。不同的辅助系统针对不同的特定工况设置,以提高驾驶的安全性与舒适性。部分自动控制系统需要强大、鲁棒和可靠的检测能力,综合考虑车辆、环境及驾驶人输入,通过车辆控制系统及执行机构鲁棒、安全地控制车辆。

4)完全自动控制系统

完全自动控制系统无需驾驶人干预即可自动进行控制,如电子稳定控制(Electronic Stability Control,ESC)、驱动力控制(Traction Control,TC)、主动悬架与防抱死制动系统(ABS)都是通过检测到的特定车辆动力学工况自动触发的。随着车辆智能化水平越来越高,完全自动控制系统及其功能将越来越多。虽然完全自动控制系统可以增强车辆运行安全性,但其不能与驾驶人协同控制,只能提供路感等对驾驶人的反馈。

5)自主控制系统

自主控制系统是可完全代替驾驶人的自动驾驶系统,可以提供驾驶相关的所有功能,包括行程规划、路径规划、导航、环境感知、决策、车辆控制、主动避障等,能够在存在干扰与不确定性的环境下,在特定起讫点间执行自主驾驶所需的功能。

2. 基于驾驶人适应性的驾驶辅助分类

根据辅助系统对驾驶人偏好与行为的适应性可以将驾驶辅助系统分为两类,第一类系统是功能通用型系统,其功能设计通用性强,让驾驶人适应系统,第二类系统是自适应型系统,其功能设计具有能够自适应驾驶人个体特性,让系统适应驾驶人。两类系统各有利弊。功能通用型系统更加简单,应用广泛,且更容易实现标准化。而自适应型系统需要更有针对性的感知能力,具备一定智能,且需获得不同驾驶人行为的相关知识。

目前大部分辅助系统为通用型系统,部分系统的特定功能允许驾驶人自主手动设置控制模式。如现有的车道偏离预警系统,仅通过检测到的车道偏离来触发警告,而未考虑驾驶人的能力与行为,警告的频率与程度仅与预设参数有关。通用型系统一般以安全第一为原则设计,目标是适用于所有驾驶人。自适应型驾驶辅助系统设计难度较高,系统必须具有驾驶人行为的先验知识或在线学习驾驶人行为的能力,可以对应地调节辅助功能。

3. 基于适用场景的驾驶辅助分类

根据适用场景可以对驾驶辅助系统进行分类,通常可以分为两类,第一类为在常规工况下的驾驶辅助系统,第二类为紧急或危险工况下的驾驶辅助系统。前者以舒适性为主,兼顾安全性;后者属于车辆主动安全系统的子系统,以安全性为主。常规工况下的驾驶辅助系统可以为驾驶人提供更高效安全的决策,在宏观上提高行车效率与安全性,如导航系统能协助驾驶人选择拥堵程度较轻的路线,达到节能减排的目的。紧急或危险工况下的驾驶辅助系统旨在尽可能减小行车风险。正常工况和紧急工况辅助在系统中是一个统一的连续过程,通过相关参数评估行车风险,实现不同场景辅助系统和功能的自动切换,图 3-1 展示了两类辅助过程的典型切换过程(先进驾驶辅助系统,英文全称为 Advanced Driving Assistance System,简称 ADAS)。

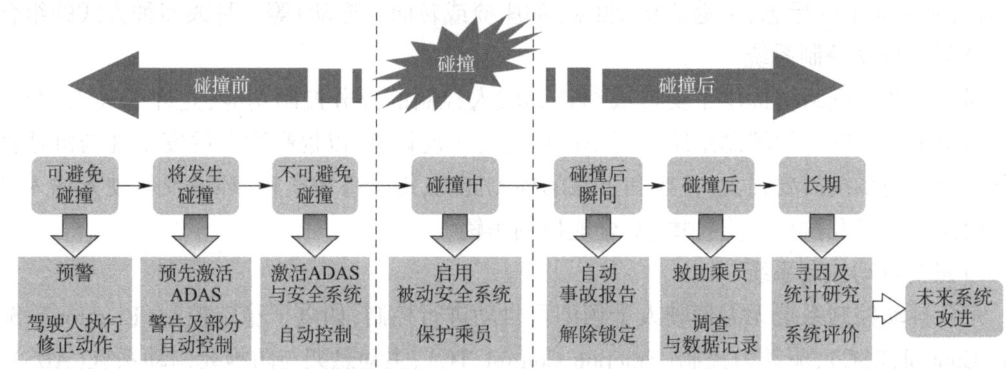

图 3-1　碰撞阶段与车辆乘员安全系统的关系

二、驾驶辅助的基本理论、特性和方法

1. 驾驶辅助过程

驾驶辅助系统主要针对特定驾驶任务进行辅助,驾驶汽车的任务一般包括信息接收、处理及应对信息反应三个部分,驾驶人一边不断地接收和处理信息,一边驾驶汽车,完成特定连续的驾驶任务。

如图 3-2 所示,在驾驶过程中,驾驶人和车辆共同接受外界信息,共同决策做出反应,驱动执行机构完成驾驶任务。在这个过程中,驾驶人是完成任务的主体,驾驶辅助系统在特定范围和功能上对驾驶人进行辅助,形成不同程度的人车共驾模式。

人车系统接收的外界信息包括驾驶任务、环境因素、驾驶里程、其他参与者和乘坐者等,输出为对车辆的操作,可通过机动性、安全性和舒适性等性能来描述和评价系统的输出变量。

2. 驾驶行为模型

驾驶是驾驶人在特定法律法规认知下根据实时感知的外部激励状态,动态操控汽车的一种复杂的决策任务。拉斯马森(Rasmussen)构建了技能-规则-知识行为模型(Skill-Rule-Knowledge Behavioral Model,简称 SRK 模型),根据认知参与的复杂程度,将人的行为分为三种类别,分别为基于技能的行为(Skill-Based Behavior,SBB)、基于规则的行为(Rule-Based Behavior,RBB)和基于知识的行为(Knowledge-Based Behavior,KBB)。

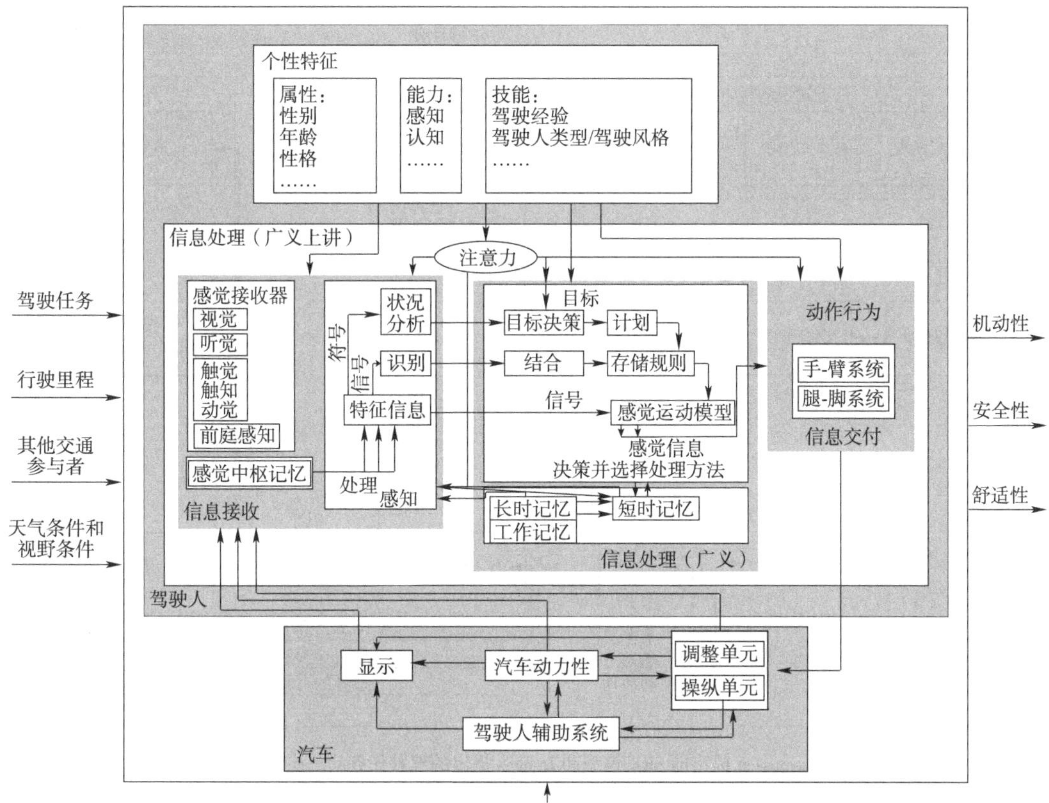

图 3-2 驾驶人-汽车-环境系统模型

SBB 是一种非常熟练、几乎是潜意识的行为，是不需要经过大脑的复杂思维过程的类似本能操作，是典型的反射式的刺激-反应机制。SBB 一般经过一个或长或短的学习过程即可掌握，随后自动、下意识地连续控制车辆。SBB 是一种逐渐熟悉的技能，也是最有效的人类行为模式，正常驾驶行为是比较有代表性的每天重复性的操作过程。

KBB 主要发生于意外碰到或者要求进行迄今未进行训练的复杂情况，其解决的过程需要大量的知识、分析和判断，并实施相应的驾驶操作。该行为核心特征是驾驶人对可能发生的驾驶情景存储有一定量的备选方案，在动作反应实施前，根据现有知识基础，思考选择实施各种不同的备选方案，并根据预期目标检验它们的可用性。

RBB 与 KBB 不同的是其所属的情境条件以前经常出现，驾驶人已经根据驾驶经验和相关法律法规在记忆中存储了一份最佳驾驶行为规则，可按照主观经验选择最有效的方案。

Donges 提出的驾驶任务的三层结构模型将驾驶任务分为导航、引导和稳定三个层次。导航任务需要从特定道路网中选择一条合适的行驶路线以及预估所需的时间。在执行过程中，可能会接收到交通事故、施工和交通拥堵等突发事件信息，需要动态修正路线计划，或者改变出行目的地顺序，实现特定目标最优。导航任务如果在未知的交通空间内进行有意识地规划，属于基于知识的行为；而如果在一个熟悉的交通空间内完成导航任务，更接近于基于规则的行为。Rasmussen 提出的 SRK 模型与 Donges 提出的驾驶任务的三层结构模型对比见图 3-3。

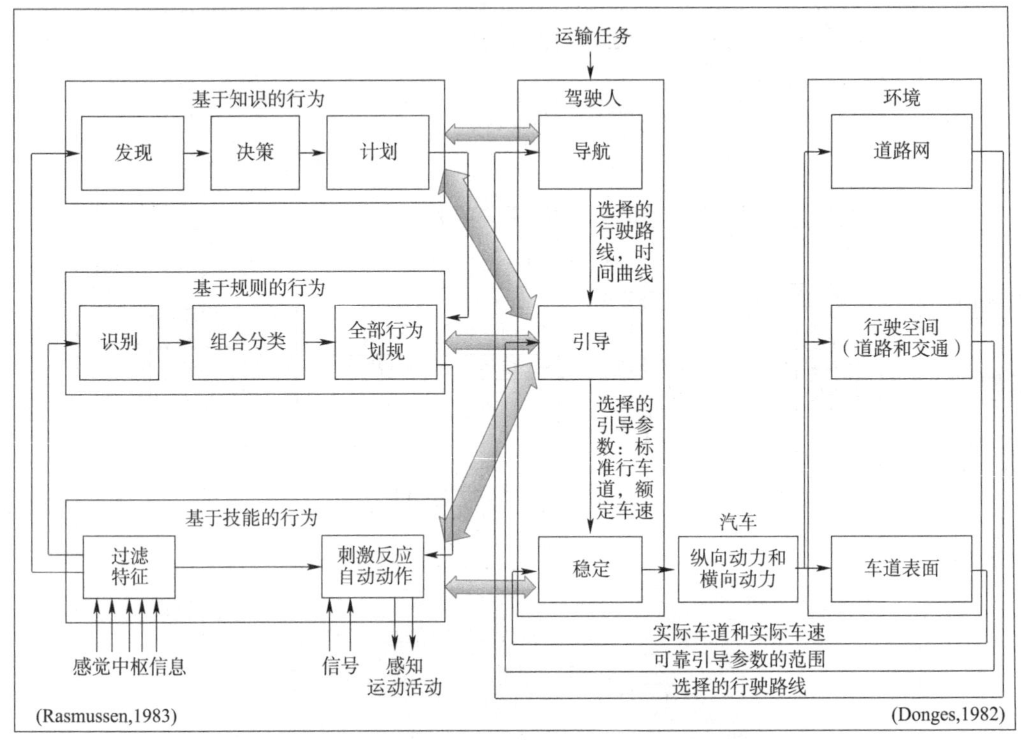

图 3-3　Rasmussen 提出的 SRK 模型和 Donges 提出的驾驶任务的三层结构模型对比

实际的行驶过程主要在引导和稳定两个任务层面开展。车辆行驶时，驾驶人和车辆会感知到外部环境、自车状态和其他相关交通参与者状态，实际状态中存在客观的实际参数和引导参数，驾驶人也会通过一定的机制感知到认知参数，引导任务主要是根据实际交通流情况和计划行驶计算出有用的引导参数。例如，根据标准车道和额定车速预先在控制系统（开路控制系统）中进行干预，以便实现缩小引导参数和实际参数之间的差距，创造有利的前提条件。行驶空间内自身的移动以及移动的外部物体会引起驾驶人感觉中枢特别是视觉输入信息的状况不断发生改变，不断变化的视觉场景既包含引导参数也包含汽车运动的实际参数。

3. 驾驶辅助对驾驶负荷影响的两面性

驾驶辅助系统期望通过汽车动力学控制、人机界面设计、自动驾驶等技术对驾驶任务实施辅助，而减轻驾驶人的负荷，提高安全性和效率，增强驾驶舒适性。在单一的研究中确认了驾驶辅助系统起到了较好的作用，然而汽车给驾驶人的反馈也是其脑力和体力负荷的来源。车内控制（转向盘、制动踏板和加速踏板等）和仪表板给驾驶人提供必要的反馈，用于驾驶、提供信息、行程规划和娱乐等。例如，转向系统和悬架能直接给驾驶人反馈以辅助其进行控制，影响驾驶人的弯道转向、躲避障碍物或者正常驾驶操作。另外，后视镜可增大视野，速度表提供了可视化的车速反馈，导航系统提供了位置信息和逐步行程规划。当驾驶人注视后视镜、速度表或者导航系统时，视觉需求便随之产生。

因此，在驾驶辅助系统设计时需要从整体评价驾驶辅助系统叠加主驾驶任务对于驾驶人的负荷和影响,从而实现整体驾驶负荷的真正下降。

4. 驾驶人辅助系统与交通安全

已有研究表明,较大比例的道路交通事故与"人为失误"相关,其中大部分事故中"人为失误"是唯一的事故原因。从理论角度看,当驾驶负荷超出驾驶人的能力时,就会有发生交通事故的可能。

汽车驾驶辅助系统的主要目的就是消除交通状况对能力需求与驾驶人实际驾驶能力间的差异。例如,通过警告提示向驾驶人提供额外的、用于计划和执行可靠驾驶操作的时间上的回旋空间,或者通过在行驶动态中进行干预以重新掌控失控的车辆。驾驶辅助系统与交通安全具有非常密切的关系。

第二节 车辆智能交互理论与技术

汽车作为代步工具已有100多年的历史,驾驶人通过操纵转向盘和踏板控制汽车,使汽车按自己意愿行驶,这个过程主要依靠驾驶人的驾驶技巧。随着车辆智能化技术的发展,车辆与人可交互信息的方式越来越多,人与车控制权的分配越来越复杂,汽车工程师开始探索如何通过智能化设备对驾驶人进行辅助,甚至实现自动驾驶。智能化技术为汽车发展提供了更多的辅助功能、交互方式和交互内容,车辆智能设计和交互设计的重要性越来越突出,但也为车辆智能辅助系统带来了新的挑战和问题:

(1)哪些系统和功能值得被开发或者应该优先被开发,如哪些技术真正可以满足社会和个人用户需求,哪些辅助功能应该被开发,如何开发自动驾驶系统等。

(2)如何展现辅助功能,才能被用户正确的认知和使用。例如,如何设计和展示这些技术才能使用户理解该技术、了解如何使用该技术且不会开始滥用或弃用该技术,如何设计能使用户获得最大价值。

在智能化辅助技术发展速度越来越快的情况下,这些挑战和问题会显得更为突出,如何在产品快速迭代的设计过程中考虑到用户的需求、偏好、能力和局限性,创新智能辅助系统的交互设计,满足用户需求,就显得尤为重要。

一、人机交互概述

人机交互(Human-Computer Interaction 或 Human-Machine Interaction,HCI 或 HMI),是一门研究系统与用户之间的交互关系的学问。人机交互技术主要研究人与系统之间的信息交换,主要包括人到机器和机器到人的信息交换两部分。

夏普(Sharp)等定义交互设计是为用户创造与系统交流、对话的空间,以增进用户在工作和日常生活中使用产品的体验,在提高工作效率的同时,还能增强愉悦感和满足感。

在人机交互设计中涉及三个重要且容易混淆的概念,包括交互设计(Interaction Design,

ID)、用户界面(User Interface,UI)和用户体验(User Experience,UE)。交互设计是指设计工程师所从事的设计工作,即根据用户的需求,采用不同的理论,结合不同的技术来设计产品;设计出来的产品呈现在用户面前的是用户界面。用户通过用户界面与系统交互,来完成用户需要完成的任务,而用户在操作界面完成任务的过程中的感受,就是用户体验。图 3-4 展示了上述三个概念的关系。

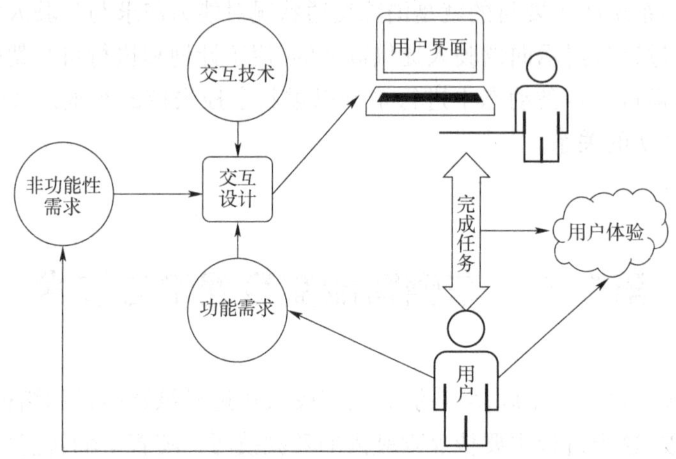

图 3-4　交互设计、用户界面和用户体验之间的关系

二、心智模型

心智模型是用户对系统理解的一种反映,反射出用户对于某种刺激所作出的反应。心智模型是外部世界的某些方面在人的心理形成的内部认知构造,能够帮助人们做出预测。心智模型是用户通过对系统的理解自发创建的,涉及无意识和有意识的过程,当然,心智模型也可以通过反复使用或者培训建立起来,人的心智模型是通过不断的实践建立起来的。心智模型常常用来解释一些技术的使用,尤其是当新技术或者产品第一次出现时。

心智模型的形成是一个通过对外界物理系统认知经验积累的过程,有深层与浅层模型之分。心智模型可能是不完整的,也可能是不正确的。有时候,人们可以对一个系统形成多个心智模型。比如,汽车驾驶人对汽车不同的部件、系统产生多个心智模型,有经验的驾驶人可以比较自如地在不同的心智模型中切换。当然,人们也有可能产生错误的心智模型。盲人摸象的故事反映了错误的心智模型形成的过程:六个盲人分别摸了大象的六个不同部位,因此,他们对大象的外形得出了六个不同的结论,见图 3-5。

心智模型的概念对于交互设计者而言非常重要,它可以解释为什么有的设计,用户操作很容易;而有的设计,用户操作起来总会出错。如图 3-6 所示,设计者对被设计的系统应该如何操作有一个心智模型,会按照这个模型来设计产品;而用户对于系统应该如何操作,也有自己的心智模型。这两个心智模型越相似,产品就会越容易操作;相反,如果这两个心智模型差得越远,这个产品就越不易操作。这也是在设计产品之前,应做用户研究,以便了解用户的心智模型的原因。

图 3-5 盲人摸象

图 3-6 设计者的心智模型与用户的心智模型

三、情景意识

情景意识(Situation Awareness,SA)一般是针对一个具体的目的、一个特殊的物体或一个特定的功能,甚至特定的工作而言的,情景意识就是让当事人意识到在他的周围正在发生的事情,理解相关信息的意义,以及该信息对未来意味着什么。情景意识一般分为三个阶段。

(1)阶段1:对当前情景元素的感知。导致交通事故的绝大部分原因是驾驶人分神,或道路交通过于复杂,驾驶人没有及时捕捉到关键信息,从而做出了错误的判断。恩兹利(Endsley)的研究证明,战斗机飞行员有76%的SA错误发生在阶段1。

(2)阶段2:对当前情景元素的理解。有研究表明,战斗机飞行员有19%的SA错误发生在阶段2。

(3)阶段3:对未来状态的预测。一个有经验的驾驶人会用很多精力去预测未来,这样就能对下一步行动做出正确的判断。

四、决策制定

在驾驶过程中,驾驶人不断地做出各种决策,汽车交互设计的一个重要目的就是帮助驾驶人做出正确的决策,因此需要对决策过程有所了解。对于驾驶人而言,在驾驶过程中的很多决策都取决于对当时交通情景的感知,情景意识对驾驶人的行为决策起到决定性的作用。决策实际上是对所获取信息的回应过程,决策过程具备以下特征。

(1)不确定性:任何决策几乎都包含不同程度的不确定性。这个不确定性导致了决策后产生的结果可能不是预期的,有时甚至是不愉快的,会让后果的承担者付出代价,这就是决策的风险。

(2)时间性:时间在决策的过程中承担了两个重要的角色,一是在某个时间点必须做出决定,比如驾驶时要选择走哪条路;二是时间压力,也就是在有限的时间范围内,必须做出并执行决定。

驾驶人的决策会随着经验的积累而变化。一个经验丰富的驾驶人在应对不同的交通状况时,能够很从容或几乎是本能地做出最正确的决定;相反,新手由于经验不足,无法快速做出正确的决定。

当需要做出决策时,驾驶人需要做的第一件事情,就是从环境中寻找相关的线索。但很多时候,这些线索可能很混乱、很模糊,含有很多不确定性,甚至会被错误地理解。在这个过程中,选择性注意力将起到关键作用,依据以往的经验和知识(存储在长期记忆中的,通过学习获得的),对感官获取的线索进行筛选。筛选出的信息通过进一步处理,使决策者对现在的状况产生情景意识(感知、理解、预测),有了情景意识,决策者就可以做进一步假设:

(1)不同的决定,会产生不同的后果。如导航显示拥堵,改变路线可能节省时间,但可能需要多开很长一段路,驾驶人就需要权衡节省时间和多行驶路程是否能产生预期结果。

(2)决策的过程并不总是一次性的,在更多时候是多轮迭代的过程。如驾驶人可能有几个不同的目的地,与其按照导航改变线路,不如更改目的地,从一整天的时间计划上做出新的调整,可能会更加合理。

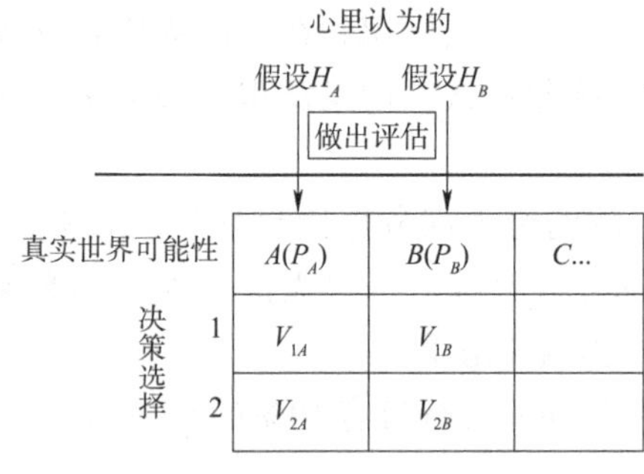

图 3-7　在不确定条件下的选择模式

一旦做出一个决定,那么就涉及如何采取行动。有时候,相应的行动可以有多个选择。不同的选择,产生的结果也可能不同,不确定性越大,风险也就越大。在很多情况下,驾驶人在做出选择之前,并不确定选择后的结果会是什么,图 3-7 说明了这种选择的方法。

在图 3-7 中,对于不同的外部世界的状况,驾驶人依据各种信息和经验,给出假设 H_A 和 H_B,H_A 导致的可能的结果是 $A(P_A)$,H_B 导致的可能的结果是 $B(P_B)$。对于不同的行动,可以做的选择分别有两个:1 或者 2。如果在相信 H_A 的情况下选择行动 1,可能产生的价值是 V_{1A};选择行动 2,得到的价值是 V_{2A}。驾驶人在选择时,会分别考虑不同情况下做出不同的选择后产生的价值,然后根据价值最大化原则选择。

目前,很多驾驶辅助系统主要功能是减少驾驶人决策的不确定性,如通过雷达和视频等检测器帮助驾驶人更简单、更准确、更精细地获得环境信息,通过风险评估和预测方法帮助驾驶人确定风险来源和严重程度,以帮助驾驶人减少决策的不确定性,降低决策的难度。

五、行为的 SRK 理论

与行动的选择相关的是选择的难度和反应时间。拉斯马森(Rasmussen)的 SRK 模型,基于技能-规则-知识的行为，把人的行为根据认知参与的复杂程度，分为三种不同的水平(图3-8)。

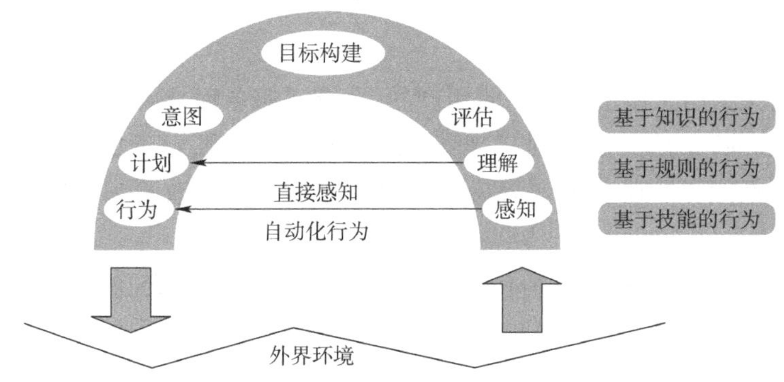

图3-8 SRK模型对应的认知阶段

(1)基于技能的行为(Skill-based Behavior,SBB)：一般是非常熟练、几乎是潜意识的行为，不需要经过大脑的复杂思维过程，有时也叫本能的行为。

(2)基于规则的行为(Rule-based Behavior,RBB)：在了解各种规则的基础上，当事情发生时，按照各种规则来操作，比如保持车道线、遵守交通法律，就属于此类行为。

(3)基于知识的行为(Knowledge-based Behavior,KBB)：此种情况下，情景相对比较复杂，解决的过程需要大量的知识、分析和判断。

对于使用者而言，SBB最简单，对人的认知压力最小，操作时反应时间也最短。对于驾驶而言，SBB相对应的是驾驶操作，比如换挡、踩加速踏板或制动踏板、控制转向盘等。通过驾驶训练和长期的驾驶经验，驾驶人在开车时已经不需要太多的思考就能够完成这些驾驶操作了。对于RBB，驾驶人只需要熟悉各种规则即可，通过学习和训练，RBB也比较简单，一般熟练后都可以完成。

对于驾驶人而言，RBB是遵守交通规则的驾驶，而KBB就相对要复杂许多，制订出行计划、设计交通路线等都属于此类操作。也可以从时间上去界定三者的区别：SBB发生在开车的几毫秒到几秒时间内，而RBB发生在几秒到几十秒范围内，而KBB是几十秒以后发生的事情，如图3-9所示。

操作水平	战略任务	战术任务	操作任务
KBB	在陌生区域驾驶	控制车辆滑行	新手第一次驾驶
RBB	熟悉道路间选择	超过其他车辆	驾驶不熟悉的车辆
SBB	日常通勤路线	熟悉的交通路口	熟悉的车辆和环境

图3-9 SRK理论与驾驶任务的层级结构

交互设计的目的是为用户提供帮助他们做出决策的信息，信息展示的方式和方法原则上是在决策过程中，不超过任务要求和个人的认知水平，同时，操作水平越低越好。换句话讲，如果交互设计能够让驾驶人只需要一个简单的操作(SBB水平)就可以完成，那么就不要提供过多的信息,让驾驶人需要不断分析和判断再操作(KBB 水平)。

六、用户体验

用户体验定义为由于使用或预期使用产品、系统或服务而导致的个人感知和响应。除了安全,驾驶人和乘客的用户体验越来越受到汽车企业的重视,已经成为汽车制造商竞争优势的体现。除了性能和外观之外,汽车制造商现在还需要努力改善和提高用户使用汽车产生的体验。

自 20 世纪 90 年代中期诺曼(Norman)将用户体验引入人机交互(HCI)领域以来,用户体验一词应用越来越广泛。目前常见的四个用户体验理论介绍如下。

1. 需求理论

人类需求理论被用来总结和概括为驱动人类行为的动机,了解用户的需求可以深入了解用户可能希望获得的体验。需求体现为一种假设,如果可以定义、捕捉和设计用户的需求,则所得到的体验将有更大的可能为用户积极接受,而用户的目标是最大限度地满足自己的需求。

人类需求模型中的早期例子是马斯洛的需求层次结构,这一层次结构最初被学术界和工业界所接受,但马斯洛的模型被批评为缺乏必要的体验基础来支持其主张并验证其准确性。现代更常用的人类需求理论是自我决定理论(Self-determination Theory,SDT)。该理论假设人类存在三个主要需求,即自主性、能力和亲和力,而要使一个人快乐就必须满足所有这些需求。自主性抓住了人类自由做出决定和决定自己未来的需求;能力描述了任何人都需要具备技能,并能够运用自己的技能来应对所出现的挑战;亲和力描述了人们需要社交并与其他亲近的人保持联系的需要。

2. 情感三层次理论

唐纳德·诺曼(Donald Norman)在其 2004 年出版的书中介绍了情感设计的三层次框架(图 3-10)。第一层次情感反应是指当用户第一次与产品互动时产生的内心深处的感觉。在此层级用户开始构建对产品的第一印象,与产品之间的交互会产生直接的情感,并形成用户体验。这部分需求容易设计,但第一印象很快就被行为层次的体验(自觉意识)所取代。

情感设计框架中的第二层次是行为主导的,与产品进行交互可以通过使用产品的经验以及产品的功能和可用性,在用户的内在印象上建立基础、增加用户体验。行为层面的设计比第一印象在设计上会给用户带来更持久的感受。每次使用时,根据产品在不同情况下的行为,产品的用户体验被进一步塑造。

第三个层次是设计的反思层次或认知思维。在此层级上,产品通过使用达到与用户的理想、价值观和信念相对应的有意义的体验,从而与用户形成了更牢固、更持久的联系。

3. 四种身心愉悦理论

帕特里克·乔丹(Patrick Jordan)在 1996 年提出了四种身心愉悦理论,他认为快乐包括生理、心理、社会和思想几个方面。

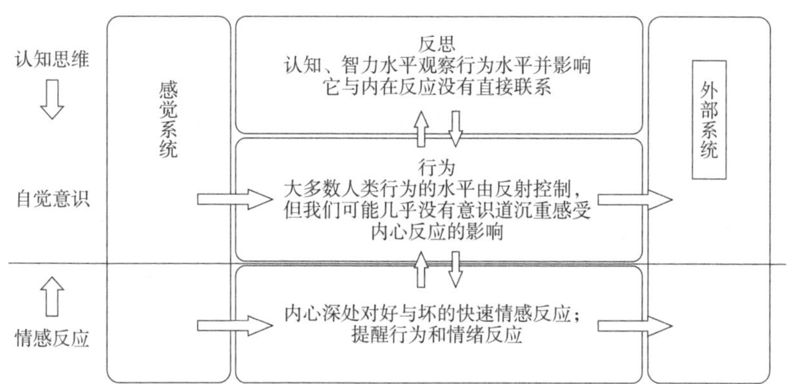

图 3-10 唐纳德·诺曼(Donald Norman)的情感三层次框架

(1)生理愉悦与产品互动是否令人满意有关。如使用的材料感觉是否良好,它们提供的感觉是豪华还是廉价,控件的操纵方式是否感觉良好,是否有尖锐的边缘等。

(2)心理愉悦与产品互动是否令人兴奋有关。对于智能车辆而言,如果交互包括新颖的交互技术,可能产生心理愉悦的效果。与心理愉悦有关的其他决定因素还包括有惊喜、鼓励探索等。此外,新颖性的影响是相对短暂的,用户很快就习惯了该界面的新颖功能,且认为它不再令人兴奋;而如果这种感觉过去以后,用户还能感觉此功能是必不可少的,那么这一设计就有了新的意义。

(3)社会愉悦与增进同他人的沟通有关。在智能驾驶背景下,增强与其他车辆驾驶人之间联系的功能为实现这个目的提供了机会,随着自动驾驶的逐步实现,很多社交媒体、帮助社交的程序都受到驾驶人的欢迎。

(4)思想愉悦与支持用户的理想有关。例如,使用某些有助于减少能源消耗的材料、技术或应用,可能有助于实现个人的可持续发展目标。

4. 产品体验框架理论

描述用户体验的另一个理论是德斯梅特(Desmet)和赫科特(Hekkert)的产品体验框架。这个框架关注的是产品使用体验,研究人员把产品体验分成三个层次:审美愉悦、意义归属和情感反应。

产品具有使我们产生一种或多种愉悦感觉的能力和方式,可以带来审美体验。换句话说,这种体验水平对应于用户的感官感知到的刺激,类似于四种愉悦感框架中的生理愉悦感,汽车 HMI 的第一印象就属于审美愉悦体验层次。

意义归属包含的体验主要通过认知过程对产品的各个方面中代表的符号价值的记忆和联想,乔丹的心理愉悦程度和诺曼的行为和反思设计水平也代表了这种体验。比如,这辆汽车是甲与其妻子第一次结缘的地方,那么甲与这辆车相关联的记忆赋予了汽车新的意义。

情感体验包括与产品本身或产品使用产生的情感,其中情绪是由刺激对人的内在感觉产生共鸣的过程引起的。例如,如果车主的兴趣是拥有出行自由,则可能对汽车进行正面评价;但是如果与车主的节俭感不匹配,则可能对汽车进行负面评价。

第三节　360 环视与盲区预警系统

在交通事故中，由于汽车转向或变道时驾驶人员视野盲区而造成的交通事故最为常见。营运车辆往往车型较大、车身较长，驾驶人员盲区相较乘用车会更多，由此引起的交通事故数量在不断增加。据统计，我国由于盲区造成的交通事故占事故总数的 30%；美国的盲区事故占事故总数的 20%；而全球由盲区导致的车祸每年可达 50 多万起。随着雷达、摄像机等传感器硬件技术的逐步成熟以及机器视觉技术的飞速发展，越来越多的安全保障系统被应用到汽车上。360 环视与盲区预警系统通过对车辆当前状态以及可能存在的危险情况进行实时监控，在危险发生前为驾驶人提供必要的提醒，可有效降低交通事故发生的概率。

目前盲区预警系统的预警方式主要有声响报警与视觉提醒。

（1）声响报警类。声响报警类安全系统大多采用超声波或者红外检测技术来感知车身附近的行人或障碍物，这类系统通常没有很直观地显示设备，当有突发情况需要提醒驾驶人注意时，系统只能通过喇叭发出报警音。这类系统成本较低，系统简单稳定，但检测精度较低，只能通过改变传感器灵敏度粗略地设置有效检测范围，并不能告知驾驶人障碍物距车身的实际距离等信息。

（2）视觉提醒类。随着电子技术的发展和新创意的融入，最新的安全预警系统都加入了各式各样的显示设备，例如 LED 数码管、液晶屏、抬头显示器等。这类安全预警系统可以直观地为驾驶人提供相关信息，辅助驾驶人做出正确的决策。

一、360 环视系统概述

传统车辆只有左中右 3 个后视镜，车辆驾驶时存在实际的视野盲区，特别是后保险杠后面的视野盲区给驾驶带来较大的隐患。为了减少视野盲区带来的驾驶安全隐患，目前低速场景下的解决方案有超声波倒车雷达预警技术和倒车影像技术（Rear Video Camera，RVC）。超声波倒车雷达预警技术和倒车影像技术现在已经非常成熟，但是其物理局限性使得并不能覆盖所有的驾驶场景。倒车雷达预警技术只能给予驾驶人一定的提示信息。驾驶人无法得知障碍物的准确位置，不能为驾驶人提供直观的视觉信息，无法有效地减小视觉盲区。同时倒车雷达本身也存在着探测盲区，导致一些过矮或者过窄的障碍物无法被探测到。倒车影像系统只有在汽车倒车的时候才会启动，只能减少部分汽车后盲区，在汽车向前行驶时无法解决视觉盲区带来的困扰。

360 环视系统是一项比较先进的技术，它通过多个高清摄像头将车辆的外部环境进行拍摄，并将这些影像进行处理和融合，以生成一张完整的全景图像。这种技术已经被广泛应用于汽车行业，可为驾驶人提供更加全面、直观的视觉体验，同时也大大降低了由于盲区引发交通事故的概率。

360 环视概念由 K. Kate、M. Suzuki、Y. Fujita、Y. Hirama 四人于 2006 年首次提出。这一概念提出后，马上引起了国内外众多汽车厂商和相关科研单位的关注。2007 年日产汽车公司发布了首款全景行车安全系统"环景监视系统 AVM"，2008 年本田技研工业株式会社推出了 Multi-View Camera System，2009 年 ALPINE 株式会社推出 TOPVIEW 系统，2010 年富士通集团开发了 Multi-Angle Vision 系统，宝马公司自主研发了只有左、右、后三个方位视图的泊车辅助系统，并首先应用在 X6 车型上。随着中国汽车工业的发展，以及全景环视系统技术的日渐成熟，国内的大部分汽车厂家在乘用车、商用车、工程车上均已布局 360 全景环视系统。目前大部分车辆装有的 360 环视系统分为有缝拼接 360 环视系统和无缝拼接 360 环视系统。

1. 有缝拼接 360 环视系统

有缝拼接 360 环视系统在车辆的前后左右装四个鱼眼摄像头，对图像进行了处理和显示。但是存在一个缺点，由于技术的问题，四个图像拼接的地方无法进行全面平滑的处理，因此在四个图像的拼接处有明显的四条线，车厂用黑线或灰线来掩盖技术上的缺陷，这类系统称为有缝拼接 360 环视系统。如图 3-11 所示为有缝拼接 360 环视系统。

2. 无缝拼接 360 环视系统

无缝拼接 360 环视系统，是基于有缝拼接 360 全景环视系统的概念，在其基础上进行优化，利用四个鱼眼摄像头，对采集的图像进行畸变还原和无缝拼接，以消除拼接线，像卫星的航拍图一样从高空俯视下来，真正消除车周围的盲区，展现出完美的整体景象。如图 3-12 所示为无缝拼接 360 环视系统。

彩图
（图 3-12）

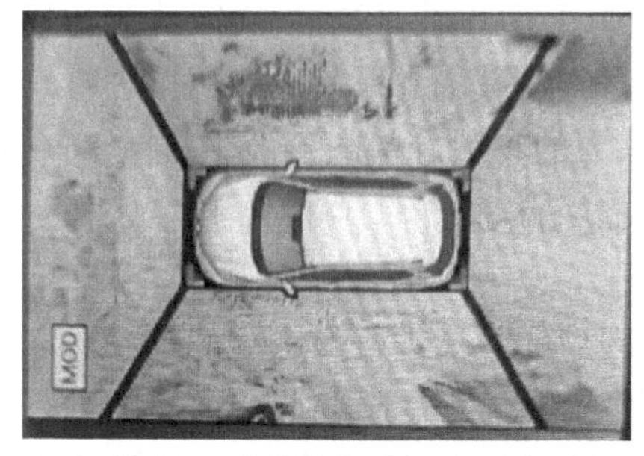

图 3-11 有缝拼接 360 环视系统
（图为 2017 款日产奇骏的 360 环视系统）

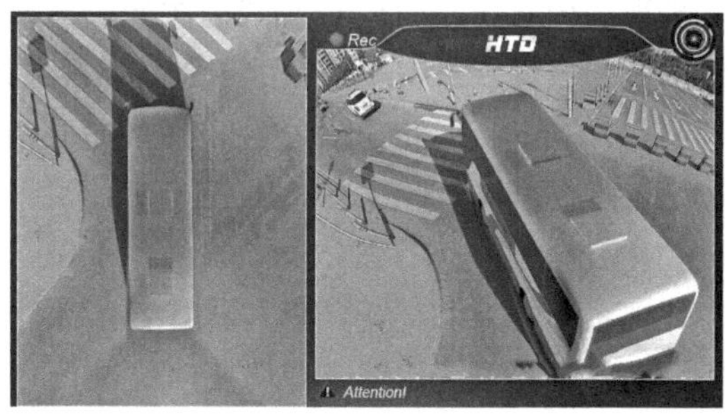

图 3-12 无缝拼接 360 环视系统

目前 360 环视系统主要用于以下场景：狭窄道路辅助，如道路狭窄时防止车辆发生擦碰；泊车场景辅助，如倒车入库、侧方位停车以及精准泊车时有效防止停车过程发生刮蹭现象；车辆前部碰撞预警，当车辆前部有障碍物时，进行有效辅助提醒，防止车辆前部发生碰撞或者刮蹭等情形。

除了可以为驾驶人提供泊车辅助功能外，360 环视系统也可以为基于图像的智能辅助驾驶系统提供基础平台。传统的车辆只能通过驾驶人自主获取外界环境的信息并进行分析，从而做出决策，但由于驾驶人的处理能力有限，往往很难应对错综复杂的外界环境变化。而 360 环视系统可利用摄像头获取外界环境信息，为后续目标感知、行为预测等智能识别提供基础。如车道偏离预警、盲区预警、行人防撞、车外环境三维建模等，都是在车载图像的基础上进行信息提取和处理,从而提升车辆智能化水平,保证驾驶安全性。

二、360 环视系统组成与工作原理

1.360 环视系统组成

360 环视系统主要包括三部分:环视摄像头总成、控制模块、人机交互界面。如图 3-13 所示为某大型客车环视系统部件安装位置示意图。

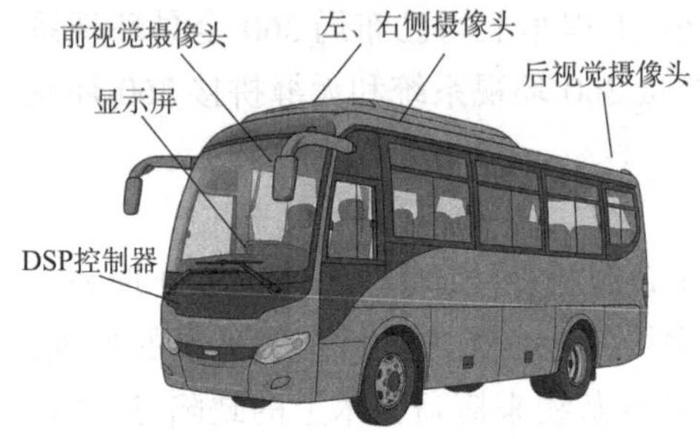

图 3-13 360 环视系统部件安装位置

1)环视摄像头总成

环视摄像头总成由控制模块供电,典型的环视系统由四个鱼眼相机组成,每一个鱼眼相机的视场角都超过 180°,分别安装在车辆前部、后部和左右,摄像头采集模拟视频信号传输到控制模块,控制模块通过将四个视场拼接从而形成了一个 360°的感知视野。

彩图
(图 3-13)

2)控制模块

控制模块安装于车内,由整车电源供电。内置的 4 路环视摄像头分别通过千兆多媒体串行链路(GMSL)或 FPD-Link 传送到全数字接口芯片,芯片将数据打包后传送至系统级芯片(System on Chip,SOC)。控制模块支持高速 CAN 网络及 UDS(Unified Diagnostic Services)诊断。

环视图像拼接在 SOC 内完成。图像拼接算法是图像处理的重要技术,决定着 360 环视系统图像的成像效果与质量。由于 360 环视系统需要对 4 路摄像头采集到的图像进行实时处理、实时编码等,因此 SOC 往往采用的是具有一定算力的车载芯片。目前主流的 SOC 有高通 SA8155P、瑞芯微 RK3588M、三星 V8 高端车规级芯片等。

3)HMI 人机交互界面

环视系统的人机交互界面主要用于将控制模块处理后的图像进行显示。驾驶人可以通过车辆上的环视系统按键或者切换挡位进行环视系统的开关,并且通过点击触摸屏进行不同画面的切换显示。除了触摸可以切换画面,还可以通过转向灯/挡位/转向盘进行画面切换,如打左转向灯切换左视画面,转向盘左转切换左视画面,挂倒挡切换后视等。此外,还有一些屏幕显示(On-Screen Display,OSD)功能用于辅助驾驶提示,包含前后左右行车辅助线、2D 雷达块、3D 雷达盾牌等。前后行车辅助线有些主机厂会要求带有距离指示 1m、2m、3m,并将不同距离的线设置为不同颜色。

2.360 环视系统工作原理

360 环视系统是通过安装在车辆前后左右的 4 个鱼眼摄像头采集图像,然后对采集的 4 路图像进行标定、拼接和畸变矫正,加以裁剪放大部分图像,再通过各摄像头的标定内参和外参生成鱼眼图像,经透视变换标定后将 4 个鱼眼相机的图像投影到同一个坐标系上,然后对同一坐标系下的图像进行拼接得到一幅 360°环视的 2D 图,最终通过图形处理器(Graphic Processor Unit,GPU)渲染绘制并由 DSI(Display Serial Interface)接口输出,通过串行器解串

器(SERDES)发送给 DVD/IVI(In-vehicle Infotainment)/车机/智能座舱,给驾驶人提供环视景象。如图 3-14 所示为 360 环视系统工作原理。

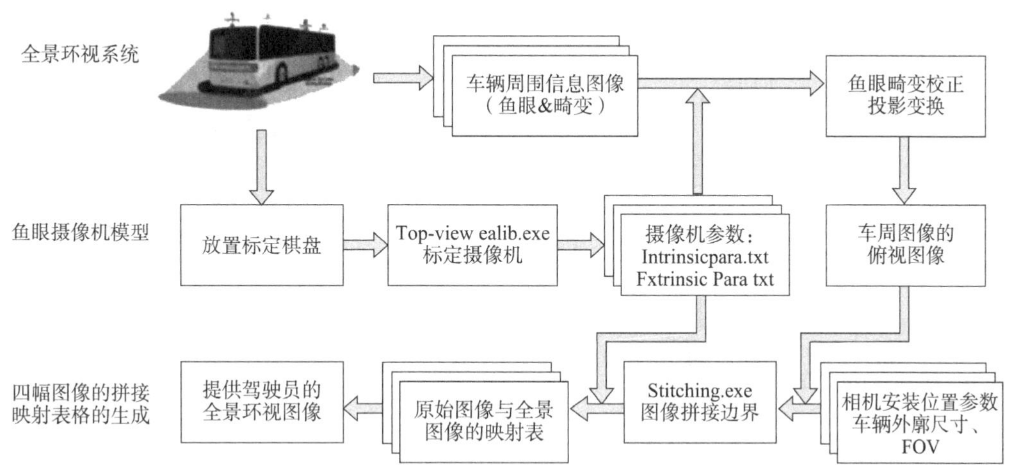

图 3-14　360 环视系统工作原理

目前的主流的 360 环视系统有 2D 360 环视系统与 3D 360 环视系统,并且大部分车企采用 2D 360 环视系统与 3D 360 环视系统相结合的交互界面策略。如图 3-15 所示为 360 环视系统人机交互界面。

2D 360 环视系统生成 2D 全景图主要有 4 个步骤,包括相机联合标定、鱼眼相机的去畸变、投影变换与图像的微调、融合权重进行图像拼接。如图 3-16 所示为 2D 360 环视系统流程。

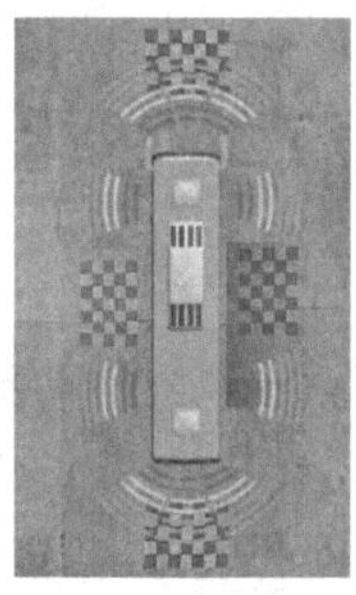

a) 2D 360 环视系统

b) 3D 360 环视系统

图 3-15　360 环视系统人机交互界面

彩图
(图 3-15)

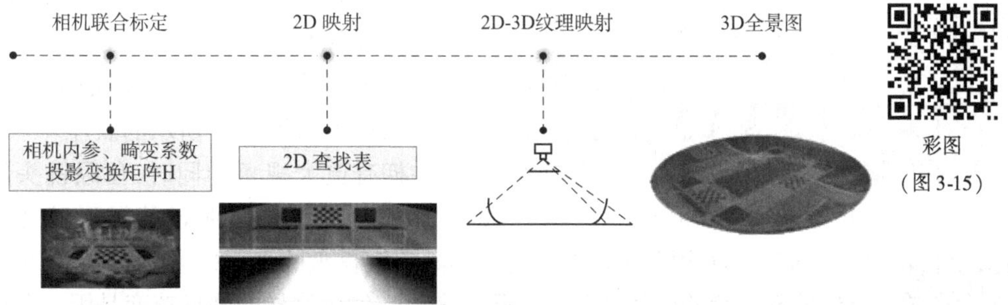

图 3-16　2D 360 环视系统流程

3D 360 环视系统相较于 2D 360 环视系统不同在于使用了碗状模型(图 3-17),使用各摄像头的查找表将模型上的点和鱼眼图中的点一一映射,在车辆上方设置一台虚拟相机,通过调整虚拟相机的不同角度,得到不同角度的 3D 画面。环视系统正常画面包含 2D 俯视鸟瞰图并结合其他画面类型,例如 2D 鸟瞰图 + 2D 前/后/左/右,2D 鸟瞰图 + 3D 前/后/左/右/前左/前右/后左/后右等。如图 3-17 所示为 3D 360 环视系统画面。

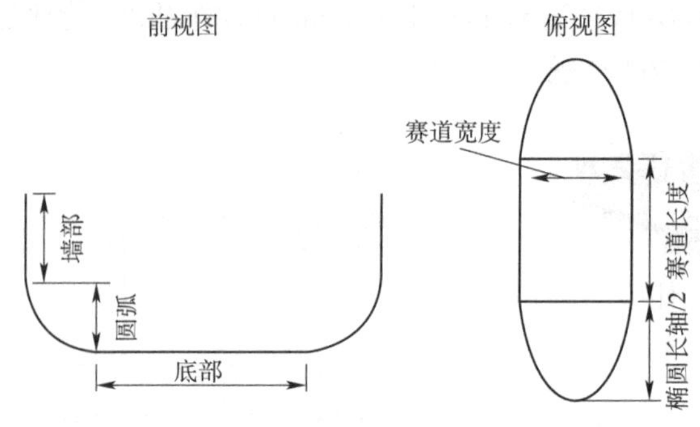

图 3-17　3D 360 环视系统画面

三、360 环视系统关键技术

1. 鱼眼镜头图像畸变校正技术

1）鱼眼镜头特点

传统相机由镜头、光圈、快门和底片组成。在拍摄物体的过程中，物体所发出的光线或者物体反射出的光线经由镜头（凸透镜）的折射，会在镜头后面的底片上呈现一个倒立缩小的实像，呈现出来的实像会使底片感光，从而在底片上反映出照相机所拍摄到的物体。

图 3-18　鱼眼镜头拍摄的照片

鱼眼镜头是一种短焦距、超广角镜头，一般焦距在 8 ~ 17mm 之间，拍摄角度在 100° ~ 180°之间，可以拍摄出全景或者半球状的照片。如图 3-18 所示为鱼眼镜头所拍摄的照片。

鱼眼镜头的成像原理与普通镜头一致，但是由于鱼眼镜头的焦距较普通镜头要小很多，而镜头的成像角度会随着焦距的减小而增大，所以鱼眼镜头有着远超普通镜头的成像角度，因而可以拍出如图 3-18 所示的照片。

在拥有更大视角的同时，鱼眼镜头所拍摄的照片也会发生非常明显的桶形畸变（Barrel Distortion）。使用鱼眼镜头垂直对国际象棋棋盘的盘面拍摄（图 3-19），可以很明显地发现棋盘的中间部分好像凸起来了。发生这样的桶形畸变是因为鱼眼镜头焦距非常小，所以会近似于一个球形，那么镜头中光轴附近的部分放大率就会明显大于远离光轴部分的放大率，这种不均匀的放大率最终导致了桶形畸变。如图 3-19 所示为鱼眼镜头拍摄棋盘桶形畸变示意图。

彩图
（图 3-18）

2）鱼眼镜头图像畸变校正技术

由于鱼眼镜头图像存在严重的径向畸变，因此需要对图像的畸变进行一定程度上的校正。鱼眼镜头图像畸变校正技术分为两大类。

第一类是基于标准模型对图像进行校正。这种方式需要在比较强的假设下进行，即鱼眼镜头是理想的，而且需要事先知道鱼眼镜头的详细参数。如果鱼眼镜头制造工艺良好且光学参数精确，这类校正技术可以在没有进行实际拍摄的情况下通过数学公式的推导生成校正的方法，包括等效球面模型法、球面坐标定位法等。由于鱼眼镜头受到制造工艺限制，无法做到完全理想以及参数精确，因此此类方法存在较大误差，并未广泛使用。

图 3-19 鱼眼镜头拍摄棋盘桶形畸变示意图

第二类基于标定的方法常使用标准的标定模板进行校正，比如国际象棋棋盘的标准黑白格或者一组同心圆。用鱼眼镜头对已知参数的标准模板进行拍摄，在拍摄出来存在畸变的图像中找出对应于标准模板中指定图形的内容，根据标准模板中指定图形的性质（比如直线和直角）在畸变图像中的变化来找出相应的变换关系，建立校正函数，最后根据校正函数对畸变图像进行校正。

基于标定的校正方法需要一个标准的模板，模板的选取有很多种，比较常用的是利用平面网格模板和同心圆模板。由于传统的平面网格模板法原理较为复杂，计算量较大，而且根据相关的研究，鱼眼镜头严重的桶形畸变中径向畸变所占的分量要比切向畸变大，因此在图像校正的过程中仅考虑径向畸变就足以取得良好的效果。同心圆模板法是在平面网格模板法的基础上发展起来的，其基本原理相差不大。在同心圆模板法中，常常先分别测量出畸变前后同心圆的半径数据，然后利用一个高阶多项式对半径数据进行拟合，采用最小二乘法解出多项式的系数，最后将这个多项式作为校正的参照对图像进行校正。同心圆模板法具有精度高、计算量小的特点，被广泛使用。

2. 图像拼接技术

图像拼接（Image Mosaic）是一种将多张含有重叠部分的图像拼接成一张图像的技术。图像拼接的流程一般包括图像获取、图像预处理、图像配准、图像变换、统一坐标系、图像融合六个步骤。如图 3-20 所示为图像拼接流程图。

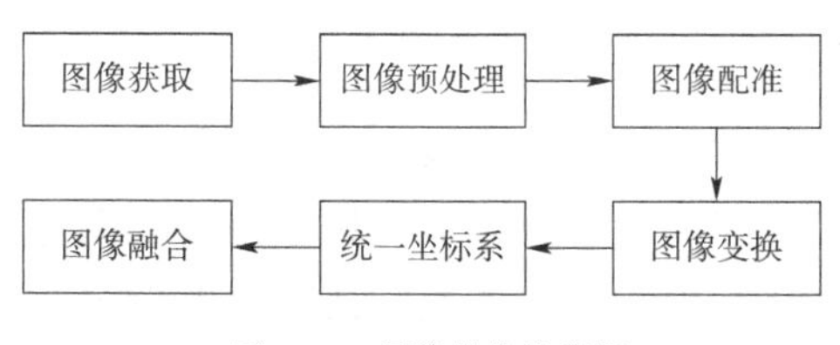

图 3-20 图像拼接流程图

图像拼接首先需要利用图像采集设备获取图像，预处理之后根据一定的策略进行配准，根据配准的过程确定图像变换的方法，然后根据配准得出的变换方法对图像进行变换。经过变换之后的多张图像在各自坐标系中，下一步需要将多张图像根据相对位置关系投影到同一个坐标系中，进行坐标系的统一。因为图像拼接所涉及的图像之间有重叠部分，所以投影到同一个坐标系中后，这个坐标系中会有部分点上有多个像素点需要处理。这些重合的区域采用一些图像融合的策略进行处理，以得到平滑且无缝的过渡效果。经过以上六个步骤，在源头上分离的多幅图像最终会合并成一幅图像。

在图像拼接的六个步骤中，最重要的两个步骤就是图像配准和图像融合。图像配准包括基于区域的图像配准和基于特征点的图像配准。

1)图像配准

(1)基于区域的图像配准。该算法主要思想是确定一幅图像为参考图像,然后令另一幅图像在参考图像上平移、缩放、旋转,在这个过程中计算两幅图像重叠部分的相似性(相似性常用灰度、相位来度量),取相似性最高的配准方式。此类方法计算量较大,且需要两幅图像具有较大的重合区域。此外,这类方法只能处理线性变换,对较为复杂的非线性变换无能为力,所以此类方法并不常用。

(2)基于特征点对的图像配准方法。该方法首先在两幅图像中重叠区域内寻找对应的特征点对,然后根据找出的若干特征点对得出两幅图像变换的方法,以此来配准图像。特征点对的标记又分为人工和自动两种方法。人工标记比较简单,在重叠区域寻找出需要标记的点,然后分别在两幅图像中找出,作为特征点即可。人工标记比较准确,但是需要人工的参与,对于少量的图像拼接工作尚可,但对于成批量的图像拼接工作就会应接不暇,因此自动标记特征点对成为如今图像拼接领域的主要研究对象。

角点检测(Corner Detection)是特征点提取的一类重要算法。角点没有确定的数学定义,在各种实现中代表不同的意义,但是角点往往代表着在某些属性上明显不同于周边点的点,这个属性可以是最大最小灰度、最大最小梯度等。角点检测中经典的算法包括 Moravec 角点检测算法、Harris 角点检测算法、Shi-Tomasi 角点检测算法、SUSAN(Smallest Univalue Segment Assimilating Nucleus)角点检测算法等。

SIFT(Scale Invariant Feature Transform)算法是一种用来检测和描述图像局部信息的算法,在计算机视觉领域中被广泛应用,由 David Lowe 在 1999 年提出。SIFT 算法常常被用在目标识别、地图与导航、图像拼接、三维建模、手势识别、视频监控等计算机视觉领域中。SIFT 算法通过在尺度空间进行极值检测确定关键点,然后根据图像局部的梯度为关键点确定方向,将关键点用一个特征向量来表示。对两幅图作相应的处理之后会得到一系列特征向量,然后通过特征向量间的欧氏距离来判断特征向量的相似性,从而得出两幅图中对应的特征点对。

2)图像融合

图像融合是对图像配准后重合部分的进一步处理,常用的是像素级融合。如果将两幅图像 A、B 拼接为一幅图像 C,则这幅拼接后的图像 C 中必定会有像素 c 在拼接前两幅图像 A、B 中都能找到对应点 a、b,像素级融合就是一种确定 C 中的特定像素 c 具体值的融合方式。常用的方法有灰度加权平均法、对比度调制法、金字塔图像融合法、小波变换法等。

随着 360 环视系统百万级像素摄像头的普及应用,环视系统能够处理更精确的图像数据,也将扩展延伸出更多的辅驾功能,未来的 360 环视系统将会更加多元化。但仍有一些问题亟待处理,如摄像头的硬件时钟同步问题、编码问题等。人工智能技术是解决这些问题的有效方法,基于人工智能技术的 360 环视系统自动编辑、实时处理等功能将会成为 360 环视技术发展的重要方向。

四、盲区预警系统概述

大型车辆在转向或换道行驶时,由于后视镜存在视野盲区,驾驶人仅凭后视镜的信息无法完全判断后方环境信息,如果遇到恶劣天气(雨雪、大雾、冰雹等)则会增大驾驶人的判断难度,增加了车辆在转向或换道行驶时碰撞或刮擦的风险。可将车辆盲区监测系统安装在左右后视镜或通过其他传感器感知后方道路信息,若后方有车辆、行人、自行车及其他移动物体靠近时,盲区监测系统就会通过声光报警器提醒驾驶人。如图3-21所示为盲区预警示意图。

图3-21 盲区预警示意图

针对车辆盲区引起的各种交通事故,设计一套有效的车辆盲区预警系统已成为国内外各大汽车生产厂商、高校以及相关研究机构共同的研究方向。经过多年的发展,多种预警方案已经被提出并应用到车辆上。

(一)盲区检测系统发展历史

盲点信息系统(Blind Spot Information System,BLIS)由沃尔沃汽车公司(简称沃尔沃)研发,利用摄像机对车辆两侧的路况进行监测,适用于各种条件下的路况。BLIS通过安装在左右后视镜根部的摄像机对左右后视镜盲区进行25帧/秒的图像监控,监测范围的宽度为3m,长度可达10m。当有车辆或行人进入盲区时,盲点信息系统通过对比图像中目标的接近程度,判断盲区路况是否存在危险,并通过安装在左右后视镜支柱上的警示灯来提醒驾驶人注意该盲区的路况。该系统自2005年起,相继应用在了XC70、V70等车型上。目前,已装备在沃尔沃、福特等不同汽车生产厂商的多种车型上。

奥迪汽车公司开发的侧向辅助系统(Audi Side Assist)通过毫米波雷达实现对车辆盲区的监测,该系统在车速超过60 km/h后开始工作,可监测自车后方50m范围内的车辆,当系统判断盲区中存在安全隐患时,安装在左右后视镜边框上的指示灯将会亮起,警示驾驶人此时并线存在危险。

盲区预警系统除了在乘用车中广泛应用外,在商用车中也应用广泛沃尔沃发布的FH系列卡车中也有所应用,FH系列卡车采用雷达传感器进行车辆右侧盲区的车辆或行人等障碍物的监测,通过右侧A柱上的红色LED指示灯进行报警。Mobileye公司开发的神盾Pro通过声音和视觉刺激的方式提醒城市公交车等大型车辆驾驶人盲区是否存在危险。三菱集团为了解决重型货车前盲区内行人保护的问题,对行人识别系统进行了研究,将多个摄像头安装在货车前部,对车前盲区内的行人进行检测,将拍摄到的图像与计算机存储的人体特征库进行比较,确定前方是否有行人。然后采用双目视觉测距的方法测定出大型车辆前面行人的精确位置,并对驾驶人进行报警提醒。虽然盲区预警系统在近几年发展迅速,但能够监测整个商用车盲区的系统目前仍处在研发阶段。

国内对车辆盲区预警系统的研究主要集中在视觉技术上,虽然研究起步较晚,但经过多年的努力探索,获得了一定的技术突破,如吉林大学交通学院提出了基于视频的自行车监测方法,通过对比多幅图像中同一自行车的空间位置,判断自行车是否在车辆的窗口空间中,从而实现了对车辆周边自行车的实时监测。

(二)车辆盲区形成原因及分类

车辆的自身结构导致车辆不可避免地存在视觉盲区。同时,车辆行驶时受到地形、气象

因素、交叉路口建筑物的遮挡、其他交通工具的遮挡以及转弯时的内轮差效应等的影响也会形成视觉盲区。

运输车辆结构造成的盲区主要分为静态盲区和动态盲区两大类。如图 3-22 所示为车辆主要盲区。

1. 静态盲区

静态盲区是由于车辆本身的设计和结构限制所形成的盲区，通常在车辆的四周，特别是车头、车尾和车身两侧。驾驶人在行驶过程中无法直接观察到这些区域，因此无法准确判断是否存在障碍物或行人。

彩图（图 3-22）

（1）右侧盲区。右侧盲区是运输车辆所有盲区中最危险的盲区。运输车辆右侧盲区约在货箱末端至驾乘舱末端位置，货箱越大盲区越大。如图 3-23 所示为车辆右侧盲区。

图 3-22 车辆主要盲区

图 3-23 右侧盲区

（2）左侧盲区。左侧盲区在货箱尾部附近，相对右侧盲区较小一些。由于驾驶室在左方，运输车辆驾驶人可以通过车窗看到左侧路况，所以一般而言也比较安全。

彩图（图 3-24）

（3）后侧盲区。由于大部分运输车辆是没有后风窗的，所以运输车辆正后方是全盲区，当有行人、非机动车以及机动车出现在车后时是完全看不到的。

（4）前侧盲区。运输车辆前方属于半盲区，即便有高大的车身，但紧贴着车身的位置依然存在明显的视觉盲区。一般情况下，车头到驾驶室后方约 2m 长、1.5m 宽的范围都属于前侧盲区。

2. 动态盲区

动态盲区主要是指转弯盲区。当车辆转弯时，内侧前轮的转弯半径大于内侧后轮的转弯半径，形成内轮差，如图 3-24 所示。内轮差的存在使得转弯时车辆内侧形成转弯盲区，驾驶人难以准确判断是否可以顺利转弯而不刮蹭或者碰撞内侧的行人或者车辆，导致交通事故发生的可能性大大增加。如图 3-24 所示为转弯盲区范围。

图 3-24 转弯盲区

盲区预警对于保障道路交通安全具有重要意义。

由于大部分运输车辆体积大、盲区多,因此安装盲区预警系统可以极大地避免运输车辆因视觉盲区而引起的交通事故。

五、盲区预警系统组成与工作原理

1. 盲区预警系统组成

车辆盲区预警系统主要由三部分组成,包括感知单元(盲区信息采集模块)、电子控制单元(数据处理模块)和执行单元(信息显示模块、声光报警模块)。如图3-25所示为盲区预警系统组成。

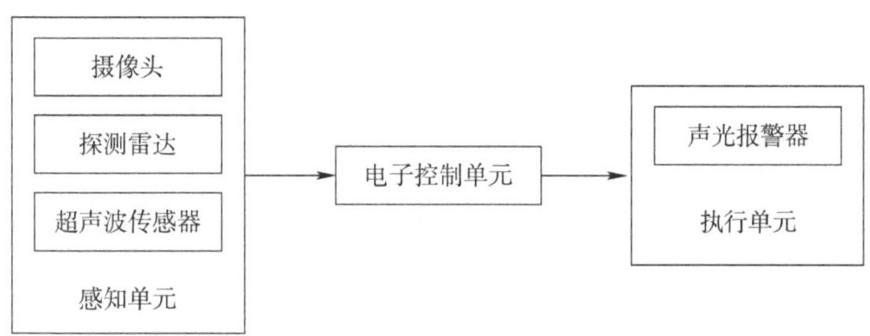

图3-25 盲区预警系统组成

(1)感知单元。目前使用的传感器主要是摄像头、探测雷达、超声波传感器。感知单元的主要作用是检测汽车后方视野盲区中是否有行人、自行车以及其他车辆,将感知的信息传送给电子控制单元,便于后期进行信息判断及处理。

(2)电子控制单元。电子控制单元的主要作用是处理及判断感知单元的信息,将信号输出到执行单元,使用的主流设备有单片机、ARM处理器、高性能计算机等。主流的信息处理方法有基于摄像头的目标检测、基于雷达与摄像头融合的目标检测。由于盲区预警需要对采集到的信息进行及时准确的处理,因此对电子控制单元的性能要求较高。

(3)执行单元。执行单元的主要作用是执行电子控制单元的指令,主要由声光报警器、信息显示模块等组成。声光报警器主要包括显示装置和报警装置。如果检测到后方存在危险,那么显示装置就会在后视镜上显示碰撞危险图标并闪烁提示,报警装置会发出报警声来提示驾驶人。有些车辆在车内装有显示屏,将电子控制单元处理后的信息或图像在显示屏上显示出来,使驾驶人实时了解盲区的路况。

2. 盲区预警系统工作原理

对车辆盲区监测系统而言,虽然不同的设计方案采用的探测设备不同,但其工作原理相同。感知单元实时监测车辆盲区的路况,将采集到的信息或者图像数据进行初步转换处理后传输给电子控制单元,电子控制单元把接收到的信息进行分析、处理,对盲区路况的安全情况作出判断,并将处理结果在显示模块上实时显示出来,使驾驶人及时了解盲区路况。同时,根据数据分析结果,如果盲区存在危险路况,电子控制单元则向执行单元发出启动指令,随后语音提示响起,预警指示灯亮起,驾驶人根据提示作出相应的安全处理,从而避免危险发生。

盲区预警系统通常在侧视镜、仪表组或平视显示器中使用视觉指示器、发光图标或闪光灯。这种视觉警报通常伴随着声音警告,例如蜂鸣声或重复的提示音。一些盲区预警系统还提供触觉警报,例如通过转向盘或座椅振动,无论驾驶人是否使用转向灯表示想要改变车道,盲区预警系统都会发出这些警告。更复杂的系统可以通过微弱的自动转向或制动输入进行干预,以防止因驾驶人改变车道而与另一辆车相撞。然而,驾驶人始终拥有绝对的控制权,并且可以手动忽略此反馈。

盲区预警系统发出警告的典型场景包括:当相邻车道上有其他车辆驶近时;当自车的周围存在其他车辆且自车进行换道行为时。盲区预警系统在这些情况下不会发出警告:当有车辆从相反方向驶来时;当同一车道有车从正后方接近时;经过静止物体时,例如停止的车辆、护栏、道路护栏和灯杆。

六、盲区预警系统关键技术

感知单元与目标检测是预警系统的核心,采集的信息品质与目标检测的准确性将影响最终预警结果的准确性。

1. 感知单元

目前应用于盲区监测的传感器主要有红外测距传感器、毫米波雷达、超声波雷达、激光雷达、摄像头等,在距离探测方面有着各自的优势与不足。

(1)红外测距传感器的成本低、测量范围广、实时性强,测量时不受雨雪、雾霾、风沙天气的影响,昼夜均可工作,但测量距离较短。

(2)毫米波雷达测距精度高,能同时识别多个目标,具有成像能力,但在雨、雪、雾环境下其探测距离会有所降低。超声波雷达测距指向性强、能耗小、探测距离远,但超声波的传播速度易受环境温度影响不稳定,因而在测距过程中,测距时间的准确性较差,使得测距结果精度较低。

(3)激光雷达测距实时性强,不易受外界因素干扰,并且具有较高的分辨率,能同时跟踪多个远距离目标,但易受不良天气影响,在大雨或有浓烟、浓雾的环境下,衰减严重,将导致测距不准甚至失效。

(4)基于摄像头的视觉测距通过对盲区路况图像的实时获取,利用计算机视觉处理技术监测、跟踪图像中的目标,通过对比不同图像中的同一监测目标计算出自车与所监测目标之间的实际距离。但是,光线的强弱、大雨或雾霾等恶劣的天气条件以及是否在夜间拍摄对测量结果的准确性影响较大。同时,当车辆快速行驶,图像数量快速增加,而系统处理图像的能力有限,测量结果的实时性则不可避免地有所下降。

2. 目标检测

1)基于摄像头的目标检测

摄像头的目标检测主要有基于运动特征和基于区域特征信息匹配两类算法。

(1)基于运动特征的目标检测通常是把当前运动区域作为下一帧的检测识别区域。主要有帧差法、光流场法、背景减法三种方法。

①帧差法是通过对连续的帧间像素点进行差分运算,当差值的绝对值达到一定阈值时可以判定为运动区域,从而达到检测目标的功能。

②光流场法是通过对图像中每一个像素点的运动向量建立光流场,因运动目标区域处像素点的运动向量与背景处像素点的运动向量不同从而检测出运动目标。

③背景差法是将当前帧与一个实时更新的背景模型做差分,从差分中提取出运动目标。这一类方法仅针对动态目标进行检测,而无法捕捉到静态目标。

(2)基于区域特征信息匹配的目标检测主要利用目标在颜色、纹理及边缘模块等特征上与背景区域的明显区别,从而定位出目标,具体分为三个过程。

①检测窗口的选择。为了检测目标的位置及大小,通常采用滑窗法使用搜索框对图像从左至右、从上至下地遍历一遍,同时通过对图片进行不同尺度的缩放得到图像金字塔,实现多尺度上的搜索。但该方法计算量大、效率低,并且误检率高。提升精度的方法,包括选择性搜索(Selective Search)和边缘框(Edge Box)等使用候选窗口的检测方法,以及基于颜色、边缘聚类的检测方法,这些方法大大减少了在特征提取及分类上耗费的时间。

②特征的提取。哈尔特征(Haar-like Features)由边缘特征、线性特征、边缘与对角线特征三类组成特征模板,由于其特征提取速度快,对目标多种边缘信息能够准确表达,并且使用积分图,计算速度快,提高了检测速度;局部二值模式特征(Local Binary Pattern,LBP)是一种用来描述图像局部纹理特征的算子,能够更好地适应光线的变化;方向梯度直方图特征(Histogram of Oriented Gradient,HOG)使用直方图对目标的边缘特征编码,由于其对目标特征表达更加准确,在目标的检测与跟踪领域应用也较为广泛。

③分类器的选择。分类器是数据挖掘中对样本进行分类的方法的统称。目前的分类算法有 Adaboost、支持向量机(Support Vector Machine,SVM)、决策树等。Adaboost 可以自适应地选择分类精度高的弱分类器,并通过加权的方法将多个弱分类器组合成强分类器;支持向量机通过计算能划分最大间隔的分离超平面的支持向量,能够在线性可分的数据集上取得很好的分类效果;决策树(Decision Tree)具有树形结构,各节点表示各属性上的测试,各分支表示各测试输出,一个节点代表一个弱分类器,由各弱分类器构成决策树,结合成强分类器。

2)基于雷达与摄像头融合的目标检测

目前基于雷达与摄像头融合的目标检测主要使用的雷达为毫米波雷达,两种的主流融合方法有前融合和后融合。

(1)前融合一般指融合原始数据,最容易、最普遍的方式是将点云(点云是某个坐标系下的点的数据集,包含了丰富的信息,如三维坐标、颜色、分类值等)投影到图像,然后检查点云是否属于图像中检测的 2D 目标框。

(2)后融合是融合各个传感器独立的检测结果,有以下两种融合思路。

①2D 融合:图像 2D 检测,点云 3D 检测投影到图像生成的 2D 检测。

②3D 融合:图像 3D 检测,点云 3D 检测。

单一的传感器探测存在着较多缺陷,进行多传感器的信息融合已成为车辆盲区监测系统的研究重点。随着传感器应用技术、数据处理技术的不断发展进步,多传感器信息融合技术在车辆盲区监测系统中的应用会更加普遍,监测结果也会随之更加准确可靠。

深度学习作为机器学习领域的新兴研究方向,经过近几年的发展,已在计算机视觉、语音识别等领域取得了显著的成就。在计算机视觉领域,深度学习和传统的计算机视觉技术相比,对图像的识别处理更加精确和智能。深度学习在车辆盲区监测系统中的应用,将会使视觉探测的结果更加准确,有利于驾驶人及时对盲区的路况做出合理、准确的判断,进而采取合理的措施,降低危险发生的可能性,使驾驶更加安全。由此可见,深度学习在汽车盲区监测系统视觉探测方面的研究应用是大势所趋,是未来的重点研究方向之一。

第四节　智能车速调节系统与自适应巡航系统

随着我国客运业与物流业的蓬勃发展,商用车在中短途货物或人员运输中越来越体现出不可或缺的作用,其应用也日益广泛,截至目前我国商用车保有量已超 3600 万辆。但随着商用车行业的迅速发展,一些问题也随之产生。商用车驾驶员所具有的共性问题是需要长时间行驶,行驶负担较重以及行驶速度较高,因此疲劳驾驶、超速驾驶的情况较多。而疲劳驾驶和超速驾驶极易导致交通事故,商用车具有质量大、体积大的特点,一旦发生交通事故将造成巨大人员伤亡及财产损失。2012 年包茂高速发生特大交通事故,共造成 36 人遇难,3 人受伤。据有关部门调查这次事故是由于客车驾驶员长时间高速驾驶,导致驾驶负荷过重,最终造成驾驶失误与前车追尾。由此可见,减轻商用车驾驶员的驾驶负担以及调节商用车驾驶速度十分重要。

随着汽车智能化的不断发展,先进驾驶辅助系统(Advanced Driving Assistance System,ADAS)应运而生,其中智能车速调节(Intelligent Speed Adaptation,ISA)系统与自适应巡航(Adaptive Cruise Control,ACC)系统的出现能有效降低驾驶负荷。智能车速调节系统可以自适应的根据车辆所处路段进行车速调节与超速提醒,自适应巡航系统可以实现多种情况下的自动纵向控制,代替驾驶人进行加减速操作,因此这两项技术可以在很大程度上降低驾驶人的操作负荷,提升驾驶安全性。

一、智能车速调节系统概述

近年来,各类重特大交通事故频繁见诸报端。据统计,满载甚至超载的货车、运送危险货物的车辆以及运送大量乘客的长途客车,一旦超速导致事故发生,就会造成非常严重的后果。

尽管超速存在诸多危险,但对驾驶人驾驶行为的分析表明,仍存在诸多驾驶人选择超速的原因,总体上可以分为四类。少数超速驾驶人可以被归类为经常超速的冒险型驾驶人,其余大部分超速驾驶人可以被分为比例大致相等的三类:一部分驾驶人平时不超速,但因为时间压力、车流车速或避免追尾等外部原因选择超速;另一部分驾驶人经常选择超过限速10 ~

15km/h 行驶，因为他们认为这仍然是安全速度，受到交通处罚的危险也很低；还有一部分是无意超速的驾驶人，他们在不知道限速、车辆加速性能好或道路状况良好的情况下无意中超速。

法律约束和相关基础设施建设在解决超速问题上取得了一定的成效。执法和自动化的限速措施确实使驾驶人减少了超速行为，然而这些效果仅限于特定的执法区域和执法时间。同样，设置减速装置等道路设计方式也能减少超速，但通常只对装置附近的区域有效。

智能车速调节(Intelligent Speed Adaptation，ISA)系统是一种旨在促使驾驶人在安全行车速度下驾驶的车载系统。不同于法律手段和道路基础设施限制的方法，ISA 系统提供了解决超速问题的另一种可能。该系统能向驾驶人提供安全车速，在车速超过安全速度限制时，向驾驶人发出警告，或者控制制动系统和节气门以限制超速。

智能车速调节系统最早出自 1992 年 2 月欧盟颁布的 92/6/EEC 法规《关于在特定机动车辆上安装、使用限速装置的规定》，其中规定了 N3 类车(设计总质量超过 12t 的载货车辆)必须安装、使用限速器，设定的最高限速值不得超过 90 km/h。随后，欧盟也对此项法规进行了多项升级，相继发布了 92-24-EEC、2002/85/EC 等新的技术规范。欧洲议会于 2019 年通过了 ISA(智能车速调节系统)技术。自此，强制性限速技术被正式写入欧盟法律，作为更新的《一般安全条例》的一部分。新法律是根据欧洲交通安全委员会的建议制定的，该委员会称此举将使交通事故减少 30%，伤亡人数减少 20%，被作为“2050 年道路零死亡”更广泛目标的一部分。欧盟法律规定，从 2022 年 7 月 6 日起，所有欧盟国家的新上市车型(尚未在经销商处销售的车型)都需要安装 ISA 系统作为标准配置，全新乘用车、商用车、公共交通工具、货车和卡车均包含在内。

我国现在已经强制要求部分运输车辆加装 ISA 系统。2019 年 10 月 14 日，由中华人民共和国国家市场监督管理总局、中华人民共和国国家标准化管理委员会发布的国家标准《车辆车速限制系统技术要求及试验方法》(GB 24545—2019)中规定了车辆车速限制系统的术语和定义、一般要求、具备最高车速限制系统和具备可调车速限制系统的车辆要求及试验方法，该标准适用于：最高车速限制装置、可调车速限制装置；装备最高车速限制装置或可调车速限制装置的 M、N 类车辆(M 类：至少有 4 个车轮并且用于载客的机动车辆；N 类：至少有 4 个车轮并且用于载货的机动车辆)；具有最高车辆车速限制功能或可调车速限制功能的 M、N 类车辆。

当车辆车速超过设定速度时，ISA 系统应以视觉信号和听觉信号的形式向驾驶人发送报警信号。听觉信号应清晰，易于驾驶人识别。如图 3-26 所示为车速限制信号标志。

a)

b)

图 3-26 车速限制信号标志

二、智能车速调节系统组成与工作原理

1. 智能车速调节系统组成

从结构上看，智能车速调节系统主要由以下四个基本要素组成。

(1)限速数据库。由于确定限制速度需要大量统计数据,限速数据库作用是提供有关路段速度限制的详细资料。地方和国家部门在建设限速数据库方面发挥主要作用。

(2)车辆的位置和行驶方向的确认,通常使用 GNSS 技术来实现。随着车路协同技术的发展,ISA 系统也可以使用来自车辆传感器或路侧信息系统的信息。

(3)自身车辆车速的精确测量。

(4)确定限制速度与实际速度之间的关系,决定了 ISA 系统何时、以何种方式被激活。

2. 智能车速调节系统工作原理

智能车速调节系统是基于车辆信息系统和路侧信息系统的智能交通系统。它的工作原理是通过车载摄像头和其他传感器捕捉道路上的交通标识,并通过车载导航系统获取当前位置和最高限速信息,然后自动调整车速以保持在法定限速内。ISA 系统还可以与交通信号控制系统和其他车辆进行通信,实现车辆之间的协同行驶。如图 3-27 所示为智能车速调节系统工作原理。

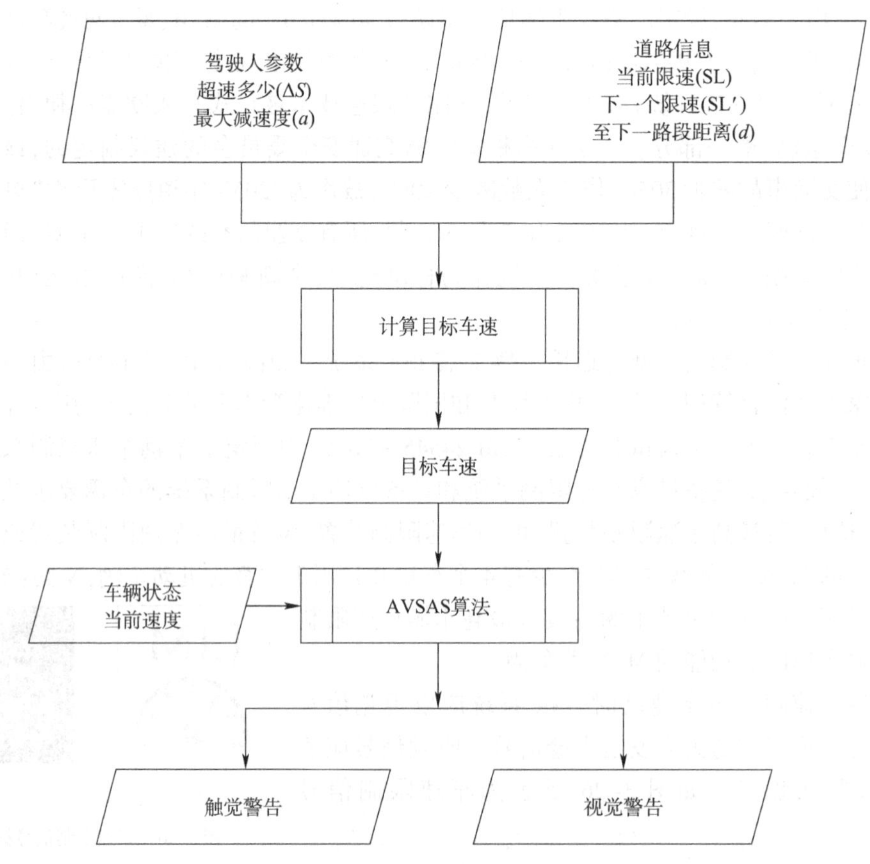

图 3-27　智能车速调节系统工作原理

目前已经开发了多种 ISA 系统,为驾驶人提供不同级别的辅助和反馈。这些辅助和反馈可分为三类,即建议类、辅助类和强制类,其工作类型见表 3-2。

智能车速调节系统也可以分为强制型和自主型,自主型 ISA 型允许驾驶人选择超速或者关闭系统,表 3-2 中的前三类便是属于自主型的智能车速调节系统。

ISA 系统工作类型　　表 3-2

辅助等级	反馈类型	输出方式
建议/信息提示类	主要以视觉为主	显示速度限制,并提醒驾驶人注意速度限制的变化
建议/警告提示类	视觉/听觉	如果驾驶人在指定地点超速行驶,系统会发出警告,驾驶人可决定是否使用或忽略这些信息来调整车辆的速度
辅助/半介入类	轻微/中等增加加速踏板上的阻力等方式	如果驾驶人试图超过速度限制,则通过加速踏板阻力反馈,但通过施加足够的力,驾驶人仍然可以超过速度限制
强制限制/自动控制类	极大增加加速踏板上的阻力/锁死加速踏板等方式	车辆的最高速度自动限制在当前路段的速度限制内,驾驶人提出的超速要求被完全忽略

ISA 系统的应用场景非常广泛,特别是在高速公路、城市快速路、隧道和山区道路等特定道路条件下,ISA 系统能够大大提高驾驶的安全性和稳定性。

(1)在高速公路上,驾驶人经常面临高速行驶、疲劳驾驶、超速行驶等各种风险,ISA 能够减少这些风险,以提高驾驶安全性。

(2)在城市快速路上,驾驶人经常面临路况复杂、车流量大、视线受阻等各种风险,ISA 能够根据不同的路况自动调整车速,以提高驾驶安全性。

(3)在隧道和山区道路上,驾驶人经常面临视线受限、弯道较多、高度变化大等各种风险,ISA 能够根据不同的路况自动调整车速,以提高驾驶安全性。

三、智能车速调节系统的关键技术

1. 智能车速调节系统的限速获取

早期的 ISA 系统设定了一个最高速度作为限制速度。只要车辆超过该速度,无论其所处道路限速为多少,都会触发 ISA 警告系统。这种 ISA 系统被广泛应用于货车,用来防止货车车速超过 100km/h。

如今的 ISA 系统,在警告被激活之前,车辆可以行驶的最大速度取决于车辆当前行驶路段的速度限制。有关车辆当前位置和适用于该位置速度限制的信息可以通过以下两种方式获得,一种方法是通过连接在速度标志或其他路边基础设施(如灯柱)上的信标或发射器向车辆发送电子信号;另一种方法是利用全球导航卫星系统(GNSS)技术,这种方法在世界各地的 ISA 试验中得到广泛应用,有关道路网络的信息和其中当前路段的速度限制数据存储在车内的数字地图数据库中。安装在车辆上的 GNSS 接收器定位车辆位置。车载计算机实时分析车辆的位置,并将当前路段的速度限制与车辆的当前速度进行比较,当车辆在给定地点超过速度限制或其他指定的速度阈值时,就会发出警告。

2. 智能车速调节系统对车辆速度控制方式

智能车速调节系统对车辆速度的控制方式有“阻力型”加速踏板控制和“线控”加速踏

板控制,其工作原理介绍如下。

(1)“阻力型”加速踏板控制的工作原理是,通过施加阻力阻碍驾驶人踩加速踏板的动作,达到将车速控制在限定范围内的目的。其具体作用机制为:当车速接近 ISA 系统的限速时,加速踏板会逐渐变“硬”,驾驶人需要使出更大的力量去踩加速踏板,腿部肌肉疲劳的使驾驶人不得不抬起右脚,以阻碍车辆加速。

(2)“线控”加速踏板控制的工作原理是,通过电子信号取代传统的物理连接,使加速踏板与节气门的开度不再直接关联,从而实现对车辆动力输出的精细化管理。其具体作用机制为:驾驶人踩下加速踏板时,踏板位置传感器将信号发送至 ECU,ECU 结合发动机状态、负载、驾驶模式等因素计算出合适的节气门开度,并控制电动机调整节气门的开合。当 ECU 识别到驾驶人的操作不符合预设逻辑,例如急加速或超出限速时,节气门的开启速率会被主动限制,使其以设定的速率平稳开启,而非与加速踏板踩踏幅度同步。通过该方法,ECU 可有效减少突兀加速,优化燃油经济性,并在 ISA 等系统介入时,进一步抑制车辆超速,提高行车安全性。

3. 智能车速调节系统的前景与面临的挑战

根据对交通事故统计数据的分析,机动车驾驶人的高速驾驶倾向是造成交通事故的重要原因。因此,减少车辆超速、保障交通安全一直是各国交通管理部门的工作重点。ISA 系统可以通过限制车辆速度来提高交通安全性,减少车辆的碰撞次数。对于部分高速路段,ISA 系统还可以减少严重事故的发生。

在一项采用 ISA 系统对公交车驾驶员的影响研究(Ahmad Khushairy Makhtar,2012)中,经过 ISA 系统的干预,公交车的平均车速由 33km/h 降至 31.5km/h,ISA 系统干预前后的平均车速差为 1.5km/h,这个结果代表了所有受访者平均速度的平均值。从得到的结果可以看出,在 ISA 系统干预后,公交车驾驶员倾向于降低公交车的速度。

除减少交通事故以外,ISA 系统还被证明具有减少燃油消耗和减少二氧化碳排放的作用。例如英国的电子车辆稳定性控制试验表明,在高速公路以及其他类型道路的非建成区和建成区引入强制性限速装置,预计将分别节省 1%、3% 和 8% 的燃油。法国自然与环境保护部根据研究估计,完全遵守限速的潜在影响将使私家车、重型货车和多功能车的二氧化碳排放量分别减少 2.1t、40 万 t 和 50 万 t,从而每年减少 300 万 t 二氧化碳排放量。对于运输方面,交通流量将会得到改善,因此可以减少平均运输时间和交通拥堵现象。

尽管 ISA 系统将带来巨大的安全收益,但为了更广泛地应用,该系统仍面临着巨大的挑战。有关 ISA 试验的结果表明,大多数驾驶人支持 ISA 系统,且支持率与系统对驾驶速度选择施加的控制量成反比;系统控制量越多,驾驶人接受程度越低。通常,强制型 ISA 系统在所有系统中效果最好,然而这类系统的接受度却最低,特别是那些可能从中受益最大的驾驶人。此外建议型和警告型系统有更高的接受度。

部分研究结果表明,在 ISA 系统对驾驶人行为影响方面,尽管一些与安全相关的行为得到了改善,如交通冲突数量的减少、超车次数的减少等,但更多受试者倾向于在经常超速的地区脱离该系统。同时部分研究结果也表明,驾驶人拥有 ISA 系统的时间越长,脱离 ISA 系统越频繁。

四、自适应巡航系统概述

自适应巡航(ACC)系统,也可称为主动巡航控制系统、自动距离控制、自动巡航控制或自主智能巡航控制系统。该系统可按照预先设定好的速度自动控制车速,同时雷达传感器、摄像头等持续采集车辆前方道路信息,当与前车之间的距离小于安全车距时,ACC 控制单元通过与制动系统、发动机控制系统协调动作,改变制动力矩和发动机输出功率,对汽车行驶速度进行控制,始终保持安全车距行驶。自适应巡航系统使汽车辅助驾驶的质量达到了新高度。驾驶人的大量任务可直接分配给自动系统,在很大程度上减轻了驾驶人的操作负荷。

随着汽车智能化程度的不断提高,自适应巡航系统普及率不断攀升。2010 年,全球自适应巡航市场普及率仅为 0.2% 左右,发展到 2020 年提升至 26.0% 左右,其中,乘用车领域普及率最高。自适应巡航会增加汽车制造成本,因此一般主要应用在高端车型中。在商用车市场,越来越多的车企生产配有 ACC 功能的商用车,如梅赛德斯-奔驰 Actros 重卡、戴姆勒卡车等。但由于商用车体积与质量较大,在车辆的控制上往往难度很高,导致商用车 ACC 系统普及率相较于乘用车依然有着一定差距。如图 3-28 所示为自适应巡航系统应用场景。

a) 自由巡航　b) 减速入弯

c) 接近前车并跟车　d) 前车速度超过自车设定速度

e) 平稳跟车　f) 前车换道切出

彩图

(图 3-28)

图 3-28　自适应巡航系统应用场景

1. 自适应巡航系统的分类

目前汽车 ACC 系统分为基本型和全速型。

(1)基本型 ACC 系统一般在车速大于 30km/h 时才起作用,而当车速降低到 30km/h 以下时,就需要驾驶人进行人工控制。

(2)全速型 ACC 系统在车速低于 30km/h 直至汽车静止时均适用,在低速行驶时仍能保持与前车的距离,并能对汽车进行制动直至其处于静止状态。如果前车在几秒钟内再次启动,装备有启停型 ACC 系统的汽车将自动跟随启动。如果停留时间较长,驾驶人只需通过简单操作,例如轻踩加速踏板就能再次进入 ACC 模式。通过这种方式,即使在高峰或拥堵时段,ACC 系统也能进行辅助驾驶。

全速型 ACC 系统的安装,只是在标准 ACC 系统的基础上添加了一个功能,即全速自适应巡航(Full Speed Range Adaptive,FSRA)保持及转换。全速自适应巡航可以让车辆静止激活,并且保持安全距离跟车,还可以跟随前车启停。因此对比于自适应巡航功能,全速自适应续航功能可以进一步解放驾驶人的双脚,从而更好地减轻驾驶人操作负荷。如图 3-29 所示为 FSRA 的保持与转换功能示意图。

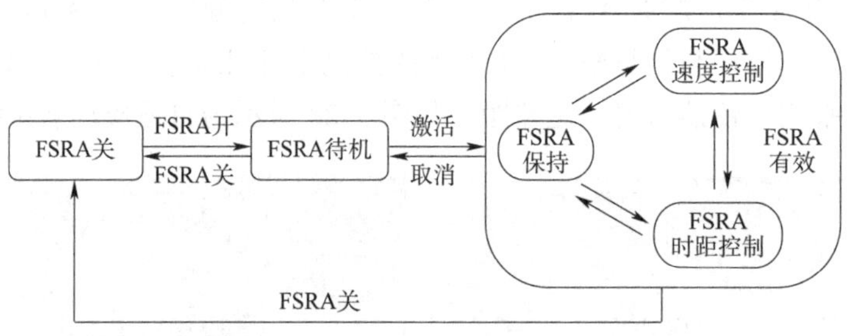

图 3-29 FSRA 保持及转换功能示意

2. 自适应巡航系统性能要求

目前,我国制定了四种有关 ACC 性能要求的标准,见表 3-3。

ACC 性能要求 表 3-3

标准号	标准名称
ISO 15622—2018	Intelligent transport systems—Adaptive cruise control systems-Performance requirements and test procedures
ISO 22179—2009	Intelligent transport systems—Full speed range adaptive cruise control(FSRA) systems—performance requirements and test procedures
ISO 20035—2019	Intelligent transport systems—Cooperative adaptive cruise control systems(CACC)—Performance requirements and test procedures
GB/T 20608—2006	智能运输系统 自适应巡航控制系统 性能要求与检测方法

其中,GB/T 20608—2006 针对的是基本型 ACC 系统,即达到最低激活速度才能启用的 ACC 系统;ISO 22179—2009 只针对全速型 ACC 系统,即没有最低速度限制,低速条件下也能使用的 ACC 系统;ISO 15622—2018 给出了全速型 ACC 系统和基本型 ACC 系统两种类型 ACC 系统的功能要求;ISO 20035—2019 针对的是合作性的自适应巡航系统,是在车和车、车和路之间通信协同的场景下适用的标准。

ISO 15622—2018 中对 ACC 系统的功能要求如下。

(1)巡航工况:具有定速控制和高舒适性,纵向冲击小,在高舒适度的情况下速度不会过多浮动;能够及时制动,以防出现的低速目标和坡道。

(2)跟随前车工况:自车相对前车的速度控制应有迟滞,以防跟随前车的车速波动;因前车切入导致超过设定时间间隔时,应渐渐地回退,尽量与驾驶人的行为一致;控制的车辆动力特性应与驾驶人期望一致;跟随其他配有 ACC 系统的车辆时,应保持稳定性;应有足够的加速能力;能够在绝大多数工况中减速;在切入/切出工况中能够主动识别目标。

五、自适应巡航系统组成与工作原理

1. 自适应巡航系统组成

ACC 系统主要由信息感知单元、电子控制单元(ECU)、执行单元和人机交互界面等组成。如图 3-30 所示为 ACC 系统组成。

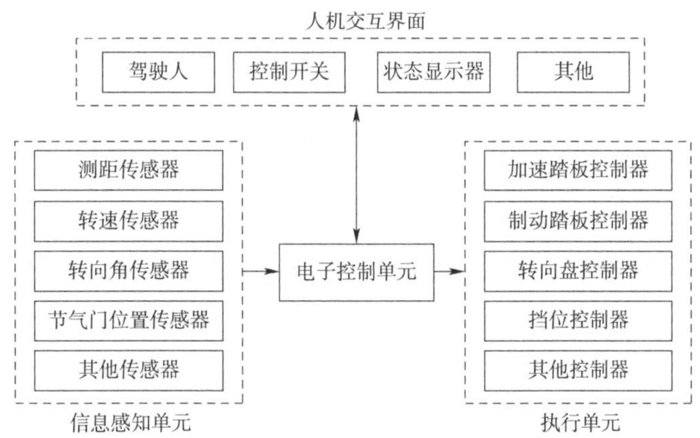

图 3-30 ACC 系统组成

(1)信息感知单元。信息感知单元的主要作用是为电子控制单元(ECU)提供各种必要信息,以支持自适应巡航控制。它包含多种传感器,包括测距传感器、转速传感器、转向角传感器、节气门位置传感器以及制动踏板传感器等。测距传感器负责采集车辆之间的距离信号,通常使用激光雷达或毫米波雷达来实现;转速传感器用于实时车速信号的获取,通常采用霍尔式转速传感器;转向角传感器用于记录车辆的转向动作;节气门位置传感器负责监测节气门的开度;制动踏板传感器负责捕捉制动踏板的操作信号。

(2)电子控制单元(ECU)。ECU 根据驾驶人设定的安全车距和巡航速度,结合信息感知单元传来的数据确定当前车辆的运行状况,并做出控制决策,然后将这些决策输出给执行单元。例如,当两车之间的距离小于设定的安全距离时,ECU 会计算实际车距与安全车距的数值及相对速度,然后选择适当的减速方案;同时,它会通过警报系统向驾驶人发送警告信号,提醒驾驶人采取必要的行动。

(3)执行单元。执行单元主要负责执行电子控制单元发出的指令,包括加速踏板控制器、制动踏板控制器、挡位控制器和转向盘控制器等。具体来说,加速踏板控制器用于调整节气门的开度,以实现车辆的加速、减速和巡航控制;制动踏板控制器用于在紧急情况下进行制动操作;挡位控制器负责管理车辆变速器的挡位切换。这些执行单元协同工作,以确保车辆按照设定的巡航控制参数进行安全有效的行驶。

(4)人机交互界面。人机交互界面用于让驾驶人设定系统参数和显示系统状态信息等。驾驶人可以通过位于仪表盘或转向盘上的人机交互界面来启动或取消自适应巡航系统的指令。在启动自适应巡航系统时,驾驶人需要设置车辆在巡航模式下的期望车速以及与目标车辆之间的安全距离。如果未进行设置,系统将使用默认数值,但需要确保所设置的安全距离不小于适用交通法规规定的安全距离,以确保安全操作。

2. 自适应巡航系统工作原理

ACC 系统的工作原理如图 3-31 所示。一旦驾驶人启动 ACC 系统,车辆前部安装的车距传感器将持续扫描前方道路情况,同时轮速传感器获取车速信号。如果在自车前方未发现其他车辆,或者目标车辆距离自车较远且速度较快,控制模式选择模块将激活巡航控制模式。ACC 系统将基于驾驶人设置的目标车速以及轮速传感器采集的车辆速度来自动调整节气门开度和其他参数,使自车达到设定的车速并保持巡航状态。

另一方面,如果前方存在目标车辆并且距离自车较近或速度较慢,控制模式选择模块会激活跟随控制模式。ACC 系统将根据驾驶人设置的安全车距和轮速传感器采集的车辆速度来计算期望的安全车距,并与车距传感器采集的实际距离进行比较。系统会自动调整制动压力和节气门开度等参数,确保自车以安全距离跟随前方目标车辆。

此外,ACC 系统还会在人机交互界面上显示当前车辆的一些状态参数,以协助驾驶人做出判断。ACC 系统还配备了紧急报警系统,当无法避免碰撞时,将及时发出警报,以提醒驾驶人采取紧急措施处理突发情况。如图 3-31 所示为 ACC 系统的工作原理。

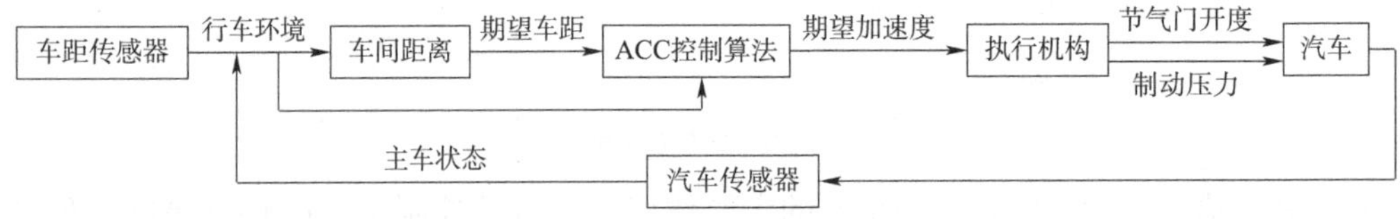

图 3-31　ACC 系统的工作原理

3. 自适应巡航系统工作模式

ACC 系统的工作模式主要有定速巡航、减速控制、跟随控制、加速控制、停车控制和启动控制等。

(1)定速巡航。定速巡航是 ACC 系统最基本的功能。当自车前方无目标车辆行驶时,自车将处于巡航行驶状态,ACC 系统按照设定的行驶车速对自车进行定速巡航控制。

(2)减速控制。当自车前方有目标车辆,且目标车辆的行驶速度慢于自车的行驶速度时,ACC 系统将控制自车进行减速,以确保自车与前方目标车辆之间的距离满足所设定的安全车距。

(3)跟随控制。当 ACC 系统将自车速度减至设定的车速值之后采用跟随控制,与前方目标车辆以相同的速度行驶。

(4)加速控制。当前方的目标车辆加速行驶或发生换道,或当自车换道行驶使得前方无行驶车辆时，ACC 系统将对自车进行加速控制，使自车恢复到设定的车速。在恢复设定的车速后，ACC 系统又转入对自车的巡航控制。

(5)停车控制。若目标车辆减速停车，自车也减速停车。

(6)启动控制。若自车处于停车等待状态，当目标车辆突然启动时，自车也将启动，与目标车辆行驶状态保持一致。

六、自适应巡航系统关键技术

1. 目标检测

目标检测功能主要是指在车辆行驶的过程中，ACC 系统应具有探测出前方车辆以及其与前方车辆之间相对距离的功能。对该功能的要求在基本型 ACC 系统与全速型 ACC 系统中有所不同，如图 3-32 所示是 ISO 15655—2010 标准中 ACC 系统对直道前方目标探测的要求。图 3-32中 1 车表示自车，2 表示目标车辆。当目标车处于 *a* 段时，ACC 系统并不需要探测出目标与距离。当目标车处于 *b* 段时，ACC 系统需要探测出目标但不需要对距离进行探测。在 *c* 段时既要对目标也要对距离进行探测。探测的距离要求应符合图 3-32 备注中注明的公式。

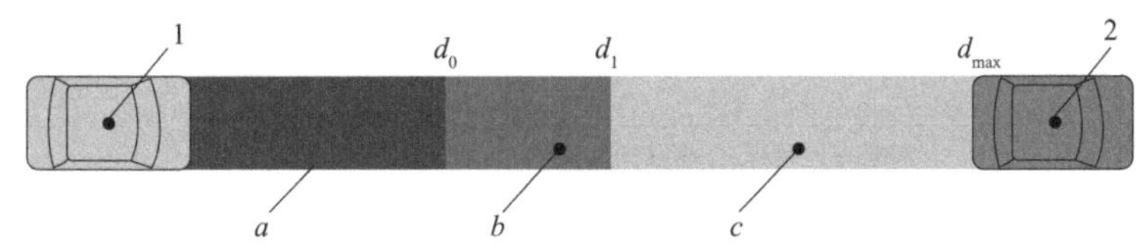

前方车辆所处区域	探测到目标	探测出距离	备注
d_1~d_{max}（区域*c*）	√	√	$d_{max}=\tau_{max}(v_{set\_max})\times v_{set\_max}$ d_1=4m d_0=2m
d_0~d_1（区域*b*）	√	×	
< d_0（区域*a*）	×	×	

图 3-32 ISO 15655—2010 标准中 ACC 系统直道前方目标探测的要求

在全速型 ACC 系统中由于没有对最低速度的要求，d_0 和 d_1 并不是使用公式进行计算的，而是有固定的要求。对 d_{max} 的要求与基本型 ACC 系统一致，主要根据自车传感器测距性能决定。如图 3-33 所示为 ISO 22179—2009 对全速型 ACC 系统直道前方目标探测的要求。

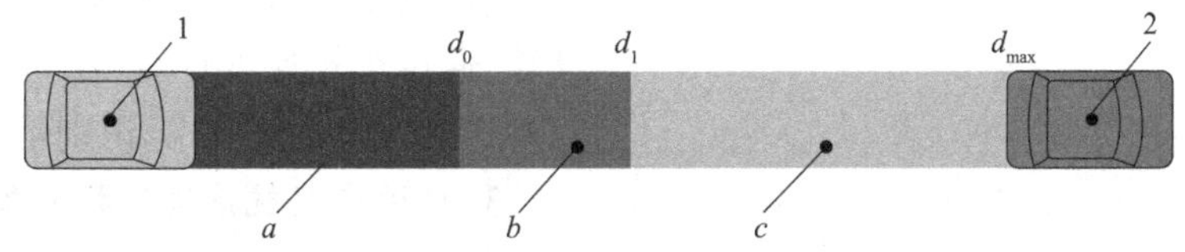

前方车辆所处区域	探测到目标	探测出距离	备注
d_1~d_{max}（区域*c*）	√	√	$d_{max}=\tau_{max}(v_{set\_max})\times v_{set\_max}$ $d_1=\tau_{min}(v_{low})\times v_{low}$ d_0=MAX[2,(0.25×v_{low})]
d_0~d_1（区域*b*）	√	×	
< d_0（区域*a*）	×	×	

图 3-33 ISO 22179—2009 中全速 ACC 系统直道前方目标探测的要求

2. 目标识别

目标识别功能主要是指在前方有多个车辆时,系统要能够识别出哪个是跟车的目标车辆,具体方法如图 3-34 所示。其中虚线是根据曲率计算和车道宽度估计得到的预测道路,实线是预测道路的中心线。此类方法的主要步骤及具体计算方法如下:根据雷达给出的方位角得到相对距离 d 在纵向和侧向上的分量 d_x、d_y。d_{off}是道路曲率导致的横向偏移,其计算公式是 $d_{off}=kd^2$,其中 k 为道路曲率。x_{off}是前车位置(雷达侦测点)和预测路线在相对主车的同一横向方向的距离 $x_{off}=|d_{off}-d_x|$。通过判断 x_{off}是否小于预测车道宽度的一半,便可判断此辆前车是否在预测车道内。一般而言,预测车道的宽度是根据经验、各地交通法规设定的固定值。

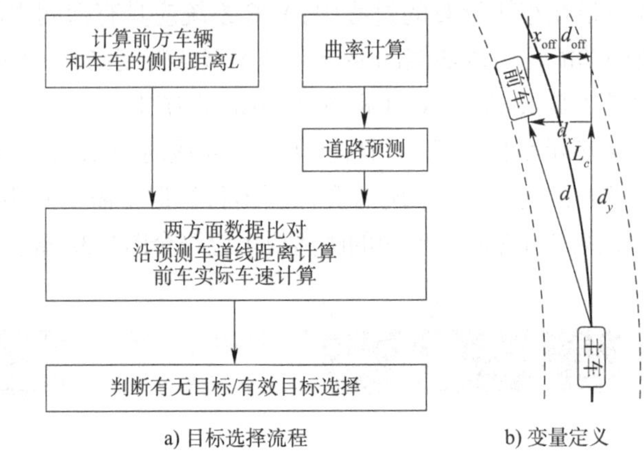

a) 目标选择流程　　b) 变量定义

图 3-34　目标选择的流程

在弯道时存在如图 3-35 所示的情况。由于前车相较于自车较远,可能导致 ACC 系统出现目标车辆识别错误的问题。为了规避图 3-35 中所示的问题,进行弯道预测具有很大的意义,而弯道确定的基础是行车道路线曲率的测定,也是所有计算的前提。目前主要采用曲率测定计算方法有通过转向盘转角计算、通过横摆角速度计算、通过横向加速度计算、通过车轮速度计算等。如图 3-35 所示为弯道 ACC 系统的目标识别示意图。

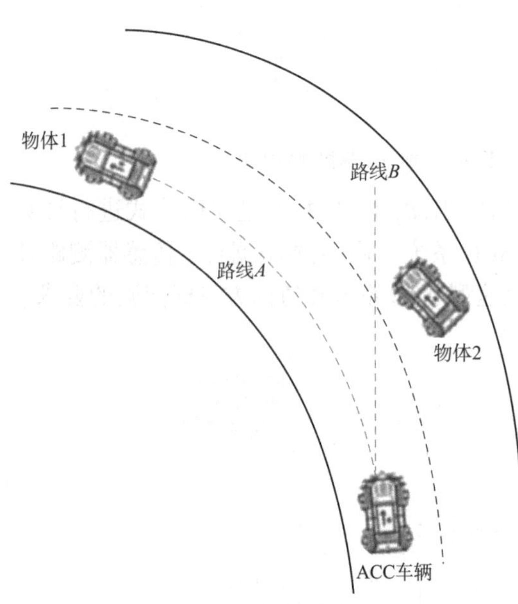

图 3-35　弯道 ACC 系统的目标识别

3. 自适应巡航系统的控制策略

ACC 系统多采用分层控制结构,上层控制重点描述驾驶人跟车行为特性,根据当前的行驶环境,以驾驶人跟车模型为依据,输出安全跟车所需期望加(减)速度;下层控制依据上层得出的期望加速度或期望车速,通过节气门和制动器的切换控制,使得车辆的实际加(减)速度能够追踪,并实现上层控制器的期望加(减)速度。

1)ACC 系统上层控制

ACC 系统上层控制算法是 ACC 系统的核心部分,通过对比综合分析环境感知模块获取的行驶环境和车辆状态信息,决策出最佳车速,通常以加速度作为输出指标,并将期望加速度反馈到下层控制器中。常见的 ACC 系统上层控制算法包括动态 PID 控制、动态规划控制(Dynamic Programming,DP)、滑模控制(Sliding Mode Control,SMC)、模糊控制(Fuzzy Control)、人工神经网络(Artificial Neural Network)以及模型预测控制(Model Predictive Control,MPC)。

(1)PID 控制是指在过程控制中,按被控对象的实时数据采集的信息与给定值比较产生的误差的比例、积分和微分进行控制的控制系统。PID 控制具有悠久的历史,其控制原理简单且鲁棒性强,故应用十分广泛。目前已有大量学者将其应用在自适应巡航上层决策领域。

(2)滑模控制是一种通过切换函数实现的非线性控制,根据系统状态偏离滑模的程度来切换控制器的结构(控制律或控制器参数),从而使系统按照滑模规定的规律运行的控制方法。滑模控制的特点是设计较为灵活,能够快速响应,参数的变化和外部干扰对其影响较小,被广泛应用于车辆控制领域。

(3)模型预测控制是 20 世纪 70 年代提出的一种计算机控制算法,最早应用于工业过程控制领域。模型预测控制在多目标优化方面有以下几个优势:

①多目标可以在 MPC 控制器的统一变量框架中表示;

②用 MPC 方法构建的多变量易于被设计者访问和调整;

③设计者预先设定的多变量系统的约束条件可在较大的范围内调节;

④可进行在线优化;

⑤所构建的多变量系统简单,响应速度快,计算时间短。

2)ACC 系统下层控制

下层控制器主要依据上层控制器的期望加速度信号来操纵动力系统和制动系统。在下层控制器中有一种驱动/制动切换逻辑用于交替调整驱动系统和制动系统,以达到理想的最优加速度。通过切换逻辑的运用,可将驱动系统和制动系统转化为节气门位置和制动压力。此外,还会收集自车的发动机转速、传动比、制动压力等瞬态参数,并作为反馈信号发送给下层控制器。目前主流的下层控制算法包括 PID 算法和模糊控制算法等。

ACC 系统对制动压力进行主动调节的关键在于具备一套可自动调节制动压力的电控辅助制动装置。目前用于乘用车的电控辅助制动装置发展较为成熟,有多种类型的装置得以实际应用,如电子真空助力器、电子液压制动(EHB)等。而对于采用气压制动系统的商用车,电控辅助制动装置的研发则比较缓慢。现阶段,针对商用车开发的电控辅助制动系统主要包括得克萨斯农工大学的基于电动缸控制制动踏板式和五十铃汽车公司的气顶液式两种。然而,前者具有结构复杂、安装不便的缺点;后者由于采用电控比例阀,成本偏高,并且采用梭阀实现人工制动与电控制动的切换,可靠性较低。

ACC 系统实现发动机力矩调节的关键在于具备一套可自动控制节气门开度的电子节气门控制装置。目前,在 ACC 系统的开发中,对发动机节气门开度进行控制的方案主要有 2 种。

(1)以原车电子节气门结构为基础。通过对原车发动机电控单元(ECU)程序的修改,实现节气门开度的主动控制。但该方案一般只有整车或发动机生产厂商能够实施,而且修改原车发动机 ECU 代码必将涉及发动机控制逻辑的改动,可能影响发动机的正常工作,不适用于在用车 ACC 功能的实现,也不利于科研院所对 ACC 系统的研究与开发。

(2)在原车节气门阀体上加装另外一套电动机执行机构,通过附加电动机拖动气门阀体开闭,实现节气门开度的调节。但附加电动机和节气门阀体的机械连接往往导致 ACC 系统与原车的执行机构发生冲突。驾驶人操作和 ACC 系统常常会相互干涉,无法实现二者的自由切换。

4. 自适应巡航人机交互界面策略

标准 ACC 系统状态如图 3-36 所示。ACC 系统应至少提供以下控制策略和转换:ACC 系统开启就进入“ACC on”状态,驾驶人通过按 Main 开关控制进入 ACC 系统待机状态,待机后要进入激活状态就必须满足激活标准。如图 3-36 所示为 ACC 系统状态转变模式。

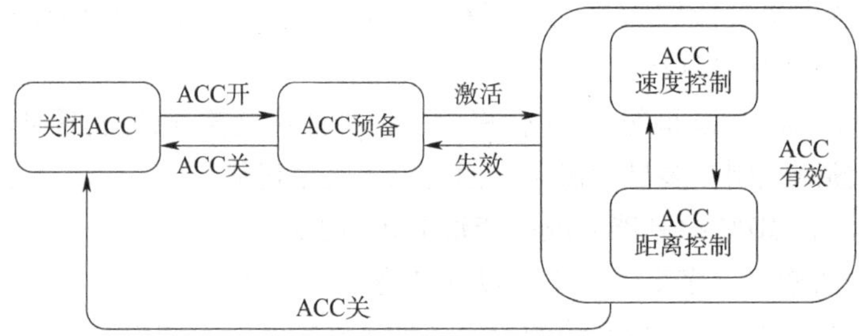

图 3-36　ACC 系统状态转变模式

如果 ACC 系统成功激活,ACC 系统进入巡航控制和距离控制两个主要控制模块,两个状态之间的切换由系统自动完成。由 ACC 系统激活到 ACC 系统待机,通常由减速踏板或开关面板来实现。当按下 Main 开关,检测到有故障时,将进入“ACC off”状态。ACC 系统激活与失活标准见表 3-4。

ACC 激活与失活标准(v_{set}为设定速度,v 为自车车速)　　表 3-4

激活、同时满足	失活的条件
	控制开关
	驾驶人制动,$v>0$
$v>v_{set,min}$	$v<v_{min}$(在标准 ACC 下)
发动机转速不低于怠速转速	发动机转速明显低于怠速转速
正齿轮啮合	无效的齿轮(自动传输:N 位)
	手动变速器:较长时间(>8s) 离合器接合到离合器脱开或 W/O 啮合齿轮
ESP/DSC 全面运作	被动式的车身电子稳定系统
失活状态的滑动控制	滑动控制不只在设定的时间才可以激活(取决于当前信息,例如:出现 300ms 的偏航控制,或者 600~1000ms 的驱动控制)

续上表

激活、同时满足	失活的条件
停车制动器解除	停车制动器开启
无 ACC 系统故障或传感器的盲点	ACC 系统故障或传感器的盲点
FSRA 还需要满足	
关闭驾驶人的车门	$v=0$ 和以下三个条件中至少两个启动:门开着、没有系安全带、座椅没有被占用
系上驾驶人安全带(利用座椅传感器)	
制动踏板作用,$v=0$ 和检测到前方有目标	在只有 $v=0$ 和驾驶人制动两个条件时,没有失活
检测到前方有目标和 $0<v<v_{set、min}$	

5. 自适应巡航系统面临的挑战

ACC 系统已成为研究热点,且取得了一定的研究进展,但仍存在许多问题需要深入研究。

(1)ACC 系统难以识别静态目标,道路的几何形状(倾斜、起伏坡道顶端、弯道等)和天气情况(大雪、暴雨、结冰等)都对 ACC 系统的功能起到限制作用。因此,将雷达和摄像头信息相融合,开展复杂行车环境下的 ACC 环境感知技术研究是十分必要的。

(2)因驾驶人跟车特性的多样性和非线性,以及前车状态的不可预知性,难以用统一或标准的安全距离模型和跟车模型来描述驾驶人的跟车行为特性,而且还要兼顾驾驶人的乘坐感受。因此,基于大量的驾驶人行为数据,开展驾驶人行为特性研究,使之能适应复杂多变的行驶环境,并有效地平衡行驶过程中的安全性、跟车性以及道路的通行能力,是未来 ACC 系统研究的重点。

(3)虽然针对城市环境的启停 ACC 系统已经量产,但是对于前车紧急加速、紧急减速、前车切出、旁车切入等复杂多变的行车环境,ACC 系统的可靠性和鲁棒性还有待进一步提高,同时,ACC 车辆还受到自车加速度限值约束、安全距离限值、前车加速度不可控等影响。因此,开展基于前车运动状态预测的多目标(跟车性、舒适性等)协同控制算法研究是必要的,同时节能型 ACC 系统逐渐成为人们关注的热点。

(4)目前,ACC 系统仅用于车辆纵向的定速巡航和定距跟随,功能相对独立,缺乏与其他系统的集成或协同控制,如车道保持系统(Lane Keeping Assist System,LKA)、电子稳定控制系统等。随着车载 ADAS 的不断普及,ACC 系统与其他 ADAS 系统的集成或协同控制是未来的发展趋势。

第五节 前向碰撞预警与预防系统

汽车追尾事故是最常见的汽车碰撞类型之一,其中驾驶人注意力不集中或驾驶经验不足而引起的车辆追尾是造成交通事故的主要原因之一。美国国家公路交通安全管理局

(National Highway Traffic Safety Administration, NTHSA)的调查结果表明,在追尾碰撞事故中,驾驶人没有制动的情况约占31%,驾驶人采取制动、但制动力不足的情况约占49%,驾驶人全力制动但制动作用时间过晚的情况约占20%。由此可见,驾驶人没有意识到碰撞风险或驾驶人没有充分的反应时间应对碰撞风险是造成汽车追尾碰撞的主要诱因。

戴姆勒-奔驰公司的研究表明,在追尾碰撞前1s对驾驶人进行预警,可有效避免50%～90%追尾事故的发生。欧盟新车安全评鉴协会Euro NCAP的研究表明,自动紧急制动(Autonomous Emergency Baking, AEB)系统可有效避免27%碰撞事故的发生。

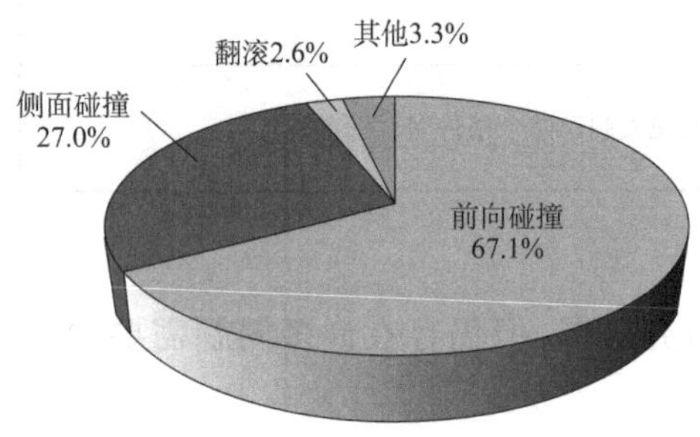

图3-37 交通事故种类及比例

准确、可靠、及时的前向碰撞预警与预防系统已成为汽车主动安全领域研究的热点,前向碰撞预警(Forward Collision Warning, FCW)系统和自动紧急制动系统的应用,可有效避免交通事故的发生或降低碰撞事故的危害程度,保护驾乘人员的安全,提升汽车的主动安全性能,如图3-37所示。

一、前向碰撞预警系统概述

前向碰撞预警(Forward Collision Warning, FCW)系统本身不会主动控制车辆或主动采取制动措施避免碰撞。FCW系统利用车内的雷达传感器扫描前方道路上的车辆、障碍物、行人等目标,并对目标的运动状态进行实时监测,采集自车与目标之间的距离、方位及相对速度。当系统判断存在潜在碰撞危险时,将通过视觉、听觉和触觉等方式对驾驶人进行预警,提醒驾驶人及时采取制动操作,从而避免或减轻由于追尾碰撞造成的人员伤害。当驾驶人在合理的时间内施加制动力或碰撞风险得到解除后则预警停止,见图3-38和图3-39。

图3-38 前向碰撞预警系统示意图1

图3-39 前向碰撞预警系统示意图2

二十世纪五六十年代,美国、日本、欧洲等发达国家和地区就已经对汽车碰撞预警系统开展研究,这些研究大多以政府为主导,各大汽车生产商和科研机构参与的模式展开,并且取得了丰富的成果。21世纪以来,国外汽车碰撞预警系统行业迎来快速发展,碰撞预警系统也逐渐应用于大众车型中。2003年,美版本田雅阁车型首次安装了碰撞缓解制动系统(CMBS)。其工作原理是通过毫米波雷达探测前方道路的危险目标,并及时提醒驾驶人。沃尔沃集团2006年在S80车型上首次安装碰撞预警系统,利用毫米波雷达监测车距,发现危险时提醒驾驶人制动。如今,前向碰撞预警功能已经成为车辆中常见的标准配置。

在商用车的碰撞预警技术方面,瑞典的斯堪尼亚重型卡车在2015年装载了一系列车辆主动安全装置,其中包括前向碰撞预警系统。该系统通过采用前置多天线雷达技术测量障碍物的距离和相对速度,通过摄像头测算障碍物的宽度、横向位置等信息,利用车载处理器判断当前车辆的安全状态,提醒驾驶人可能发生的碰撞。该系统可分辨出车前的固定障碍物和移动障碍物,最大程度地避免误报。若驾驶人面对障碍物未及时反应,系统会对驾驶人进行声音报警,同时启动相关的辅助制动系统,如增加制动踏板的灵敏度等。

国内对于车辆碰撞预警系统的研究相较于国外起步较晚,但近几年,我国在汽车碰撞预警系统领域也取得了一定的研究成果。在行业政策的支持下,国内涌现了大批研发、生产汽车碰撞预警系统等高级辅助驾驶系统的高新技术企业。例如北京市商汤科技开发有限公司依托人工智能算法、视觉感知技术研制了名为"SenseDrive"的高级辅助驾驶系统,该系统能够实现包括前车碰撞预警在内的多项预警功能,其中前车碰撞预警功能在系统开启时自动激活,在车速低于200km/h时工作,能够实时探测前方车辆及其距离,计算自车与前车的碰撞时间,最早可提前2.7s发出碰撞危险警告。

根据对我国交通事故深入研究的相关成果,在7103起商用车事故中,有92.5%的事故可以通过前向碰撞预警系统,提醒驾驶人以避免或减轻危害。因此,装配FCW系统对于提升商用车运行安全性十分重要。随着法规的强制要求,FCW系统已成为牵引车和车速大于90km/h、载重大于18t的载货车的标准配置,能够有效地降低事故发生的概率。

《营运客车安全技术条件》(JT/T 1094—2016)中明确要求,车长大于9m的营运客车应装备符合JT/T 883规定的车道偏离预警系统(LDWS)。还应装备自动紧急制动系统(AEBS)。AEBS的前撞预警功能应符合JT/T 883的规定,其他功能应符合相关标准规定。《营运货车安全技术条件 第1部分:载货汽车》(JT/T 1178.1—2018)和《营运货车安全技术条件 第2部分:牵引车辆与挂车》(JT/T 1178.2—2019)等标准的多项条款要求,总质量大于18000kg且最高车速大于90km/h的载货汽车,应装备车道偏离报警功能和车辆前向碰撞预警功能。同时,牵引车辆应装备车道偏离预警系统和车辆前向碰撞预警系统。

目前,FCW系统在国内商用车领域内已经得到广泛应用。据统计,2021年上半年营运货车(载货汽车)前向碰撞预警系统配置情况(配置车型≥100)见表3-5。

2021年上半年营运货车(载货汽车)FCW系统配置情况 表3-5

序号	企业名称	配置车型数
1	深圳安智杰科技有限公司	301
2	北京经纬恒润科技股份有限公司	285
3	湖北佑驾科技有限公司	229
4	威伯科汽车控制系统(中国)有限公司	224

续上表

序号	企业名称	配置车型数
5	智博汽车科技(上海)有限公司	196
6	东软睿驰汽车技术(沈阳)有限公司	150
7	南斗六星系统集成有限公司	145

2021年上半年营运货车(牵引车辆)前向碰撞预警系统配置情况(配置车型≥100)见表3-6。

2021年上半年营运货车(牵引车辆)FCW系统配置情况 表3-6

序号	企业名称	配置车型数
1	北京经纬恒润科技股份有限公司	392
2	威伯科汽车控制系统(中国)有限公司	334
3	东软睿驰汽车技术(上海)有限公司	260
4	福瑞泰克智能系统有限公司	233
5	武汉极目智能技术有限公司	177
6	天津清智科技有限公司	171
7	湖北佑驾科技有限公司	169
8	智博汽车科技(上海)有限公司	113
9	陕西万方汽车零部件有限公司	102

2021年上半年营运客车前向碰撞预警系统配置情况见表3-7。

2021年上半年营运客车FCW系统配置情况 表3-7

序号	企业名称	配置车型数
1	郑州精益达汽车零部件有限公司	75
2	厦门金龙联合汽车工业有限公司	49
3	厦门金龙旅行车有限公司	42
4	浙江荣众科技有限公司	36
5	安徽安凯汽车股份有限公司	25
6	威伯科汽车控制系统(中国)有限公司	24
7	扬州亚星客车股份有限公司	22

二、前向碰撞预警系统组成和工作原理

前向碰撞预警系统的主要目的是保证车辆行驶安全性,利用传感器技术、通信技术对车辆前方障碍物的距离、速度等信息进行采集,结合自车运动状态,通过碰撞预警模型计算得

到碰撞的危险等级,并根据危险等级对驾驶人采取相应的预警措施。汽车 FCW 系统工作模块可分为以下三个部分,FCW 系统的实施方式见图 3-40。

(1)信息采集单元。信息的可靠性直接影响行车安全状态判断的准确性和系统功能的实现。信息采集单元主要由各种传感器构成,信息采集模块通过各种传感器收集车辆周围目标运行状态,如前后车速度、加速度等,以及周围环境信息,如车辆周围的道路、障碍物、交通标志、行人等。

(2)电子控制单元。信息采集单元获取的信息经过处理传输到电子控制单元,电子控制单元会根据控制算法对当前行车安全状态进行判断,进而决策出下一步的控制决策。若即将发生危险,则报警单元开启以提醒驾驶人采取相应避撞措施。

(3)人机交互单元。人机交互单元功能主要是实现电子控制单元输出的指令,达到对驾驶人进行提示预警的目的。一般通过对车辆的显示单元进行控制,以声、光的形式发出响应指令,即可实现预警目的。

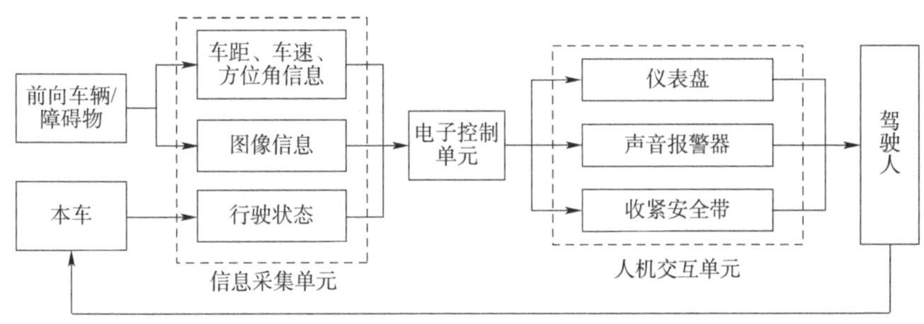

图 3-40 FCW 系统实施方式

FCW 系统工作状态可以概括为以下两种。

(1)车辆正常行驶的情况下,系统会实时计算车辆安全行驶距离,评估车辆安全等级,对车辆行驶安全状态进行监测。

(2)系统判断为危险状态时,系统会及时激活,警示驾驶人采取相关制动措施。在搭载 AEB 系统的车辆中,如果驾驶人未采取措施,则系统将会自动控制车辆制动,避免车辆碰撞,直至回到安全行驶状态后,系统将解除自动控制。

三、前向碰撞预警系统关键技术

1. 信息感知

准确地探测驾驶环境是智能驾驶辅助系统开发的第一步,也是碰撞预警系统中的关键技术之一。FCW 系统通常使用环境感知传感器(如激光雷达、毫米波雷达和摄像头)来探测前方车辆位置、速度和加速度等信息(图 3-41),已经在各类车型上得到广泛应用。

与乘用车相比,重卡更多时间行驶在高速公路上,其质量往往较大,加减速较慢。因此,在重卡等商用车上配置前向碰撞预警系统时,需考虑到重卡驾驶员操控车辆所需的额外时间。此外,重卡等大型商用车存在与乘用车不同的盲区。为适应这些差异,需要增加传感器数量。

彩图
(图 3-41)

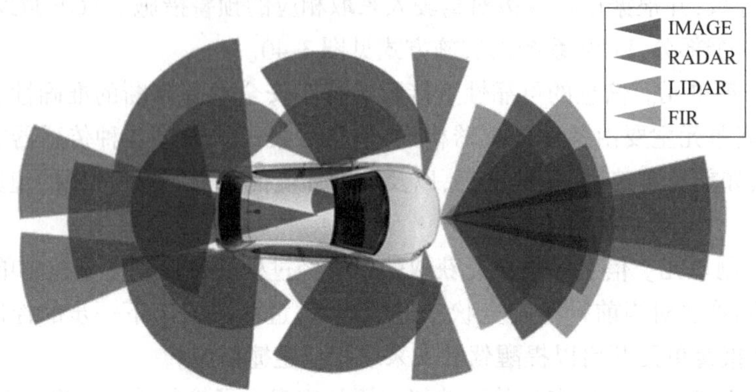

图 3-41　车载传感器探测范围

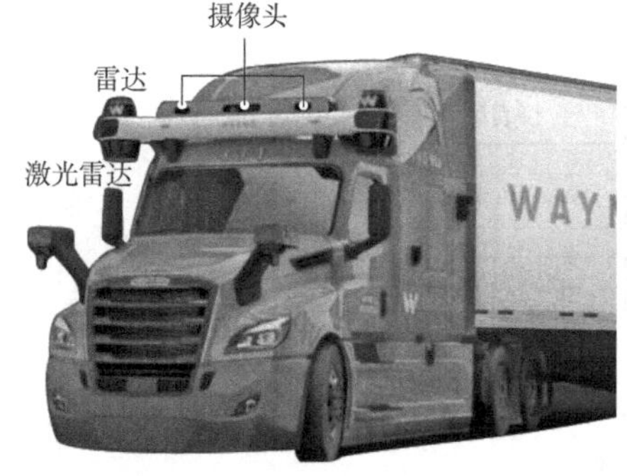

图 3-42　Waymo 卡车搭载的传感器

Waymo Driver 系统专为卡车设计,融合了激光雷达、毫米波雷达和多目摄像头,并根据卡车独特的外形进行定制安装,见图 3-42。该系统专注于满足高速公路驾驶需求,新一代雷达功能尤其在雨雾等天气条件下表现出色。与 Waymo One 乘用车只有一个主激光雷达不同,Waymo 为重卡设计了两个主激光雷达。这种双主激光雷达的设计有助于增强后方可见性,减少盲区带来的影响。不同数量的主激光雷达也会对自动驾驶算法融合产生影响。Waymo Driver 的摄像头能够探测到 1km 外的物体,因此能更快速地对道路上的物体做出反应。为确保卡车能够在不同天气条件、单一类型传感器故障以及其他意外情况下安全行驶,传感器数量需要具备一定的冗余。

近年来,随着 V2X 的技术发展,基于车路协同的车辆碰撞预警技术可将各种安全预警信息通过无线通信方式发送给相关车辆。使用专用短程通信(RC)技术或蜂窝通信技术可以为驾驶人提供超出正常视野范围的其他车辆的信息,利用车与车之间的通信完成对前方目标车辆的探测。但由于通信技术(如 DSRC、LTE、5G 等)的限制,通信延迟和定位误差的存在会影响系统控制算法的精确度,其可靠性须进一步验证。基于 4G 和 DSRC 的高速公路碰撞事故预警框架如图 3-43 所示。

2. 系统控制策略

FCW 系统的控制策略通常是基于碰撞时间或安全距离进行设计的。碰撞时间(Time to Collision,TTC)被定义为如果保持当前碰撞路线和速度差,两车之间发生碰撞的时间,计算公式见式(3-1)。

$$\mathrm{TTC} = \frac{D}{V_r - V_f} \tag{3-1}$$

式中,D 为前车和自车的距离(m);V_r 为自车的速度(m/s);V_f 为前车的速度(m/s)。

安全距离 S 通常包含三部分内容,见式(3-2)。

$$S = d_m + d_r + d_f \tag{3-2}$$

式中，d_m 为驾驶人反应时间内的制动距离(m)；d_r 为驾驶人从开始制动直至减速到与前车相对速度为 0 的安全距离(m)；d_f 为两车正常行驶需要保持的最小间距(m)。

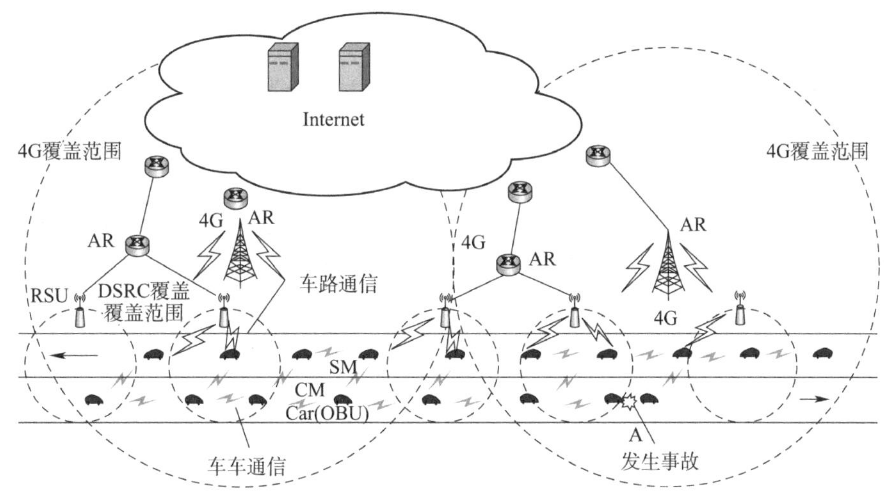

图 3-43 基于 4G 和 DSRC 的高速公路碰撞事故预警框架

如图 3-44 所示，安全距离 S 模型分析见式(3-3)。

$$S=(v_S-v_l)*T_{sr}+\frac{(a_S-a_l)*T_{sr}^2}{2}+\frac{\Delta v^2}{2\Delta a}+\frac{L_S+L_l}{2}+d_0 \tag{3-3}$$

式中，T_{sr}为自车驾驶人反应时间，即从收到警告到启动制动的时间(驾驶人反应时间和机械制动延迟)。据统计，驾驶人感知反应时间范围为 0.9～2.1s，95% 的驾驶人感知反应时间为 1.6s 左右；Δv 为两车速度差(m/s)；Δa 为两车减速度差(m/s^2)。

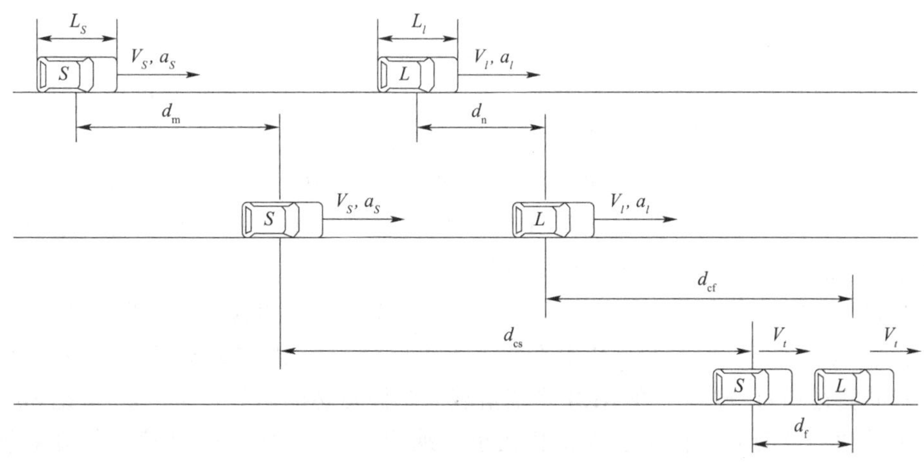

图 3-44 安全距离模型

FCW 系统要实现有效预警，系统必须具备合理、准确的判据，即必须有一个符合实际驾驶情景的预警阈值设定。前向碰撞预警系统的预警阈值设计应满足以下基本原则：

(1)系统预警应尽量降低对驾驶人注意力的影响；

(2)符合驾驶人操作习惯；

(3)系统应可以适应各种行驶工况。

当出现追尾碰撞危险时,预警状态则必须引起驾驶人足够注意并刺激驾驶人及时采取正确的措施。

FCW 系统的预警方式通常包括以下几种。

(1)视觉警告。通过灯光或车辆中控屏幕上的标志进行告警。

(2)声音警告。通过蜂鸣声或其他声音从听觉上刺激驾驶人,引导驾驶人注意跟车距离。

(3)安全带预紧。在车辆探测到具有碰撞风险时,会主动拉紧安全带,使驾驶人处于一个更为安全的坐姿。安全带预紧已经被证明是一种合适的告警方式。

(4)加速踏板阻滞。危险工况下,当驾驶人脚踩加速踏板,则加速踏板会施加持续增大的阻力,相当于警告驾驶人需要减速。

FCW 系统通常采用两段式预警方式,第一次预警,提醒驾驶人松开加速踏板,右脚放到制动踏板上做好制动准备;第二次预警,要求驾驶人此刻必须立即实施制动,否则会发生追尾事故。

前向碰撞预警是一项辅助功能,无法在所有驾驶情况、交通、天气与路况下都起作用,驾驶人仍然需要对驾驶安全负责。此外,道路状况、交通状况、环境条件、传感器(雷达或摄像头或激光雷达)故障、电气问题、物理损坏、劣质部件电气线路 ECU 控制模块故障许多因素都会降低或影响系统预警性能,导致误报、漏报或预警延迟等现象产生。为了保证驾驶安全,驾驶人仍需密切关注车内外信息。

四、自动紧急制动系统概述

AEBS(Autonomous Emergency Braking System)被称为自动紧急制动系统(图 3-45),能在检测到潜在碰撞时紧急制动,在驾驶人未做出反应的情况下,有效地阻止碰撞或降低碰撞危害程度,是智能驾驶辅助系统关键技术之一。该系统通过雷达、摄像头等传感器探测前方目标,当判定自车与前车或行人有碰撞危险时,通过仪表等图像、声音方式对驾驶人进行预警,若驾驶人不采取主动避撞措施,且达到 AEB 系统所设定的碰撞阈值时,系统将主动对车辆采取紧急制动措施,以避免或减轻碰撞的发生。

国外对汽车主动安全技术领域的开发研究起步较早,20 世纪 60 年代至 80 年代以日本、德国等国家为代表,在理论与技术方面进行了广泛的积累。1986 年,奔驰公司重点研究了毫米波雷达项目,掀起了在 AEB 系统搭载毫米波雷达的研究热潮。20 世纪 80 年代,奔驰公司成功将自动紧急制动系统安装在小型乘用车上,实现了面对潜在危险紧急制动降速的功能。

克诺尔集团将雷达和摄像头数据进行融合并应用到商用车 AEB 系统中(图 3-46)。在静止目标场景下,AEB 系统可实现车速从 0km/h 到 80km/h 范围内的主动制动。2019 年,戴姆勒商用车官方发布了具有 L2 级别自动驾驶功能的卡车福纳莱 Cascadia 车型,并于同年 7 月实现量产。依托于供应商德国博世集团提供的技术,该车型融合毫米波雷达和单目摄像头采集的数据，实现包括紧急制动功能在内的多种高级驾驶辅助功能。作为奔驰卡车中最大、最豪华的产品，奔驰 Actros L 车型装载了大量的智能系统，其中包括能够保障驾驶人、行人和车辆安全的 AEB 系统，该系统可以根据实际情况进行“先减速再刹停”的自动制动操作，整个过程不仅能够保障行人安全，还可避免紧急制动给车内人员及货物带来的连带伤害。

彩图
（图 3-45）

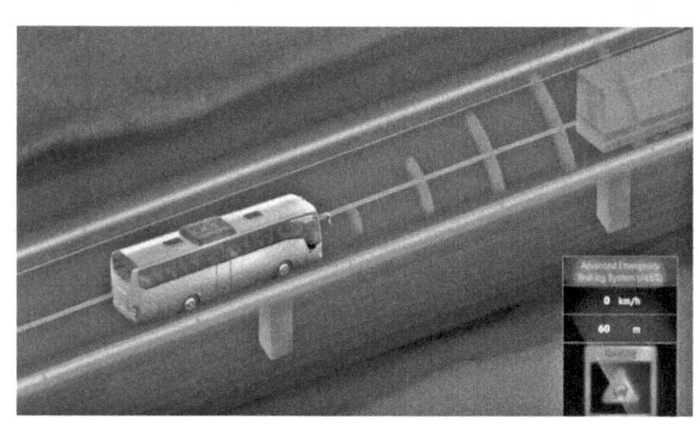

图 3-45 AEB 系统功能示意图

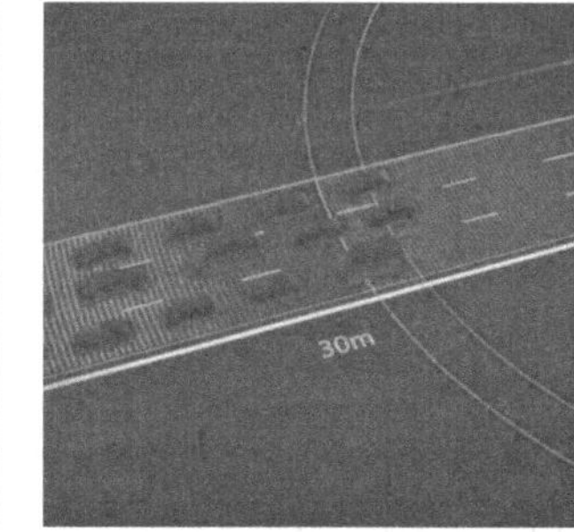

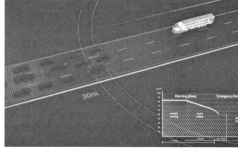

图 3-46 克诺尔 AEB 系统

我国在车辆主动安全技术领域的研究起步较晚，但得益于国家对科创的支持以及市场需求，国内高校、企业研发部门以及相关科研院所对主动安全技术开展了大量研究工作。2020 年 11 月上汽红岩汽车有限公司发布了 H6 重卡，其装载的 AEB 系统在低附着路面制动时，可自动调节制动力、防止车轮抱死并保持前轮转向能力，获得良好的制动效果，有效解决了大货车紧急制动过程中易发生的侧滑、跑偏等危险工况。2020 年，福瑞泰克智能系统有限公司发布了新一代高级辅助驾驶功能，基于人工智能算法，该系统可以为车辆提供包括 AEB 功能在内的 L2 + 级别的自动驾驶功能。福瑞泰克智能系统有限公司目前已实现在东风、福田等头部商用车企的核心车型中装配 AEB 系统。宇通 ZK6115BEVG1 客车通过了面对静态和移动车辆、行人等多场景的 AEB 测试。

彩图
（图 3-46）

商用车相比于乘用车载重量大，制动惯性大，制动距离远，发生追尾碰撞事故后产生的破坏性更强。以 2017 年中华人民共和国道路交通事故统计年报的年交通事故数据为例，重型货车参与的交通事故致死率高达 58%。为大型客车和货车配备自动紧急制动系统已经成为法规的强制要求。2017 年发布的《机动车运行安全技术条件》（GB 7258—2017）中规定车长大于 11m 的公路、旅游客车应装备符合标准的 AEB 系统。2019 年交通部发布的《营运车辆自行紧急制动系统性能要求和测试规程》（JT/T 1242—2019）规定，超过 9m 的营运客车将被强制安装 AEB 系统。2020 年交通部规定 12 t 以上且车速达到 90 km/h 的货车，将被强制安装 AEB 系统。可见我国对商用车主动安全技术愈加重视，对 AEB 测试法规也在逐渐完善。

目前，各大车企均对其主流车型配以 AEB 系统。据统计，2021 年上半年营运客车自动紧急制动系统（AEBS）配置情况（配置车型数≥10）见表 3-8。

2021 年上半年营运货车（载货汽车）自动紧急制动系统（AEBS）配置情况（配置车型数≥10）见表 3-9。

2021 年上半年营运客车 AEBS 配置情况　　表 3-8

序号	企业名称	配置车型数
1	郑州精益达汽车零部件有限公司	75
2	厦门金龙联合汽车工业有限公司	49
3	厦门金龙旅行车有限公司	42
4	浙江荣众科技有限公司	36
5	安徽安凯汽车股份有限公司	25
6	威伯科汽车控制系统(中国)有限公司	24
7	扬州亚星客车股份有限公司	22
8	天津清智科技有限公司	21
9	北汽福田汽车股份有限公司	19
10	广州瑞立科密汽车电子股份有限公司	17
11	昆山星际舟智能科技有限公司	12

2021 年上半年营运货车(载货汽车)AEBS 配置情况　　表 3-9

序号	企业名称	配置车型数
1	智博汽车科技(上海)有限公司	169
2	东风商用车有限公司	157
3	东科克诺尔商用车制动系统(十堰)有限公司	49
4	深圳安智杰科技有限公司	32
5	采埃孚(上海)管理有限公司	22
6	克诺尔制动系统(大连)有限公司	21
7	广州瑞立科密汽车电子股份有限公司	15
8	东软睿驰汽车技术(沈阳)有限公司	12
9	东软睿驰汽车技术(上海)有限公司	11

五、自动紧急制动系统组成和工作原理

自动紧急制动系统包括三大模块:行车信息探测模块、控制策略模块和执行器模块(图 3-47)。

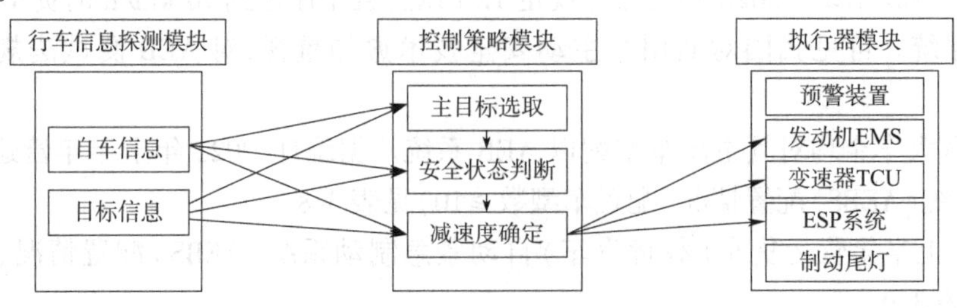

图 3-47　自动紧急制动系统组成模块

(1)行车信息探测模块主要包括自车行驶信息探测和目标车辆行驶信息探测,其目的是为控制策略模块提供数据输入。自车行驶信息主要包括自车的车速、发动机转速、轮速、横摆角速度等,这些信息可以通过车辆上的传感器获取。目标车辆行驶信息采用毫米波雷达、激光雷达、摄像头等传感器采集相对距离、速度、加速度等。

(2)控制策略模块获得到行车信息模块提供的相关信息后,对接近目标车辆或障碍物的危险程度进行判断,一般选用安全距离模型进行决策,即在系统内部设置安全距离,与雷达等传感器探测到的相对距离进行比较,如果小于此值,系统则快速介入。

(3)执行器模块在车辆需要紧急制动时,能自动对车辆进行制动操作。自动紧急制动系统控制策略发出减速请求和减速度值,执行器模块主动增加制动回路油压,促使制动系统工作以实现主动制动。图 3-48 为自动紧急制动系统控制框架。

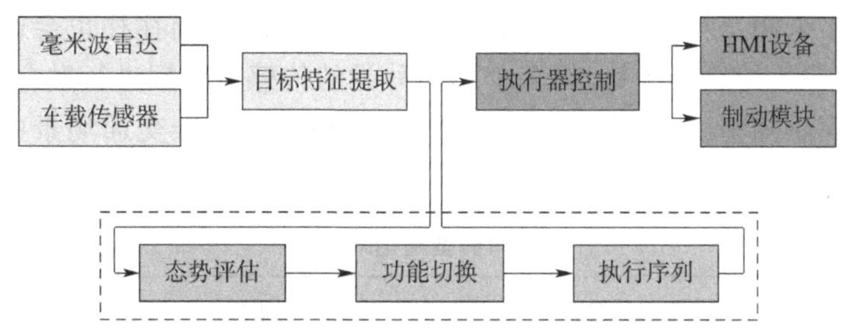

图 3-48 自动紧急制动系统控制框架

一般来说,自动紧急制动系统可分以下三个运行阶段(图 3-49)。

(1)第 1 阶段:如果系统发现自车有可能与前方车辆相撞,系统会发出视觉与听觉警告。

(2)第 2 阶段:如果发生碰撞的可能性仍然存在,且驾驶人没有做出转向或制动操作,系统会短时急踩制动踏板,以引起驾驶人的注意。

(3)第 3 阶段:如果碰撞危机仍未解除,则使用最大减速度进行制动使车辆停止,如果无法停止,则大幅降低撞击速度。

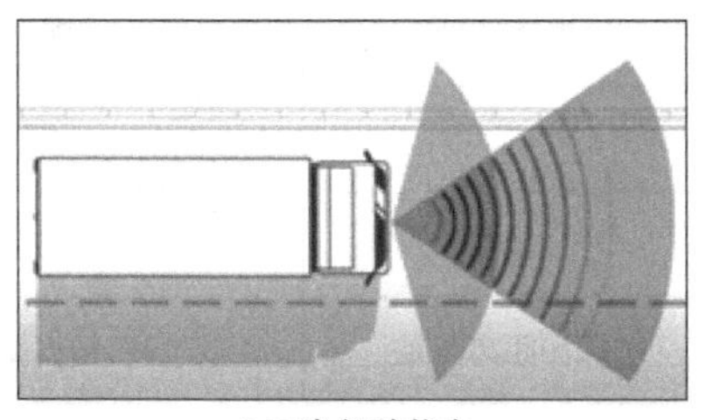

a) 正常行驶状态

b) 阶段1:检测到车辆并提醒

c) 阶段 2:急踩制动引起驾驶人的注意

d) 阶段3:以最大减速度制动

图 3-49 AEBS 工作过程示意图

六、自动紧急制动系统关键技术

(一)环境感知

环境感知作为驾驶辅助系统的核心技术之一,其通过不同类型的车载传感器获取周围环境的物理信息,从而系统决策提供支撑。汽车测距的常用方法有四种:超声波测距、红外线测距、激光测距和毫米波雷达测距。超声波、红外线测距因探测距离相对较短(一般最大为10m),环境适应性差,主要应用于汽车倒车防撞系统。激光测距由于其测量性能易受环境因素干扰,在雨、雪、雾等天气情况下,测量性能会有所下降,环境适应性差,不宜采用。毫米波雷达探测距离远、运行可靠、测量性能受天气等外界因素的影响较小、穿透能力强,因此多采用毫米波雷达传感器测量距离。汽车厂商往往也会通过采用多传感器组合方式来发挥各传感器优势,将多个不同种类的传感器数据进行融合,以弥补单一传感器的不足,提高感知精度,从而将AEB系统应用到更多复杂交通场景中。不同类型雷达对比见表3-10。

不同类型雷达对比 表3-10

雷达类型	毫米波雷达	超声波雷达	激光雷达
最大作用距离(m)	>150	<10	<150
分辨率(mm)	10	差	>1
响应时间	快	慢	较快
角度测量能力	较好	好	很好
精度	较高	高	极高
环境限制因素	全天候、不易受极端天气影响	风、沙尘等	雨天
成本	中	低	高
穿透性	好	较长	较差
劣势	成本较高,精度不如激光雷达	探测距离不足	成本高,精度受环境影响

AEB系统通常采用摄像头和毫米波雷达数据融合的方法对前方目标进行检测,但是各个传感器的工作频率、安装位置、传感器坐标系各有不同,采用多传感器组合的方式需要对多传感器数据的时间与空间进行同步,进而对同一探测目标的数据进行关联。

(1)多传感器空间同步。每个传感器获取的信息都是基于自身的传感器坐标系,为了将每一个传感器在空间上进行同步,需要将所有传感器获取的目标信息进行转换,即被探测物体P在摄像头坐标系下的坐标(X_r, Y_r, Z_r)和毫米波雷达坐标系的下的坐标(X_C, Y_C, Z_C)转换到统一的世界坐标系中。摄像头和雷达在车上的坐标系如图3-50所示。

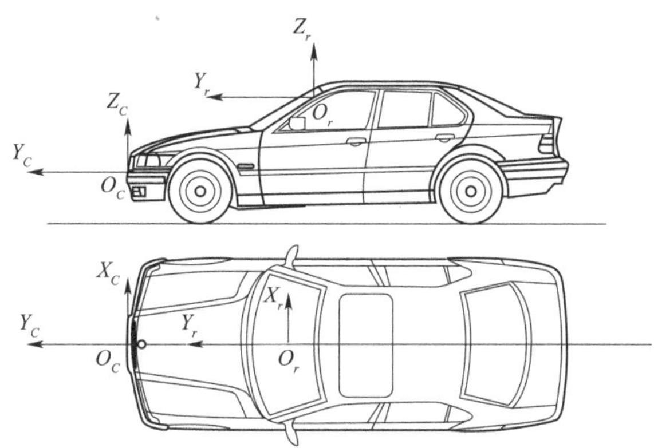

图 3-50 毫米波雷达与摄像头坐标系

图 3-50 中，$X_CY_CZ_C$-O_C 表示毫米波雷达坐标系，O_C 为毫米波雷达的安装原点，$O_CX_CZ_C$ 为毫米波雷达所在平面。其中雷达所在平面 $O_CX_CY_C$ 与世界坐标系平面 $O_WX_WY_W$ 距离相差 H，$O_CX_CZ_C$ 与 $O_WX_WZ_W$ 的距离相差 Y_0。

毫米波雷达与世界坐标系转换的公式见式(3-4)。

$$\begin{bmatrix} X_W \\ Y_W \\ Z_W \end{bmatrix} = \begin{bmatrix} X_C \\ Y_C \\ Z_C \end{bmatrix} + \begin{bmatrix} 0 \\ Y_0 \\ H \end{bmatrix} \tag{3-4}$$

像素坐标系与世界坐标系之间的转换公式见式(3-5)。

$$Z_C \begin{bmatrix} u \\ v \\ 1 \end{bmatrix} = M_1 M_2 \begin{bmatrix} X_W \\ Y_W \\ Z_W \\ 1 \end{bmatrix} \tag{3-5}$$

式中，M_1、M_2 分别为经标定得到的摄像机的内参和外参；(u,v) 为像素坐标系中的坐标。

(2)多传感器时间同步。在多传感器信息融合系统中，各个传感器的工作频率不同，因此不仅需要在空间上进行同步，也需要进行时间同步。目前常用的时间同步方法通常以扫描周期大的传感器为主，通过选择采样频率较高的传感器去兼容采样频率较低的传感器。

(3)多传感器数据关联。多传感器通过空间与时间的同步后，得到了在同一世界坐标系下，同一时刻多传感器的检测结果。但是由于不同传感器的差别，对于同一目标车辆探测的结果也有差异，为了将不同传感器测到的同一目标进行联系，需要将多传感器测到的数据进行关联。数据关联的目的就是确定传感器的数据并映射到被测物体上，要发挥两个传感器的各自优势，将两者的有效数据提取并关联起来，得到丰富、准确的数据。常见的数据关联算法有最近邻数据关联(NNDA)、全局最近邻关联算法(GNNDA)、联合概率数据关联算法(JPDA)、多假设数据关联(MHT)等。关联结果如图 3-51 所示。

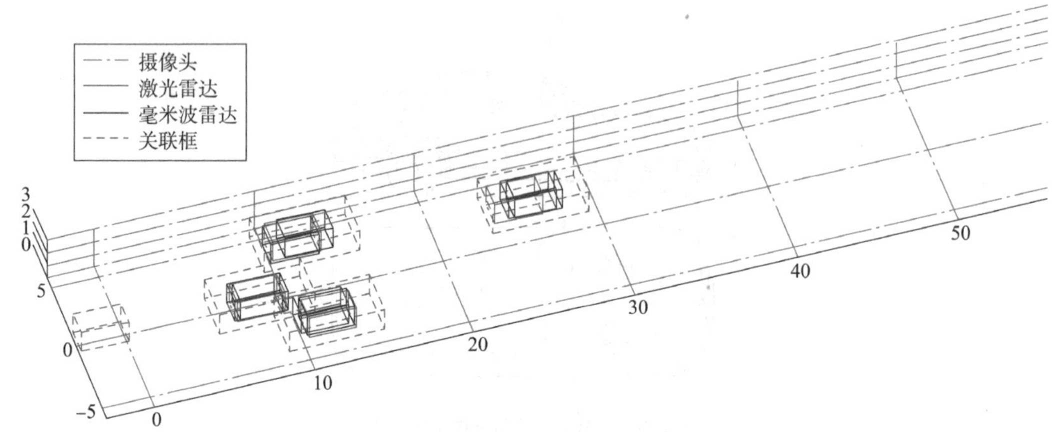

图 3-51　多传感器前方车辆目标关联图

(二) AEB 系统控制策略

彩图
(图 3-51)

AEB 系统控制策略按照阈值的计算方式分为两种,一种是通过计算自车为避免与目标障碍物发生碰撞的最小安全距离,与设置安全距离阈值进行比较,决定目标制动减速度的安全距离模型;另一种是计算自车与目标障碍物碰撞所需时间,与设置的碰撞时间阈值进行比较,决定目标制动减速度的碰撞时间模型。

典型的安全距离模型有 Mazda 模型,见式(3-6)。

$$d_{br}=\frac{1}{2}\left[\frac{v^2}{a_1}-\frac{(v-v_{rel})^2}{a_2}\right]+vt_1+v_{rel}t_2+d_0 \tag{3-6}$$

式中,d_{br}为危险制动距离;v 为自车车速;v_{rel}为相对车速;a_1 为自车最大减速度;a_2 为目标车的最大减速度;t_1 为驾驶人反应延迟时间;t_2 为制动器延迟时间;d_0 为最小停车距离。

当 $v_{rel}>v$ 时,制动危险距离 $d_{br}=0$。为了避免发生碰撞,在前车最大制动力紧急制动、自车也全力制动的工况下,需要保持最小停车距离 d_0。增加延迟时间 t_1、t_2 可以使基于Mazda安全距离模型的制动策略趋于保守。

TTC 模型见式(3-7)。

$$\mathrm{TTC}=\frac{D}{V_r-V_f} \tag{3-7}$$

式中,D 为前车和自车的距离;V_r 为自车的速度;V_f 为前车的速度。

在商用车 AEB 系统设计中,必须考虑车辆的运动规律和运动极限。由于重型车辆具有轴距长、载荷大等特点,在制动时如果短时间内进行高强度的制动,会使车辆轴荷发生转移,对驾驶人的舒适感和车厢的货物造成一定的影响,因此商用车 AEB 控制策略常采用分级制动算法。根据车辆的制动效能可以将分级制动的介入时间设定为 Tb_{21} 和 Tb_{22}。一级制动指车辆以 0.4g 的制动减速度进行制动,二级制动指车辆以 0.7g 的制动减速度进行制动。图 3-52为商用车分级制动策略。

(三) AEB 系统执行机构

AEB 系统主动制动功能的实现离不开 AEB 执行机构,目前国内外汽车厂商及研究机构针对 AEB 执行机构的研发,主要以缩短主动制动响应时间和提高制动控制精度为目标,包括实现制动管路主动建压的压力供给单元以及实现制动轮缸压力精确控制的压力调节单元 2 个核心部件。

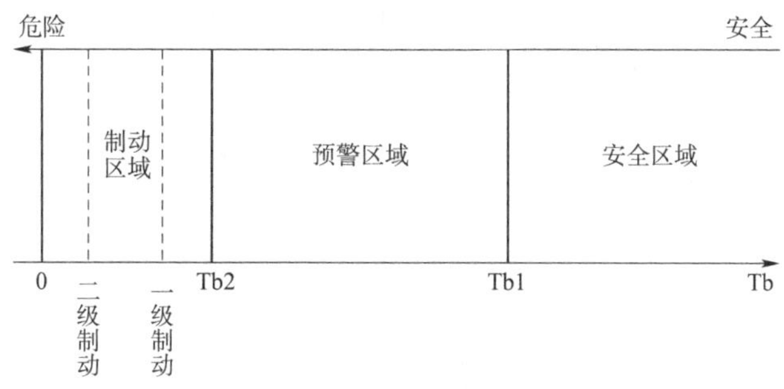

图 3-52 商用车分级制动策略

当传感器采集的车间距离小于预警距离时,控制器输出信号驱动语音芯片进行语音提示,提醒驾驶人注意采取必要的减速操作。在驾驶人没有采取相应措施且车间距离小于安全距离时,执行机构模块将实现自动制动。

BOSCH、Continental、TRW、DELPHI、HITACHI、AISIN 等汽车制动系统零部件供应商提出了 AEB 制动执行机构的解决方案(表 3-11),主要包括以汽车电子稳定控制系统为基础的电动机柱塞泵主动建压制动系统和以汽车电子液压制动系统为基础的高压蓄能器主动建压制动系统。

AEB 主动制动解决方案对比 表 3-11

解决方案	电动机柱塞泵主动建压	高压蓄能器主动建压	主缸助力电机主动建压
压力供给单元	电动机柱塞泵	电动机柱塞泵 + 高压蓄能器	电动机 + 减速装置
制动系统改动程度	小	大	较大
主动建压实现难度	较难	易	难
主动建压动态响应	较慢	较快	快
主要供应商	博世、大陆、天合、德尔福、日立、爱德克斯	博世、大陆、天合、德尔福、爱德克斯、万都	博世、大陆、天合、日立、LSP
主要产品	ESP 9.3、MK 100、EBC460	HAS Hev、DBC9、SCB	iBooster 2.0、MK CI、e-ACT、IBC、IBS

不同制动方式的选择与车的结构关联密切,一方面乘用车的发动机功率一般相比商用车较小,采用液压盘式制动器可以较快的传递制动压力,制动效果好,液压制动需要将液体的压强升高到 10 ~ 20MPa,这就对相应的密封元件提出了更高的要求;另一方面,商用车发动机功率较大,如果同样地采用液压制动方式,由于液压油体积变化小,一旦有某处管路发生泄漏,压力损失会很快出现。而采用气压制动时,其制动力矩大,又由于气体具有很高的可压缩性,气源可以通过外接空气源源不断地得到补充,偶有漏气发生时,驾驶人也有时间采取应对措施。

电控气压制动系统(Electro-pneumatic Braking System,EBS)是近年来发展比较成熟的商用车制动系统。该系统可以将驾驶人对制动踏板的操作信号转化为电信号，进一步换算成各个车轮的制动气室压力，实现对商用车各个车轴或车轮的制动控制。如图 3-53 所示为 WABCO 公司的 EBS 制动系统，该系统主要由 EBS-ECU、ABS 阀、桥控调节阀、挂车控制阀、后轴调节阀以及制动信号单元等组成。由于 EBS 可以主动实现对每个气室压力的调节，因此可以很好应用于商用车 AEB 系统。

彩图
（图 3-53）

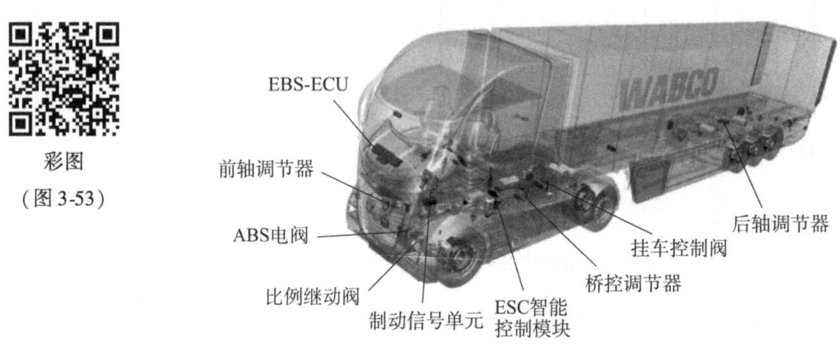

图 3-53　WABCO 公司的电控气压制动系统

AEB 系统研究且取得了一定的进展，但还有许多问题需要深入研究。

（1）复杂多变交通场景下 AEB 系统避撞综合性能仍需优化，加强在行人突然横穿马路、侧方突然插入车辆等复杂场景避撞效果的提升。

（2）进一步简化制动系统装置，提升 AEB 系统执行机构响应时间。应综合考虑紧急制动距离、制动响应时间、制动效能等指标，对 AEB 系统执行机构进行优化设计。

（3）危险行驶工况下需与多种主动安全技术深度融合，为了全面提升车辆主动安全性能，AEB 系统应与主动转向、电子稳定系统等技术进行深度整合，开展多系统协调控制策略研究。

第六节　车道偏离与车道保持系统

美国 NASSGES（The National Automotive Sample System General Estimates System）和 FARS（The Fatality Analysis Reporting System）的统计报告分析表明，由车道偏离造成的伤亡事故总体呈现上升的趋势。如图 3-54 所示，2007 年由于车道偏离造成的交通伤亡事故占交通事故总数的比例约为 35%，随后事故占比呈逐年上升，直至 2015 年由于车道偏离造成的交通伤亡事故占交通事故总数的比例超过 40%。由此可见，车道偏离是引起道路交通重大伤亡事故和经济损失的主要因素之一。在高速公路上行驶的

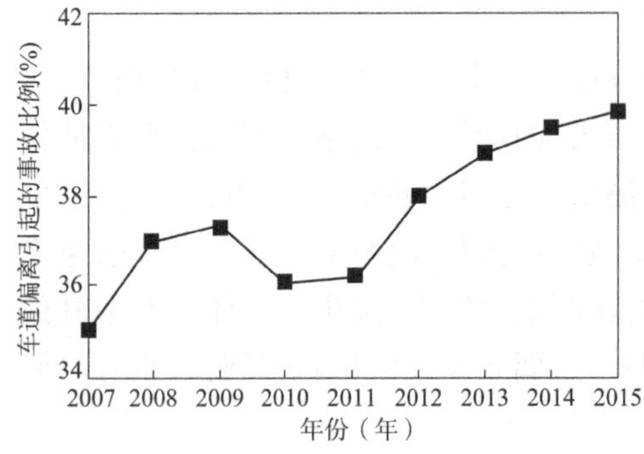

图 3-54　2007—2015 年汽车车道偏离伤亡事故比例

汽车，驾驶人由于长时间驾驶极易出现疲劳或精神不集中的情况，在路面坡度、侧风干扰或驾驶人误操纵等情况下，汽车容易偏离当前行驶车道，与其他车道上的汽车发生碰撞，从而导致交通事故。

车道保持是车辆横向控制的主要任务之一，但长时间的车道保持操作会使驾驶人感到单调而枯燥，尤其是在非城市道路的长途驾驶过程中。注意力不集中或疲劳驾驶，都有可能导致无意识的车道偏离，从而可能造成交通事故。

从系统功能的角度出发，可以把防止无意识车道偏离的车道保持系统划分为车道偏离预警系统（Lane Departure Warning System，LDWS）和车道保持辅助系统（Lane Keeping Assist System，LKAS）。

一、车道偏离预警系统概述

车道偏离预警系统（LDWS）是车辆主动安全技术的发展方向之一。当车辆由于驾驶人疏忽发生车道偏离时，系统会提前给出警告信息以警示驾驶人。导致车道偏离的因素是多方面的，如驾驶人的驾驶技术不熟练、驾驶车辆时注意力不集中、疲劳驾驶等。车道偏离预警系统能够对驾驶人在驾驶车辆过程中出现的无意识车道偏离行为进行报警，引起驾驶人的注意，确保行车安全。LDWS 并不通过执行器对车辆的航向做调整，而仅向驾驶人发出警告，以提示其采取合适的措施。图 3-55 为金龙客车车道偏离预警示意图。

图 3-55　金龙客车车道偏离预警示意图

国内外主流的车道偏离预警系统有 AURORA 系统、AutoVue 系统、Mobileye-AWS 系统、DSS 系统以及 JLUVA-1 系统、DSP 嵌入式报警系统等，下面简单介绍两种典型的车道偏离预警系统。

DSS 系统（Driver Support System）最早由三菱汽车公司提出，该系统包括安装于后视镜的 CCD 摄像机、车辆状态检测装置、驾驶行为采集传感器、报警装置等。该系统通过借助 CCD 摄像机获取车辆所在车道信息，同时车载传感器可获取车辆行驶状态与驾驶行为数据，基于这些信息判断车辆是否已经开始偏离车道。如果偏离，则系统进行视觉预警的同时还会通过听觉警告，并伴随转向盘振动等方式提示驾驶人存在车道偏离。

2003 年，戴姆勒克莱斯勒公司和美国 Iteris 公司联合开发了一款可应用于检测乘用车车道偏离的预警系统 AutoVue。AutoVue 系统包括安装在车辆前风挡玻璃上部的摄像机、小型的显示设备、音响以及系统控制单元，该系统通过摄像机检测车辆在当前车道中的相对位置，并实时计算车辆前轮距车道线的距离，如果当前距离超过设计的报警阈值，则系统控制单元就会通过音响报警来提醒驾驶人。

国内的车道偏离预警系统主要运用于高速路段中，其前提是高速公路的车道标线标识

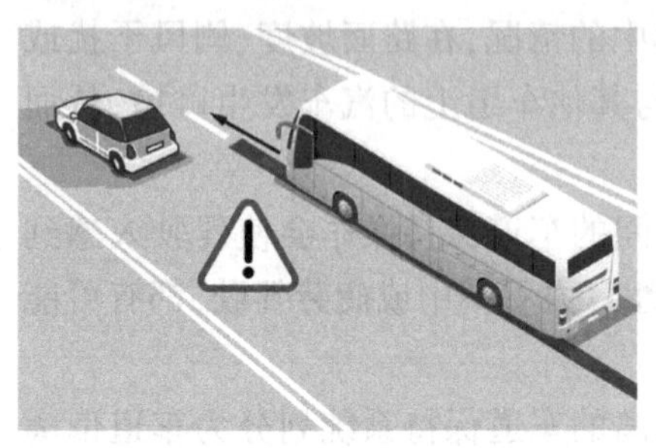

图 3-56　车道偏离预警功能示意图

比较规范,而高速公路上长时间高速度驾驶使驾驶人容易出现疲劳驾驶,从而使危险性增大。此外,高速公路一旦发生事故,其危害程度往往较大。

目前国内对道路运输车辆的车道偏离预警出台了多项技术标准,分别有现行《营运车辆行驶危险预警系统技术要求和试验方法》(JT/T 883)和现行《智能运输系统车道偏离报警系统性能要求与检测方法》(GB/T 26773)等。图 3-56 为车道偏离预警功能示意图。

二、车道偏离预警系统组成和工作原理

LDWS 的结构如图 3-57 所示。根据车辆位置检测模块发出的车道线检测结果,预警系统决定是否发出预警提示。为实现该功能,通常需要估计距离车道线边缘的横向偏移量。如果考虑横向偏移速度和前方道路的曲率,则可以进一步提高系统的预警性能。

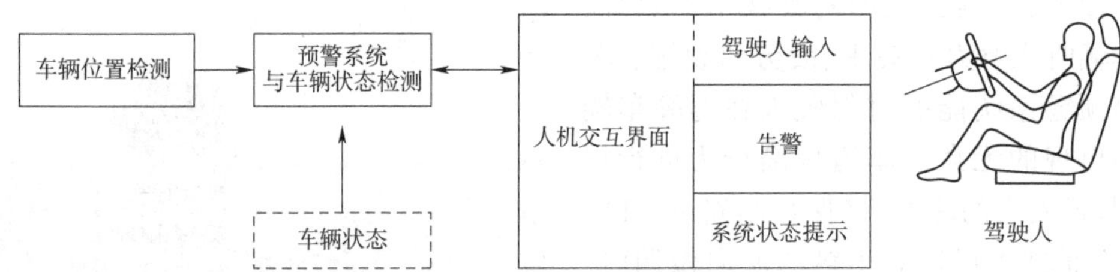

图 3-57　车道偏离预警系统结构

(1)图像采集单元实现车辆前方道路图像和环境信息的采集,并将模拟视频信号转换为数字视频信号,主要包括工业照相机和图像采集卡等。由装置在前风窗玻璃后的车内摄像头(影像感测器)检测前路两边的分道线及距离等信息。

(2)车辆状态传感器采集车速、车辆转向状态等车辆运动参数。

(3)电子控制单元实现数字图像处理、车辆状态分析以及决策控制等功能。

(4)人机交互单元通过显示界面、蜂鸣器等方式向驾驶人提示预警信息,当存在车道偏离风险时,报警装置可以发出声、光提示,也有座椅或转向盘振动的形式。图像显示在仪表中间的多功能显示区,蜂鸣器安装在仪表内。

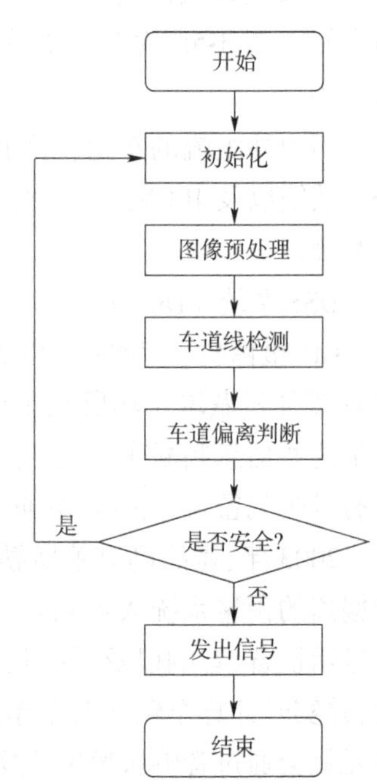

图 3-58　车道偏离预警系统工作流程图

车道偏离预警系统工作流程图如图 3-58 所示。该系统的实施过程可分为四个步骤:

(1)当系统开启,摄像头会时刻对车辆正前方进行图像

信息采集,从视频流中提取路况图像信息。

(2)系统对采集到的车道线信息进行特征分析,对图像预处理得的特征点进行边缘检测,再根据特征点选择适当的算法对曲线进行拟合,最终得到完整的车道线。

(3)根据采集的图像信息并结合车辆运动状态信息,对车道偏离进行判断,系统会根据最终检测出的车道线方程计算车道直线与水平方向直线夹角的度数,判定车辆是否偏离行驶车道。

(4)如果车辆偏离车道,系统及时向驾驶人发出警告的信号,如果没有偏离,则重复步骤(1)~(3)。

三、车道偏离预警系统关键技术

1. 检测技术

基于视觉的车道偏离预警系统大都依赖于车道标识线的识别。如何快速、准确地从道路图像中提取出车道标识线是该类系统必须解决的关键问题。

车道偏离预警系统通常应用于高速道路场景,此时驾驶人会在绝大部分时间内控制车辆,只需检测车辆行驶车道的车道边界。因此,系统对传感器精度和处理器计算能力要求不高。在摄像头的选型方面,常用的光学图像传感器包括两种类型:CCD与CMOS。CCD在图像质量方面表现更优秀,但功耗和制造成本较高,而CMOS(图3-59)则更适合于需要低功耗和低成本的应用。CMOS技术是将像素阵列与电路集成,集中于同一芯片,不同于CCD图像传感器,体现出体积小、运行负荷小、功耗低、易于编程、造价低等优势,也更常见地应用在车道偏离预警系统中。

图3-59 CMOS图像传感器

车道线检测的方法主要包括两类:一类是基于特征的车道线检测方法,另一类是基于模型的车道线检测方法。基于特征的检测法是利用图像边缘特征,如形状、纹理等检测车道线。基于模型的车道线检测法是对道路采用如直线、双曲线等模型,再结合如霍夫变换或随机一致采样法等得到模型参数,进而实现车道线的检测。

基于特征的车道线检测技术主要通过区域增长、边缘检测、图像分割等方法,提取亮度、颜色、纹理等与背景差异较大的车道线特征信息,以达到识别车道线的目的。基于图像的车道线检测技术可以分为三个步骤:图像预处理、车道线特征信息提取、特征信息生成车道线。图像预处理的目的是对图像进行二值化操作,减少干扰点,为后续提取特征信息减小计算量。二值化图像如图3-60所示。图像二值化的核心是阈值的选取。由于摄像头在采集图像时外界环境极不稳定,光照、下雨、遮荫等都会影响像素的灰度值,因此图像二值化应具有一定的抗干扰能力。

图像二值化后,只保留车道线的边缘特征。理论上,应该只允许车道线的灰度值大于阈

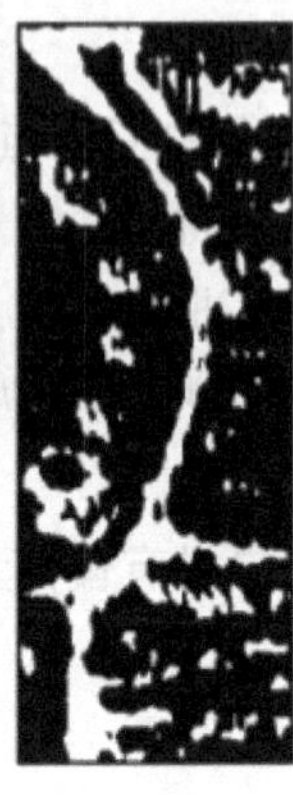

图3-60　经二值化处理后的道路

值。但是,路面中的虚线、路边的障碍物等也会被提取为边缘线。对此,需要设计特定算法,有针对性地提取车道线特征信息。在车道线特征信息提取时,主要会受路面区域其他物体特征信息的影响,因此排除其他特征信息,对下一步生成的车道线起决定性作用。由车道线特征信息生成车道线,需要同时满足精度要求和实时性要求。采用最小二乘法和霍夫变换对车道线进行拟合,计算量小,但拟合之前需要对特征信息进行处理。基于图像的车道线检测技术最大的优势是成本低,同时缺点也很明显,想要获得与实际完全相符的车道线,需要非常苛刻的外界环境作为支撑,因此研究者致力于研究如何在对基于图像的车道线检测技术中减小环境的影响。

基于模型的车道线检测技术与基于图像的车道线检测技术,两者不同之处在于车道线特征信息的提取过程。前者将道路检测转换为道路模型的求解。考虑到某些道路具有特定的结构模型,设定道路模型参数对检测过程施加约束,可以降低车道线检测的复杂度。基于模型的车道线检测技术参考了道路的整体信息,同时用模型参数来表征道路,抗干扰能力较强。

2. 车道偏离预警控制策略

车道偏离预警决策模型主要可以分为以下三种:基于车辆当前定位的CCP(Car Current Position)模型,基于虚拟偏移线的FOD(Future Offset Difference)模型和基于车辆压线时间的TLC(Time to Lane Crossing)模型。CCP适合低速状态下车辆的偏离预警,准确率较高,误报率低,但在高速状态下并未留给驾驶人反应时间,造成报警延迟。FOD模型通过设定虚拟车道线一定程度上降低了误报率,但是其需要设定的先验条件难以衡量。TLC通过估计距离压线的时间从而给予驾驶人预留足够的反应时间,但是未考虑驾驶人修正操作,误报率较高。

CCP模型利用当前时刻车辆的位置判断车辆是否压线和偏离。车辆和车道线在世界坐标的位置可以通过车道线检测和相机外参标定中获得。假设车辆纵向轴线和车道中心线的横向偏移量为 d_0,车辆宽度为 W_C,车道宽度为 W_L。以上参数都可以通过车道线标定和车道线检测得到,车辆左前轮距左车道线距离和车辆右前轮距右车道线的距离 Δd_L 见式(3-8)。

$$\Delta d_L = \begin{cases} \dfrac{W_L}{2} - \left(d_0 + \dfrac{W_C}{2}\right) \\ \dfrac{W_L}{2} - \left(d_0 - \dfrac{W_C}{2}\right) \end{cases} \tag{3-8}$$

当 $\Delta d_L > 0$ 时,车辆在车道线之间,并未偏离。当 $\Delta d_L < 0$ 时,车辆前轮压线,车辆偏离车道,触发车道偏离预警。

FOD决策模型是根据驾驶人的驾驶习惯,在真实车道线的基础上向外扩展一条虚拟车道线,这样可以减少误报率。倘若驾驶人驾驶习惯良好,未有频繁偏离或者压线驾驶,则设定虚拟车道线位置与真实车道线位置重合。该模型的是否触发报警的评判指标为 $L_{p}^{1} > B$,B 是虚拟车道线的位置,L_{p}^{1} 是车辆的虚拟侧向偏移位置,L_{p}^{1} 计算公式见式(3-9)。

$$L_{p}^{1} = L_{P} + TV_{C} \tag{3-9}$$

式中,L_{P} 为实际当前车辆的横向偏离量;V_{C} 为车辆的横向偏移速度;T 为预判时间,见式(3-10)。

$$T = \frac{B - X}{V_{C}} \tag{3-10}$$

式中,X 为期望预警触发位置,X 应根据驾驶人驾驶习惯来设定,以减少误报。

TLC 模型是通过估计车辆当前运动状态到车辆压线状态的时间差判断是否报警。该模型的特点是通过预判即将压线的时间为提供驾驶人更多的反应时间。其衡量指标为 TLC,通过设定时间阈值来改变车道线偏离的预警等级。在直线模型下,TLC 的计算式见式(3-11)。

$$\text{TLC} = \frac{\Delta d_{L}}{V_{C}} = \frac{\Delta d_{L}}{V_{L}\sin\theta} \tag{3-11}$$

式中,Δd_{L} 为前轮到车道线的距离;V_{C} 为车辆横向偏移速度;V_{L} 为车辆行驶速度;θ 为车辆纵轴线与车道线的夹角,即偏航角。

设定报警阈值 T_{th},当 $\text{TLC} < T_{th}$ 时触发预警。

四、车道保持辅助系统概述

车道保持辅助系统(Lane Keeping Assistance System,LKAS)是智能辅助驾驶功能之一,相较于车道偏离预警系统,车道保持辅助技术则更胜一筹,因为它不仅能发出警告,还能引导车辆保持在车道中央。配备车道保持辅助系统的车辆基本均可划分为 L2 级别自动驾驶车辆,可通过实际改变车辆的行驶路线来实现“部分自动驾驶”。

LKAS 包括车道居中控制(Lane Centering Control,LCC)和车道偏离抑制(Lane Departure Prevention,LDP)两个功能。图 3-61 是 LKAS 功能示意图。其中车道居中控制功能保持车辆始终在车道中间行驶,车道偏离抑制功能则时刻监测车辆行驶状态,仅在车辆即将越过车道线时起作用,将车辆纠回至车道线内。LKAS 主要通过摄像头识别车辆与车道线的相对位置关系,结合转向盘转角、车速、车辆动力学参数等信息,控制转向系统实现期望轨迹跟踪。

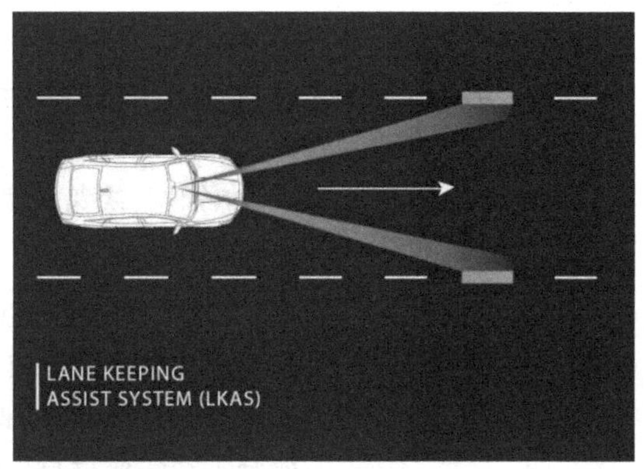

图 3-61 LKAS 功能示意图

日本汽车企业在车道保持辅助系统方面的研究起步较早,三菱汽车公司是最早进行车道保持辅助系统研发的汽车企业之一,在 1999 年成功将车道保持辅助系统安装在一款模型车上,该系统具有两个特点:一是除配备视觉和听觉预警装置,还采用触觉预警方式,通过转向盘振动向驾驶人发送警告信号;二是车道保持系统除提供预警外,如果预警未引起驾驶人注意,车道保持系统会主动控制车辆。

与日系汽车企业相比,欧美汽车企业在这方面的研究起步稍晚。美国福特汽车公司在2012年推出的福特探险者、Fusion和林肯MKS上都装有车道保持辅助系统,不仅能处理图像信息和识别车道线,还能识别车辆和行人、控制大灯等,有助于实现整车集成控制并降低控制器冗余度。

我国在车道保持辅助系统的研发和商用领域起步较晚。国内各高校在LKAS方面的研究虽然也取得一定成果,但在实际应用方面与国外相比仍存在一定差距。目前从事相关研究的高校有清华大学、吉林大学、国防科技大学、同济大学、湖南大学、东南大学等,涉及理论研究、硬件在环试验台实验。清华大学李克强院士及其团队基于现有车辆开发清华大学主动安全车(Tsinghua Active Safety Vehicle,THASV)系列试验平台,该平台采用模块化思想进行设计,包括传感器、车载计算机、ECU、人机操作界面等部分。基于THASV平台的LKAS利用CMOS摄像机获得车道线信息,通过车上安装各种传感器如车速传感器、转向盘转角传感器等获得的信号判断车辆运动状态,车道线信号和车辆状态信号经ECU处理后得到车辆与车道线的位置关系,再决定LKAS的工作状态是偏离预警还是利用转向系统主动控制车辆。

2020年6月,联合国欧洲经济委员会(UNECE)颁布了第一个L2级以上的《LKAS车道自动保持系统条例》,是有关LKAS的许可法规。根据欧盟法规(EU 2019/2144),从2022年7月6日起,新车型必须强制配备车道保持系统,而从2024年7月7日起,注册车辆也需要配备此系统。

为确保LKA系统的可靠性和安全性,中国国家标准化管理委员会(SAC)制定了《乘用车车道保持辅助系统性能要求及试验方法》(GB/T 39323—2020)和《商用车辆车道保持辅助系统性能要求及试验方法》(GB/T 41796—2022),分别于2021年6月1日和2023年5月1日起实施。

五、车道保持辅助系统组成和工作原理

车道保持辅助系统包括感知层、决策规划层、控制层和执行层四部分,具体信息传递如图3-62所示。

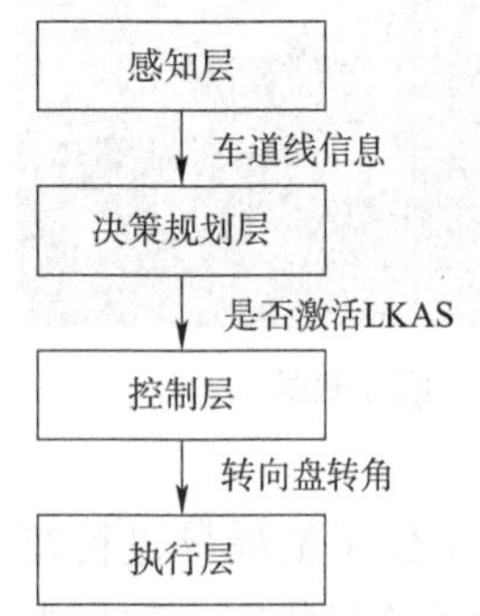

图3-62 LKAS信息传递图

(1)感知层即信息采集系统,包括各种传感器和图像处理模块,是LKAS车道信号和车辆状态信号的来源。感知层通过摄像头获取车道线信息,同时获取车辆本身的车速、横摆角速度、转向盘转角、驾驶人扭矩等信息,大部分摄像头都要求将车速、横摆角速度接入摄像头,以提高车道线的识别精度。

(2)决策规划层判断是否有车道线、车速是否达到阈值、是否开启转向灯等信息决定是否激活车道保持辅助系统,或退出车道保持辅助系统。

(3)车道保持辅助系统处于激活状态时,控制层根据实际轨迹与期望轨迹的偏差,经过车道保持辅助控制算法的运算,得到转向盘转角。

(4)执行层执行控制层的命令,利用转向系统或制动系统控制车辆运动,修正其运动轨迹使之回到原行驶车道。

LDWS 只在车辆偏离正确的行驶路线时启动,不会始终控制车辆。而 LKAS 会一直主动干预转向,使车辆跟随车道中心线行驶。当车道保持功能启动后,计算自车相对于车道中线的位置偏差和航向偏差,控制系统通过转向系统对转向盘施加辅助转矩,让车辆保持在车道中心线行驶。LKAS 可以持续控制车辆的行驶轨迹,从而减少驾驶人对车辆的操作,尤其在高速公路行驶时,可以大幅降低驾驶疲劳。

六、车道保持辅助系统关键技术

LKAS 与 LDWS 之间在硬件结构上的最大不同在于,LKAS 装有可主动控制的转向执行器。装配 LKAS 的车辆大部分使用电动助力转向系统(Electric Power Steering System,EPS)作为主动控制执行机构。EPS 既是常规助力转向部件,又是车道保持执行部件,属于典型的结构共用,可以大大降低系统的复杂程度。

1. 持辅助协调控制策略

LKAS 纠正车辆偏离运动时需考驾驶人操作状态。在车辆行驶过程中,驾驶人拥有最高的优先级,对驾驶人需求的响应必须放在第一位。通过综合判断车辆压线时间与驾驶人的操作行为,来决定电动转向系统是工作在常规助力转向模式下,还是响应来自车道保持控制器的命令,实现协调控制。图 3-63 是车道保持协调控制流程。

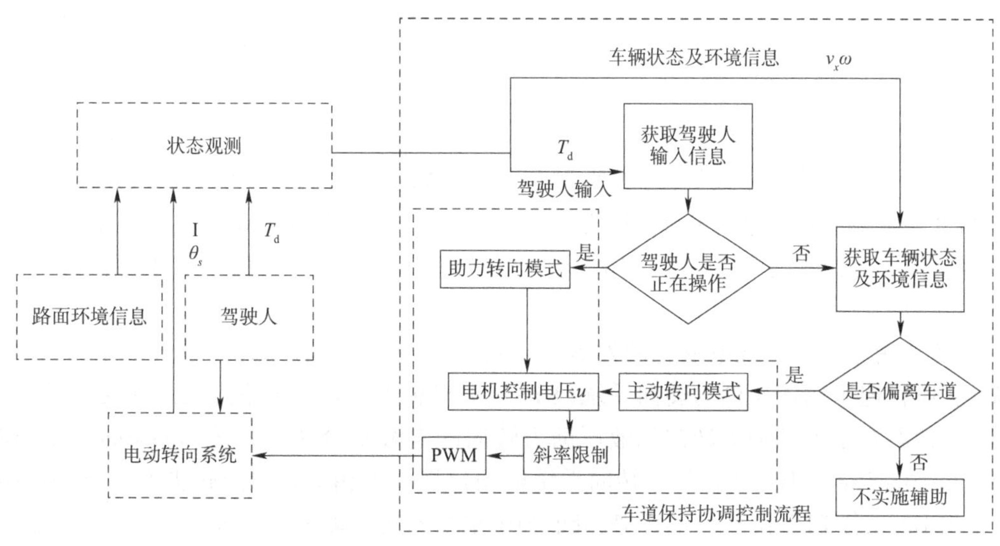

图 3-63 车道保持协调控制流程

如图 3-64 所示,系统首先从转矩传感器获得转矩信号 T_d,当 T_d 大于设定阈值时,认为驾驶人正在操作转向盘,电动转向系统处于常规助力转向模式。当 T_d 小于设定阈值且维持一段时间后,可以判定驾驶人此时并未在操作转向盘,电动转向系统处于车道保持控制模式。

2. 持辅助执行器

LKAS是通过对车辆的横向主动控制来实现的,这种横向控制需要通过电动化的转向系统实现。转向系统智能化和电动化是实现车辆高级辅助驾驶和自动驾驶的重要一环。

EPS主要由转矩转角传感器、电动机驱动电路、电控单元以及机械转向结构组成,如图3-65所示。电控单元负责采集转矩信号、转角信号以及电流信号,经过计算后输出控制电动机所需要的PWM信号,控制电动机运动,达到控制整个转向机构运动的目的。

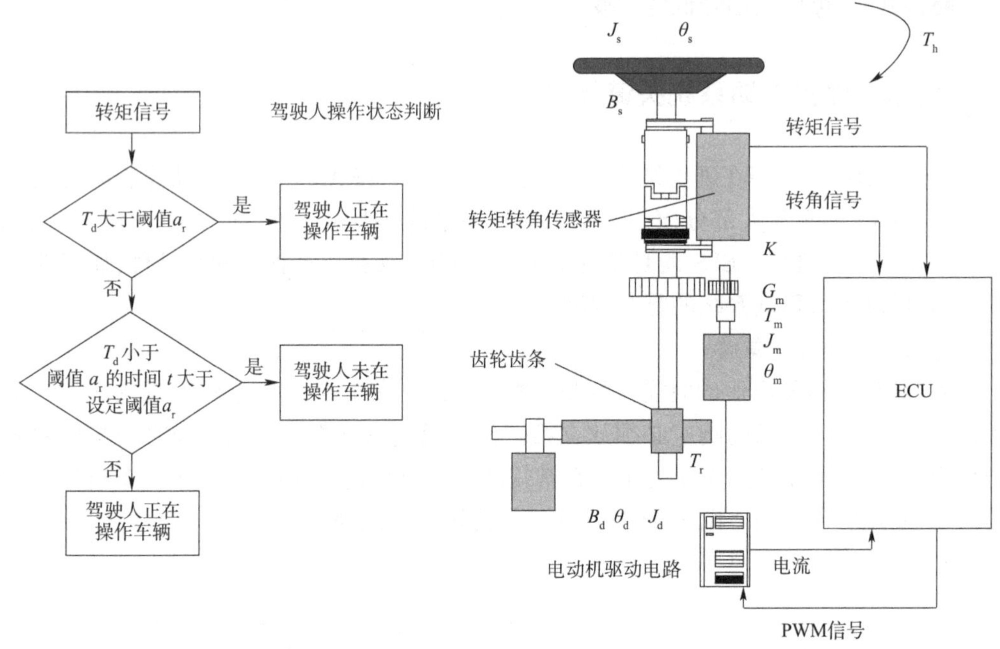

图3-64 驾驶人操作状态判断

图3-65 电动转向系统结构图

EPS处于助力转向模式下,当驾驶人转动转向盘时,EPS感知到转向输入并根据车速、转向角度和其他传感器数据来调整助力输出。EPS处于车道保持辅助模式下,LKAS通过摄像头或其他传感器监测车道标线,如果车辆偏离车道,LKAS会通过EPS自动施加转向力,将车辆引导回车道中心。

目前乘用车转向系统电动化的发展已经比较成熟,但对前轴载荷较大的中重型商用车来说,还普遍采用液压助力转向系统(HPS),其转向系统的电动化还处于起步阶段。近年来,一种融合了电动助力转向和液压助力转向的电液复合转向系统(Integrated Electric-Hydraulic Steering,IEHS)为商用车转向系统电动化提供了相对理想的解决方案,如图3-66所示。IEHS兼备EPS和HPS的优势,既能为中重型商用车提供大负载转向输出,还能实现主动回正、随速助力和主动转向。

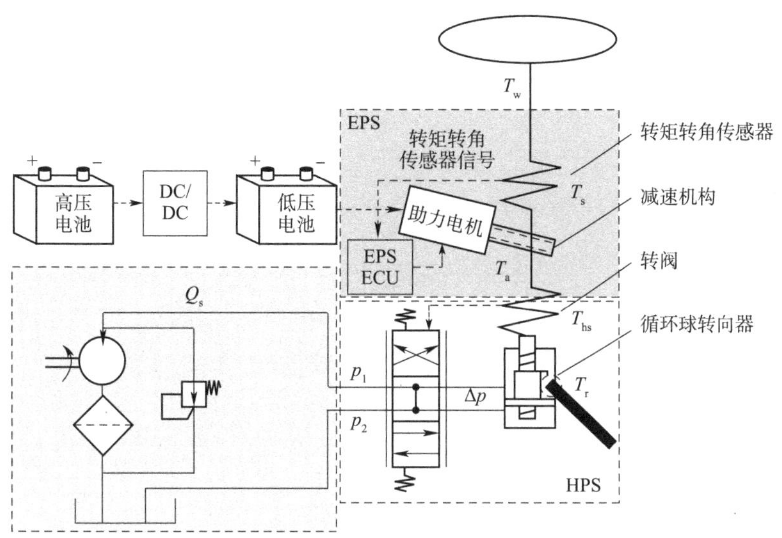

图 3-66 电液复合转向系统组

第四章

道路运输车辆自动驾驶技术

自动驾驶技术是影响未来汽车产业发展的重要因素。随着自动驾驶技术的成熟和商业化的加速，汽车将不再只是驾驶工具，汽车的核心价值部件正从体现动力性和操纵性的传动系统，转向体现自动驾驶水平的智能软硬件系统。本章介绍了车辆自动驾驶技术在Robotaxi、Robobus以及Robologistics三大领域的详细应用，介绍了Robotaxi领域的单车自动驾驶技术、车路协同技术以及共享出行等四类智能出租运营技术；介绍了Robobus领域的公交自动编组技术、生态驾驶技术以及智能运营三类技术。介绍了Robologistics领域的智能物流的应用场景和运输车辆干线队列控制技术。

第一节　Robotaxi 相关技术

Robotaxi，作为自动驾驶技术的重要应用，被视为未来城市交通的关键解决方案，正逐步改变公众对出行方式的认知。本节从单车自动驾驶、多车协同、共享出行应用三个维度介绍Robotaxi相关技术(图4-1)。首先介绍了Robotaxi的定义和发展历程；围绕单车自动驾驶技术，介绍环境感知和路径规划算法；围绕多车协同，介绍L4级自动驾驶下的车路协同技术的典型应用场景及解决方案；最后介绍了共享出行问题及其建模和求解方法。

一、Robotaxi 概述

随着社会经济的发展和生活水平的提高，社会总出行量、出行距离和周转量将持续增长，使得人们对出行效率、出行品质和个性化服务等方面提出了更高的要求，而传统机动车出行模式在应对这些趋势时逐渐显现出不足。而共享经济核心支撑点——移动互联网和移动支付的不断完善，使得共享出行的基础条件逐渐完备。共享出行基于互联网技术，对社会空闲车辆、空余座位或驾驶服务等闲置资源进行整合，通过大数据计算并高效匹配出行供给与需求。

共享出行是在交通领域引入共享理念，打破交通工具所有权与使用权的必然联系，在全社会范围内将交通工具的使用权进行共享的出行方式。以汽车为例，通过共享，所有未被利用的车辆甚至所有行驶中车辆的空闲座位都可以被利用起来，将车辆所有者闲时的使用权进行整合，借助移动互联网以及各类终端，实现信息的聚合和实时更新，为车辆所有者和车辆租用者之间建立畅通便捷的沟通平台，充分调动一切可用的交通运力资源满足各类人群的出行需求。

在交通出行领域引入共享租赁的理念，一方面对于有购车计划的人群来说可以起到一定的分流作用。当各类汽车共享模式发展较为成熟，可以满足普通的出行需求时，会促使部分人群不再购买私家车，转而以共享租赁作为主要的出行方式，在一定程度上可以降低汽车保有量。同时拼车、出租汽车合乘等出行服务可以增加车辆的载客率，尽可能充分地利用交通运力资源，提升社会整体运行效率。在此背景下，随着自动驾驶技术的成熟，Robotaxi应运而生。

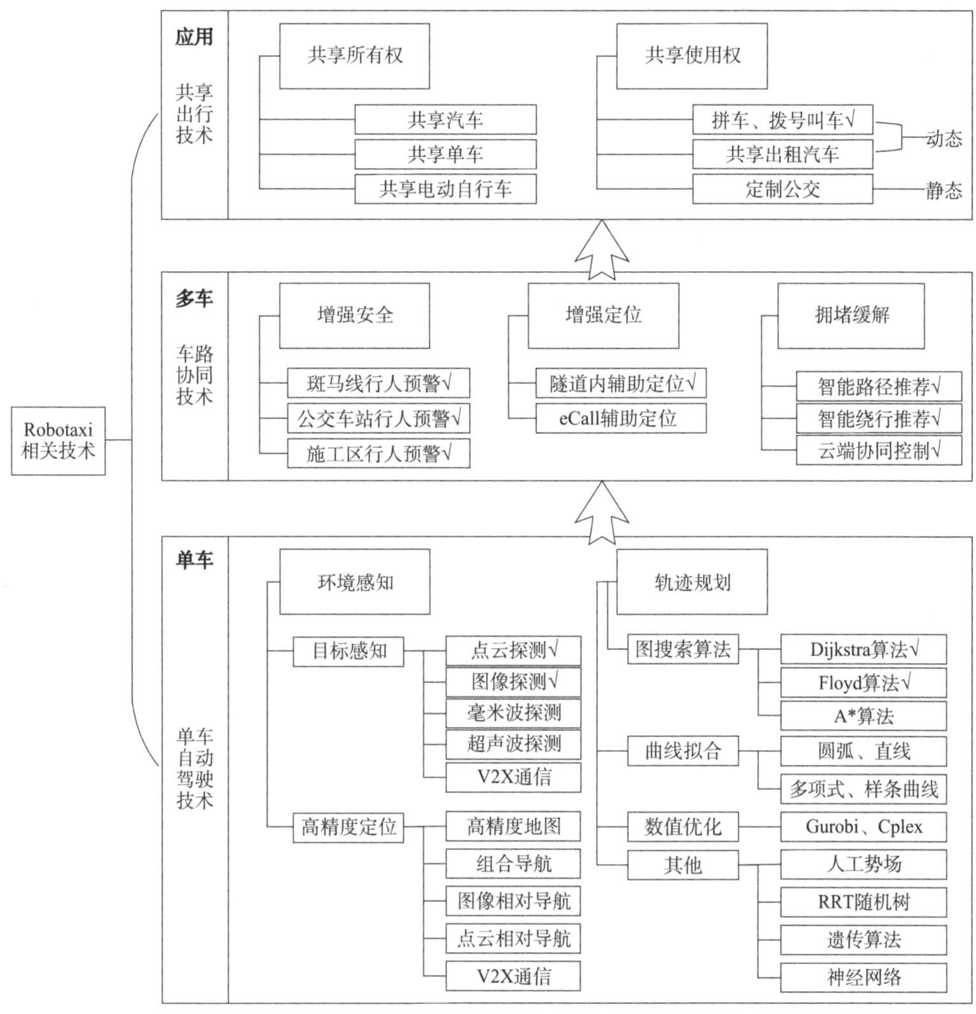

图 4-1 Robotaxi 内容结构

Robotaxi,即自动驾驶的出租汽车。根据 SAE 定义的自动驾驶等级,Robotaxi 的等级通常为 L4 级或 L5 级。Robotaxi 凭借其按需求供给的自主出行服务,被许多学者视为最有可能快速广泛应用的自动驾驶汽车类型之一,并在不久的将来成为主要的出行解决方案。此外,Robotaxi 对道路交通安全、交通拥堵和停车问题的解决产生了积极作用。相比于私家车,Robotaxi 的车型大部分为电动汽车,所需的车身尺寸较小、续航里程较少,可以显著减少能耗和污染。由于 Robotaxi 没有驾驶员,其运营成本大幅下降,使其逐渐成为一种更多人负担得起的交通方式,但 Robotaxi 的普及将减少就业岗位,也为运营责任认定带来新挑战。

Robotaxi 试点项目的车型均为经过特别改装的乘用车,其后座有足够空间供乘客乘坐,并且乘客区域和驾驶区域之间有隔板。所有车辆均配备了激光雷达、摄像头和其他传感器。由于制造成本和传感器价格较高,早期 Robotaxi 车辆的成本高达 30 万美元。随着激光雷达等组件价格的大幅下降和相关车型的大规模生产,其成本在进一步降低。2021 年,百度宣布将开始生产每辆成本为 50 万元人民币的 Robotaxi。Waymo 估计 Robotaxi 的硬件成本为每千米 0.19 美元，但不包括车队技术人员和客户支持的成本。

2016 年后，许多公司都开始进行 Robotaxi 服务的测试。迄今为止，所有的测试都只在一个封闭区域内进行。Robotaxi 的服务区域在行业内通常称为目标设计域，是指 Robotaxi 可以安全地提供服务的专门指定区域。

在早期的测试中，Robotaxi 通常配有 1～2 名“安全驾驶员”或“安全工程师”，以防紧急情况下需要重新控制车辆。随着技术的进步，许多公司已实现无需“安全驾驶员”的道路测试，但在一些恶劣天气下的试验仍配备了安全驾驶员。如果 Robotaxi“瘫痪”，可以选择由安全驾驶员来协助驾驶，或者通过远程操作驾驶车辆。目前一些试点项目已经向公众提供了 Robotaxi 的运营服务。Robotaxi 的测试和运营时间线如图 4-2 所示。

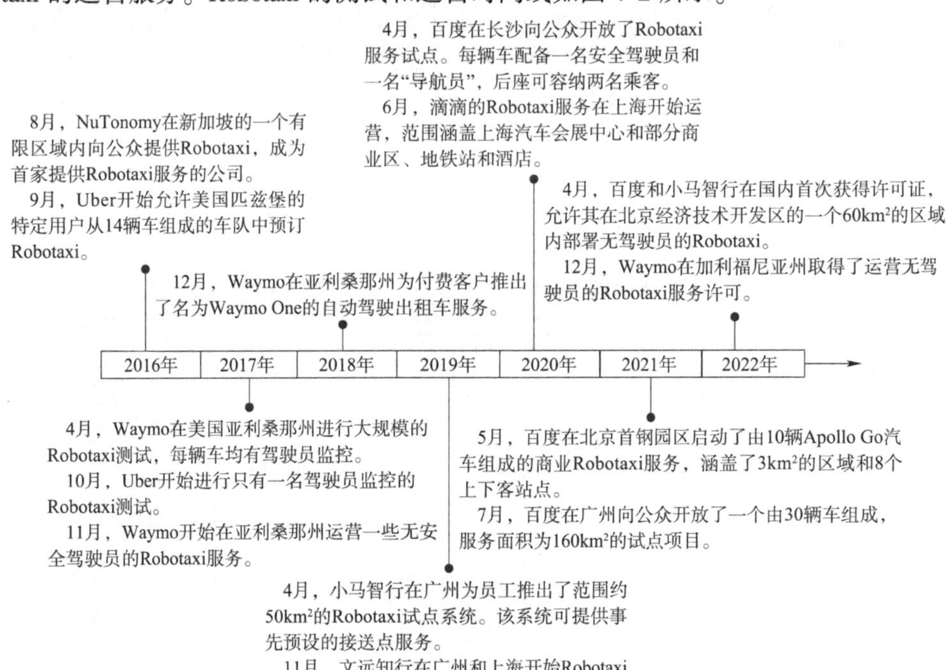

图 4-2　Robotaxi 的测试和营运时间线

Robotaxi 服务面临着一些普遍性的挑战和问题，主要有以下几个方面。一是安全性问题，自动驾驶车辆需要确保在各种复杂的交通和道路条件下都能安全运行，其可能出现的故障问题、传感器精度问题以及道路状况的不确定性都对技术的鲁棒性提出了挑战，如在雨雪天气中的传感器性能可能会下降、高精度地图的更新可能会不及时等；同时，自动驾驶车辆可能需要更先进的基础设施支持，包括智能交通信号、车-车通信、车-路通信系统等，这需要大规模的投资和协调。二是法律法规问题，目前自动驾驶技术的法律法规框架尚未完全建立，不仅自动驾驶车辆的生产和运行标准需要符合国家和地方的法律法规，有关责任分配、保险理赔和事故调查等问题也需要有明确的解决方案。三是公众对 Robotaxi 的接受度问题，自动驾驶技术需要得到公众足够的接受和认可；目前部分公众仍对新技术的安全性和可靠性感到担忧，尤其是收集和处理的大量数据可能涉及个人隐私问题。四是成本问题，目前自动驾驶技术的成本相对较高，这可能会影响 Robotaxi 服务的定价及其商业可行性。

总之,Robotaxi 的全面普及仍受到关键技术制约、基础设施建设规划不明确、政策法规标准体系尚不完善等瓶颈的制约。未来随着更高级别自动化的实现,更先进的传感器技术、更智能的决策系统等自动驾驶技术的创新和发展,Robotaxi 的性能、安全性和可靠性也将进一步提升。Robotaxi 服务有望在更多城市和地区推广,通过实现规模化带来运营效益,使得服务更具吸引力并降低成本,从而使 Robotaxi 服务更好地普及,实现良性循环。图 4-3 是一些商业化运营的 Robotaxi。

a) Waymo

b) 小马智行

c) 百度

图 4-3　商业化运营的 Robotaxi

二、Robotaxi 单车自动驾驶

为了完成从 A 地到 B 地的驾驶过程,在自动驾驶车辆的实际使用中,需要自动驾驶系统完成感知、定位、决策、控制任务,如图 4-4 所示,分别由环境感知系统、定位导航系统、路径规划系统、运动控制系统和辅助驾驶系统完成。

自动驾驶实现的首要条件,是通过“看”与“听”来感知汽车周围的环境情况。感知系统依赖传感器采集的大量数据,进而实现对车辆运动、环境,以及驾驶人状态行为的感知与监测。自动驾驶感知系统使用的传感器,包括摄像头、毫米波雷达、激光雷达、超声波雷达、红外夜视系统,以及用于定位和导航的全球导航卫星系统(Global Navigation Satellite System,GNSS)和惯性测量单元(Inertial Measurement Unit,IMU)。还有一类虚拟传感器,虽然不是主动式的探测元件,但是属于协同式的全局数据辅助元件,可以扩展 Robotaxi 的环境感知能力,在感知系统中同样扮演着不可或缺的角色。上述虚拟传感器主要包括高精度地图、V2X

车联网等。每种类型的感知技术都有各自的优势和弊端，通过信息融合，最终形成全面可靠的感知数据供决策与控制系统使用。

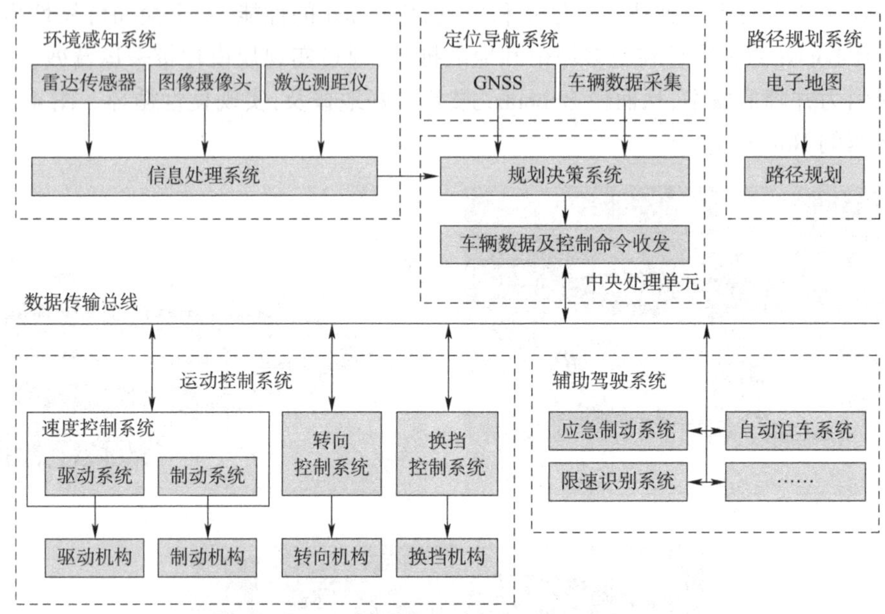

图 4-4　自动驾驶系统技术架构

和人类驾驶人一样，自动驾驶系统在做驾驶决策时需要回答几个问题：我在哪里？周围环境如何？即将发生什么？我该做什么？决策控制系统主要按照以下三个步骤进行决策控制。第一步是认知理解，根据感知系统收集的信息，对车辆自身进行精确定位，并对车辆周围环境进行准确识别。第二步是决策规划，主要是对接下来可能发生情况的准确预测，并对下一步行动的准确判断和规划，并选择合理的路径达到目标。通过这两步，Robotaxi 就能自主产生安全、合理的驾驶行为，指导运动控制系统对车辆进行控制。第三步是底盘控制，主要负责将决策和规划落实为切实的行为，深度集成决策控制系统与车辆底层控制系统，通过线控技术完成执行机构的电控化，实现电子制动、电子驱动和电子转向，并控制车辆响应，保证控制精度，对目标车速、路径等进行精准跟踪。

三、自主感知

感知环节采集周围环境的基本信息，也是自动驾驶的基础。Robotaxi 通过传感器来感知环境，所用到的传感器主要包括摄像头、毫米波雷达和激光雷达。表 4-1 列出现有的多种传感器在远距离测量能力、分辨率、温度适应性等诸多环境感知关键特性上的性能表现。由表 4-1 可知，不同传感器各有优劣，在使用单传感器的情况下很难实现对自动驾驶功能性与安全性的全面覆盖，因此在感知系统中采用多传感器融合技术是必要的。考虑到毫米波雷达可直接输出目标检测结果，而摄像头和激光雷达需要点云目标检测和图像目标检测算法的辅助才能输出结果，为此，下面重点介绍点云和图像目标检测算法。

环境感知系统采用的传感器的优缺点对比 表 4-1

传感器类型	激光雷达	毫米波雷达	摄像头	GNSS/IMU
远距离测量能力	优	优	优	优
分辨率	良	优	优	优
低误报率	良	优	一般	优
温度适应性	优	优	优	优
不良天气适应性	较差	优	较差	优
灰尘/潮湿适应性	较差	优	较差	较差
低成本硬件	较差	优	优	良
低成本信号处理	较差	优	较差	良

1. 点云目标检测

点云目标检测的常用方法包括：基于形状、曲率、法向量等几何特征的目标检测，支持向量机、随机森林、聚类等机器学习算法，PointNet、PointRCNN、SECOND、Complex-YOLO、MV3D、PIXOR、VoxelNet、PointPillars、3D-SSD、PV-RCNN 等深度学习算法。

本节以结合动态卷积学习特征的 PointRCNN 算法为例，给出一种点云目标检测算法。算法框架如图 4-5 所示，主要包括两个阶段，其中第一阶段主要通过构建动态卷积进行特征提取，并构建 3D 检测预选框；第二阶段对第一阶段的输出进行精细化处理。在第一阶段首先对点进行预处理，将得到的点数据输入骨干网络提取特征，每个点产生特征向量。同时，对周围的上下文信息进行编码，增大其感受野，通过 KITTI 数据集标注的 3D 边界框可以判断出前景点信息；然后，根据特征向量进行前景点分割，对得到的前景点进行分类回归，在对前景点预测所属对象的包围框时，用目标中心点区间机制把回归问题先转化为分类问题，再进行回归，以提高效率及精度；得到大量预选框后，将预选框进行非极大值抑制处理，进入第二阶段进行特征融合，提取局部特征，得到的点位置坐标通过规范化处理，再分类回归得到精细框。

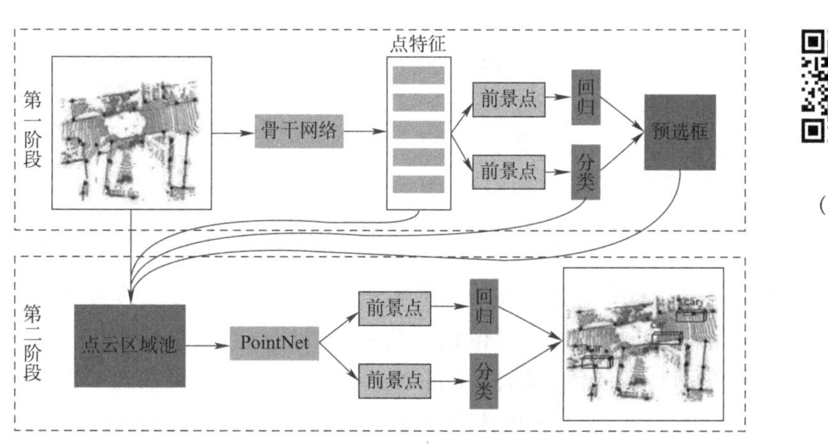

彩图
（图 4-5）

图 4-5 结合动态卷积学习特征的 PointRCNN 算法框架图

1)网络结构

骨干网络如图 4-6 所示。骨干网络由 4 个下采样编码的集合抽象层和 4 个上采样编码的特征传播层组成。

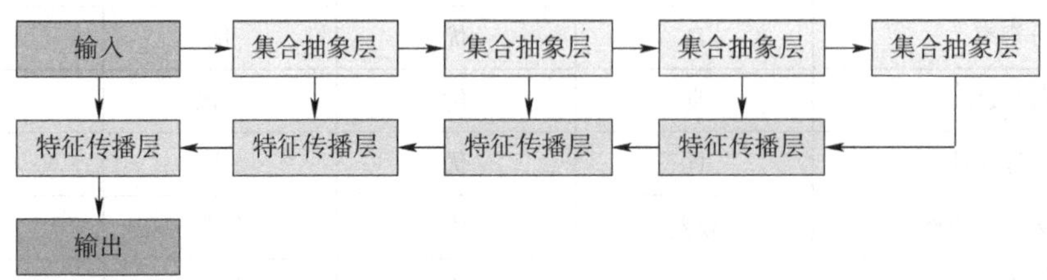

图 4-6 骨干网络

集合抽象层如图 4-7 所示。图 4-7 中,N、N_1 为点集中点的数量;d 为坐标空间维度;C,C_1 为特征空间维度;k 为固定值。在集合抽象层中,采用最远点采样的方法对输入点进行降采样,将输入点集从 N 降到更小的 N_1,最远点采样是使采样的各个点之间尽可能远,这种降采样的结果比较均匀且具有更好的覆盖效果。在骨干网络的第 1 个集合抽象层中,对输入的原始点进行最远点采样,得到的降采样结果作为第 2 个集合抽象层的输入点,以此类推,直到第 4 个集合抽象层。将降采样得到的 N_1 个点进行分组,选取 N_1 个中心点,每个中心点采用球查询的方式寻找固定的 k 个邻域点,先划定某一半径,寻找在该半径球内的点作为邻域点。如果找到的点数量大于固定值 k,取前 k 个点为邻域点;如果找到的点数量小于固定值 k,对点进行重采样以达到固定值 k。由此一个点形成一个局部邻域,共组成 N_1 个局部邻域,在此过程中,坐标空间维度 d 和特征空间维度 C 没有发生变化。球查询的方式在局部邻域组内固定了区域尺度,使局部区域特征在空间上更具有泛化性。集合抽象层的动态网络,如图 4-8 所示。在动态网络中,对每一组局部邻域进行动态网络编码,将采样和分组后的点输入具有动态内核组装的位置自适应卷积里,使每个点的特征维度升高,以获取更多的特征信息,再通过最大池化选取最重要的特征作为新特征输出。在此过程中,坐标空间维度 d 没有发生变化,特征空间维度从 C 变成更高的维度 C_1,即特征的通道数升高了。

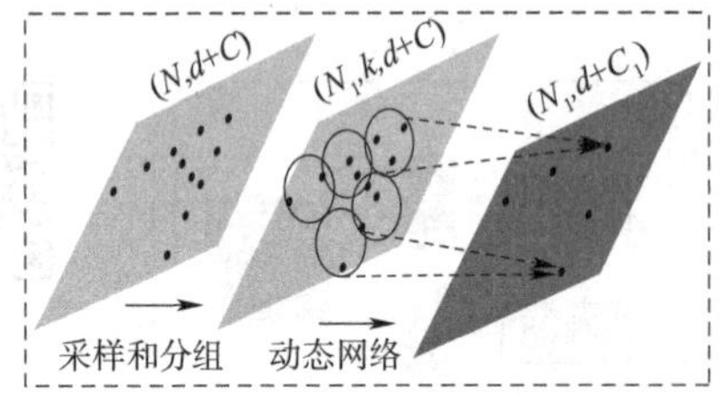

图 4-7 集合抽象层

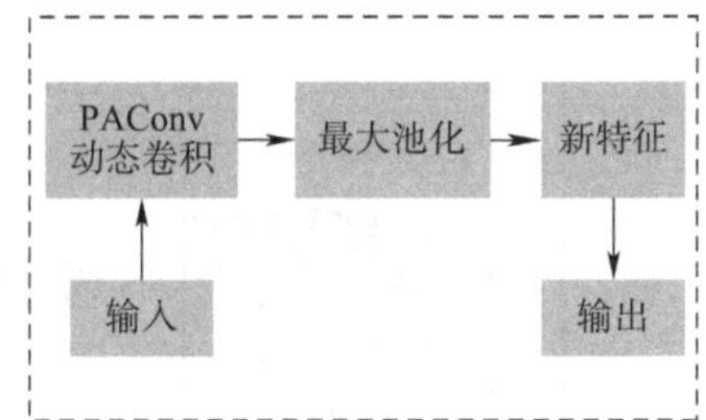

图 4-8 集合抽象层的动态网络

在特征传播层中,采用基于距离的插值和跨越跳级链路的分层传播策略,与集合抽象层的逆过程类似,将集合抽象层每一层得到的结果通过插值点特征传播到原始点集。PointNet 为直接从点云中学习特征的网络结构;PointNet ++ 在 PointNet 的基础上进行改进,具有多层次特征提取结构。在 PointNet ++ 的集合抽象层基础上,骨干网络将 PointNet 层嵌入动态卷积,生成动态网络,没有改变其他架构配置。

2)动态卷积

在三维空间中,点与点之间的关系与二维平面中点之间的关系有很大的不同。在二维平面的网格中,中心点周围的邻域点个数是固定的,但在点云的三维空间里,如图4-9所示,取一个中心点,它周围的邻近点有无数个,因此多一个维度会使点关系变得错综复杂。在二维平面空间中,使用卷积神经网络学习得到的特征可以很好地反映点之间的相关性;而在三维空间里,由于点的无序不规则性,使用二维空间里学习特征的卷积核算子会使相关性变差,从而导致检测不精确。因此,应重新设计卷积核函数,使其能动态地学习点特征。动态卷积的结构,如图4-10所示。首先,定义由几个权重矩阵组成的权重库;接着,设计一个学习系数向量(LearnNet),根据点的位置组合权重矩阵;最后,结合权重矩阵及其相关的位置自适应系数生成动态核。

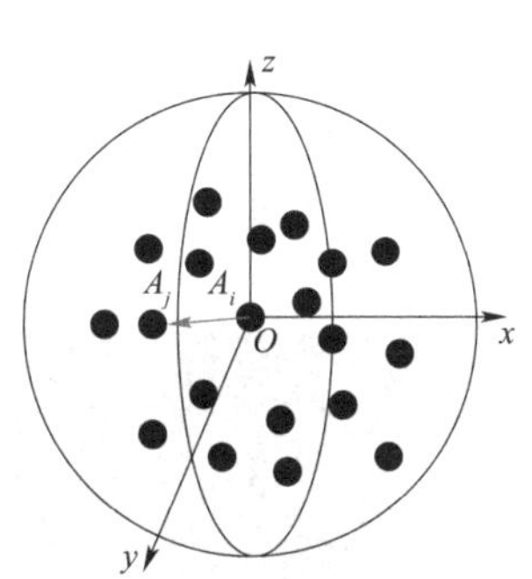

图4-9 三维空间中的点云

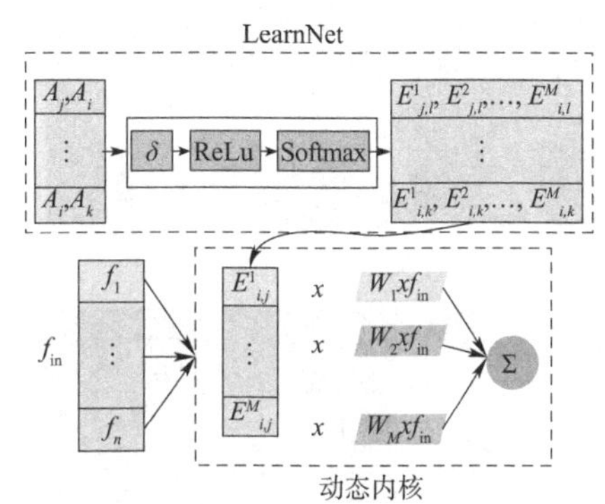

图4-10 动态卷积

定义权重库 $W=\{W_m \mid m=1,\cdots,M\}$,其中,$W_m \in R^{C_{in}\times C_{out}}$是一个权重矩阵,$C_{in}$为输入通道,$C_{out}$为输出通道;$m$ 为控制存储在权重库 W 中权重矩阵的个数,m 值越大,内核组装的权重矩阵更加多样,但过多的权重矩阵可能会带来冗余并导致过大的内存和计算开销,有实验表明,当 m 为8时可以取得最优的性能。建立权重矩阵的离散核到连续三维空间的映射,结合权值矩阵,生成拟合点输入的动态核,LearnNet将相对位置与权重库 W 中的不同权重矩阵联系起来。对于给定中心点 $A_i(x_i,y_i,z_i)$ 与相邻点 $A_j(x_j,y_j,z_j)$ 之间的特定位置关系,利用LearnNet预测每个权值矩阵 W_m 的位置自适应系数 $E^m_{i,j}$,其输入基于位置关系,点位置关系 P 的表达式为:

$$P=(A_j-A_i,A_i) \tag{4-1}$$

$$(A_j-A_i,A_i)=(x_i-x_i,y_i-y_i,z_i-z_i,x_i,y_i,z_i) \tag{4-2}$$

LearnNet的输出向量 $E_{i,j}$表达式为:

$$E_{i,j}=\text{Softmax}(\text{ReLU}(\delta(P))) \tag{4-3}$$

式中,δ 为使用多层感知机实现的非线性函数;ReLU为激活函数;Softmax为归一化函数。$E_{i,j}=\{E^m_{i,j} \mid m=1,\cdots,M\}$,Softmax输出的分数在(0,1)范围内,归一化保证每个权重矩阵都有概率被选择,分数越高,意味着位置输入和权重矩阵之间的关系越强。卷积网络动态核 K 是将 W 中的权重矩阵与输入特征 f_{in}结合,再与LearnNet预测的相应系数 $E_{i,j}$相乘得到的,即:

$$K(P)=\sum_{m=1}^{M}E_{i,j}W_m f_{in} \tag{4-4}$$

得到动态核后，生成的自适应动态卷积可以更加灵活地学习特征。因此，权重库的规模越大，权重矩阵的灵活性和可用性也越大，但由于权重矩阵是随机初始化的，在网络的训练过程中，卷积核学习得到的合理权值会趋于相似，不能保证权重矩阵的多样性。为了避免这种情况，采用权值正则化来降低不同权值矩阵之间的相关性，让权重矩阵的分布更加多样化，进一步保证生成核的多样性。因此，将动态卷积嵌入骨干网络，从而可以更加灵活精确地学习三维空间的点特征。

彩图

（图4-11）

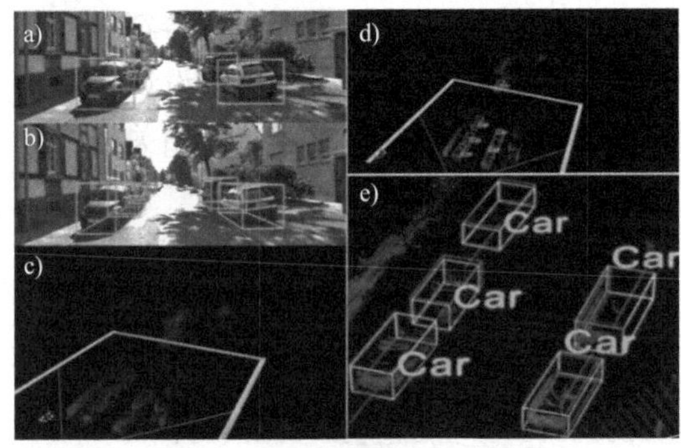

图4-11　汽车类的检测对比图

3）测试结果

在KITTI训练集上对汽车、行人和自行车三类进行标记，采用分开训练的方式，将得到的模型可视化。汽车、行人和自行车类的检测对比图，分别如图4-11～图4-13所示。在图4-11～图4-13中，a）为2D标记框；b）为3D标记框；c）为预测框；d）为预测框与3D标记真值框的对比；e）为d）部分结果的放大效果。

图4-12　行人类的检测对比图

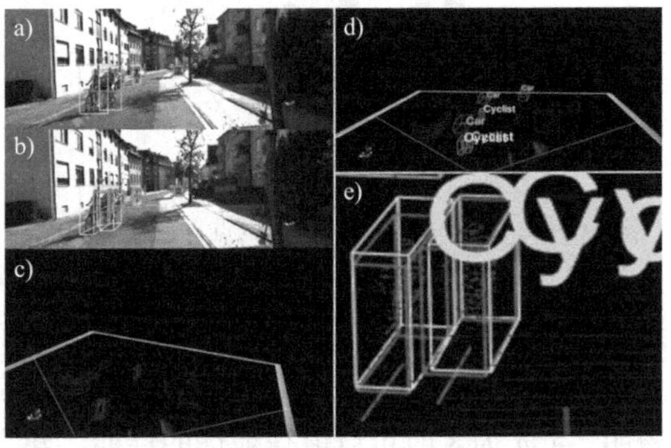

图4-13　自行车类的检测对比图

由图4-11～图4-13可知：2D标记框的遮挡问题在3D点云场景中得到很好的解决，因为3D检测框是立体的，使检测框得到很好的分离，显示出3D目标检测的优越性；在汽车、行人、自行车类的检测效果图中，预测框与标记框的误差更小，证明了算法的有效性。

彩图

（图4-12）

2. 图像目标检测算法

图像目标检测的常用方法包括：基于几何形状、轮廓、颜色等几何特征的目标检测，如边缘检测、形状检测、形状匹配、角点检测、轮廓检测等；支持向量机、随机森林、K最近邻、朴素贝叶斯、决策树等机器学习算法，ResNet、Fast R-CNN、Faster R-CNN、Mask R-CNN、YOLO、SSD、RetinaNet、EfficientDet、DETR、CenterNet等深度学习算法。

本节以基于YOLOv5的多任务自动驾驶环境感知算法为例，给出一种图像目标检测算法。自动驾驶的环境感知一般包括目标检测、车道线检测以及可行驶区域分割。目标检测主要用于检测行驶道路上的道路交通标志、周边车辆、行人等，使得车辆可以遵守道路交通规则，避让行人。车道线检测通过取道路的边缘线，完成自动驾驶车辆的定位和纠偏，是安全行驶的重要保障之一。可行驶区域分割是将自动驾驶车辆行驶的道路进行全景分割,并检测其中可行驶的区域,在前方道路阻塞、障碍物阻挡等情况下,可保证车辆行驶安全。自动驾驶场景需要同时获取道路上的多种信息,单个任务的环境感知方法无法满足需求,因此多任务自动驾驶环境感知算法成为自动驾驶的关键算法。多任务的环境感知算法通常结合多个任务的特点,设计符合要求的骨干网络,多个分支之间共享参数,从而减少计算量。本节图像目标检测算法,以 YOLOv5 作为骨干网络及目标检测分支,结合实时语义分割网络 ENet 进行车道线检测和可行驶区域分割,实现了多任务自动驾驶环境感知算法,可达到的效果如图 4-14 所示。整个网络结构如图 4-15 所示,网络由特征提取模块、空间特征池化模块、检测模块组成。

彩图

(图 4-14)

a)

b)

c)

图 4-14 多任务环境感知效果图

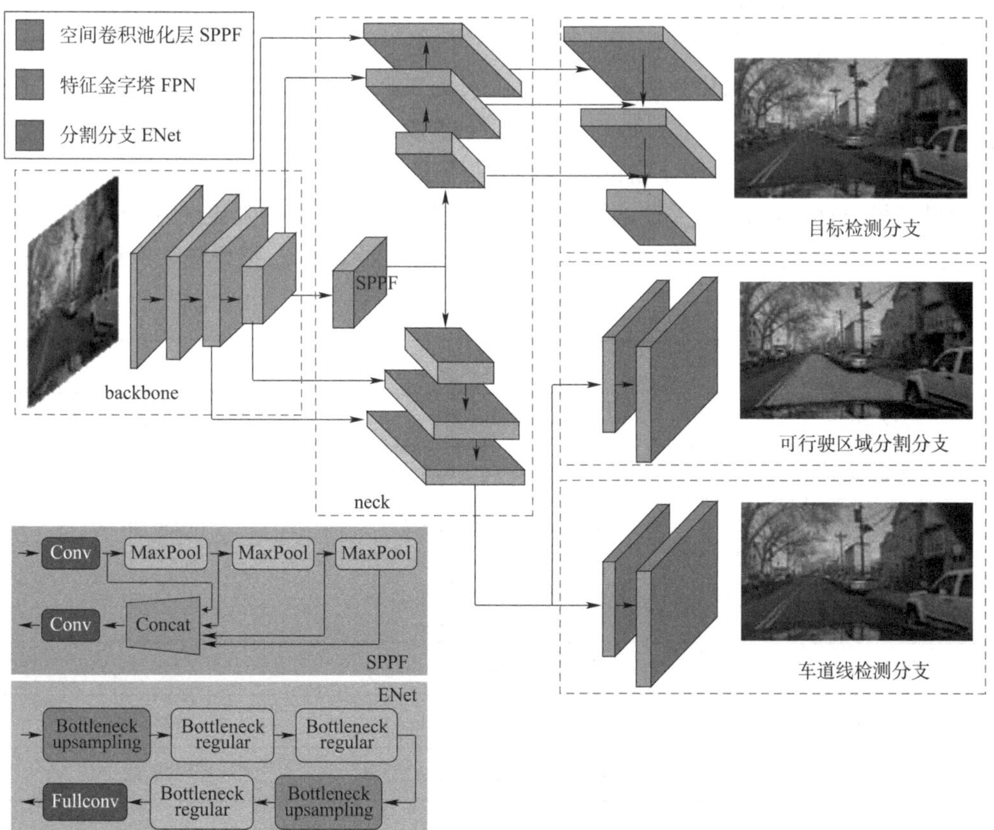

图 4-15 基于 YOLOv5 的多任务自动驾驶环境感知算法网络结构

(1)特征提取模块

使用 YOLOv5 的 CSPDarknet 作为特征提取模块,以三通道的图片作为输入,经过多层卷积后得到的特征图为原图的 1/32。YOLOv5 的特征提取模块有以下特点,一是使用一个等效的卷积层替换了 Focus 层,不仅提高了运算速度,更方便导出模型;二是使用模块 C3 取代之前的 BottleneckCSP,降低了卷积层的深度,也取消了 Concat 层之后的卷积层,以达到更快的速度;三是标准卷积中封装了三个模块,包括卷积(Conv2d)、批量标准化(BatchNorm2d)、激活函数,标准卷积的激活函数使用 SiLU 函数,该函数的数学表达式如下:

$$\mathrm{SiLU}(x)=x\cdot\mathrm{Sigmoid}(x)=x\frac{1}{1+\mathrm{e}^{-x}} \tag{4-5}$$

Sigmoid 函数在趋向无穷的地方,容易造成梯度消失,不利于深度神经网络的反向传播,而 SiLU 函数的一阶导数则更加平缓,更适合提取更深层网络的特征。

(2)空间特征池化模块

在编码器和解码器之间有一层空间特征池化层,该层包括快速空间卷积池化层(Spatial Pyramid Pooling-Fast,SPPF)和特征金字塔层(Feature Pyramid Network,FPN),如图 4-15 所示,SPPF 层由两个标准卷积层和三个 MaxPool 层以及相加层组成,相对于原 YOLOv5 的 SPP 层,将 MaxPool 层的 kernel_size 统一设置为 5,通过级联的方式连接 3 个 MaxPool 层,不仅精度未下降,还大大提高了运算速度。SPPF 层主要用于提取不同尺寸的特征图,将不同感受野的特征融合,有利于检测不同尺度的物体。FPN 的实现如表 4-2 所列,表 4-2 中以输入大小为 640×640 的三通道图片为例,FPN 层的输入是 SPPF 层的输出,为原图片尺寸的 1/32,经过多层卷积以及尺度参数为 2 的上采样层,经过 Concat 层与编码器不同尺度的特征融合,最终得到特征金字塔,用于下游的检测和分割任务。目标检测任务和其他两类分割任务存在明显差异,目标检测任务关注的更多是全局特征,而分割任务则更关注像素级特征,应设计独立的 FPN 结构,以辅助分割分支更好地获取输入图像特征,拟合最终的结果。

FPN 网络结构具体实现 表 4-2

输入	结构细节	输出
(512,20,20)	BottleneckCSP	(512,20,20)
(512,20,20)	Conv(kernel_size=1,stride=1)	(256,20,20)
(256,20,20)	Upsample(scale_factor=2)	(256,40,40)
(256,40,40) (256,40,40)	Concat	(512,40,40)
(512,40,40)	BottleneckCSP	(256,40,40)
(256,40,40)	Conv(kernel_size=1,stride=1)	(128,40,40)
(128,40,40)	Upsample(scale_factor=2)	(128,80,80)
(128,80,80) (128,80,80)	Concat	(256,80,80)

(3)目标检测模块

三个任务分别用三个检测头来完成,目标检测任务的检测头和 YOLOv5 保持一致,将车道线检测视为分割任务,与可行驶区域分割任务一样,都采用 ENet 检测头。如图4-15 所示,目标检测头的输入是自顶向下的 FPN 结构的不同尺度的特征,再经过一个自底向上的路径聚合网络,最终经过检测头输出不同尺度的计算结果。分割任务采用和 ENet 类似的检测头,Bottleneck upsample 层是将卷积和上采样层聚合的模块,Bottleneck regular 层由三层卷积和激活函数以及 Dropout 层构成,Dropout 层用于提高模型泛化能力,防止过拟合。ENet 的检测头部的输入是 FPN 的最后一层的输出特征,经过多层 Bottleneck 层后通过全卷积层输出分割结果,由于都是二分类,因此最后的特征图大小是(2,W,H),W 和 H 分别代表背景类像素和目标像素的概率。

损失函数计算包含三个分支的部分,目标检测分支的损失记为 L_{det},该部分的损失包含分类损失 L_{class}、回归损失 L_{box} 和置信度损失 L_{object},三类损失加权后构成了目标检测部分的损失,见式(4-6)。

$$L_{\text{det}} = \alpha_1 L_{\text{class}} + \alpha_2 L_{\text{box}} + \alpha_1 L_{\text{object}} \tag{4-6}$$

分类损失使用二分类交叉熵损失,计算公式见式(4-7)和式(4-8)。

$$y_i = \text{Sigmoid}(x_i) = \frac{1}{1 + \mathrm{e}^{-x_i}} \tag{4-7}$$

$$L_{\text{class}} = -\sum_{n=1}^{N} y_i^* \log(y_i) + (1 - y_i^*)\log(1 - y_i) \tag{4-8}$$

式(4-7)和式(4-8)考虑到一个物体可能属于多个类别的问题,N 表示类别总数,x_i 表示当前类别的预测值,y_i 表示经过激活函数后的当前类别的概率,y_i^* 表示当前类别的真实值(0 或 1)。

边界框回归损失在 YOLOv5 的基础上进行改进后计算的,原 YOLOv5 的回归损失采用的是 CIOU,在这里使用 α-IOU 取代 CIOU 计算边界框回归损失,计算公式如下:

$$L_{\alpha\text{-IOU}} = 1 - \text{IOU}^{\alpha}, \alpha \neq 0 \tag{4-9}$$

$$L_{\text{box}} = 1 - \text{IOU}^{\alpha} + \frac{\rho^{2\alpha}(B, B_{\text{gt}})}{c^{2\alpha}} + (\beta\vartheta)^{\alpha} \tag{4-10}$$

$$\vartheta = \frac{4}{\pi}\left(\arctan\frac{w_{\text{gt}}}{h_{\text{gt}}} - \arctan\frac{w}{h}\right)^2 \tag{4-11}$$

$$\beta = \frac{\vartheta}{1 - \text{IOU} + \vartheta} \tag{4-12}$$

式中,$\rho(B, B_{\text{gt}})$为目标框和真实框中心点之间的距离;c 为包住目标框和真实框的最小外接框的对角线长度;ϑ 为度量目标宽高比的一致性的参数;β 为权重函数,通过调节 α 可以使检测器在不同水平的边界框回归方面具有更大的灵活性,α 大于 1 时有助于提高 IOU 较大的目标回归精度;w_{gt}为真实框的宽度;h_{gt}为真实框的高度;w 为目标框的宽度;h 为目标框的高度。

车道线检测损失 L_{ll}和可行驶区域分割损失 L_{da}都包含交叉熵损失,最后总体的损失 L_{all}由三个任务加权后的损失组成,计算公式见式(4-13)。

$$L_{\text{all}} = \gamma_1 L_{\text{det}} + \gamma_2 L_{\text{da}} + \gamma_3 L_{\text{ll}} \tag{4-13}$$

式中，r_1、r_2、r_3 分别为目标检测分支损失、可行驶区域分割损失以及车道线检测损失的权重系数。

四、路径规划

路径规划是帮助驾驶人在旅行前或旅行中规划行驶路线的过程，其目的是使 Robotaxi 在有障碍物的环境中能够快速、准确地找到一条无碰撞路径，最终达到目标点。根据不同的规划目的，路径规划的方式可分为两种：一种是用于大型车队的调度和进行交通管制的多车路径规划；另一种是单车路径规划。单车路径规划主要解决的问题是：在一个道路网络中，寻找从起始点到目标点之间的最佳路径。根据在实际应用中的不同需求，很多优化标准都可以应用于路径规划，例如最少行车费用、最短行车时间、最短行车距离、最节能路径等。不管采用的是哪种标准，最优路径规划问题都是在给定的道路网络中，依据一定的最优标准，寻找符合该标准的最优路径的问题。

路径规划可分为静态路径规划和动态路径规划。主要以静态道路交通信息为基础的路径规划是静态路径规划；而动态路径规划主要以动态交通信息来确定路权大小，它以起始点和终止点间的交通阻抗最小为原则确定路径规划的最小代价路线。交通阻抗的定义根据实际应用的不同，可采取不同的阻抗标准，如最短行车距离、最少旅行时间、最低通行收费等。距离、时间、收费等信息可存储在数字道路地图的图层道路属性中。最终计算道路网络中两点之间的最优路径问题便可归结为图论中求解带权有向图的最短路径问题。

下面以 Dijkstra 算法、Floyd 算法为例，讲述如何进行路径规划。

1. Dijkstra 算法

荷兰数学家 Dijkstra 于 1959 年提出了 Dijkstra 算法，它是一种适用于非负权值网络的单源最短路算法，同时也是目前求解最短路问题的理论上最完备、应用最广泛的经典算法。Dijkstra 算法是一个基于贪心、广度优先搜索、动态规划求一个图中某个点到其他所有点的最短路径的算法，可以给出从指定结点到图中其他结点的最短路径，以及任意两点的最短路径。Dijkstra 算法是一种基于贪心策略的最短路径算法，原理是按照路径长度逐点增长的方法构造一棵路径树，从而得出从该树的根结点到其他所有结点的最短路径。Dijkstra 算法的核心思想为：设置两个点的集合 S_n 和 T_n，集合 S_n 中存放已找到最短路径的结点，T_n 集合中存放当前还未找到最短路径的结点。初始状态时，集合 S_n 中只包含起始点，然后不断从集合中选择到起始结点路径长度最短的结点加入集合 S_n 中。集合 S_n 中每加入一个新的结点，都要修改从起始点到集合 T_n 中剩余结点的当前最短路径长度值，集合 S_n 中各结点新的当前最短路径长度值为原来最短路径长度值与从起始点过新加入结点到达该结点的路径长度中的较小值。不断重复此过程，直到集合中所有结点全部加入集合中为止。

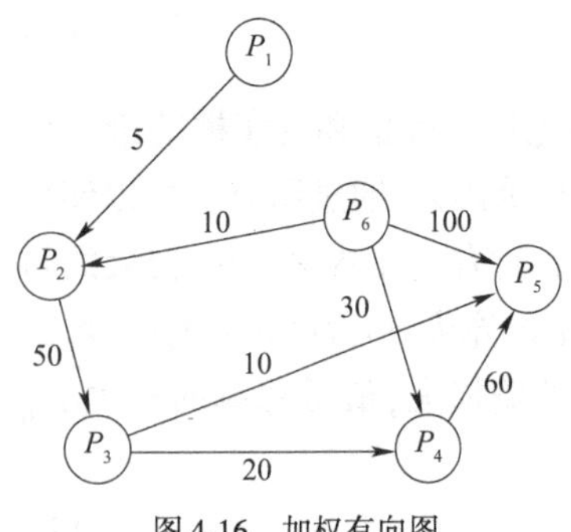

图 4-16　加权有向图

针对图 4-16 所示的加权有向图，表 4-3 中给出了用 Dijkstra 算法求解最短路径的过程。可得结果 P_6 到 P_1 不通；

P_6 到 P_2 最小代价为10,最短路径为 $P_6—P_2$;P_6 到 P_3 最小代价为50,最短路径为 $P_6—P_4—P_3$;P_6 到 P_4 最小代价为30,最短路径为 $P_6—P_4$;P_6 到 P_5 最小代价为90,最短路径为 $P_6—P_4—P_5$。

Dijkstra 算法求解最短路径过程 表 4-3

序号	集合 S_n	集合 T_n	备选	最短距离
1	P_6	P_1,P_2,P_3,P_4,P_5	P_2	$(P_6—P_1)\infty,(P_6—P_2)10,(P_6—P_3)\infty,(P_6—P_4)30,(P_6—P_5)100$
2	P_6,P_2	P_1,P_3,P_4,P_5	P_4	$(P_6—P_1)\infty,(P_6—P_2)10,(P_6—P_2—P_3)60,(P_6—P_4)30,(P_6—P_5)100$
3	P_6,P_2,P_4	P_1,P_3,P_5	P_3	$(P_6—P_1)\infty,(P_6—P_2)10,(P_6—P_4—P_3)50,(P_6—P_4)30,(P_6—P_4—P_5)90$
4	P_6,P_2,P_4,P_3	P_1,P_3	P_5	$(P_6—P_1)\infty,(P_6—P_2)10,(P_6—P_4—P_3)50,(P_6—P_4)30,(P_6—P_4—P_5)90$
5	P_6,P_2,P_4,P_3,P_5	P_1	P_1	$(P_6—P_1)\infty,(P_6—P_2)10,(P_6—P_4—P_3)50,(P_6—P_4)30,(P_6—P_4—P_5)90$
6	P_6,P_2,P_4,P_3,P_5,P_1	—	—	$(P_6—P_1)\infty,(P_6—P_2)10,(P_6—P_4—P_3)50,(P_6—P_4)30,(P_6—P_4—P_5)90$

Dijkstra 算法过程包括了三个循环,第一个循环的时间复杂度为 $O(n)$,第二、三个循环为循环嵌套,因此总的时间复杂度为 $O(n^2)$。可以看出,Dijkstra 最短路径算法的执行时间和占用空间与图中结点数目有关,当结点数目较大时,Dijkstra 算法的时间复杂度急剧增加。当图规模较大时,直接应用该算法就会存在速度慢或空间不够的问题。Dijkstra 算法作为经典的路径规划算法,在地图数据量较小情况下会得到很好的规划结果,但在地图数据量较大情况下很难满足路径规划的实时性要求。

2. *Floyd 算法*

1962 年,Floyd 研究并提出一种用于求解带权图中所有结点对之间的最短路径算法,被命名为 Floyd 算法,又称插点法。Floyd 算法在求解过程中,将以每个结点轮流作为原点,重复执行 n 次 Dijkstra 算法。其基本思想是通过一个图的权值矩阵(图 4-17)求出每两点间的最短路径矩阵。首先,从任意一条单边路径开始,所有两点之间的距离是边的权重,如果两点之间没有边相连则权重为无穷大。然后,对于每一对顶点 μ 和 ν,查看是否存在一个顶点 ω 使得从 μ 到 ω 再到 ν 比已知的路径短,如果是,则将 ω 插入最短路径,并更新权重。

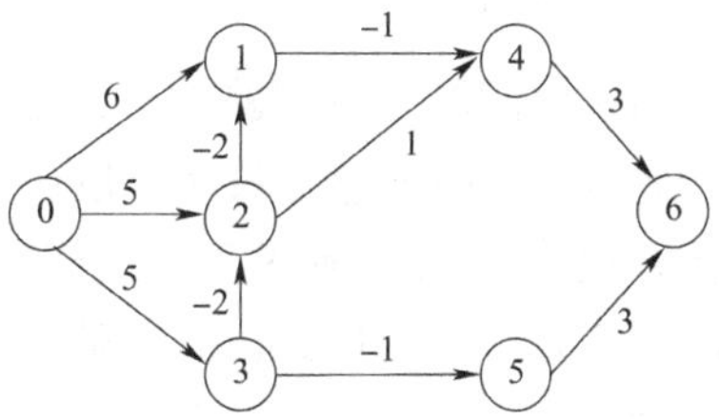

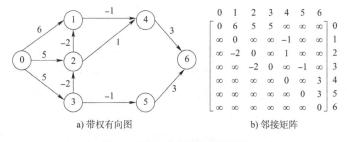

a) 带权有向图

$$
\begin{array}{c}
\begin{array}{ccccccc} 0 & 1 & 2 & 3 & 4 & 5 & 6 \end{array} \\
\left[\begin{array}{ccccccc}
0 & 6 & 5 & 5 & \infty & \infty & \infty \\
\infty & 0 & \infty & \infty & -1 & \infty & \infty \\
\infty & -2 & 0 & \infty & 1 & \infty & \infty \\
\infty & \infty & -2 & 0 & \infty & -1 & \infty \\
\infty & \infty & \infty & \infty & 0 & \infty & 3 \\
\infty & \infty & \infty & \infty & \infty & 0 & 3 \\
\infty & \infty & \infty & \infty & \infty & \infty & 0
\end{array}\right]
\begin{array}{c} 0 \\ 1 \\ 2 \\ 3 \\ 4 \\ 5 \\ 6 \end{array}
\end{array}
$$

b) 邻接矩阵

图 4-17 带权有向图及邻接矩阵

Floyd 算法的核心思路是通过一个图的权值矩阵求出该图中任意两个结点之间的最短

路径。若图的带权重邻接矩阵为 $A=[a(i,j)]_{n\times n}$，由此开始，进行 n 次递归并更新，即由矩阵 $D_{(0)}=A$，按照一个公式，建立矩阵 $D_{(1)}$；相同地，由 $D_{(1)}$ 构造 $D_{(1)}$；最后由 $D_{(n-1)}$ 构造出矩阵 $D_{(n)}$。矩阵 $D_{(n)}$ 的第 i 行第 j 列元素，是从 i 号结点到 j 号结点的最短路径长度，$D_{(n)}$ 称为图的距离矩阵，同时还可以引入一个包含后继结点的矩阵，用来记录任意两点间的最短路径。算法的基本过程是：用邻接矩阵 A 来表示一个图，若从 v_i 到 v_j 有路可达，则 $A[i,j]=d$，d 表示该路段的长度；否则 $A[i,j]$ 为无穷大。

矩阵 D 记录的是所插入的点的信息，$D[i,j]$ 表示从 v_i 到 v_j 需要经过的点，初始化后 $D[i,j]$ 为空。把各个顶点插入图中，比较插点后的距离与原来的距离，$A[i,j]=\min(A[i,j],A[i,k]+A[k,j])$，若 $A[i,j]$ 的值变小，则将 k 加入 $D[i,j]$。在矩阵 A 中包含有两点之间最短路径的信息，而在矩阵 D 中则包含了最短路径长度的信息。

Floyd 算法是一种动态规划算法，若用在稠密图中计算最优路径，效果更好，而且对边的权重的正负没有特殊要求。该算法简单有效，结构紧凑，能够计算出任意两个结点之间的最短距离，因为含有三重循环，作用于稠密图时，效率要比执行 n 次 Dijkstra 算法高得多，但是其时间复杂度仍然比较高。

五、Robotaxi 车路协同

结合 L4 级自动驾驶系统总体架构，同时考虑到 L4 级自动驾驶车辆的受控度，车路协同自动驾驶（Vehicle Infrastructure Cooperated Autonomous Driving，VICAD）可以深度参与 L4 级自动驾驶从感知到决策、规划和控制的全部过程，为 L4 级自动驾驶提供全方位支撑服务（图 4-18），具体包括以下四个方面。

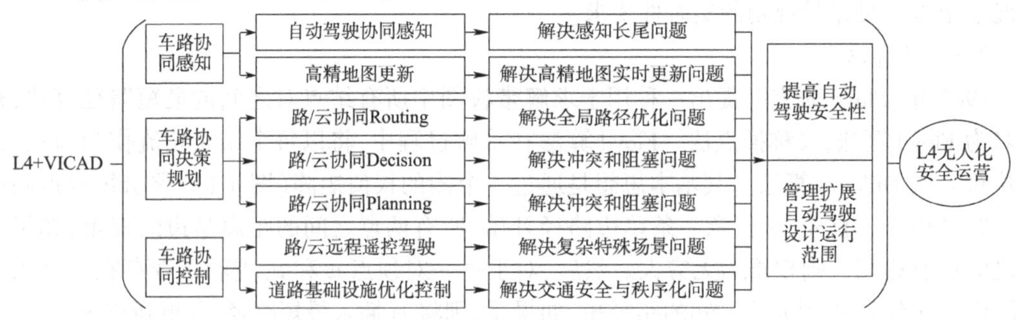

图 4-18　VICAD 对 L4 级自动驾驶的作用

（1）通过车路协同感知解决 Robotaxi 感知长尾问题。发挥路端和云端感知优势，与智能网联汽车进行协同感知，解决超视距、盲区、遮挡等一系列感知长尾问题。

（2）通过车路协同感知和地图动态更新解决自动驾驶地图实时性问题。在车路协同感知的基础上，还可以通过分钟级自动驾驶地图更新，帮助 Robotaxi 应对交通标志标线、信号灯等一系列自动驾驶地图要素变更带来的问题。

（3）通过车路协同决策规划解决全局路径优化、混行冲突及阻塞问题。通过车路协同路径规划，为 Robotaxi 提供全局路径规划服务；通过车路协同行为决策与运动规划，解决自动驾驶博弈、阻塞等典型混行场景问题。

(4)通过车路协同控制解决复杂特殊场景问题。针对自动驾驶复杂特殊场景,例如脱困、泊车等,可以通过 VICAD 直接控制 Robotaxi,帮助 Robotaxi 成功应对这些场景,降低安全风险;针对复杂无序交通环境,还可以通过车路协同控制对交通基础设施、交通运行状况等进行有效干预和控制,优化自动驾驶整体交通环境,间接控制 Robotaxi,为 Robotaxi 营造安全、简单、秩序化的交通环境。

下面分别以城市环境中行人闯入感知方案、无/弱 GNSS 下定位方案、施工路段安全缓堵方案为例,说明车路协同感知技术的应用。

1. 城市行人闯入感知方案

1)问题描述

在实际交通环境中,行人横穿马路、闯红灯等现象经常发生,自动驾驶车辆一般较难预测低速行人的轨迹,或者由于行人突然闯入导致较难快速应对,容易造成自动驾驶车辆急刹或者与行人碰撞。

2)协同原理

(1)路端可以通过多视角连续观测,对行人、非机动车等目标进行实时识别定位和轨迹预测,生成行人、非机动车的状态意图标签,如路边等车、路边施工、路边行走、人行横道过街、横穿马路等。

(2)路端将识别到的路口全量交通目标通过 V2X 实时发送给 Robotaxi,Robotaxi 及时获取全量交通目标的状态意图,进行合理的通行决策控制。例如,人行横道过街时,Robotaxi 停车礼让,见图 4-19;行人横穿马路时,Robotaxi 停车礼让,见图 4-20;路边有施工人员时,Robotaxi 减速绕行通过,见图 4-21;路边有等车人员时,Robotaxi 保持车速通过;路边有行走人员时,Robotaxi 保持车速通过。

图 4-19 人行横道过街安全礼让

图 4-20 行人横穿马路安全礼让

图 4-21 工人路边施工减速绕行

彩图(图 4-19)

彩图(图 4-20)

彩图(图 4-21)

3)应用效果

车端收到路端发送的感知信息,与车端感知进行感知融合,并由车端进行综合决策,最终安全通过这类场景,避免急刹或降低碰撞事故风险,提升驾乘体验。

2. 无/弱 GNSS 下定位方案

1)问题描述

Robotaxi 在开阔环境行驶时,可以通过 GNSS + RTK 提供绝对定位信息,IMU + 轮速 + 转向盘转角提供相对定位信息,并在此基础上结合高精度地图和观测类传感器匹配定位结果进行多传感器融合定位;但当 Robotaxi 行驶在桥隧、地下、山区等无/弱 GNSS 信号环境时,没有有效的绝对定位信息输入,导致无法实现高精度定位。

2)协同原理

路端多传感器融合感知定位:路端融合感知定位信息与车辆动静态特征信息进行匹配,可得到车辆实时高精度位置信息,该方案在隧道的实际部署应用效果如图 4-22 所示。

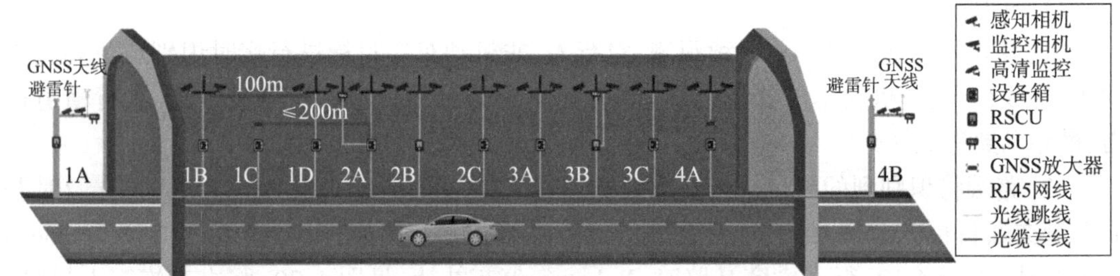

图 4-22　隧道内车路协同感知定位方案

(1)基于超宽带 UWB 或 LTE PC5 的辅助定位技术方案。如图 4-23 所示,在路端部署无线定位基站/Anchor 和 GNSS 信号放大器,通过预先的位置标定,确定每个近场无线定位基站/Anchor 的绝对位置,GNSS 信号放大器用于无/弱 GNSS 信号环境下车、路的主时钟授时;车端加装无线定位接收机/Tag,接收带有绝对时间信息的近场无线定位信号,并进行定位信息解算,得到较高精度定位信息。

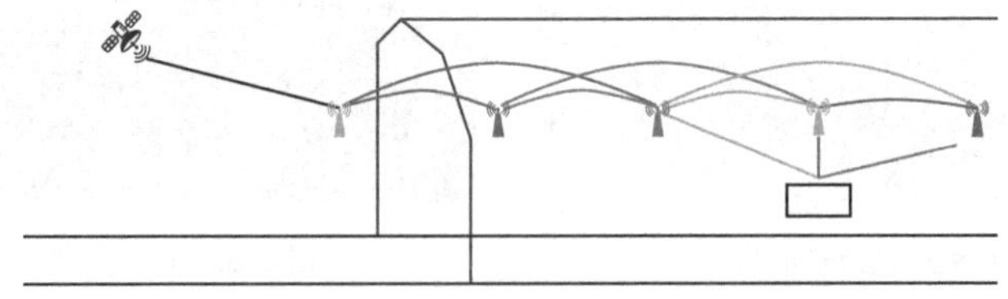

图 4-23　隧道内基于 LTE PC5 车路协同定位方案应用效果

(2)基于路端特征定位标志物与高精度地图融合的定位技术方案等。

3)应用效果

通过综合运用车路协同感知定位、超宽带 UWB、LTE PC5、特征定位等多种方式,解决自动驾驶在长隧道等无/弱 GNSS 信号环境下的高精度定位问题,实现从未知到已知。

3. 施工路段安全缓堵方案

1)问题描述

道路施工、交通事故、交通管制等交通事件是自动驾驶车辆经常遇到且较难应对的一类场景，尤其是一些复杂的道路施工场景（如路口内施工、占用所有行进方向车道的施工），仅依靠车路协同感知或动态地图更新无法解决，容易造成车辆停滞或被接管，存在安全风险。

2）协同原理

针对道路施工场景，VICAD有动态路径规划、协同决策规划、车路协同控制三种解决方案。

（1）动态路径规划。如图4-24所示，路端可以识别施工信息并发送到地图平台，发送的信息包括但不限于事件类型、时间地点、影响范围、影响时间等。通过车路协同路径规划，可以评估车辆的可通过性，若不能通过或难度较大，可重新为Robotaxi规划路径，提前避开施工路段，具体实现流程如下。

①车辆设置目的地后，路径规划模块根据道路拓扑关系和道路拥堵情况构建全局路径规划，车辆按照路径规划行驶。

②路端检测到占道施工，同步该信息至云端，通过自动和人工的方式及时更新路网拓扑关系；若判断车辆无法通行，则重新对车辆进行全局路径规划，提前绕开施工区所在路段。

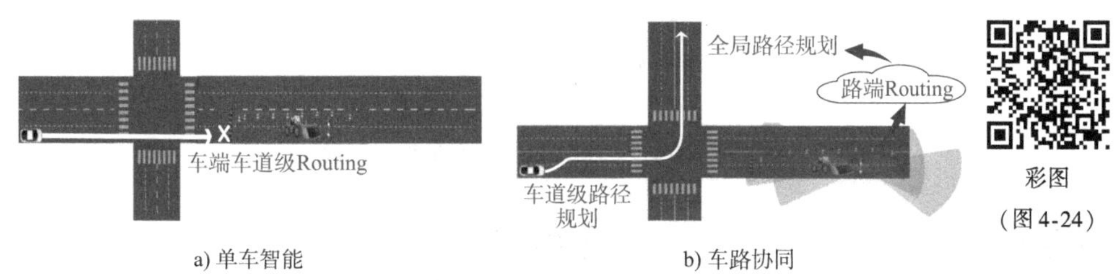

a）单车智能　　b）车路协同

图4-24　施工场景动态路径规划

（2）协同决策规划。在车路协同路径规划部分，针对施工场景给出了提前改变车辆行进路径的解决方案；如果车辆必须保持直行，则需要在车路协同路径规划的基础上，进一步从车路协同决策规划的角度来解决施工阻塞问题，具体流程如下。

①通过车路协同感知，对道路阻塞区域、阻塞原因、阻塞可达性等进行识别，对双向车流进行实时持续性观测，获取阻塞区域周边车流轨迹，结合对道路交通态势的判断，识别本侧道路已无法通行，但是对侧道路最内侧车道临时变更行驶方向，可作为本侧方向的车道。

②路端发现车道可通行方向和连接关系变更后，更新局部区域的道路拓扑数据。

③车辆到达施工区前，获取新的局部路网拓扑，重新对车辆进行局部路径规划，借用对向道路通过施工区所在路段，如图4-25所示。

（3）车路协同控制。若通过上述两种方式仍不能解决该场景问题，Robotaxi可主动发起接管请求，由云端接管车辆，通过远程遥控驾驶帮助车辆通过施工路段。如图4-26所示，车辆主动请求接管的流程如下。

①车端遇道路阻塞，向云端发起接管请求。

②云端远程遥控驾驶员接到车辆的脱困或代驾请求。

③车端/路端各类实时数据同步上传云端，云端远程遥控驾驶员通过信息显示屏上的信息进行人工决策。

④远程遥控驾驶员控制驾驶舱的转向盘、加速踏板、行车制动器等，给车端下发控制指令。

⑤车辆执行远程驾驶的控制指令，进行脱困。

彩图
（图 4-25）

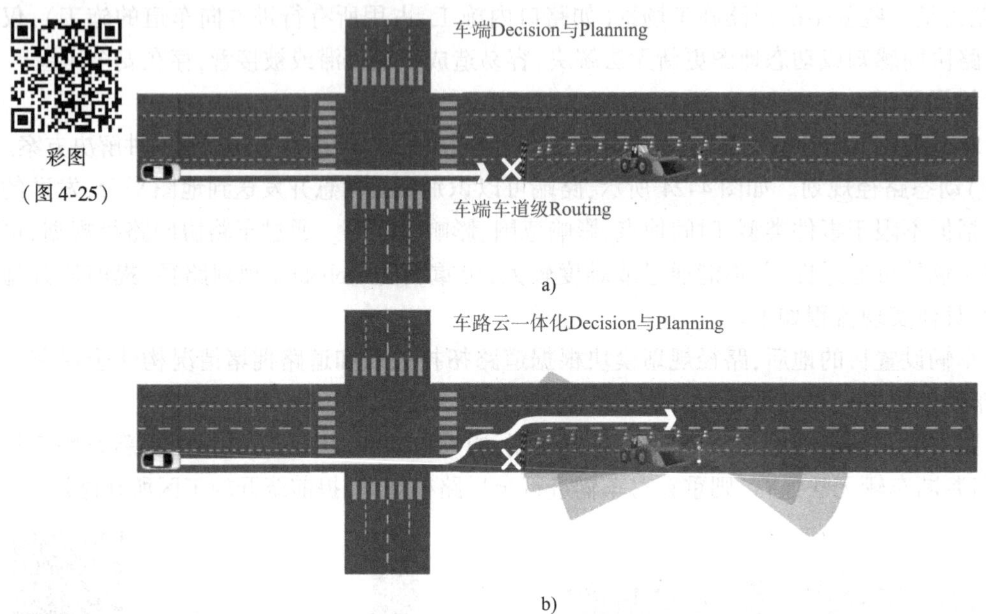

图 4-25　施工场景车路协同决策规划

彩图
（图 4-26）

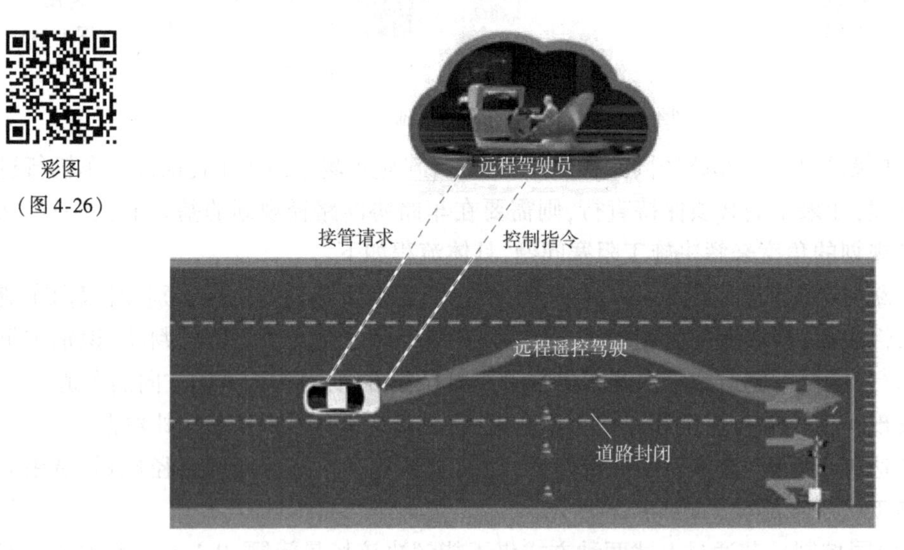

图 4-26　车端主动请求接管

六、Robotaxi 共享出行案例

1. 问题描述

乘车共享指一个出行者与其他行程路线和时间表相似的出行者共享交通工具，并分摊出行费用的出行方式。对于乘车共享一般可以划分为静态共享和动态共享。静态共享指共享乘车参与者在出行之前已经将出行计划安排好的共享模式，即参与共享出行乘客的起始点、目的地以及出发和到达的时间都是在出发之前预先告知驾驶员；动态共享更加侧重于驾

驶员和乘客的动态匹配,也就意味着提供共享出行服务的车辆和有共享出行需求的乘客可以随时进入和离开系统,系统能在短时间内将最合适的乘客和驾驶员进行匹配。

从20世纪70年代中期开始,受石油危机影响,近20%的通勤者使用拼车上下班,其受欢迎程度开始激增。拼车作为一种由大公司组织的运输服务,以这家公司的员工为单位,将具有相同出发点的用户分为一组,组员轮流做驾驶员或者选择固定的驾驶员,目的是鼓励员工在上下班时能接送同事,最大限度的减少往返公司办公的私家车。这种拼车是属于持续的、长期的拼车模式(Long-term Carpooling Problem,LCPP)。而临时拼车(Daily Carpooling Problem,DCPP)是在没有事先预约的情况下参与拼车。与LCPP相比,DCPP主要的不同点在于参与拼车的乘客不是固定的,并且是在集合点以先到先得的方式形成的。

拨号叫车问题(The Dial-a-ride Problem,DARP)是指为 n 位用户设计行驶路线和时间窗,而这些用户可以在指定起始点和目的地之间实现共享出行,其目的是在约束条件下规划一组 m 条最低成本的车辆路线,以容纳尽可能多的用户。传统的DARP主要是为老年人或残疾人提供门到门的交通服务,通常以最小化成本为目标。DARP与动态共享问题主要的区别在于,DARP中的驾驶员可以给更广泛的乘客提供服务,因为驾驶员对于行驶路线和时间的限制较为宽松。

共享出租汽车问题是共享出行问题的另一个变体。该问题是乘客在提出需求时说明上下车地点,还需要表明最早可接受的上车时间和最晚可接受的下车时间以及最长的乘车时间,每位乘客的乘车费用是根据各自上下车的距离而制定的。共享出租汽车问题的目的是确定乘客和出租汽车的最佳匹配以及每辆出租汽车的最佳路线,该问题和DARP有相同的特性。但是,这两者还是有所区别的。一般情况下,共享出租汽车问题的目标主要是通过强大的动态需求系统使得驾驶员和乘客的匹配时间最小化,而传统的DARP目标则是试图在确定保证乘客数量不变的情况下提供最少的服务车辆来最大限度地降低车辆运营成本。

2. 长期拼车LCPP模型

在研究共享出行问题时,通常是在车辆路径问题基础上使用不同数学公式建立模型,这些公式由不同的目标函数和约束条件构成,表明了每个问题的不同特征。LCPP数学模型特征,一个调度路网 $G=(V,A)$,其中 V 为调度路网中所有节点的集合,A 为调度路网中所有弧段的集合,即 $(i,j)\in A$。

1)集合

$V=\{0,\cdots,n\}=\{\{0\}\cup V'\}$ 表示调度路网中所有节点的集合,其中节点0代表目的地,也就是公司所关联的节点;$V'=\{1,\cdots,n\}$ 表示所有参与者的集合,其中 $V'=V_s\cup V_c$;$V_s=\{1,\cdots,n_s\}$ 表示与服务车辆相关联的节点集合;$V_c=\{n_s+1,\cdots,n\}$ 表示与客户相关联的节点集合;$\Gamma_i=\{j:(i,j)\in A\}$ 表示节点 $i\in V$ 后所有节点的集合;$\Gamma_i^{-1}=\{i:(j,i)\in A\}$ 表示节点 $i\in V$ 前所有节点的集合。

2)变量

x_{ij}^k 为二元变量,表示当车辆 $k\in V_s$ 从 i 节点访问到 j 节点时 x_{ij}^k 为1,否则为0。

$$x_{ij}^k=\begin{cases}1,\text{若车辆 } k \text{ 从 } i \text{ 访问到 } j\\0,\text{其他}\end{cases}$$

y_i 为二元变量,表示当客户 $i\in V_c$ 无车辆服务时,y_i 为1,否则为0。

$$y_i=\begin{cases}1,\text{若客户 } i \text{ 无车辆服务}\\0,\text{其他}\end{cases}$$

3)参数

LCPP 的模型参数见表4-4。

LCPP 的模型参数 表 4-4

变量	意义
d_{ij}	为路段(i,j)上的非负成本
t_{ij}	路段(i,j)上的出行时间
P_i	每个客户 $i\in V_c$ 在没有车辆接送的情况下,对总成本的贡献
e_i	每个参与者 $i\in V'$最早从起始点出发的时间
l_i	每个参与者 $i\in V'$最晚到达目的地的时间
Q_k	车辆 $k\in V_s$ 的最多可访问节点数(若每节点一人,等价于最大座位数)
T_k	驾驶员可接受的从家到公司的最长行驶时间
s_i	每个参与者 $i\in V'$上车点的时间
h^k	车辆 $k\in V_s$ 到达公司的时间

4)数学模型

在 LCPP 模型中,目标函数式(4-14)要求车辆到达目的地所消耗的路径成本与未受服务的客户相关惩罚所产生的成本之和的最小化;式(4-15)确保每辆车离开其出发点;式(4-16)则确保每辆车到达目的地;式(4-17)是连续性约束;式(4-18)和式(4-19)分别是容量和行驶时间限制;式(4-20)和式(4-21)定义了到达时间变量 $s_i(i\in V')$;式(4-22)和式(4-23)设置了车辆到达公司的时间 $h^k(h\in V_s)$,并确保每位员工 $i\in V'$在时间 l_i 内到达公司;式(4-24)确保每个客户要么被车辆接走,要么不给该客户提供服务;式(4-25)和式(4-26)限制了变量为0-1 变量;式(4-27)是对正数的限制。

$$\min z=\sum_{k\in V_s}\sum_{(i,j)\in A}d_{ij}x_{ij}^k+\sum_{i\in V_c}P_iy_i \tag{4-14}$$

约束:

$$\sum_{j\in\Gamma_k}x_{kj}^k=1 \qquad k\in V_s \tag{4-15}$$

$$\sum_{j\in\Gamma_0^{-1}}x_{j0}^k=1 \qquad k\in V_s \tag{4-16}$$

$$\sum_{j\in\Gamma_i^{-1}}x_{ji}^k-\sum_{j\in\Gamma_i}x_{ij}^k=0 \qquad i\in V_c,k\in V_s \tag{4-17}$$

$$\sum_{(i,j)\in A}x_{ij}^k\leqslant Q_k \qquad k\in V_s \tag{4-18}$$

$$\sum_{(i,j)\in A}t_{ij}x_{ij}^k\leqslant T_k \qquad k\in V_s \tag{4-19}$$

$$s_j - s_i \geqslant t_{ij} + M\left(1 - \sum_{k \in V_s} x_{ij}^k\right) \qquad i \in V', k \in V_s \tag{4-20}$$

$$s_i \geqslant e_i \qquad i \in V' \tag{4-21}$$

$$h^k \geqslant s_i + t_{i0} - M(1 - x_{i0}^k) \qquad i \in V', k \in V_s \tag{4-22}$$

$$h^k \leqslant l_i + M\left(1 - \sum_{j \in \Gamma_i} x_{ij}^k\right) \qquad i \in V', k \in V_s \tag{4-23}$$

$$\sum_{k \in V_s} \sum_{j \in \Gamma_i} x_{ij}^k + y_i = 1 \qquad i \in V_c \tag{4-24}$$

$$x_{ij}^k \in \{0,1\} \qquad (i,j) \in A, k \in V_s \tag{4-25}$$

$$y_i \in \{0,1\} \qquad i \in V_c \tag{4-26}$$

$$\begin{aligned} h^k \geqslant 0 \qquad k \in V_s \\ s_i \geqslant 0 \qquad i \in V' \end{aligned} \tag{4-27}$$

共享出行问题的优化目标大致可以分为两类:运营成本目标和服务质量目标。LCPP 模型就是将运营成本作为优化目标,这一目标通常是对系统范围内的运营成本进行优化,例如最大化服务乘客的数量、最小化行驶路程等。服务质量目标包括最小化乘客等待时间、最小化乘车时间,以及最小化实际乘车时间与期望乘车时间之间的差异等。

许多关于共享出行问题的研究目标只包括运营成本,并将服务质量作为模型中的约束条件,以确保达到一定的服务水平。最常见的优化目标主要集中在最小化总行驶时间和总行驶距离。例如,考虑时间窗、车辆容量、最大用户乘车时间等约束条件下,以最小化总路径成本为目标函数构建模型。

单一的运营成本目标可能在一定程度上确保了较为低级的服务水平,不能提供较高的服务质量,因此应综合考虑两个或多个单目标组合的多目标系统。处理多目标问题有三种主要方法:采用加权和目标函数、采用分层目标函数、采用帕累托原则解决多目标优化问题。

在共享出行系统中,驾驶员需要将每一位乘客从各自的起始点接上车,并送往相对应的目的地,而且车辆应该首先访问起始点,见式(4-15)和式(4-16)。DARP 和共享出租汽车等共享出行系统对于车辆有特别的要求,需要车辆从某一特定仓库出发,并在完成行程后返回其中的任何一个仓库,而且必须保证每辆车离开和到达相应的位置,即流量守恒。

式(4-18)对应的容量限制是依据车辆本身的因素确定的,是为了防止共享车辆资源被过度使用。在共享出行系统中,容量限制将可参与共享的用户数量限制在该车辆空闲座位数量的范围内。一些特殊的乘车群体如患者,可能需要使用担架或轮椅,从而导致一位用户可能占用多个座位,即容量限制与可用座位数以及每个乘客占用的座位数有关。

在共享出行系统中,为了与其他的交通方式相比更有竞争力,合理的成本限制对用户来说更具吸引力。一般而言,乘客只会被分配到比他们目前通勤成本便宜的拼车系统中。出租汽车合乘定价模型,将现有模型中的固定折扣率根据合乘人数的不同变为可变百分比,同时还加入了乘客绕行距离补偿、乘客等车时间补偿、驾驶员停车时间补偿,使得驾驶员和乘客利益双赢且获利均衡,收费方式更合理。

大多数共享出行系统都涉及时间约束,而时间限制是决定用户体验、服务等级的重要因素,上述模型中式(4-19)~式(4-23)是时间约束。硬时间窗的考虑意味着车辆路线受到每个客户上车和下车的相对严格的时间限制。对于硬时间窗来说,是在给定的时间表中,车辆必须在其时间窗内到达目的地,否则解决方案是不可行的。相反,可以付出代价来违反软窗口,因此可以将其视为硬时间窗的扩展。此外,用户最大乘车时间限制了用户可以耗费在车辆上的时间,模型通过为所有用户强加一个固定值来表示用户最大乘车时间。

除了时间要求以外,还有其他重要因素影响用户是否愿意接受共享出行系统给出的匹配结果。用户与某些特定群体参与共享出行可能会有所顾虑,比如有些用户只想与自己熟悉的人共享,女性客户可能会觉得与陌生男性单独拼车不安全。用户对潜在共享出行者的限制越多,该用户的匹配成功率就越低。

3. 求解方法

在共享出行问题求解方法的研究中,大多数集中于开发精确算法和启发式算法来解决这些问题。精确算法是针对具体的模型或问题,运用相关数学理论,求得问题的最优解。启发式算法,是在合理的花费(指计算时间和空间)下,算法给出某个优化问题中的可行解,但不能保证该解为最优解。

精确算法是一种基于运筹学原理的优化算法,常见的精确算法有分支定界法、动态规划法、列生成法等,通常应用于解决确定性数据的静态问题。使用列生成算法求解整数规划问题时,通常会将限制主问题松弛为线性规划问题,得到线性规划问题的最优解后,再用整数规划求解。但是往往得不到整数最优解,因此需要使用分支定界求整数最优解。

精确算法虽然能够求得问题的最优解,但是在求解大规模问题时难以在有效时间内求得最优解,而采用元启发式算法可以求得一个接近最优解的解。遗传算法是一种基于种群的元启发式算法,受到物种进化的启发而提出。模拟退火算法最早的思想由 Metropolis 等于 1953 年提出,是元启发式算法的一种,搜索过程中引入了随机因素,在迭代更新可行解时,以一定的概率来接受一个比当前解要差的解,因此有可能会跳出这个局部的最优解,达到全局的最优解。由于模拟退火算法能够避免陷入局部最优状态,因此与简单的局部搜索相比,不仅能接受改善目标函数的解决方案,而且还能接受其他解决方案。

禁忌搜索算法是由 Glover 提出的启发式算法,该算法遵循局部搜索的原理,通过标记并有意识地避开找到的一部分局部最优解,以此来获得更多的搜索空间。禁忌搜索算法通过将单个请求从一条路线重新定位到另一条路线来生成邻域,采用多元化策略,“惩罚”长期采取的方案,暂时接受不可行的方案,从而改善包含禁忌属性的最佳解决方案。

在对各种类型的共享出行问题进行求解时,单独地利用某一种算法对该问题求解会出现早熟、局部优化等问题,而将元启发式算法与其他类型的元启发式算法或精确算法等方法相结合形成混合算法,可以取长补短,解决许多组合优化问题。

[小结]

本节主要对 Robotaxi 的相关技术进行探讨,包括 Robotaxi 的定义和发展历程、单车自动驾驶技术、Robotaxi 的车路协同方案和共享出行方案。其中共享出行问题是一个涉及路径约束、时间约束、容量约束等的复杂路径规划问题。

第二节 Robobus 相关技术

Robobus 技术是一种自动驾驶公交技术，通过激光雷达、摄像头、超声波雷达等传感器和人工智能算法实现对路况、车辆、乘客的感知和控制。该技术使公交车可以在事先规划好的路线上行驶，并能够适应不同的路况和交通情况，如遇到拥堵、施工等情况会自动调整路线。Robobus 技术的应用有助于减少交通事故、缓解交通拥堵、提高交通运输效率，促进城市交通的可持续发展。

如图 4-27 所示，本节主要聚焦 Robobus 技术的三个关键方面：Robobus 自动编组技术、Robobus 生态驾驶技术和 Robobus 智能运营技术。首先，Robobus 自动编组技术通过利用车载通信系统和先进的控制算法，实现了多个 Robobus 之间的自动编组，可以使多个公交车列队行驶，以最大程度地提高道路利用率和乘客运输效率。其次，Robobus 生态驾驶技术基于先进的感知和决策系统，使得 Robobus 能够根据环境变化和交通状况进行智能驾驶，从而改善交通安全、减少能源消耗和保护环境。最后，Robobus 智能运营技术通过云计算、大数据和人工智能等先进技术，实现了对 Robobus 的智能调度和运营管理。Robobus 技术通过自动编组、生态驾驶和智能运营等方面的创新应用，将推动公交车的智能化、绿色化和可持续发展，为城市交通提供更加安全、高效和环保的出行方式。

一、Robobus 概述

自动驾驶技术的迅速发展催生了自动驾驶公交（Robobus）这一重要分支。随着相关政策法规的逐步出台和基础设施的完善，Robobus 规模化应用的条件正在逐步具备。Robobus 作为自动驾驶技术的先行者，在城市交通领域有着巨大的潜力和价值，其规模化应用将为解决交通拥堵、提高交通运输效率、改善环境质量等方面带来重要影响。

在 Robobus 这一领域内，美国各地正在进行多个 Robobus 试点项目。例如亚利桑那州的凤凰城、旧金山等地，已经推出了 Robobus 的实地测试项目，旨在验证自动驾驶技术在公共交通领域的可行性和潜力。这些试点项目的实施有助于评估自动驾驶技术在不同城市环境下的表现，解决技术、法规、安全性以及公众接受度等方面的问题。我国也在积极推动 Robobus 技术的发展，并在多个城市开展了 Robobus 试点项目（图 4-28）。例如在上海浦东张江高科技园区，已经展开了关于 Robobus 的测试，这些 Robobus 配备了激光雷达、摄像头等传感器，能够感知周围环境并进行自主导航。同时，一些欧洲国家如德国、瑞典、法国等也在 Robobus 技术领域进行了探索，有些城市甚至在实际公共交通中也采用了自动驾驶公交技术。通过这些试点项目，各国对 Robobus 技术的探索不断丰富和加深，为未来自动驾驶技术的商业化应用和城市交通系统的更新换代做出重要贡献。

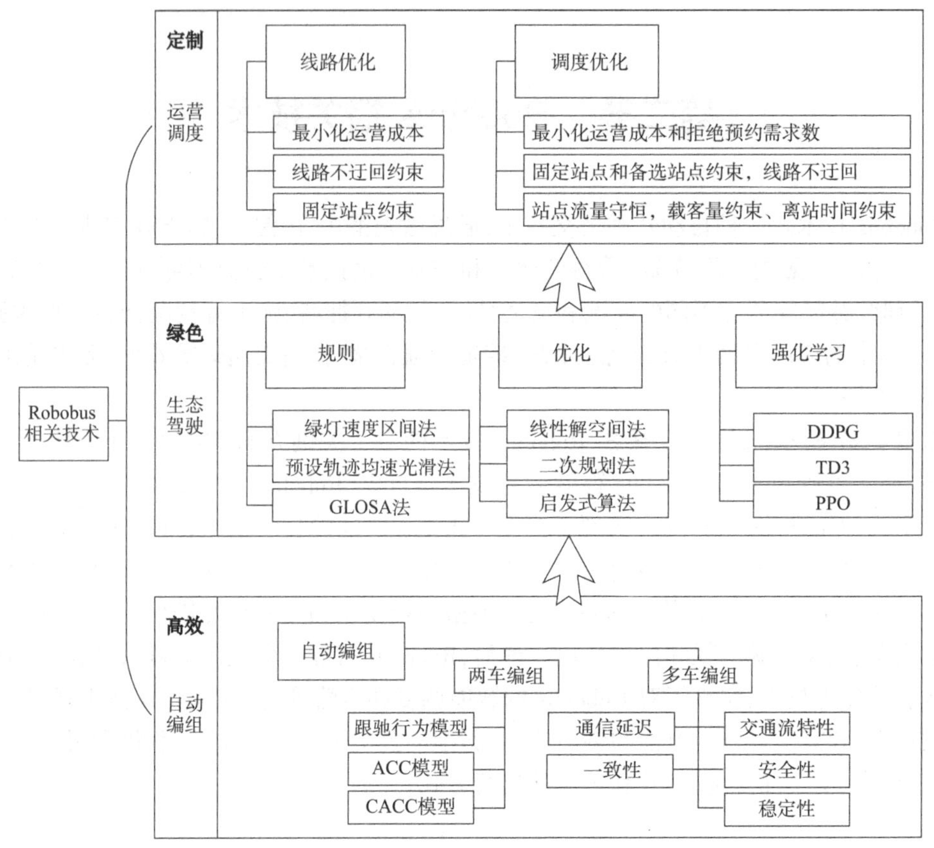

图 4-27　Robobus 技术内容

a)

b)

图 4-28　Robobus 技术试点项目

这些试点项目为解决技术挑战、法规制约、安全保障和公众接受度等方面的问题提供了有益的实践经验。通过国际经验分享，各国在这一领域的探索将不断丰富和加深，推动自动驾驶技术更广泛、更安全地融入城市交通系统。这不仅将带来交通效率的提升，还有望改善城市环境、减少交通事故，并为城市未来的可持续发展作出积极的贡献。

通过在不同城市环境下的实地测试，促使技术团队不断优化自动驾驶系统，适应多样的交通场景和气候条件。这有助于提高系统的鲁棒性和稳定性，使其更好地应对现实世界中的各种挑战,如复杂的交叉路口、繁忙的市区道路和不同天气条件下的行车状况。自动驾驶技术的推广涉及复杂的法规和政策体系,需要与各级政府协调,以确保技术的合法性和安全性。通过一系列的试点项目,能够更好地了解法规对 Robobus 的规范需求,为未来的法规制定提供实际经验,促使相关法规更好地适应自动驾驶技术的发展。此外,通过实地测试,收集大量的行车数据,评估系统在实际运行中的安全性能,并不断改进系统以确保乘客和行人的安全。这有助于建立公众对 Robobus 的信任度,提高公众对这一新技术的接受度。公众接受度的提升不仅仅取决于技术本身,也需要深入了解和满足公众的需求。了解公众对 Robobus 的期望和担忧,可以为设计更符合市场需求的系统提供指导。

随着自动驾驶解决方案在特定场景下的逐步商用,城市公交行业应用自动驾驶车辆实现行业转型升级的新生产组织模式呼之欲出。一种"运驾分离"的生产组织模式(图 4-29),即城市公交运营企业由购买车辆转变为购买车辆及自动驾驶解决方案,行车安全由驾驶员驾驶转化为 AI 驾驶,营运调度由调度、驾驶员配合实现转化为 AI 车辆的自动化运营,运营管理活动由管理驾驶员转化为管理 AI 驾驶员。

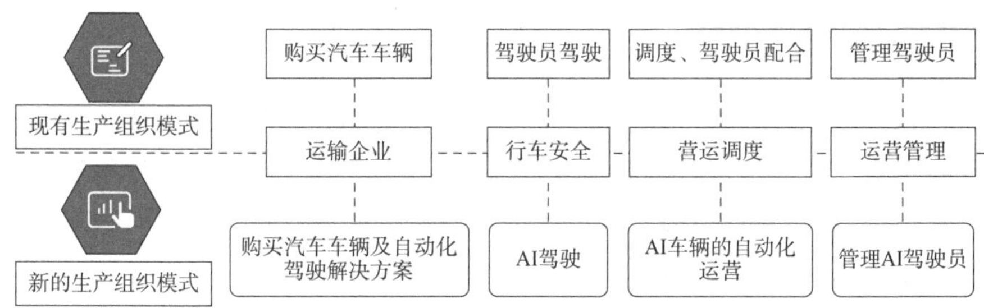

图 4-29 "运驾分离"生产组织模式

城市公交自动驾驶规模化示范运营可探索自动驾驶车辆商业化运营管理体制与政策体系、车辆运营管理服务体系与相关标准规范、自动化运营技术体系与技术指南、出行服务模式与乘客服务规范。示范运营采用单车智能为主、网联赋能为辅的技术路线,以管理好"AI 驾驶员"、运营好"AI 驾驶员"为切入点,建设自动驾驶自动化运营云控平台及手机应用,积极申请扩大可行驶区域和道路,不断丰富道路测试环境和测试场景,通过开展自动驾驶出行服务社会实验,探索符合自动驾驶出行需求的车辆运营管理服务模式。在场景应用、系统建设、技术迭代、生态搭建、业态融合等方面的不断创新应用和持续运营,让"未来车"安全高效的服务市民日常生活。

二、Robobus 自动编组技术

Robobus 自动编组技术是一种新兴的交通管理技术,通过先进的通信、控制和自动化系统,使一组公交车辆能够在路上以协调的方式行驶(图 4-30),以减少拥堵、降低燃油消耗、改善交通安全、提供更高的服务质量、提高公共交通系统的效率和可持续性。通过减小车辆之间的间距,公交编组技术能够增加道路的通行能力,减少交通拥堵,提高公交系统的整体效率。同时,通过车辆之间的协同行驶,可以减少紧急制动和加速的频率,从而降低燃油消耗

图 4-30　公交编队

和尾气排放。此外，公交编组技术还能提供更高的服务质量，减少乘客的等待时间和降低车内拥挤情况，提高公交车辆的运行速度和稳定性，给乘客带来更加便捷、舒适的出行体验。

但在实际应用中，公交编组技术仍然面临一些挑战。首先，应建立完善的通信和控制基础设施，以确保车辆之间的数据传输和协调能够稳定可靠地进行。此外，隐私和安全问题也需要得到解决，确保车辆和乘客的信息不被滥用或泄露。同时，公交编组技术在实际应用中还需要克服一些技术难题，如车辆之间的精确定位、通信延迟、网络攻击等。这些挑战需要技术人员和政策制定者共同努力，才能推动公交编组技术的普及和应用。

随着智能交通技术的不断进步和应用，公交编组技术将变得更加成熟和普及，为城市交通管理带来革命性的改变。可以预见，公交编组技术将与人工智能、自动驾驶结合，进一步提升公交系统的效率和服务水平，实现智慧城市交通的目标。

1. 问题描述

在智能网联环境下，车辆之间可以进行信息交互，使用代数图论来描述系统的通信拓扑结构。公交编队控制一般基于领导者-跟随者模型。考虑到异质通信延时和车辆跟驰行为影响，本节提出一种基于一致性的非线性车辆队列协同控制算法，并利用李雅普诺夫-克拉索夫斯基稳定性方法，分析车辆队列协同控制算法的稳定性条件。

为了实现智能网联环境下车-车和车-路系统的协同、稳定运行，给出了考虑车辆跟驰行为与异质通信延时影响下的车辆队列协同控制算法，其控制系统结构如图 4-31 所示。由于通信连接和负载变化带来的通信延时会对车辆队列协同控制产生很大的影响，因此可以利用车辆间的作用关系，在考虑通信延时的情景下，设计有效的队列协同控制算法，使车辆队列以安全的车辆间距和安全速度保持一致的队形，即车间距一致以及车速一致。

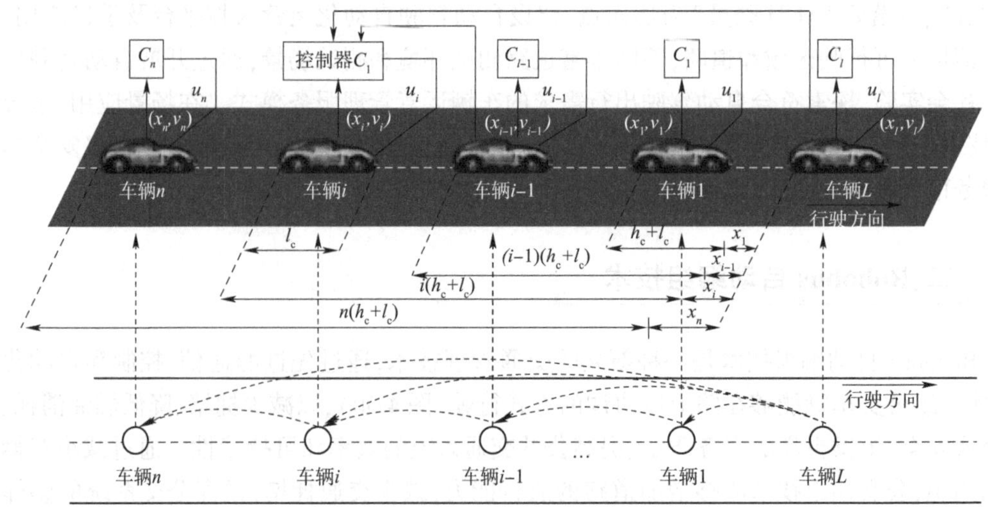

图 4-31　车辆列队控制系统结构

车辆队列控制目标是通过设计非线性延时控制算法，实现车辆队列关于车间距与车速一致性。对于队列中的每辆车 $i \in \{1,2,\cdots,n\}$，其目标可表示为：

$$x_i(t) \to x_L(t) - i(h_c + l_c), \nu_i(t) \to \nu_L(t) \tag{4-28}$$

式中，l_c 为车辆的车身长度；h_c 为相邻两车之间的期望安全间距；x_L 为头车位置；v_L 为头车速度；t 表示当前时间。

构造位置误差与速度误差如下：

$$\begin{cases} \tilde{x}_i(t) = x_L(t) - x_i(t) - i(h_c + l_c) \\ \tilde{\nu}_i(t) = \nu_i(t) - \nu_L(t) \end{cases} \tag{4-29}$$

定义 $\tilde{x}(t) = [\tilde{x}_1(t), \cdots, \tilde{x}_n(t)]^T$，$\tilde{\nu}(t) = [\tilde{\nu}_1(t), \cdots, \tilde{\nu}_n(t)]^T$，$\tilde{\varepsilon}(t) = [\dot{\tilde{x}}(t)\tilde{\nu}(t)]^T$，则控制目标可以被改写为：

$$\lim_{t \to \infty} \| \tilde{\varepsilon}(t) \| = 0 \tag{4-30}$$

根据上述分析，车辆队列控制技术路线如图 4-32 所示。

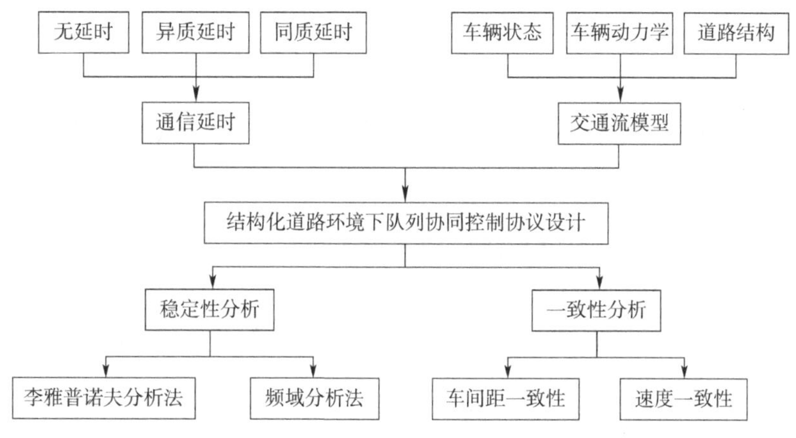

图 4-32 车辆队列控制技术路线图

2. 协议设计

通过考虑车辆间相互作用关系，即目标车辆 i 与周围车辆之间的位置差和速度差，以及目标车辆 i 与头车之间的位置差与速度差，设计如下队列控制器：

$$\begin{aligned} u_i(t) = \sum_{j=1}^{n} a_{ij} (\alpha \{ V[h_{ij}(t)] - \nu_i(t) \} + \beta \{ \nu_j[t - \tau_{ij}(t)] - \nu_i(t) \} + \\ \gamma \{ x_j[t - \tau_{ij}(t)] - x_i(t) + \nu_L[t - \tau_{iL}(t)] \tau_{ij}(t) - r_{ij} \}) + \\ k_{iL} (\beta \{ \nu_L[t - \tau_{iL}(t)] - \nu_i(t) \} + \\ \gamma \{ x_L[t - \tau_{iL}(t)] + \nu_L(t - \tau_{iL}) \tau_{iL}(t) - x_i(t) - r_{iL} \}) \end{aligned} \tag{4-31}$$

式中，a_{ij}为邻接矩阵 D 的元素，表示车辆 j 与车辆 i 之间的通信连接；k_{iL}为邻接矩阵 K 中的元素，表示头车 L 与车辆 i 之间的通信连接；α、β、γ 为正常数增益参数，且取值大于0；r_{iL}为车辆 i 与头车 L 之间的期望间距，$r_{iL} = i(l_c + h_c)$，l_c 为车辆长度，h_c 为相邻两车之间期望间距；$r_{ij} = r_{iL} - r_{jL} = (i-j)(l_c + h_c)$为车辆 i 与车辆 j 之间的期望间距；$\tau_{ij}(t)$为信息从车辆 j 传

送到车辆 i 所产生的时变通信延时，一般 $\tau_{ij}(t) \neq \tau_{ji}(t)$；$\tau_{iL}(t)$ 为信息从头车 L 传送到车辆 i 所产生的时变通信延时。

在所提非线性控制协议中，$\sum_{j=1}^{n} a_{ij}(\alpha\{V_i[h_j(t)] - \nu_i(t)\})$ 为车辆 i 与车辆 j 之间的跟驰行为；$\sum_{j=1}^{n} a_{ij}(\beta\{\nu_j[t-\tau_{ij}(t)] - \nu_i(t)\} + \gamma\{x_j[t-\tau_{ij}(t)] - x_i(t) + \nu_L[t-\tau_{iL}(t)]\tau_{ij}(t) - r_{ij}\})$ 为车辆 i 与车辆 j 之间的速度与位置一致性；$k_{iL}(\beta\{\nu_L[t-\tau_{iL}(t)] - \nu_i(t)\} + \gamma\{x_L[t-\tau_{iL}(t)] + \nu_L(t-\tau_{iL})\tau_{iL}(t) - x_i(t) - r_{iL}\})$ 为车辆 i 与头车 L 之间的一致性。由于存在延时，$\nu_L(t-\tau_{iL}(t))\tau_{ij}(t)$ 将作为车辆 i 与车辆 j 之间的期望位置补偿，而 $\nu_L(t-\tau_{iL})\tau_{iL}(t)$ 将作为车辆 i 与车辆 L 之间的位置补偿。

此外，车辆 i 与车辆 j 之间的车辆跟驰行为通过如下非线性方程定义：

$$V[h_{ij}(t)] = V_1 + V_2 \tanh\{C_1[h_{ij}(t)] - C_2\} \tag{4-32}$$

式中，V_1、V_2、C_1、C_2 都是大于零的常数。车辆 i 与车辆 j 之间车尾到车尾之间的平均距离定义为：

$$h_{ij}(t) = \frac{x_j(t) - x_i(t) - (i-j)l_c}{i-j} \tag{4-33}$$

在实际的车辆队列中一般 $i \neq j$。根据式(4-32)和式(4-33)，式(4-29)可以被改写为：

$$\begin{cases} \dot{\tilde{x}}_i(t) = \tilde{v}_i(t) \\ \dot{\tilde{v}}_i(t) = \sum_{j=1}^{n} a_{ij}(\alpha\{V_i[h_{ij}(t)] - V_i[h_{ij}^*(t)] - \tilde{v}_i(t)\} + \beta\{\tilde{v}_j[t-\tau_{ij}(t)] - \tilde{v}_i(t)\} + \\ \quad \gamma\{\tilde{x}_j[t-\tau_{ij}(t)] - \tilde{x}_i(t)\}) - k_{iL}[\beta\tilde{v}_i(t) + \gamma\tilde{x}_i(t)] + \sum_{j=1}^{n}\beta[v_L(t-\tau_{ij}) - v_L(t)] + \\ \quad \gamma(v_L[t-\tau_{iL}(t)]\tau_{ij} - \{x_L(t) - x_L[t-\tau_{ij}(t)]\} + k_{iL}(\beta\{v_L[t-\tau_{iL}(t)] - v_L(t)\}) + \\ \quad \gamma(v_L[t-\tau_{iL}(t)]\tau_{iL} - \{x_L(t) - x_L[t-\tau_{iL}(t)]\}) \end{cases} \tag{4-34}$$

因为头车以匀速前进，这意味着 $\nu_L[t-\tau_{iL}(t)] = \nu_L(t)$，$x_L(t) - x_L[t-\tau_u(t)] = \nu_L\tau_u(t)$ 和 $x_L(t) - x_L[t-\tau_{ij}(t)] = \nu_L\tau_{ij}(t)$ 成立。因此式(4-34)可以被改写为：

$$\begin{cases} \dot{\tilde{x}}_i(t) = \tilde{\nu}_i(t) \\ \dot{\tilde{v}}_i(t) = \sum_{j=1}^{n} a_{ij}(\alpha\{V[h_{ij}(t)] - V[h_{ij}^*(t)] - \tilde{\nu}_i(t)\} + \beta\{\tilde{\nu}_j[t-\tau_{ij}(t)] - \\ \quad \tilde{\nu}_i(t)\} + \gamma\{\tilde{x}_j[t-\tau_{ij}(t)] - \tilde{x}_i(t)\}) - k_{iL}[\beta\tilde{\nu}_i(t) + \gamma\tilde{x}_i(t)] \end{cases} \tag{4-35}$$

式中，$h_{ij}^*(t) = h_c$；$V_i[h_{ij}^*(t)] = \nu_L(t)$。

根据式(4-35)，利用泰勒公式将非线性函数 $V[h_{ij}(t)]$ 在 $h_{ij}^*(t)$ 处进行一阶泰勒展开可以得：

$$V[h_{i,j}(t)] - V[h_{i,j}^*(t)] = \frac{\{\tilde{x}_j[t-\tau_{ij}(t)] - \tilde{x}_i(t)\}V'_i[h_{i,j}^*(t)]}{i-j} \tag{4-36}$$

$$\varphi_{i,j}[\xi_{i,j}(t)] = \frac{V'_i[h_{i,j}^*(t)]}{i-j} \tag{4-37}$$

则式(4-35)可以改写为

$$\begin{cases}\dot{\tilde{x}}_t(t)=\tilde{\nu}_t(t)\\ \dot{\tilde{v}}_i(t)=\sum_{j=1}^{n}a_{i,j}(\{\alpha\varphi_{i,j}[\xi_{i,j}(t)]+\gamma\}\{\tilde{x}_j[t-\tau_{ij}(t)]-\tilde{x}_i(t)\}+\\ \quad\{\beta\tilde{\nu}_j[t-\tau_{ij}(t)]-(\alpha+\beta)\tilde{\nu}_i(t)\})-k_{i,L}[\beta\tilde{\nu}_i(t)+\gamma\dot{\tilde{x}}_i(t)]\end{cases}\tag{4-38}$$

为了以更紧凑的形式描述车辆之间的异质通信延时,定义 $\tau_p(t),p=1,2,\cdots,m[m\leqslant n(n-1)]$,其中 $\tau_p(t)\in\{\tau_{ij}(t):i,j=1,\cdots,n,i\neq j\}$。

根据式(4-30),则式(4-38)可以被改写为:

$$\dot{\tilde{\varepsilon}}(t)=\boldsymbol{A_0}\tilde{\varepsilon}(t)+\sum_{p=1}^{n}\boldsymbol{A_p}\tilde{\varepsilon}[t-\tau_p(t)]\tag{4-39}$$

其中

$$\boldsymbol{A}_0=\begin{bmatrix}\boldsymbol{0}_{n\times n} & \boldsymbol{I}_{n\times n}\\ -\{[\alpha\varphi_{i,j}(\xi_{i,j})+\gamma]\boldsymbol{D}+\boldsymbol{K}\gamma\} & -[(\alpha+\beta)\boldsymbol{D}+\boldsymbol{K}\beta]\end{bmatrix}\tag{4-40}$$

$$\boldsymbol{A_p}=\begin{bmatrix}\boldsymbol{0}_{n\times n} & \boldsymbol{\theta}_{n\times n}\\ [\alpha\varphi_{i,j}(\xi_{i,j})+\gamma]\boldsymbol{B}_p & \boldsymbol{\beta B}_p\end{bmatrix}$$

$$\boldsymbol{B}_p=\begin{bmatrix}0 & a_{12,p} & \cdots & \cdots & a_{1n,p}\\ a_{21,p} & 0 & \ddots & & \vdots\\ \vdots & \ddots & 0 & \ddots & \vdots\\ \vdots & & \ddots & \ddots & a_{(n-1)n,p}\\ a_{n1,p} & \cdots & \cdots & a_{n(n-1),p} & 0\end{bmatrix}\tag{4-41}$$

式中,$a_{ij,p}=\begin{cases}a_{ij},p=i\\0,p\neq i\end{cases}$,$i,j=1,\cdots,n;\boldsymbol{B}_p\in\boldsymbol{R}^{mn},p=1,\cdots,m;\boldsymbol{B}=\sum_{p=1}^{m}\boldsymbol{B_P},\boldsymbol{B}=\boldsymbol{A}$。

3.性能分析

1)稳定性与一致性分析

以下借助李雅普诺夫-克拉索夫斯基(Lyapunov-Krasovskii)稳定性定理分析所提的非线性控制器的稳定性。

引理1 给定一个复系数多项式如下:

$$r(z)=z^2+(a+\mathrm{i}b)z+c+\mathrm{i}d\tag{4-42}$$

其中,$a,b,c,d\in R$。当且仅当 $a>0$ 和 $abd+a^2c-d^2>0$ 时,$r(z)$是赫尔维茨稳定的。

引理2 对于任意的 $a,b\in R^n$ 和任意的正定矩阵 $F\in R^{n\times n}$,有:

$$2a^{\mathrm{T}}c\leqslant a^{\mathrm{T}}Fa+c^{\mathrm{T}}F^{-1}c\tag{4-43}$$

引理3 (埃尔米特-阿达玛不等式)函数$f:I\subseteq R\to R$ 是定义在实数区间 I 上的凸映射,则如下不等式成立:

$$f\left(\frac{a+b}{2}\right)\leqslant\frac{1}{b-a}\int_a^b f(x)dx\leqslant\frac{f(a)+f(b)}{2}\tag{4-44}$$

其中,$a,b\in I$ 且 $a<b$。

定义 1 设 $\phi\in C([a,b],R^n)$ 是从 $[a,b]$ 映射到 R^n 上的函数,则函数 ϕ 的一致范数定义如下:

$$\|\phi\|_c=\max_{\theta\in[a,b]}\|\phi(s)\|. \tag{4-45}$$

其中,向量范数 $\|\cdot\|$ 为 2 范数。

设 $r>0$ 为给定的实数,代表系统的最大延时。$C([-r,0],R^n)$ 表示 $[-r,0]$ 映射到 R^n 上的所有函数所组成的空间。若 $x(t)$ 为 $[t_0-r,+\infty)$ 上的连续函数,则定义 $x_t(\theta)=x(t+\theta)$,$\forall\theta\in[-r,0]$,$t\geqslant t_0$。考虑如下泛函微分方程:

$$\begin{cases}\dot{x}(t)=f(t,x_t),t\geqslant t_0\\ x_t(\theta)=\phi(\theta),\theta\in[-r,0]\end{cases} \tag{4-46}$$

假设 $\phi\in C$,函数 $f:R\times C([-r,0],R^n)\to R$ 连续且对 ϕ 满足利普希茨条件 $f(t,0)=0$,$\forall t\in R$。

引理 4 (李雅普诺夫-克拉索夫斯基稳定性定理)假设 $f:R\times C\to R^n$ 把 $R\times C$ 的有界子集映射入 R^n 的有界子集,$u(s)$、$\nu(s)$ 与 $w(s)$ 为连续非负非减函数且当 $s>0$ 时 $u(s)>0$,$v(s)>0$ 以及 $u(0)=\nu(0)=0$。如果存在连续函数 $E:R\times C_{n,h}\to R^n$ 使:

$$u(\|\phi(0)\|)\leqslant E(t,\phi)\leqslant\nu(\|\phi\|_c) \tag{4-47}$$

且

$$\dot{E}(t,\phi)=\lim_{\epsilon\to0^+}\sup\frac{E[t+\varepsilon,x_{t+\varepsilon}(t,\phi)]-E(t,\phi)}{\varepsilon}\leqslant-w[\|\phi(0)\|]$$

成立,则式(4-46)的零解是一致稳定的。当 $s>0$ 时有 $w(s)>0$,则方程在 $x=0$ 处是一致渐进稳定的。

此外,如果

$$\lim_{s\to\infty}u(s)=+\infty \tag{4-48}$$

则泛函微分方程在 $x=0$ 处是全局一致渐进稳定。

在分析所提非线性控制协议一致性之前,考虑如下牛顿-莱布尼茨公式:

$$\tilde{\varepsilon}[t-\tau_p(t)]=\tilde{\varepsilon}(t)-\int_{-\tau_p(t)}^{0}\dot{\tilde{\varepsilon}}(t+s)\mathrm{d}s \tag{4-49}$$

将式(4-49)代入式(4-39)中可得:

$$\tilde{\varepsilon}(t-\tau_p)=\tilde{\varepsilon}(t)-\sum_{q=0}^{m}A_i\int_{-\tau_p(t)}^{0}\tilde{\varepsilon}[t+s-\tau_q(t+s)]\mathrm{d}s \tag{4-50}$$

式中,$A_0,A_1,\cdots,A_m$ 的意义同式(4-39);$\tau_0(t+s)\equiv0$。

将式(4-50)代入式(4-39)中有:

$$\dot{\tilde{\varepsilon}}(t)=A_0\tilde{\varepsilon}(t)+\sum_{p=1}^{m}A_p\tilde{\varepsilon}(t)-\sum_{p=1}^{m}\sum_{q=0}^{m}A_pA_q\int_{-\tau_p(t)}^{0}\{\tilde{\varepsilon}[t+s-\tau_q(t+s)]\}\mathrm{d}s \tag{4-51}$$

从式(4-40)可以得知,当 $p=1,\cdots,m$ 和 $q=1,\cdots,m(q\neq0)$ 时,$A_pA_q=0$。因此,式(4-51)可以改写为

$$\dot{\tilde{\varepsilon}}(t)=M\tilde{\varepsilon}(t)-\sum_{p=1}^{m}C_p\int_{-\tau_p(t)}^{0}\tilde{\varepsilon}(t+s)\mathrm{d}s \tag{4-52}$$

其中

$$M = A_0 + \sum_{i=1}^{m} A_i = \begin{bmatrix} \theta_{mn} & I_{mn} \\ -[G(D-B)+K\gamma] & -[\delta D+(K-B)\beta] \end{bmatrix}$$

$$C_p = A_p A_0 = \begin{bmatrix} \theta_{mn} & \theta_{mn} \\ -(GD+K\gamma)\beta B & GB-(\delta D+K\beta)\beta B \end{bmatrix} \tag{4-53}$$

式中,$G=\alpha\varphi_{ij}(\xi_{i,j})+\gamma$;$\delta=\alpha+\beta$。

定理1 当且仅当式(4-31)中的控制参数α、β、γ满足$\alpha>0$、$\beta>0$和$\gamma>0$,且

$$\mathrm{Re}(\theta_i)>0 \tag{4-54}$$

$$\mathrm{Re}(\theta_i)\mathrm{Im}(\theta_i)\mathrm{Im}(\zeta_i)+\mathrm{Re}^2(\theta_i)\mathrm{Re}(\zeta_i)-\mathrm{Im}^2(\zeta_i)>0 \tag{4-55}$$

成立时,M是赫尔维茨稳定的。

式中,$\theta_i\in\sigma(H_1)$;$\zeta_i\in\sigma(H_2)$,$i=1,\cdots,n$;$\sigma(H_1)$为属于矩阵H_1的所有特征值集;$\sigma(H_2)$为属于矩阵H_2的所有特征值集;$H_1=\alpha D+\beta(U+K)$;$H_2=(\alpha\varphi_{i,j}+\gamma)U+K\gamma$;$U=D-B$。

定理2 考虑式(4-39)所示的延时系统,设置控制协议中的控制参数$a_{t,j}$、k_u、α、β、γ满足定理1中的条件。假设通信延时$\tau_p(t)$是有界的,且其满足$\tau_p(t)\in[0,\tau_{\max}]$,$\dot{\tau}_p(t)\in(-\infty,d_p](\forall t,\forall p)$,其中延时上界的导数满足$d_p\leqslant 1$,则存在给定延时常数$\tau^*>0$且$\tau_p(t)<\tau^*$,$\forall p,\forall t$,当且仅当头车$L$是全局可达的,且$\tau_p(t)<\tau^*$时,车辆队列的一致性可以被实现,即:

$$\lim_{t\to\infty}\tilde{\varepsilon}(t)=0 \tag{4-56}$$

根据定理2可得,在所提控制协议的作用下,可以形成稳定的车辆队列。具体地,车辆间距能够收敛到期望间距r_{ij},同时车辆的速度可以收敛到期望的速度ν_L,这意味着车辆队列的位置一致性与速度一致性在所提控制协议的作用下能够得到保证。

当车辆队列的位置一致性在所提控制协议的作用下得到保证时,则可以确保车辆间距为期望的安全间距r_{ij},这意味着可以避免追尾事故的发生。

借助李雅普诺夫-克拉索夫斯基稳定性理论,能够严格分析车辆队列延时系统的稳定性,因此车辆队列的稳定性能够得到保证。

2)收敛速度分析

车辆队列的收敛速度也是车辆队列收敛性分析中一个重要考虑的因素,下面将对车辆队列的收敛速度进行分析。

将式(4-39)在t处进行一阶泰勒级数展开,得:

$$\dot{\tilde{\varepsilon}}(t) = A_0\tilde{\varepsilon}(t) + \sum_{p=1}^{m} A_p[\tilde{\varepsilon}(t) - \tau_p(t)\dot{\tilde{\varepsilon}}(t)] \tag{4-57}$$

将式(4-57)写成矩阵形式,得:

$$\dot{\tilde{\varepsilon}}(t) = \left[I + \tau_p(t)\sum_{p=1}^{m} A_p\right]^{-1} M\tilde{\varepsilon}(t)$$

其中,$M = A_0 + \sum_{p=1}^{m} A_i$。令$\bar{A} = \left[I + \tau_p(t)\sum_{p=1}^{m} A_p\right]^{-1} M$,可得:

$$\dot{\tilde{\varepsilon}}(t) = \bar{A}\tilde{\varepsilon}(t) \tag{4-58}$$

其中,式(4-58)的解为:

$$\tilde{\varepsilon}(t) = e^{\bar{A}t}\tilde{\varepsilon}(0) \tag{4-59}$$

因此有:

$$\| \tilde{e}(t) \| = \| e^{\bar{A}t}\tilde{e}(0) \| \tag{4-60}$$

因为$\bar{A}$是稳定的(赫尔维茨矩阵),因此存在$\exists \Gamma,\zeta>0$且$\Gamma,\zeta \in R$,使得$\| e^{\bar{A}t} \| \leqslant \Gamma e^{-\zeta t}$,这表明如果$t \to \infty$,则$\| e^{\bar{A}t}\tilde{\varepsilon}(0) \| \to 0$。

车辆队列的收敛时间主要由矩阵$\bar{A}$决定,因此车辆队列的收敛速度可以通过选择合适的控制参数α、β和γ来改变,以满足车辆队列系统收敛性能的要求。

三、Robobus 生态驾驶技术

Robobus 生态驾驶技术将先进的科技与可持续性理念结合,为公共汽车提供更智能、安全、高效、环保的驾驶方式,其核心是基于智能化系统的驾驶,通过使用摄像机、雷达等传感器,使公交车能够感知周围环境并进行半自动驾驶或自动驾驶,从而帮助车辆避开障碍物、保持车距、自动停车等,以提高行车的安全性。此外,通过优化车辆动力系统、采用可再生能源、实施节能设计,公交车辆可以降低能源消耗和排放,减少对环境的不良影响。

一般公交网络的总体框架如图 4-33 所示,由三个步骤组成:进入公共汽车站并等待乘客上下车,公交车前往下一个公交车站,停车等待红灯或绿灯直接通过。利用通信技术,能够提前知道下一站等待上车的乘客人数和交通灯的状态。一旦得到这些信息,就能够给予公交车驾驶员一个持续的速度引导,以提高交通效率,减少燃料消耗和尾气排放。Robobus 生态驾驶技术可以帮助公交车驾驶员更好地规划路线,提高公交系统的效率和可靠性,同时也有助于减少交通拥堵和环境污染。

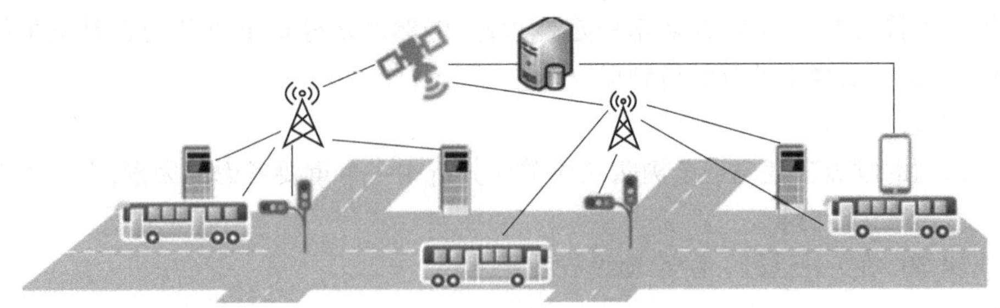

图 4-33 公交网络整体框架

城市路况下交叉口是车辆多制动、多怠速场景。应用智能网联车-路协同技术,可提前获取信号灯相时信息,进而制定相应的驾驶策略,规划出车辆通过路口时的生态速度轨迹,控制车辆达到减少能耗与排放的效果。车辆通过交叉口时,顶层规划决策系统结合车辆动力学模型和油耗模型,根据获取的路口信号灯相时信息和路口距离,应用相应的速度轨迹规划算法,综合规划出生态速度轨迹,再结合底层控制,实现车辆在交叉口的生态驾驶。综合国内外学者研究成果,速度轨迹规划算法主要分为数值法和解析法。数值法基于车辆的动力学模型和能耗模型,应用相应的优化算法,规划出满足相应约束的车辆生态速度轨迹。解析法应用最优控制理论,基于车辆能耗模型表达式,求解得出车辆能耗最低的最优控制车速。相比于数值方法,解析法通常有更快的求解速度。

在应用生态驾驶策略规划车辆生态速度轨迹时,由于交叉口其他车辆的动态干扰,车辆行驶安全性是需要优先考虑的因素。在规划车辆生态速度轨迹时,当目标车辆与前车车距小于安全车距时,需优先调整车速以满足安全车距的需求。当前车障碍解除时,再重新规划速度轨迹,或按照最初规划的速度轨迹行驶,以实现在满足车辆行驶安全的基础上减少能耗的需求。对于城市交叉口工况,车辆通过交叉口的时间是影响交通效率的很重要因素。由于能耗最优的生态驾驶策略有时会增加行驶时间,因此改进相应的生态驾驶策略,使车辆尽快通过路口,对生态驾驶的实际应用具有重要意义。如在车辆能加速通过路口时,采用车速允许范围内最高车速通过路口,或优化车辆通过路口时的车速,通过增加少量能耗,以减少车辆的通行时间,实现交通效率的提高。研究表明,驾驶行为的改善可以增加纯电动汽车30%的行驶里程。

在车路协同背景下,通过车-车、车-路通信,公交车在进站过程时可以得知距站点的距离和当前站内停靠的公交车数量。由于公交站点是固定的,可将该条线路上的站点信息、站台长度、该站台允许停靠的最大车辆数以及该站台内公交车停靠时间的历史平均数值等信息直接储存在系统中。在所有信息已知的前提下,优化公交车进站减速过程和出站加速过程。

1.进出站节能策略

1)进出站路段划分

将进出站过程划分为以站台为原点的接近路段和出站路段。接近路段指从上一个站台到该次停靠站台之间的路段,包括定速段及调整段,其中调整段可理解为进站过程。出站路段指驶出该站台到恢复经济车速 V_{eco} 时所行驶的路段,即恢复段。经济车速即单位里程能耗随车速变化的U型曲线中单位里程能耗最低的速度。相关研究表明,纯电动公交车的经济车速 V_{eco} 为36km/h。节能驾驶策略用于接近路段时,定速段为匀速段,以 V_{eco} 作为该段速度,加速度波动不超过 $\pm 0.15\mathrm{m/s^2}$。由于实际道路行驶时不可能存在完全的匀速行驶,众多学者定义瞬时加速度的绝对值不大于 $0.15\mathrm{m/s^2}$ 的行驶过程为匀速过程。根据实时车速、当前距站台的距离及当前站台内停靠公交车数目优化减速过程,以达到最大程度的能量回收;用于出站路段时,优化恢复到 V_{eco} 的加速过程。进出站路段划分如图4-34中所示。

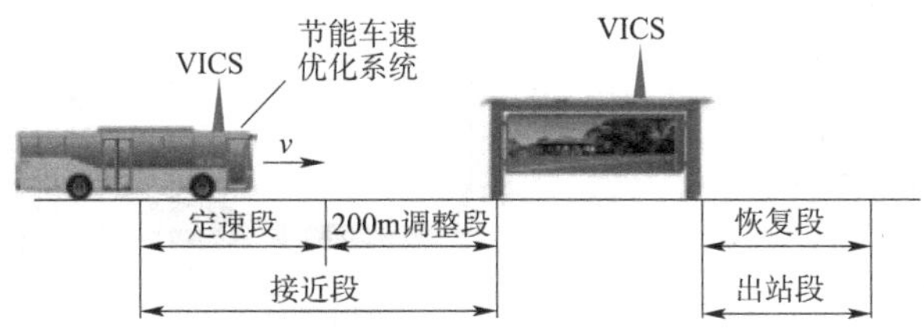

图4-34 进出站路段划分

2)进出站场景划分

划分公交车进出站场景时,为使研究对象更加明确,做以下假设:第一,公交车行驶在BRT车道上,在进出站过程中不考虑行人、非机动车以及其他社会车辆的干扰;第二,在进出站过程中仅考虑直线式公交站台,即在进出站过程中不考虑换道,且公交车辆不能并排停放;第三,公交车进站停车只停靠1次,即不存在公交车2次停靠等待乘客的现象。公交车在进站过程中不可避免减速停车,其车速变化如图4-35所示。

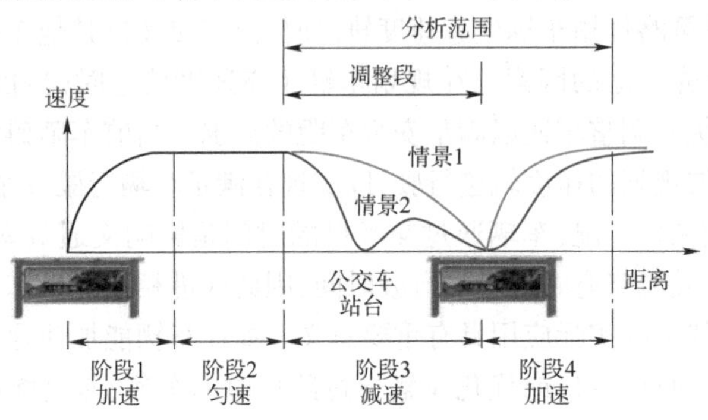

图4-35 进出站场景车速变化

3)加减速策略

(1)加速策略。分析车辆的一般加速过程,车辆在时间 t_0 到 t 过程中,速度由 v_0 加速到 v。速度 $v(t,\beta)$ 和行驶时间 t 之间的关系即为车辆的加速模式,可由匀加速关系式推导而出,即

$$v = v_0 + \left(\frac{t - t_0}{t_f - t_0}\right)^{\beta}(v_f - v_0) \tag{4-61}$$

式中,t_0 为加速初始时间 $t_0=0$;v_0 为初速度;v_f 为末速度;t_f 为加速结束时间;β 为加速特征参数,本书中 $\beta=0.2,0.4,0.6,0.8,1.6,2.0,3.0,4.0$。本节使用相同的加速时间研究加速模式对能耗的影响。不同的 β 下,速度和加速度随时间变化。当 $0<\beta<1$ 时,加速初期加速度较大,速度增加较快;加速即将结束时,加速度较小,速度变化较小,速度曲线呈凸形。当 $\beta=1$ 时,加速度在整个过程中保持不变。当 $\beta>1$ 时,加速初期加速度较小,速度增长缓慢;加速即将结束时,加速度值较大,速度增加较快,加速度曲线呈凹形。β 不同时速度、加速度随时间变化趋势如图4-36所示。

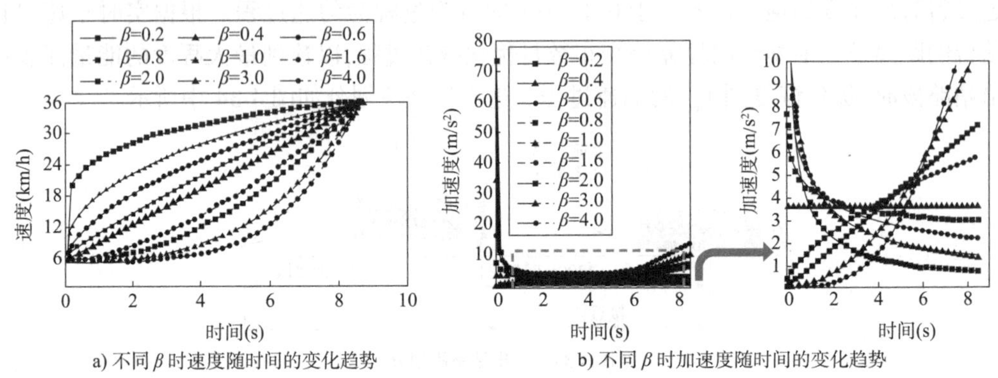

a)不同 β 时速度随时间的变化趋势

b)不同 β 时加速度随时间的变化趋势

图4-36 不同 β 时速度和加速度随时间的变化趋势

仿真计算车辆在30s内从0加速至36km/h的单位里程能耗值,如表4-5所示。随着 β 值增大,纯电动公交车在30s行驶的距离逐渐减小,单位里程能耗逐渐上升,由此推断,凸型

速度曲线($0<\beta<1$)比凹型速度曲线($\beta>1$)的单位里程能耗小,且β值越小,其所对应的单位里程能耗越低。因此,节能加速策略即选择合理的β值。

不同β值的单位里程能耗值　　表4-5

β值	行驶里程(m)	单位里程能耗(kW·h/km)	β值	行驶里程(m)	单位里程能耗(kW·h/km)
0.2	258.46	1.36	1.6	117.33	2.82
0.4	220.98	1.54	2.0	101.58	3.24
0.6	192.06	1.76	3.0	75.99	4.29
0.8	170.16	1.97	4.0	60.61	5.27
1.0	153.00	2.18			

(2)减速策略。假定公交车需要在特定时间内减速停车至站台,将减速距离和行驶时间作为约束条件,即

$$d=(v_1-v_t)/t \tag{4-62}$$

$$v_t=2s/t-v_1 \tag{4-63}$$

式中,d为减速度;v_1、v_t分别为减速初、末速度,在进站过程中末速度为0;s为制动距离(m);t为行驶时间(s)。

令d_{min}为公交车匀减速刚好至站台的减速度,大于d_{min}的任何减速度d值均有其相对应的匀速行驶段,即车辆到达距离站台200m时,由于交通条件允许,可匀速行驶的路段,之后再匀减速至站台停车。定义d_{max}为纯电动公交车的最大减速度,本节公交车运行的最大减速度为2.5m/s^2。恒减速模型如图4-37所示。对于任意$d\in[d_{min},d_{max}]$,有:

$$x-v_0t_1=v_0t_2+0.5dt_2^2 \tag{4-64}$$

式中,t_1为匀速时间;t_2为制动时间;x为进站距离。

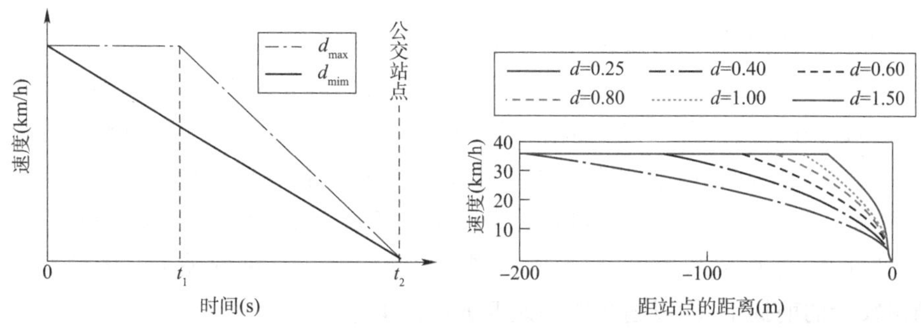

图4-37　恒减速模型

本节使用相同的进站距离研究减速模式对能耗的影响。取$x=200$m,初速度$v_0=36$km/h,则最小减速度为0.25m/s^2。在$d\in[d_{min},d_{max}]=[0.25,25.00]$范围内取$d$值,仿真获得单位里程能耗值见表4-6。由此可知,在相同进站距离和相同进站速度时,随着d值的增加,单位里程能耗逐渐增加,即随着减速时间的减少,纯电动汽车在减速过程中回收的能量逐渐减少,而耗能组件的能耗基本不变,当回收的能量不足以抵消耗能组件的能耗时,总能耗增加。

不同 d 值的单位里程能耗　　表 4-6

减速度 d(m/s^2)	减速时间(s)	匀速时间(s)	匀速行驶距离(m)	单位里程能耗(kW·h/km)
0.25	40.00	0.00	0.0	—
0.40	25.00	7.50	75.0	-0.2178
0.60	16.67	11.67	116.7	-0.2014
0.80	12.50	13.75	137.5	-0.1909
1.00	10.00	15.00	150.0	-0.1800
1.50	6.70	16.63	166.3	-0.1509

4)节能策略

在车辆接近站台过程中,应提前减速,以便恰好进站,出站时也要合理规划加速过程。那么,进出站节能驾驶策略的整体功能要求是:进站过程中尽量避免停车重新进站;与站内已经停靠的车辆保持一定的间距,以确保安全;加、减速过程中不能超过其约束条件;尽量降低能源消耗。根据我国公交车站台的设计标准,对于交通流量大的区域,直线式公交站台设计时允许同时停靠 4 辆公交车;对于交通流量小的区域,允许同时停靠 2 辆公交车,则场景划分以站内允许停靠的最大公交车数作为划分具体标准。根据站内停靠公交车的数量,设计节能驾驶策略如下。

(1)场景 1:站内无停靠车辆或停靠车辆未超过允许停靠的最大车辆数。

假设车辆以 V_{eco} 到达调整段时,站台无停靠车辆或者站内的停靠车辆数未超过最大允许车辆数,此时有三种驾驶策略。第一种,进入调整段时,以适当的减速度 d_1 减速至站内停车点。第二种,进入调整段后仍以 V_{eco} 行驶一段时间后以适当的减速度 d_2 停车。第三种,到达调整段后,先以减速度 d_3 将速度减小至某一速度,以该速度匀速行驶一段时间,再以减速度 d_4 进站停车。三种驾驶策略的公交车在出站时,在满足安全的前提下,均以适当的加速度加速至 V_{eco}。

(2)场景 2:站内停靠车辆数为最大停车数。

假设车辆以 V_{eco} 到达调整段时,站内的停靠车辆数为最大允许车辆数,即站台内暂时不允许车辆进入,则此时有三种驾驶策略。第一种,到达调整段后以适当的减速度 d_5 减速进入站台。第二种,进入调整段后以适当的减速度 d_6 行驶一段时间,之后以减速度 d_7 减速至刚好停车进站。第三种,到达调整段后,首先以减速度 d_8 减速至某一低速,然后以该速度匀速行驶一段距离,之后以减速度 d_9 减速至刚好停车进站。三种驾驶策略的公交车在出站时,在满足安全的前提下,均以适当的加速度加速至 V_{eco}。

(3)场景 3:站内停靠车辆数超过允许停靠的车辆数。

假设车辆到达调整段时,站内停靠车辆数超过最大允许车辆数,即站台不允许车辆进入,此时排队停车无法避免,则此时有以下 3 种驾驶策略。第一种,到达调整段后,以适当的减速度 d_{10} 减速至排队进站公交车队尾,当站台内允许进入时,重新启动进入站台。第二种,进入调整段后以适当的减速度 d_{11} 行驶一段时间,之后以减速度 d_{12} 减速至队尾,当站台内允许进入时,重新启动进入站台。第三种,到达调整段后,先以减速度 d_{13} 降至某一低速,然后以该速度匀速行驶一段距离，之后以减速度 d_{14} 减速至队尾，当站台内允许进入时，重新启动进入站台。三种驾驶策略的公交车在出站时，在满足安全的前提下，均以适当的加速度加速至 V_{eco}。

2. 仿真及结果分析

利用 AVL Cruise 验证节能驾驶策略的有效性并选取较优的速度曲线，通过单位里程能耗，进出站过程所花费的时间两个指标进行评价。站内和车辆的基本假设参数如表 4-7 所列。

站台和车辆的假设参数 表 4-7

基本参数	具体说明
调整段范围	调整段起点距离进站点 200m
站台类型	直线式公交站台
站台长度	22m
站台最大允许停靠车辆数 n	2 辆
车辆的最大加速度、最小减速度	最大加速度 $2.5m/s^2$，最小减速度，$2.5m/s^2$
进站减速时间、出站加速时间	进站减速时间 10s，出站加速时间 14s
车身长度	10m
安全距离	2m

根据本节采集数据分析，公交在站台停车时间均值为 30s，因此将 30s 作为一辆公交车在站台内停靠的最大时长，即发生公交车进站排队情况时，排队等候的公交车最多需要 40s 才能进入站台，包括：自车重新启动加速进入站台的时间和前车加速离开站台的时间。以下从采集数据中随机选取 3 个进出站片段，但保证 3 个片段分别满足 3 种场景的站内停靠车辆数目的要求，分别以 3 个进出站片段采取的进出站策略为自然驾驶策略，在保证仿真环境与实际驾驶环境完全一样的情况下，对比本节提出策略与自然驾驶策略的耗能情况和所花费的行驶时间。

场景 1：站内停靠公交车数量未超过最大允许停车数场景描述。公交车到达调整段时，站台内停靠车辆为 1 辆，小于最大允许停靠数量，出站时，在满足安全的前提下，恢复 V_{eco}。仿真结果如表 4-8 所列。其中，采用策略 1 行驶时，减速时间 40s，可直接进站；采用策略 2 时，匀速行驶时间 16s，减速时间 10s；采用策略 3 时，减速时间 19s，匀速行驶时间 18s。由表 4-8可知，在此交通场景下，策略 2 为较优的驾驶策略，即在调整段内先以 V_{eco} 行驶 16s，然后以 $1m/s^2$ 匀减速行驶 10s，恰好停车进站；出站时，遵循式(4-61)取 $\beta=0.6$，将速度在 14s 内恢复 V_{eco}。

场景 1 节能驾驶策略仿真结果 表 4-8

驾驶策略	行驶距离(m)	进出站总时长(s)	单位里程能耗(kW · h/km)	节约时间(s)	节能率(%)
自然驾驶	237.13	61	1.1300	—	—
策略 1	287.31	60	0.7934	1	29.30
策略 2	287.64	45	0.6279	16	44.43
策略 3	287.00	56	0.6863	5	39.53

场景 2:站内停靠公交车数量为最大允许停车数场景描述。公交车到达调整段时,站台内停靠车辆为 2 辆,为该站台最大允许停靠数量出站时,满足安全的前提下,恢复 V_{eco}。其中,采用策略 1,在调整段内减速时间 42s;采用策略 2,在调整段内减速时间 48s;采用策略 3,在调整段内减速时间 42s。3 种策略均能使公交车不停车进站。由表 4-9 可知,在交通场景下,策略 3 为较优的速度曲线,即公交车在暂不能进入站台的情况下,在进入调整段后以 0.80m/s² 匀减速行驶 7s 将速度降至 18.72km/h,然后保持 18.72km/h 匀速行驶 25s,再以 0.52m/s² 匀减速行驶 10s 进站;出站时,遵循式(4-61)取 $\beta=0.6$,将速度在 14s 内恢复 V_{eco}。

场景 2 节能驾驶策略仿真结果 表 4-9

驾驶策略	行驶距离(m)	进出站总时长(s)	单位里程能耗(kW·h/km)	节约时间(s)	节能率(%)
自然驾驶	271.51	58	1.0200	—	—
策略 1	286.35	59	0.8080	-1	20.78
策略 2	279.37	66	0.8673	-8	14.97
策略 3	279.46	59	0.7486	-1	26.61

场景 3:站内停靠公交车数量超过最大允许停车数场景描述。公交车到达调整段时,站台内停靠车辆为 3 辆,超过最大允许停靠数量,即有公交车在站外等待入站,排队无法避免,此时公交车按照节能驾驶策略行驶,出站时,在满足安全的前提下,恢复 V_{eco}。其中,根据假设一辆等待进站的公交车需 40s 进入站台,即假设自车到达调整段时,站台外已有排队公交车一辆,则自车从进入调整段起需 70s 才能进入站台。仿真结果如表 4-10 所列。其中,采用策略 1,公交车在调整段内减速时间为 37s,行驶距离 178m,此时车辆离站内停车点 20m,需等待 33s 进站;采用策略 2,从进入调整段到停车时间为 42s,行驶距离 184m,停车等待 28s;采用策略 3,从进入调整段到停车时间为 48s,行驶距离 174m,车辆需等待 22s。其中,重新加速进站花费时间 15s。由表可知,在交通场景下,策略 2 为较优的速度曲线,即公交车在不能避免排队等待的情况下,在进入调整段后以 0.30m/s² 匀减速行驶 20s,然后以 0.18m/s² 匀减速行驶 22s 停车至队尾,之后以 0.40m/s² 匀加速行驶 10s 提速至 13.5km/h 再以 0.80m/s² 减速进站;出站时,遵循式(4-61)取 $\beta=0.6$,将速度在 14s 内恢复 V_{eco}。

场景 3 节能驾驶策略仿真结果 表 4-10

驾驶策略	行驶距离(m)	进出站总时长(s)	单位里程能耗(kW·h/km)	节约时间(s)	节能率(%)
自然驾驶	255.12	94	1.1500	—	—
策略 1	286.56	74	0.9621	20	16.34
策略 2	292.66	76	0.9544	18	17.00
策略 3	282.42	82	1.0100	12	12.17

基于表 4-8 ~ 表 4-10 可得出 3 种工况下节能率较高的场景,则公交车进出站的节能驾驶策略如表 4-11 所列,其中 n 为最大允许值。

公交车进出站节能驾驶策略 表4-11

站内公交数目 m(辆)	节能驾驶策略数学公式	简述
$m<n$	$\int_0^{t0} V_{eco}dt+\int_0^{t1}(V_{eco}-a_{d1}t)dt=d_a+d_c(n-m)+2(n-m-1)$ $V_{eco}-a_{d1}t_1=0, t_1=10$ $v=v_0+(V_{eco}-v_0)(t/t_e)^{\beta}\beta<1, t_e=14$	先以 V_{eco} 匀速行驶 t_0 时间，然后以 $1m/s^2$ 匀减速行驶10s；出站时，取 $\beta=0.6$，将速度在14s内恢复 V_{eco}
$m=n$	$\int_0^{t0}(v_e-a_{d2})dt+\int_0^{t1}v_0dt+\int_0^{t2}(v_0-a_{d3}t)dt=d_a+d_c$ $v_0=v_e-a_{d2}t_0, v_0-a_{d3}t_2=0, t_2=10$ $40\leqslant t_0+t_1+t_2\leqslant 44$ $v=v_0+(V_{eco}-v_0)(t/t_e)^{\beta}\beta<1, t_e=14$	以适当的减速度匀减速行驶一段时间，将速度降至 v，然后匀速行驶，再以适当的减速度匀减速行驶10s进站；出站，取 β 为0.6在14s内恢复 V_{eco}
$m>n$	$\int_0^{t0}(v_e-a_{d4}t)dt+\int_0^{t1}(v_1-a_{d5}t)dt=d_a-d_c(m-n)-2(m-n+1)$ $v_1=v_e-a_{d4}t_0, v_1-a_{d5}t_1=0, t_0+t_1+t_s=70$ $\int_0^{t2}a_{d6}tdt+\int_0^{t3}(v_2-a_{d7}t)dt=(d_c+2)(m-n+1)$ $v_2=a_{d6}t_2, v_2-a_{d7}t_3=0$ $v=v_0+(V_{eco}-v_0)(t/t_e)^{\beta}\beta<1, t_e=14$	以适当的减速度 a_{d4} 匀减速行驶，然后以减速度 a_{d5} 匀减速至队尾，减速距离为调整段距离减去排队车辆长度；之后以适当的匀加速提速至 v，再以适当的减速度进站通车；出站，取 $\beta=0.6$ 在14s内恢复

注：1. $t_0, t_1, t_2, a_{d1}, a_{d2}, \cdots, a_{d7}$ 等值是在计算过程中的代指，仅表示时间，减速度等含义。

2. n 为最大允许值；v_e 表示车辆进站前的初速度；t_e 表示出站时的速度恢复时间；v_0 表示第一次匀减速后保持的速度；d_a 表示车辆到公交车站入口的距离；d_c 表示车辆长度。

四、Robobus 智能运营技术

截至目前，我国大多数地区的公交调度还停留在公交公司、公交下属子公司、公交车队独立运营的状态，即使运营在同一区域的来自不同车队的公交线路其调度作业也不一定相同。正是由于这种情况的存在，才会导致高峰期一些大流量站点十分拥挤，公交车进站困难，而在相对客流量较少的一些站点，又无法满足公交车的满载率，造成公交车运力的严重损失。此外，公交调度计划的制定，也主要来源于调度人员多年工作经验的积累，在公交排班上更是缺少对公交整条线路的客流量均衡度的考虑。种种问题制约着公交资源难以得到充分利用，严重影响了公交企业的社会效益，产生此现象的原因主要可以归纳为以下几点。

(1)多数线路调度方式单一，技术手段相对落后。

在我国多数地区，目前公交调度方式还是采用单一的定点发车、两头卡点的人为手工调度方式。只有在经济相对发达的一线城市及部分二线城市的快速公交上引进了较为先进的公交运营调度技术。虽然多数城市均在加快公交调度技术革新步伐，但是整体力度相对有限。

(2)调度方式以调度人员的经验为主,缺乏一定科学性与合理性。

目前很多公交公司制定调度计划时,仍然是凭借公交调度室调度人员的多年工作经验以及平时的客户满意度调查等进行统筹。虽然一定程度上可以解决一些站点的客流变化问题,但是由于客流本身具有流动性,一旦调度计划执行,则很难再根据各站点客流变化实时调整运营计划。

(3)调度优化目标单一,影响服务水平。

很多城市的公交公司在安排各个线路均受到车队规模、公交车数量、道路拥挤等多种情况限制,在线路优化方面首先以公交公司运营成本为主,其次考虑以人为本的社会公益性,因此有些线路的安排未能从出行乘客的利益出发,带来公交服务水平不高的负面影响。

以下介绍 Robobus 智能运营技术的主要内容与算法实现。

1. 智能运营技术

公交智能运营技术是一种综合的交通管理和公交系统优化技术,通过应用信息技术、数据分析和智能调度方法,旨在提高城市公交系统的效率、可靠性和可持续性。这些技术的综合应用可以帮助运营商更好地协调公交的运行、路线规划和乘客需求,同时提供更好的出行体验,减少拥堵,降低能源消耗,支持可持续城市发展。

如图 4-38 所示,总调度中心、分调度中心、车载数字化平台和 LCD/LED 显示屏站牌共同组成了公交智能运营系统。该系统的作用为:对公交车辆进行实时监控,借助通信网络对车辆进行实时调度指挥,并依据中心数据库信息编制行车时刻表,为合理配车提供可靠依据。总调度中心是整个公交调度系统的指挥部门,主要负责整个城市公交车辆的宏观调度管理工作,同时将分调度中心收集到的车辆运行数据进行归纳、整合、处理;路况数据、公交历史数据、路网交通情况等数据信息,可通过运用地理信息系统(Geographic Information System,GIS)软件进行转化,使其成为可利用的交通信息,最后通过信息网络将这些交通信息传递到每一个子系统。每一个子系统通过卫星定位系统与每辆公交车保持联系,从而实现实时监控,随时随地获取车辆运行状态的数据信息,并将这些数据通过信息网络传输至总调度中心。子系统的另一个作用是将总调度中心传输过来的数据通过综合业务数字网(Integrated Services Digital Network,ISDN)以及数字数据网(Digital Data Network,DDN)等手段输送给沿途的车站牌以及公交车辆的电子屏幕,这些信息主要包括站名、路况信息以及天气情况等,其中最主要的功能是通过卫星定位系统随时监测车辆状况,对车辆进行实时调度。公交车辆与调度中心的核心系统共同组合成车载的数字化平台,这是一个集多种功能于一体的现代化信息平台。通过 IC 卡实施数字化收费,能够按照实时情况进行语音报站,极大地方便了乘客。还可以通过智能系统对乘客人数进行监控,并经卫星定位系统传递到总调度中心。车站 LED 站牌是与分调度中心的系统连接在一起的,其主要功能是显示分调度中心传输过来的信息。公交智能化调度系统如同人体的中枢神经系统。在广泛采集相关信息资源的基础上,协调不同子系统的各自工作,并将每一个子系统的活动整合成为一个完整的工作过程,从而起到全面提升公交企业的运营效率和服务质量的作用。

从模块构成角度,公交运营调度系统主要包括调度模块、数据分析模块、车载终端模块、管理功能模块。

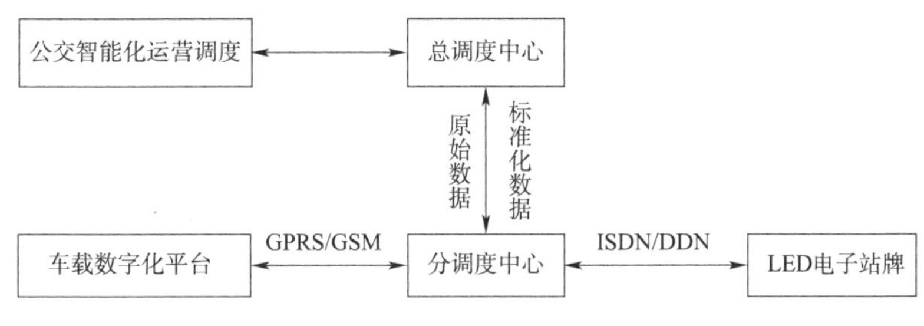

图4-38 智能公交运营系统结构

1)调度模块

调度模块是整个公交运营调度系统的核心模块,包括了行车作业计划、车辆和人员调派以及实时调度模块。行车作业计划的编制包含了定班定点计划以及有路况、客流等客观因素影响动态行车计划,车辆和人员调派模块不但可以根据每套定班定点行车计划自动生成对应此套车辆与人员调派需求,而且还可以对有外界干扰的动态行车计划进行车辆与人员的合理调派。实时调度模块则是根据行车作业计划以及车辆和人员调度结果并结合车辆上传数据对车辆进行调度,且可以根据突发情况自动进行发车调整。

2)数据分析模块

数据分析模块即为公交营运分析模块,也是整个公交运营调度系统的核心模块。数据分析模块与调度模块息息相关,调度完成后的输出包含了里程数据、运营分析数据及客流统计数据,系统会根据数据分析模块的分析结果反向影响行车作业计划以及车辆和人员调度系统,进而影响实时调度。

3)车载终端模块

车载终端模块同调度模块和数据分析模块组成公交运营调度系统。车载终端模块主要涉及客流采集、视频记录、GNSS/GPRS 车载定位系统及车辆其他信息等,主要用于与调度模块之间通信,提供相关数据给公交运营调度系统,达到合理智能调度的目的。

4)管理功能模块

公交运营调度系统管理功能模块的作用总结归纳为以下几项:

(1)行车计划的生成。管理功能模块定时读取下一天的调派单与定班定点计划,结合调派与行车计划,自动生成下一天的行车计划。

(2)行车计划的启用。待值班调度员上班后开启值班调度客户端,客户端自动弹出值班调度监控的线路行车计划,待值班调度员确认后,线路的行车计划正式启用。

(3)线路车辆实时运行情况的掌控。可以根据车辆的 GNSS 数据、GIS 数据结合车载视频系统实时分析出线路的车辆运行情况,包括车辆串车、大间隔、路阻、延误在线路;当道路状况发生改变时,能及时反映到调度客户端,提示调度员对线路的班次发车做相应的调整。

(4)实现车辆、站点、语音提示、LED 显示、各调度终端信息同步发布的功能。通过公交运营调度系统将发车信息在线路车辆包含站显示屏、对应车辆的车载化显示器及各调度终端显示。应有语音提示,待驾驶员在车载机上确定后取消提示;发车时应有声响(请发车)提示;站点显示屏应具备显示多辆车的发车提示信息的功能。

2. 公交智能运营算法

以下介绍基于需求响应的公交智能运营算法。

1) 问题描述

本小节给出的线路可偏移式需求响应公交服务模式如图4-39所示,根据预先收集的乘客预约情况,确定乘客预约需求量较多的固定站点和备选站点位置。在服务区域内规划连接所有固定站点的基准运营线路,备选站点分布在基准运营线路之外。公交车辆需依据乘客提出的乘车时间和地点要求,前往相应站点完成接送乘客出行的任务。

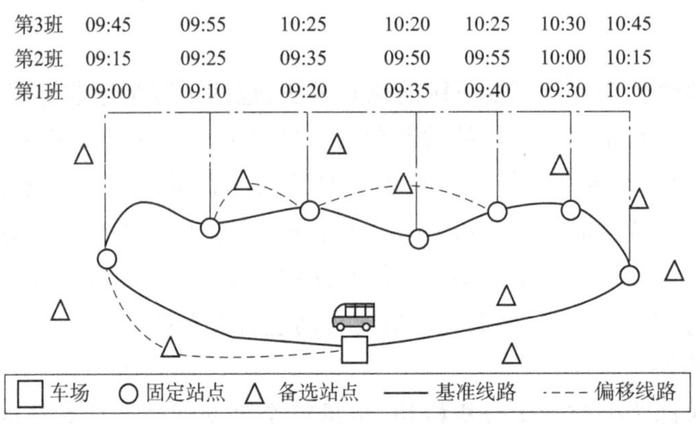

图4-39 服务模式

为提高运营调度效率,为服务区域添加服务时段划分层,即依据基准线路走向和长度,预估各固定站点间的运行时间,并基于乘客出行时间统计规律,初步划分服务时段与服务班次,乘客可选择合适的服务时间并提交预约信息,服务流程如图4-40所示。服务区域内的乘客在预约平台上提出预约请求,并选择上下车站点和上车时间。现有若干车辆从公交车场出发,为该服务区域内提出预约请求的部分乘客提供需求响应公交出行服务,需要根据乘客上下车站点位置和上车时间进行车辆路径规划,同时确定车辆的发车时刻及预计到达各站点的时间,并通知预约乘客乘车时间和预计到达时间。

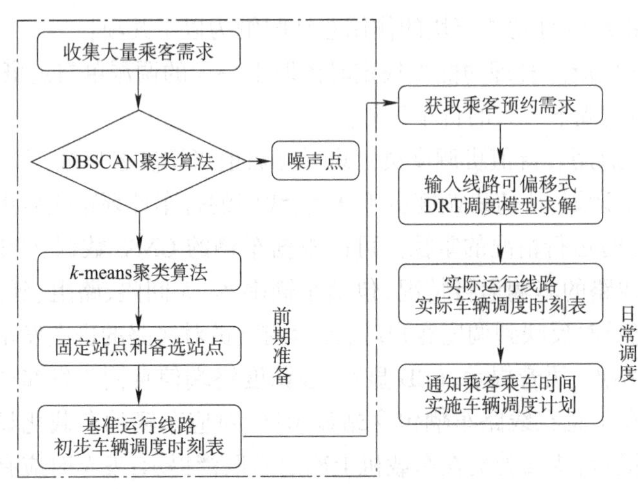

图4-40 服务流程

2)模型假设

线路可偏移式需求响应公交调度模型有如下基本假设：

(1)乘客须在车辆发车前提交预约信息；

(2)乘客提交预约信息后，不会更改或取消预约请求；

(3)除了被拒绝的乘客，其他所有乘客将严格按照通知信息在约定时间窗内上车，并在预约下车站点下车；

(4)乘客所需上车及下车时间保持恒定；

(5)车辆运行条件良好，不考虑交通拥堵、交通事故及交通信号灯的影响，车辆启动和停车制动损失时间保持恒定，车辆运行速度恒定；

(6)已知车辆车型与额定载客量；

(7)车辆均从车场出发，完成运送任务后，回到车场；

(8)为便于计算，以两点间直线距离作为车辆运行距离。

3)参数变量

设 x_{ij}为0-1 变量，当有车辆从站点 i 出发并到达站点 j 时，$x_{ij}=1$，否则 $x_{ij}=0$；c_0 为车辆的单位里程运行成本；Z 为调度优化目标函数；V 为区域内所有站点的集合；VG 为所有固定站点的集合；Q 为车辆的额定载客量；l_i 为固定站点 i 计划最晚发车时间；$t_{\max}$ 为基准线路相距最远的两个固定站点间的最长运行时间；ω 为拒绝预约需求数量的惩罚权重系数；d_{ij}为计算得到的站点 i 与站点 j 间的直线距离；t_i 为车辆到达站点 i 的时间；t_c 为一名乘客上下车所需的时间；v 为车辆在路段上的行驶速度；q_i 为在站点 i 上车的乘客数；d_i 为在站点 i 下车的乘客人数；u_i 为离开站点 i 后，车上的乘客总数；N 为所有站点总数；μ_i 为站点序号。

4)调度模型

(1)需求响应公交线路规划模型。线路可偏移式需求响应公交的基准线路规划模型为：

$$\min Z = \sum_{i \in V} \sum_{j \in V} c_0 x_{ij} d_{ij} \tag{4-65}$$

$$\sum_{j \in V} x_{ij} = 1, \forall i \in VG \tag{4-66}$$

$$\sum_{i \in V} x_{ij} = 1, \forall j \in VG \tag{4-67}$$

$$\mu_i - \mu_j + N x_{ij} \leqslant N - 1, \forall i,j \in VG, i \neq j, i \neq 0, j \neq 0 \tag{4-68}$$

$$x_{ij} = \{0,1\}, \mu_i \geqslant 0 \tag{4-69}$$

其中，式(4-65)表示基准线路规划模型的优化目标是企业运营成本最小化；式(4-66)和式(4-67)表示必有车辆经过固定站点，且只经过 1 次；式(4-68)表示运行线路不会迂回；式(4-69)表示变量的取值限制。

(2)需求响应公交调度优化模型。建立的线路可偏移式需求响应公交调度优化模型为：

$$\min Z = \sum_{i \in V} \sum_{j \in V} c_0 x_{ij} d_{ij} + \omega \sum_{i \in V} \sum_{j \in V} (1 - x_{ij})(q_i + d_i) \tag{4-70}$$

约束条件为：

$$\sum_{j \in V} x_{ij} = 1, \forall i \in VG \tag{4-71}$$

$$\sum_{i \in V} x_{ij} = 1, \forall j \in VG \tag{4-72}$$

$$\sum_{j \in V} x_{ij} \leqslant 1, \forall i \in V \tag{4-73}$$

$$\sum_{i \in V} x_{ij} \leqslant 1, \forall j \in V \tag{4-74}$$

$$\sum_{i \in V} x_{ip} - \sum_{j \in V} x_{pj} = 0, \forall p \in V, i \neq p, j \neq p \tag{4-75}$$

$$\mu_i - \mu_j + N x_{ij} \leqslant N - 1, \forall i, j \in V, i \neq j, i \neq 0, j \neq 0 \tag{4-76}$$

$$u_i + x_{ij}(q_j - d_j) = u_j, \forall i, j \in V, i \neq j \tag{4-77}$$

$$q_i \sum_{j \in V} x_{ij} \leqslant u_i \leqslant Q, \forall i \in V \tag{4-78}$$

$$t_j \geqslant t_i + x_{ij} t_c (q_i + d_i) + x_{ij} \frac{d_{ij}}{v}, \forall i, j \in V, i \neq j \tag{4-79}$$

$$t_i \leqslant l_i, \forall i \in VG \tag{4-80}$$

$$x_{ij} = \{0,1\}, \mu_i \geqslant 0, u_i \geqslant 0, t_i \geqslant 0 \tag{4-81}$$

其中,式(4-70)表示线路可偏移式需求响应公交调度模型的优化目标为企业运营成本和拒绝预约需求数量最小化;式(4-71)和式(4-72)表示必有车辆经过固定站点,且只经过1次;式(4-73)和式(4-74)表示对于区域内所有站点,车辆至多到达并离开1次;式(4-75)表示站点 p 的前后状态一致,即有车辆到达并离开或无车辆经过该站点;式(4-76)表示运行线路不会迂回;式(4-77)表示车辆离开站点 j 后车上的乘客数量;式(4-78)表示车上的乘客数量始终小于车辆的额定载客量,并且大于在该站点上车的乘客数;式(4-79)表示被服务站点 i 和 j 之间的时间关系,车辆到达站点 j 的时间不会早于车辆离开站点 i 的时间、站点 i 乘客上下车花费时间及路段 i、j 间行驶时间之和;式(4-80)表示固定站点 i 的发车时间不晚于其最晚发车时间;式(4-81)表示变量的取值限制。

5)模型求解

(1)线路规划模型求解。对需求数据进行筛选与聚类处理,确定固定站点和备选站点,从而提高需求响应公交路径规划效率,并降低计算成本和运营成本。由于 k-means 算法聚类结果受极端值影响较大,提出结合 DBSCAN 和 k-means 算法的 D-k-means 聚类算法。D-k-means 算法可分为两个阶段:①使用 DBSCAN 聚类算法对原始需求点数据进行预处理,将需求点分为可聚类的点集与噪声点点集;②使用 k-means 算法对可聚类的点集进行聚类计算,将计算结果作为固定站点和备选站点。D-k-means 算法的步骤如表4-12所列。

D-*k*-means 算法步骤 表4-12

输入	区域乘客历史出行点、预约出行点数据集 A;参数邻域半径 δ 和最小数据点阈值 Minpts,参数聚类数目 k
输出	聚类中心点坐标
步骤1	计算数据集中每个点与其他各点间的距离
步骤2	选取数据集中任意一点,若该点 δ 邻域内点的数量大于阈值 Minpts,则将该点标记为核心点[class(i) ≥1],并将其邻域内点划为一类[class(i) ≥0],否则将该点标记为噪声点[class(i) = −1]

续上表

步骤 3	重复步骤 2,直至所有点都被划分为类或被标记为噪声点
步骤 4	剔除数据集中的噪声点
步骤 5	选取包含核心点在内的 k 个点作为初始中心点
步骤 6	计算中心点和其他各点间的距离,将新数据集中的每个点划入与之距离最近的类
步骤 7	计算 k 类数据点中新的中心点
步骤 8	重复步骤 6 和步骤 7,直至每一类中每个点与中心点之间的平方距离和收敛,所有数据点被划分入某一类并不再发生变化

(2)运营调度模型求解。Gurobi 是一种大规模优化求解器,具有良好求解性能。通过编写 python 代码调用 Gurobi 优化求解器对调度模型进行求解。模型求解步骤如表 4-13 所列。

Gurobi 算法步骤 表 4-13

输入	各站点位置、及乘客上下车人数与时间等信息
输出	模型结果
步骤 1	调用 Model、GRB 和 quicksum 模块
步骤 2	创建模型
步骤 3	使用 addVar 设置变量和参数
步骤 4	使用 setObjective 和 MINIMIZE 创建企业运营成本和拒绝预约需求数量最小化目标函数
步骤 5	使用 addConstr 添加约束条件
步骤 6	使用 optimize 求解模型最优解

6)实例分析

为验证本模型的有效性,以我国广东省揭西县南部地区为例进行案例分析。通过互联网和实地调研的方式从揭西县南部获得部分乘客需求点地理位置信息,使用 DBSCAN 算法对乘客需求点数据进行预处理,将数据点划分为可聚类点和噪声点,使用 Matlab 软件绘制计算结果,如图 4-41 所示。使用 D-k-means 算法筛选出 6 个噪声点,依据 DBSCAN 算法聚类结果和实际情况,取 $k=4$,得到需求响应公交固定站点和备选站点,将固定站点和场站位置输入基准运行线路规划模型进行求解,得到基准运行线路长度为 36.57km,如图 4-42 所示。

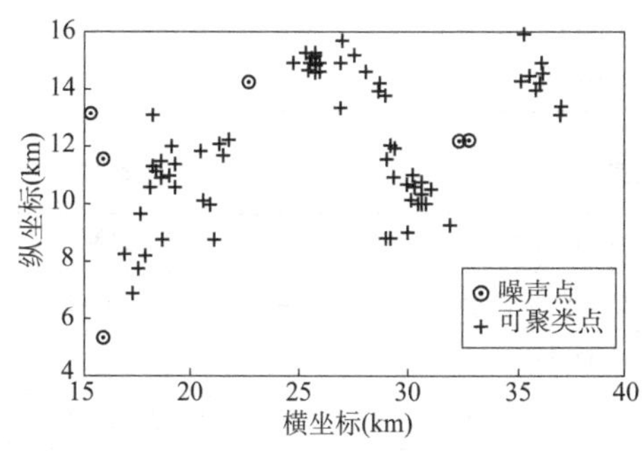

图 4-41 乘客需求点位置

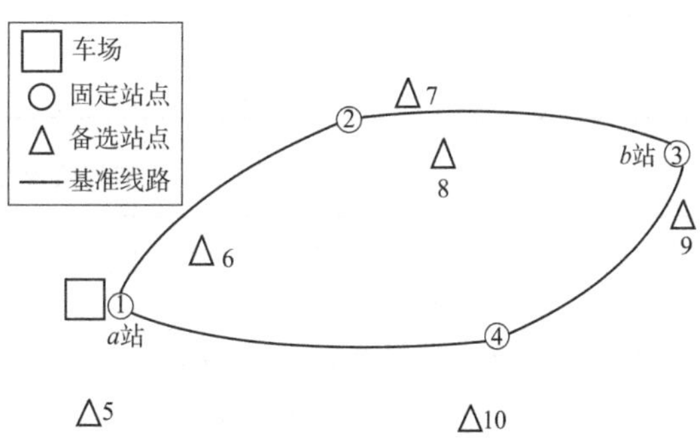

图 4-42 基准运行线路

根据基准运行线路的长度和乘客在07:00—09:00的预约需求情况，假设车辆的运行速度为40km/h，得到初始车辆调度时刻表，如表4-14所列，将乘客出行需求以站点序号表示，如表4-15所列。

初始车辆调度时刻表 表4-14

上行班次	上行站点				下行班次	下行站点			
	站点1	站点2	站点3	站点4		站点1	站点4	站点3	站点2
1	07:00	07:15	07:30	07:45	1	07:00	07:15	07:30	07:45
2	07:15	07:30	07:45	08:00	2	07:15	07:30	07:45	08:00
3	07:30	07:45	08:00	08:15	3	07:30	07:45	08:00	08:15
4	08:00	08:15	08:30	08:45	4	08:00	08:15	08:30	08:45

乘客出行需求统计 表4-15

车辆班次	出行站点需求	合计
1	(1,2)4(1,3)1(1,4)4(1,7)2(2,1)1(2,6)1(3,5)1(3,2)2(3,4)2(3,6)1(3,8)2	21
2	(5,2)2(5,4)1(5,8)1(1,4)1(2,3)2(4,3)1(4,5)1(4,1)1(4,9)1(6,8)2(2,1)1(8,2)1(2,10)1(5,10)1(10,4)1	18
3	(5,2)3(1,5)1(2,1)1(2,3)1(2,9)1(3,2)1(4,3)2(6,2)1(6,4)1(6,8)2(8,5)1(9,1)1	16
4	(4,1)2(6,1)2(6,7)1(8,1)1(8,6)1(9,2)1(9,4)1	9

将各时段乘客需求数据输入线路可偏移式需求响应公交调度模型，取拒绝预约需求数量的惩罚权重系数$\omega=1$，得到车辆运行线路及实际调度时刻如表4-16和表4-17所列。

上行班次调度时刻表 表4-16

上行班次	站点1	站点2	站点3	站点4	到达备选站点的时间	实际运行线路
1	07:00	07:14	07:30	07:42	站点6,07:17;站点5,08:01	1—2—6—3—4—5
2	07:05	07:23	07:39	07:50	站点5,07:10和08:09;站点6,07:15;站点8,07:27	5—1—6—2—8—3—4—5
3	07:30	07:44	08:02	08:14	站点6,07:36;站点8,07:5;站点9,08:04	1—6—2—8—3—9—4
4	08:00	08:12	08:28	08:40	站点6,08:06;站点7,08:15;站点9,08:30	1—6—2—7——3—9—4

下行班次调度时刻表 表4-17

下行班次	车场	站点4	站点3	站点2	到达备选站点的时间	实际运行线路
1	07:00	07:19	07:28	07:47	站点8,07:42;站点6,07:55	4—3—8—2—6—1
2	07:05	07:29	07:42	07:58	站点5,07:09;站点8,07:53;站点9,07:40	5—4—9—3—8—2—1
3	07:30	07:55	08:07	08:23	站点5,07:35;站点9,08:05	5—4—9—3—2—1
4	08:00	08:17	08:29	08:45	站点9,08:27;站点8,08:40;站点6,08:51	4—9—3—8—2—6—1

以上述 64 位乘客需求为例进行分析，假设车辆行驶速度为 40km/h，额定载客量为 7 人，固定成本为 5 元，变动成本为 1 元/km，每名乘客所需上下车时间为 15s，对常规公交、站点优化 DRT(on-demand rapid trasit，需求响应公交)和区域灵活式 DRT 服务效果进行对比，结果见表 4-18 所列。其中，常规公交、线路可偏移式 DRT 及区域灵活式 DRT 的服务乘客比例分别为 92.2%、95.3%及 100%；常规公交的运行线路连接了 4 个固定站点和 6 个备选站点(站点 5 至站点 10)；区域灵活式 DRT 响应了区域内所有乘客的需求。

三种公交服务模式效果 表 4-18

服务乘客批次	常规公交		线路可偏移式 DRT		区域灵活式 DRT	
	运营成本(元)	运行时间(min)	运营成本(元)	运行时间(min)	运营成本(元)	运行时间(min)
1	94.8	133	88.1	127	98.3	136
2	94.8	130	102.7	144	106.8	151
3	94.8	131	89.5	127	102.2	137
4	94.8	129	85.2	115	94.4	116
合计	379.2	523	365.5	513	401.7	540

本算例通过服务乘客比例、运营成本及运行时间指标对 3 个系统的性能进行对比，结论如下：①常规公交可服务于公交站点周边 1km 的乘客，且无需乘客预约，但其服务比例较低，为 92.2%，无法满足部分乘客的特殊预约需求，如第 2 批次内从站点 5 出发的乘客和其他站外上下车的乘客；②线路可偏移式 DRT 的服务比例为 95.3%，无法服务位置偏远的乘客；③区域灵活式 DRT 的服务乘客比例为 100%，可为服务区域内所有乘客提供接送服务，且不需要乘客前往服务站点。

以第 1 批次服务为例对运营成本和运行时间进行说明。常规公交运营线路运营成本为 94.8 元，服务总运行时间为 133min；站点优化 DRT 运营成本为 88.1 元，服务总运行时间为 127min；区域灵活 DRT 运营成本为 98.3 元，服务总运行时间为 136min。可见，站点优化 DRT 服务模式性能最优，且相较于区域灵活式 DRT 优势更为明显，运营成本由 98.3 元降为 88.1 元，下降了 10%；运行时间由 136min 降为 127min，下降了 7%。此外，站点优化 DRT 求解时间平均约 1s；区域灵活式 DRT 求解时间波动较大，在需求数量较多时，求解时间较长，达到 220s。

[小结]

在本节中深入探讨了公交领域中的关键技术，包括公交编组技术、公交生态驾驶技术以及公交智能运营技术。首先，公交编组技术是一种提高公交系统效率和减少交通拥堵的创新手段。通过自动驾驶和智能协同控制，公交车辆能够以更紧密的编队行驶，减小车辆间距，提高道路容量，从而优化城市交通流。其次，公交生态驾驶技术是一项注重能源效率和环境友好的技术。通过实施节能设计，公交车辆能够更有效地利用能源，减少尾气排放，为城市交通的可持续性发展作出贡献。最后介绍了公交智能运营技术，通过应用信息技术、数据分析和智能调度方法，致力于提高城市公交系统的效率、可靠性和可持续性。智能调度方法通过最优化车辆运营计划、优化线路布局等方式，使得公交系统更加灵活和高效。

第三节　Robologistics 相关技术

Robologistics 是将机器人技术与物流领域相结合的领域，旨在提高物流和供应链管理的效率和自动化程度。本节主要对 Robologistics 相关的技术进行探讨，共介绍四部分内容：一是 Robologistics 的定义、特点和发展等相关知识；二是园区/厂区等封闭区域的 Robologistics 技术；三是物流路径规划经典算法；四是物流运输中的干线列队控制技术，该技术旨在提高运输效率和降低成本。本节内容结构如图 4-43 所示。

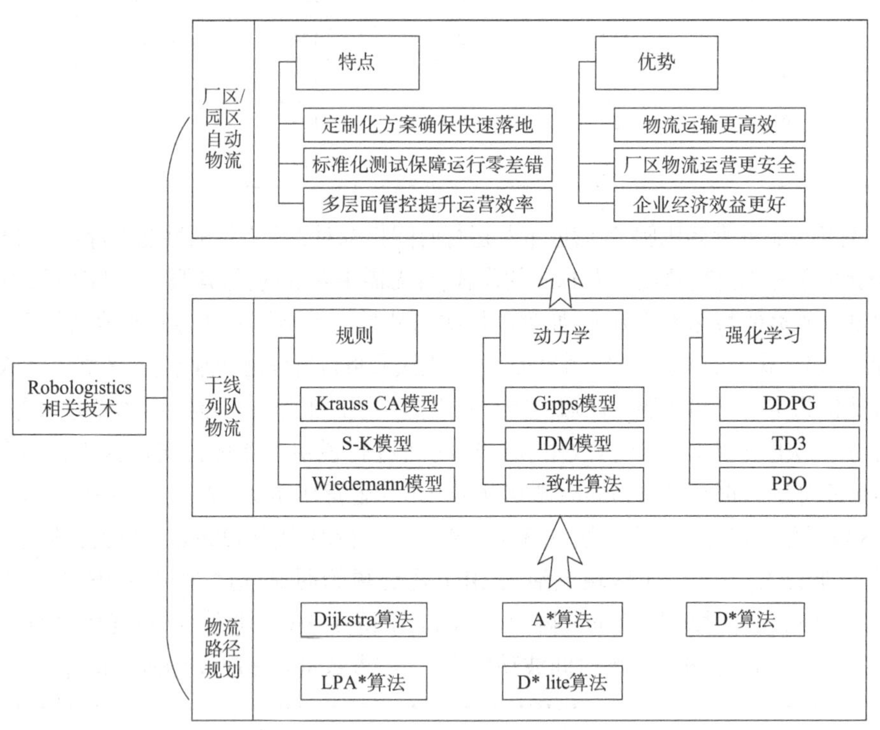

图 4-43　Robologistics 章节结构

一、Robologistics 概述

随着智慧物流的不断发展，智能化仓储、分拣、输送等大规模应用，物流行业“小时达”“分钟达”等服务不断刷新着人们对快递速度的认知。2022 年全国智慧物流市场规模近 7000 亿元，5 年平均增速达到 13.1%。随着智能化与自动化的发展，各行各业对自动化智能化的需求逐渐增加，尤其体现在生产制造行业。为了改善生产制造体系的运输效能，从而提升整体制造体系的生产效率，智能物流车应运而生。智能物流车的诞生不仅完成了一些人类无法完成的任务，同时也给人们的生活提供了许多方面的便捷。

图4-44为部分企业推出的自动驾驶物流车，这些自动驾驶物流车都能够在特定场景下进行高级别的导航任务，菜鸟自动驾驶实验室部署的自动驾驶物流车已经于2020年11月在校园内全面铺开无人配送；京东X事业部研发的自动驾驶物流车能够准确识别交通标志，并能够避让行人和车辆，在城市道路实现自动驾驶；新石器发布的自动驾驶车同样具备城市道路自动驾驶功能；2020年9月达摩院自动驾驶实验室发布了自动驾驶物流车“小蛮驴”，能够对周围100个行人及车辆的意图进行预测，预测时间仅需10ms。

a) 菜鸟自动驾驶物流车

b) 京东自动驾驶物流车

c) 新石器自动驾驶物流车

d) 达摩院自动驾驶小车

图4-44 各企业推出的自动驾驶物流车

2020年2月国家发改委、交通部等11个部委联合发布《智能汽车创新发展战略》，确认应顺应新一轮科技革命和产业变化的趋势，促进行业抓住智能化发展的战略机遇期，加快推进智能物流汽车创新发展。在物流园区的应用方面，2020年6月，庆铃集团正式推出L3级5G自动驾驶物流车，交付给寸滩保税港区空港物流园，正式投入使用，开启了国内园区智慧物流自动驾驶技术的先导示范应用。在海港应用方面，2018年4月全球第一款自动驾驶电动港口牵引车正式在天津港进行试运行；随后，便实现了全球首次25辆自动驾驶电动卡车集群式整船作业。2020年9月，天津港又率先将完全自动驾驶技术，即L4级别自动驾驶，应用于港口物流枢纽的作业场景中。在城市末端配送方面，菜鸟网络发布了全球首款融合固态激光雷达技术的自动驾驶物流车GPlus，提高了对复杂环境的感知能力，确保自动驾驶物流车在复杂路况下的安全通过性能，并极大地降低物料成本、人力调校成本等。

“十三五”时期，全球信息技术革命持续迅猛发展，“互联网+”和大数据上升为国家战略，交通运输成为移动互联网等新兴技术重点应用领域。小马智行、百度Apollo等自动驾驶头部企业与一些物流公司合作，进行了自动驾驶卡车的试点项目，成功完成了长途货运任务,推进更新自动物流车辆技术。滴滴智能物流利用自动驾驶技术和智能调度算法,实现了货物的智能配送和仓储管理,提高了物流运输的效率和质量。京东的“地狼”智能拣选和搬运机器人颠覆了传统“人找货”模式,转变为“货找人”模式,只需要在工作站通过电脑操作,货物就会由“地狼”托举着送到站点,减轻了操作人员的作业强度,效率也提升了三倍以上。Waymo 公司在美国亚利桑那州开展了自动物流的实际运营测试,成功将货物从一个仓库运送到另一个仓库;TuSimple 在美国多个州进行了自动驾驶卡车的试点,并与一些大型物流公司合作,完成了项目任务;Einride 开发了名为“Pod”的自动驾驶货运车辆,这些车辆可以在封闭的物流中心和工业区域内进行自动驾驶运输,已经在瑞典的一些物流中心进行了实际应用。

编队行驶是自动物流技术的关键技术之一,能够极大地提升自动驾驶的生产效率、行驶安全性和运营经济性。首先,采用编队行驶技术的车队,能够在行驶时减小车头时距,提升运输速度,进而节约时间和成本。同时,基于高精度的传感器和高速低延时的通信网络,编队行驶技术可大幅甚至成倍提高通行能力,缓解交通拥堵,提高行驶效率。其次,卡车编队行驶技术可以通过传感器精度、智能网联水平的提升实现实时的信息共享,减少人为失误和驾驶员疲劳带来的风险,降低甚至避免碰撞风险,提高行驶的安全性,与此同时在编队内的车辆还可以极大减少单车感知的范围盲区。最后,编队行驶技术利用 V2X 通信连接同向行驶的车辆,跟随车辆可以实时获取前车加速、制动、转向等信息,并在最短的时间内作出反应,从而尽可能地缩短跟车距离,使两车之间形成“气流真空区”,有效降低空气阻力。由此,后面尾随的卡车能够以最小的风阻行驶,从而减少燃料消耗、减少对环境的影响。

早在 2011 年,沃尔沃就率先提出车辆编队行驶的概念。2016 年,在全球首次跨国界测试——欧洲卡车编队行驶挑战赛上,恩智浦、达夫卡车、TNO 汽车、里卡多等多家公司,通过采用 V2X、摄像头和雷达等先进感知技术,将编队中跟随车辆的跟车时距(车距/当前车速)缩短至 0.5s。2017 年,进一步将跟车距离再减少 40%。2019 年 7 月,大陆集团联合克诺尔进行商用车编队行驶项目测试。我国的中国第一汽车集团有限公司(简称一汽)、上汽等主机厂,主线科技等新势力着力研发编队行驶,并做到了在示范区域的实车落地。

但编队行驶目前仍存在着许多技术难点,导致其落地速度未达业界预期。首先作为保障编队行驶通信的 V2V 技术,由于大多工作在高频段,对于建筑物等遮挡障碍物的绕射能力比较差,因而需要通过重复广播或者冗余机制来辅助解决。此外,V2X 技术与传感器之间的数据融合是必须的,在两者的重合区域内,如果出现信息差异,以何为准,又或者是如何互相验证,必须有相应机制。当前,摄像头、毫米波雷达、激光雷达之间融合尚未成熟,与 V2X 的融合更面临重重困难。其次,编队行驶目前看来主要适用于相同配置的车型,如果编队内的车型配置差异较大,则需要进行针对性调参,在技术难度上升的同时也增加了不确定性。最后便是隐私安全问题,不同车辆之间的信息传递不仅涉及隐私的加密安全,同时需要保障通信机制具备足够强大的抗干扰能力,以防止在行驶途中受到黑客的攻击,避免车辆面临安全方面的风险。

物流汽车的智能化应用前景极为广阔,但目前发展也面临诸多障碍。复杂路况情景下的自动驾驶技术尚待进一步突破,车联网等核心技术的标准尚待健全,高效通信及传输系统技术的完善等尚待加强，大数据、人工智能等技术在智能网联、自动驾驶技术等领域的应用需要更多的政策支持、研发投入，技术成熟也需要通过持续的发力来实现。

二、Robologistics 技术

厂区/园区作为最有可能率先实现完全自动驾驶的区域，宜作为智能汽车出行/运输服务的优先落地场景。针对上述传统人工驾驶物流运输方式面临的挑战，上汽通用五菱汽车联手驭势科技，采用自主研发的自动驾驶物流解决方案，建成国内第一条自动驾驶物流线路。该线路以宝骏新能源自动驾驶物流车作为运输载体，率先在宝骏基地实施，河西基地也在 5 个月后快速开启自动驾驶物流常态化运营，实现了宝骏基地与河西基地自动驾驶物流车的批量覆盖。

在此项目中，自动驾驶物流车主要承担基地内仓库之间的零部件运转工作，具体流程为：当仓库有运送货物需求时，运营人员在手机移动端点击按钮，一键召唤自动驾驶物流车前往取货；到达取货地点后，由人工将货物装入自动驾驶物流车上的货舱；装载完毕后自动驾驶物流车根据配送地点、拥堵路况等信息，自主规划行驶路线，安全、可靠、准时地将货物运输到配送地点；当行驶途中发现障碍物时，可实现自动避障。

抵达配送地点后，自动驾驶物流车将自动行驶到调配站点，等待后续调度或者行驶到自动充电地点，自主泊车并自动充电。此外，整个运输过程中，运营人员都可以在运营平台对所有车辆状态进行监控，无需人工操作。截至 2021 年 1 月，该项目累积建成 20 多条自动驾驶物流路线，常态化运营的自动驾驶物流车达到百台规模，总行驶路程达 30 万 km。

该项目具有如下特点：

(1)定制化项目方案，可快速落地。

针对上汽通用五菱宝骏基地和河西基地所定制的自动驾驶物流解决方案，是由具备 L4 级自动驾驶能力的自动驾驶物流车和一套功能强大的云端智能运营管理系统构成。

自动驾驶物流车由宝骏新能源车改造而成，大大降低了设备投入成本与应用门槛。车内搭载驭势科技自主研发的嵌入式车规级智能驾驶控制器，可通过融合部署在车身周围的激光雷达、摄像头、超声波雷达等多类传感器的感知数据，结合驭势科技全栈自主研发的 L4 级自动驾驶核心算法，可实现全场景、全天候、全方位的实时环境感知、厘米级的高精度定位、高可靠的行为决策与高稳定的车辆控制，从而保障实现在多种复杂工厂场景下的自动驾驶。

另外，借助云端智能运营管理平台，基于一个安全可靠的车联网架构，构建全方位的云端应用与服务，为厂区、自动驾驶物流运营提供多车协同、调度、远程控制、数据分析等功能服务，大大提升自动驾驶物流运营的管理效率与安全性。

更重要的是，企业无需投入额外的资金与时间进行厂区基建改造，仅投入自动驾驶物流车辆，即可快速实现物流运输线路的扩展与调整，并实现与现有物流和运输环境的无缝衔接。

(2)标准化测试严格保障运行零差错。

为了保障自动驾驶物流车的安全运行,需要一套完整的安全框架体系,以及测试、发布流程,需要产品百分百符合安全设计,并通过严格测试。

目前驭势科技已经有数百台自动驾驶车在全国不同地方长期运行,这些自动驾驶车每天都会产生海量数据,其中覆盖了丰富的复杂交通场景和大量的其他交通参与者的交互。基于这些真实的路测数据可以建立丰富的测试案例样本库,所有发布的版本包括自动驾驶物流车项目,都通过使用这些测试样本库进行回归测试和自动驾驶车场景优化测试。

此外,还需要通过智能驾驶仿真系统,搭建海量无法在真实环境模拟的场景,模拟各种恶劣天气;其场景效果、交通环境、传感器输入都可以真实模拟实际环境。基于仿真平台,可加速训练自动驾驶物流车在各种复杂场景下的行驶优化。只有测试项目的自动驾驶算法顺利通过仿真系统中的所有测试关卡考核之后,才会将自动驾驶软件交付给实车验证人员,开启下一阶段在真实运营环境的模拟测试场的验证工作。

在通过仿真测试系统和真实运营测试场的考核检测之后,自动驾驶物流车将在上汽通用五菱厂区进行真实运营场景内的长期测试,在无安全员的测试中完成大量无人工干预的自动驾驶带负载循环行驶,并且运营效率要达到正常级别以上。通过标准化流程考核之后,厂区内的自动驾驶物流车方可进入实际运营阶段,为厂区内零部件的运转传输提质增效。

(3)多层面管控,大规模提升运营效率。

在上汽五菱通用工厂基地内,自动驾驶物流解决方案可实现指定物流区域内全天候、全功能的自动驾驶物流运输,全程自主规划行驶路径,并在行驶中实现自动避障、自主泊车等功能。同时,借助功能强大的云端管理平台为自动驾驶物流提供远程控制、数据分析等服务,有效提升管理效率及安全性。

在实际系统运行中,为了实现"整车级"的安全运行,自动驾驶物流车进行了正向设计,并实现涵盖传感器、自动驾驶控制器、车辆电源、执行机构等部件的全栈冗余,在此基础之上,还提供了远程的监控系统,用户可以实时监视自动驾驶物流车的运行,并能够随时接管和控制。各个层面的监管和控制,保障厂区内的自动驾驶物流车在任何情况下都可以稳定运行,提升运营效率,完成运营指标。

通过引入自动驾驶物流解决方案,上汽通用五菱基地内仓库之间零件运转的效率大大提升。尤其在新冠疫情防控期间,自动驾驶物流解决方案不仅解决了人力紧缺的问题,并通过无人化、程式化作业,在输出稳定可靠运力的同时,真正实现了物流"零接触",有效降低因接触产生的交叉感染风险,对上汽通用五菱生产稳中向好发展起到了积极作用。

总的来看,该项目主要实现了以下效果。

(1)物流运输更高效:①7 ×24 小时全天候运作有效提升运力,且响应更快、更精准,流通更顺畅,让物流运输更贴合生产经营节奏,实现物流运输效率的最大化。②厂区中自动驾驶物流车可实现长距离、载重大、速度快的运输节奏,并且全程云端数据管理,持续稳定地响应执行任务,结合车辆调度、数据分析等功能服务,物流运输更加简约高效。

(2)厂区物流运营更安全:①方案采用符合功能安全的 L4 级自动驾驶系统,并配备软硬件多重冗余的安全机制,同时结合远程监控及 RSU,可全程实现监视车辆运营状态、进行远程操作,保障物流运输安全。②经过模拟环境与真实场景中的大量安全测试与验证,自动驾驶物流车方案在运行过程中可实现严谨且高标准的厂区运转工作流程,为员工创造更加安全、舒适的工作环境,保障运维安全。

(3)企业经济效益扩大:①自动驾驶物流解决方案可有效优化或减少人力资源、土地空间资金投入,在人工成本方面可实现薪资成本、管理培训成本的大幅下降,单条运输线路可节省全部人力驾驶员成本。②自动驾驶物流车作为固定资产一次性投入,运营成本合理可控,可有效应对因人工成本、管理培训成本逐年递增,而导致成本快速增长的问题。

三、物流路径规划

除了一些固定场景环境下的物流服务技术,在仓库之间点到点的货车物流规划方面,也存在许多创新研究。其中,减少货运损耗、降低货运成本的路径优化问题研究是研究的热点。下文简单介绍了基于点对点货车物流运输应用的 A * 算法和基于 A * 算法的一种优化后的路径算法。

1. A * 算法

以货车运输路径优化为例,如图 4-45 所示。

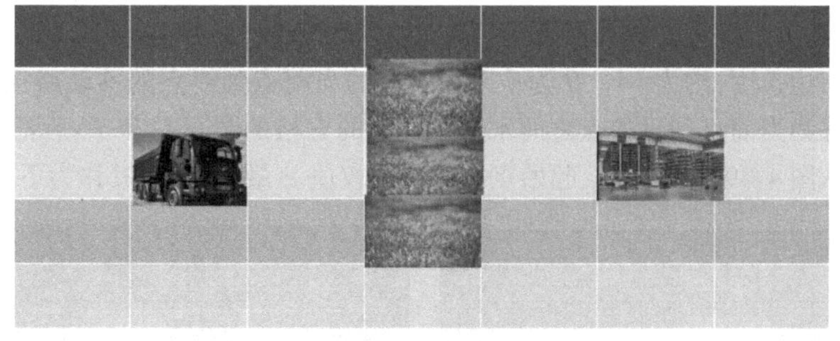

彩图
(图 4-45)

图 4-45 货车运输示意图

为了使得该货车在不经过中间草丛障碍物的前提下以最小路径到达对面的仓库货站,采用 A * 算法进行求解,求解过程如下。

1)将实际问题抽象化为矩阵表示

抽象出的矩阵如图 4-46 所示,其中 A 区域表示该货车所在的网格点,B 区域表示仓库,中间 C 区域表示障碍物草坪,黑色区域表示可产生路径的区域。

2)以起点为中心寻找到下一节点

如图 4-47 所示,以起点为中心与之紧密相邻的 8 个点是其所寻路径上可到的下一点,且都以指针的形式将中间当前点作为与其紧邻的周围点的父节点。对于这 8 个点,选择寻路的下一个起点的方法是,在 A * 算法中建立两个列表,一个为备选列表,用于存储所有当前点的可到点(除去已经在已选列表中的点、障碍物点),另一个为已选列表,用于存储已经到过的点,已经在已选列表中的点在下一次寻路的过程中是不会再次检查的,这也说明寻路的线路不会有相交的可能。

彩图
（图 4-46）

彩图
（图 4-47）

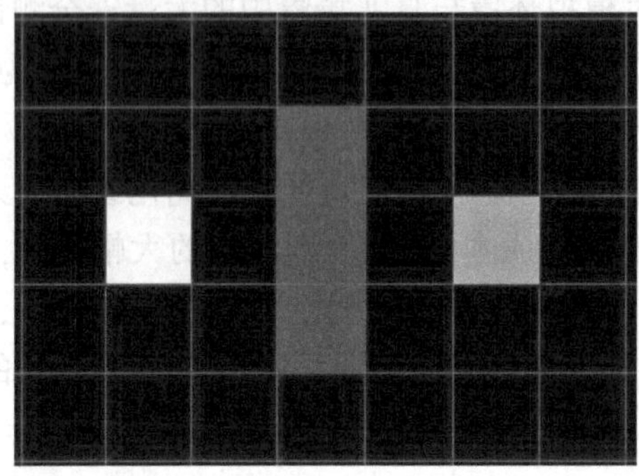

图 4-46　网格化

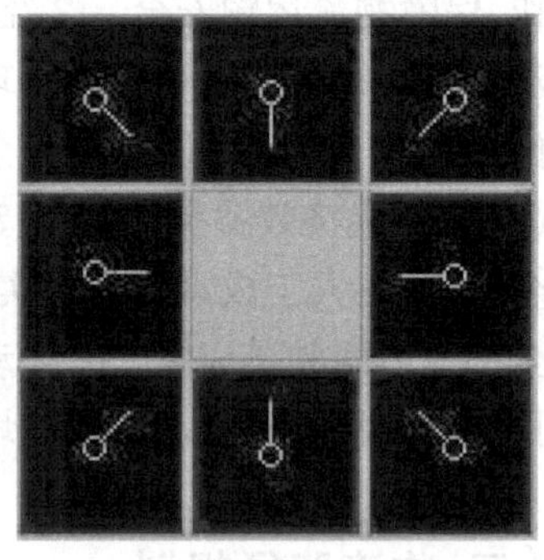

图 4-47　寻找下一节点

3）选择下一节点

彩图
（图 4-48）

彩图
（图 4-49）

将起点加入已选列表，在以后的寻路过程中不再对起点进行检查，接下来应在这 8 个点中选择一个作为下一路径点，选择的原则是在其中寻找路径代价最小的节点，其代价 F 为：

$$F = G + H \tag{4-82}$$

其中，G 为从起点开始，沿着产生的路径，移动到指定方格上的路径代价；如图 4-48 所示，以起点为中心其紧邻周围点有上下左右、对角线方向上的 8 个点，以上下左右移动路径代价为 10，对角线代价为以 10 为双边的直角三角形的斜边长度，约为 14。H 为从路径所在的当前点到终点的移动路径代价，计算方法为当前点到目的点之间水平和垂直的方格的数量总和，然后把结果乘以 10。从图 4-49 可以看出，起始点右边点的权值 F 最小，故将其作为下一路径点。

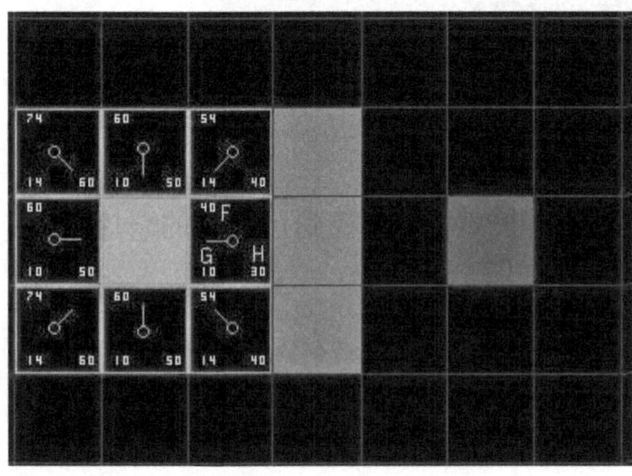

图 4-48　周围路径代价

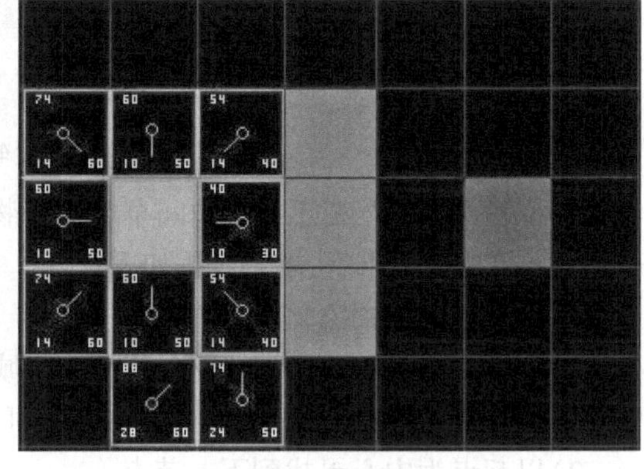

图 4-49　下一路径点选择

4）继续搜索

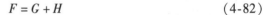

把路径点从备选列表中删除，并添加到已选列表中。检查与此点紧邻的 8 个点（忽略在已选列表中或者不可通过的点），把它们添加进备选列表，如果存在没有添加进备选列表的点，则将路径点作为此类点的父节点并添加进备选列表。如果所有可行的紧邻点已经在备选列表中，对每一紧邻点检查目前此条路径是否比上一路径点到这一紧邻点的路径代价要小，如果不是则什么都不用做（图 4-50）。从原始起点到其紧邻的右下方的点，按照新产生路

径 G 值：$G1=10+10=20$，而原始路径 G 值：$G2=14$，即新产生路径的 G 值比原始路径的 G 值大，且它们的 H 值相同（为同一点），故原始路径的 F 值比新产生路径的 F 值要小，不做任何处理，继续下一步寻路。如果是，那就把相邻方格的父节点改为目前选中的方格，说明新产生的路径的移动代价更小。

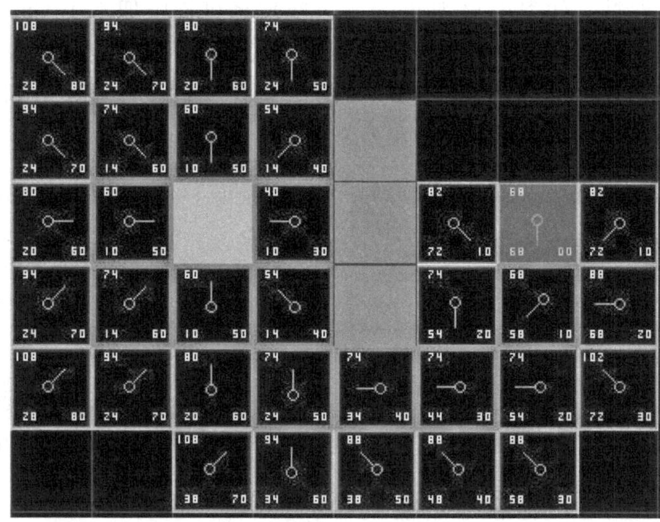

彩图
（图4-50）

图4-50　继续搜索示意图

5）重复上一搜索过程直至结束

搜寻过程结束分为两种情况：一种是目标点加入已选列表，搜索正常结束，找到路径。另一种情况是目标点未找到但备选列表已经为空，意味着没有找到从起始点到目标点的路径，搜索结束。搜索过程如图4-51所示，从中可以看出从目标点到起始点之间由父节点指向的一条路径，就是A＊算法搜寻到的路径。在路径点上添加圆点以突出显示，此即为从起始点到终点的一条路径。

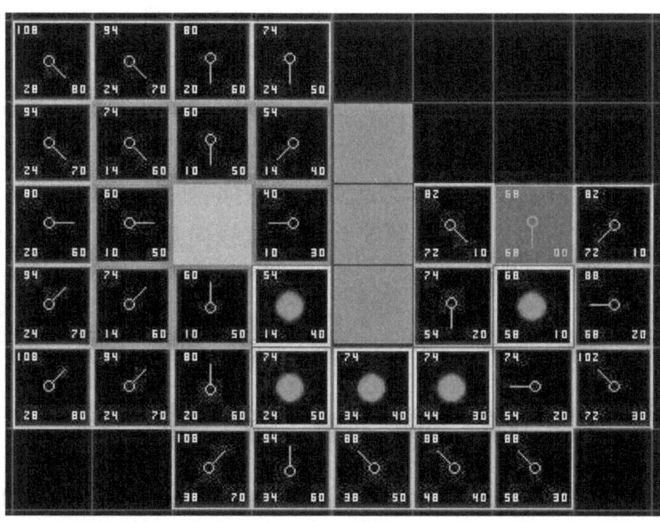

彩图
（图4-51）

图4-51　搜索结束

2. 改进 A * 算法

1)融入 JPS 搜索策略

A * 算法搜索过程会对每一步符合要求的相邻节点加入 Openlist,然后循环排序并选取 Openlist 中的节点代价最小值进行节点搜索。随着地图增大,算法计算量将呈指数增长,极大降低了算法的实时性。如图 4-52 所示,A * 算法搜索过程中加入了 Openlist 中的 37 个节点,融入 JPS 算法的搜索策略可使 A * 算法搜索时先筛选符合要求的跳点,再将跳点放入 Openlist 列表,算法只需处理 Openlist 中少量的跳点即可实现路径搜索。如图 4-53 所示,JPS 算法的搜索过程中加入了 Openlist 中的 8 个节点。

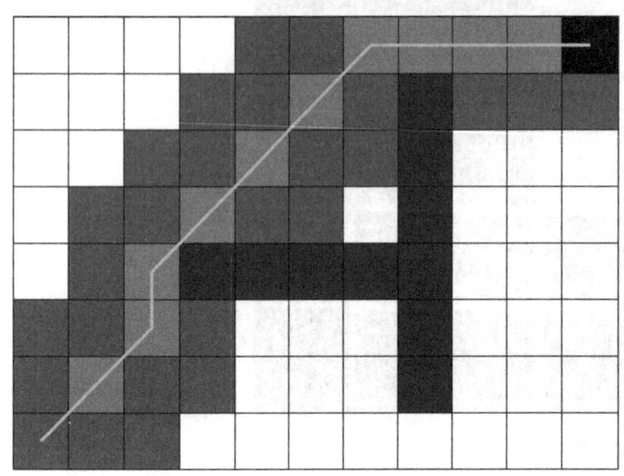

图 4-52　A * 算法搜索过程

图 4-53　JPS 算法搜索过程

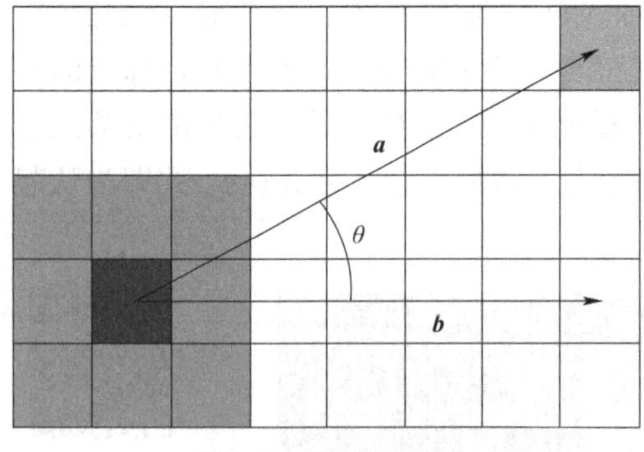

图 4-54　起点搜索方向

2)起点搜索方法

当使用 JPS 算法的搜索策略搜索时,起点作为当前节点进行搜索时无法判断当前节点的搜索方向,因此会对水平、竖直或斜向 8 个方向进行跳点搜索。当起点位置附近环境障碍物很少时,会消耗大量时间在 8 个方向搜索跳点。为了解决该缺陷,给出了一种起点搜索方法,将起点的非障碍物八邻域节点加入 Openlist,然后计算起点到终点直线方向的角度,根据角度范围选择 8 个方向中最接近终点的方向作为起点搜索方向,如图 4-54 所示。

向量 $\boldsymbol{a}$ 为起点到终点直线向量,向量 $\boldsymbol{b}$ 为水平直线向量,$\boldsymbol{a}$ 与 $\boldsymbol{b}$ 之间的夹角记作 θ,记 $\boldsymbol{a}=(X,Y)$,$b=(M,N)$,夹角 θ 的余弦为:

$$\cos\theta=\frac{XM+YN}{\sqrt{X^2+Y^2}+\sqrt{M^2+N^2}} \tag{4-83}$$

3)改进评价函数

A * 算法的评价函数由实际代价函数 $g(n)$ 和预计代价函数 $h(n)$ 组合而成,如式(4-84)所示。$h(n)$ 常用的预计代价函数包括曼哈顿距离见式(4-84)、欧氏距离见式(4-85)、切比雪夫距离见式(4-86)、Octile 距离见式(4-87)等,其中(x_1,y_1)为当前点坐标,(x_2,y_2)为目标点坐标。

$$h(n) = |x_2 - x_1| + |y_2 - y_1| \tag{4-84}$$

$$h(n) = \sqrt{(x_2 - x_1)^2 + (y_2 - y_1)^2} \tag{4-85}$$

$$h(n) = \max(|x_2 - x_1|, |y_2 - y_1|) \tag{4-86}$$

$$h(n) = (\sqrt{2} - 1)\min(|x_2 - x_1|, |y_2 - y_1|) + \max(|x_2 - x_1|, |y_2 - y_1|) \tag{4-87}$$

$h(n)$函数是 A * 算法的核心,当$h(n)$小于等于实际代价时,算法能保证寻找到最优路径,但运算时间较长。当$h(n)$大于实际代价时,算法无法保证寻找到最优路径,但运算时间很短。为此,本节根据以上特性设计权重值 w 乘以 $h(n)$ 以调节预计代价值。由图 4-55 可见,在此类栅格地图中使用 Octile 距离公式更符合要求。

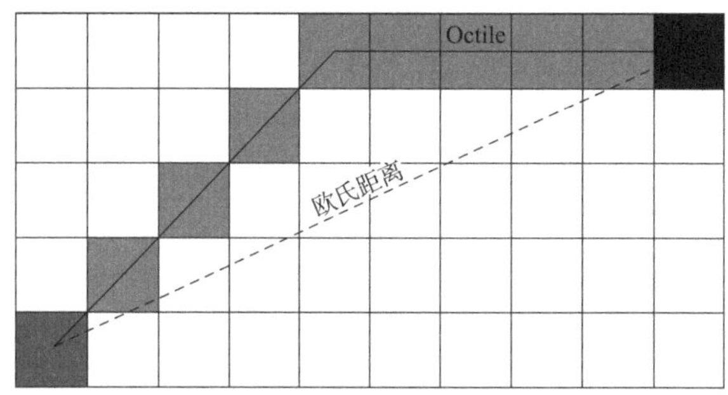

图 4-55 欧氏距离和 Octile 距离

4)改进 A*算法

改进 A*算法基于 A*算法结构和 JPS 搜索策略,融入跳点搜索算法的搜索策略的目的是减少 A*算法搜索过程中产生的大量中间节点;设计起点搜索方法目的是减少起点在空旷区域搜索的时间,结合这两种改进策略能明显缩短算法的搜索时间。当算法规划的预计代价 $h(n)$小于等于实际代价时,算法保证能寻找到最优路径,改进评价函数通过设计一个权重值 w 乘以调节预计代价值,从而平衡算法搜索时间并判断是否为最优路径。本节将三种方法结合构成改进 A*算法,改进 A*算法流程图如图 4-56 所示。

创建 Openlist 和 Closelist 两个列表,设置起点、终点坐标和权重值 w 改进 A*算法的步骤如下。

(1)步骤 1:初始化 Openlist、Closelist,将起点加入 Openlist。

(2)步骤 2:将起点周围 8 个方向非障碍节点加入 Openlist,计算起点到终点直线方向,选择 8 个方向中最接近终点的方向作为起点搜索方向。

(3)步骤 3:选取起点作为当前节点,按照起点搜索方向改进 A*算法搜索跳点,若有跳点将其加入 Openlist,并将起点从 Openlist 中移除,然后加入 Closelist。

(4)步骤 4:按照$f(n)$值从小到大排序 Openlist 节点,选取$f(n)$最小值作为当前节点。

(5)步骤 5:判断当前节点是否为目标节点,若是将转到步骤 10,否则从当前节点开始扩展搜索。

(6)步骤 6:改进 A*算法搜索一步,寻找跳点。

(7)步骤 7:是否寻找到跳点,若找到将跳点加入 Openlist。

(8)步骤 8:将当前节点从 Openlist 移出,然后加入 Closelist。

(9)步骤 9:转到步骤 4。

(10)步骤 10:回溯目前最短路径,寻路完成。

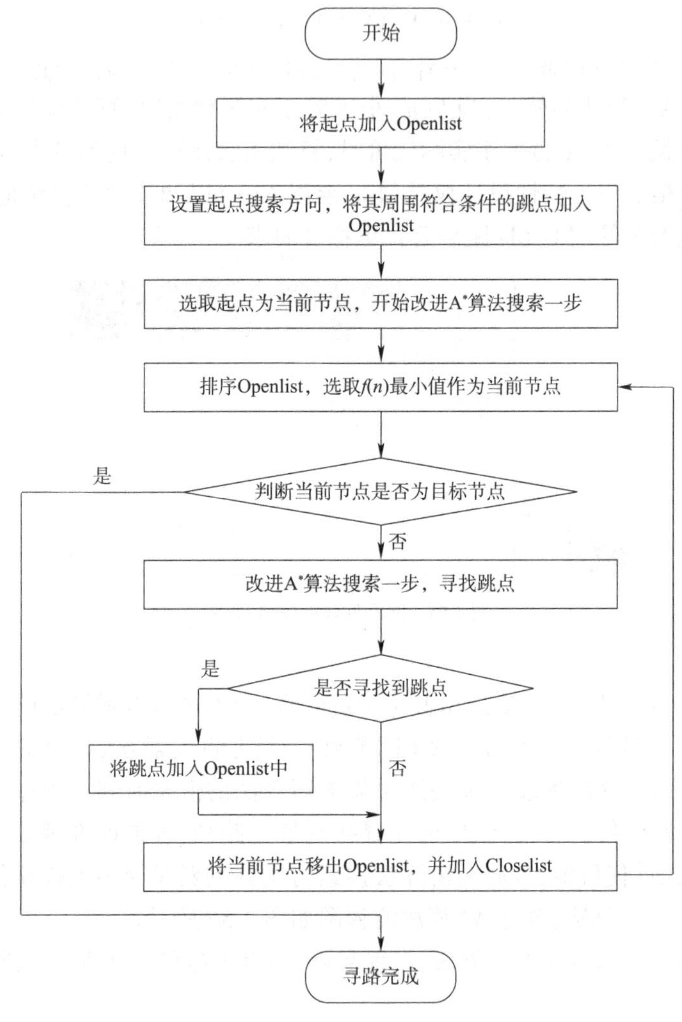

图 4-56　改进 A* 算法流程

四、干线列队控制技术

车辆队列控制是现代交通运输领域一个重要的研究分支。队列控制包括纵向控制和横向控制,通常以提高队列的通行效率、安全性、稳定性和降低队列能量消耗等为控制目标。本节给出了一种基于 DRL 的网联车辆队列控制方法,实现了不同工况下的单车稳定和队列稳定行驶。

1. 问题描述

1)场景描述

如图 4-57 所示,考虑由 1 辆领航车和 N 辆跟随车组成的匀质队列进行控制器设计和分析，车辆队列通信拓扑采取前车-领航车跟随式(Predecessor-Leader Follower Type，PLF)拓扑，假设队列中车辆均可通过 V2V 通信或传感器获取领航车广播信息和前车位置、速度信息。基于此假设，队列中跟随车辆获取的状态信息可以分为全局信息(Global)和本地信息(Local)。同时，本节基于 DRL 控制框架，寻求最优的车辆队列控制策略，其中控制目标表示如下：

$$\begin{cases}\lim\limits_{t\to\infty}\|p_{i-1}(t)-p_i(t)-d_{\text{des}}\|=0\\ \lim\limits_{t\to\infty}\|v_{i-1}(t)-v_i(t)\|=0\\ \lim\limits_{t\to\infty}\|a_{i-1}(t)-a_i(t)\|=0\end{cases}\tag{4-88}$$

式中，$p_i(t)$、$v_i(t)$、$a_i(t)$分别为车辆 i 在 t 时刻的位置、速度、加速度；d_{des}为相邻两车之间的期望间距。同时，采用固定时距策略(CTH)进行队列控制。

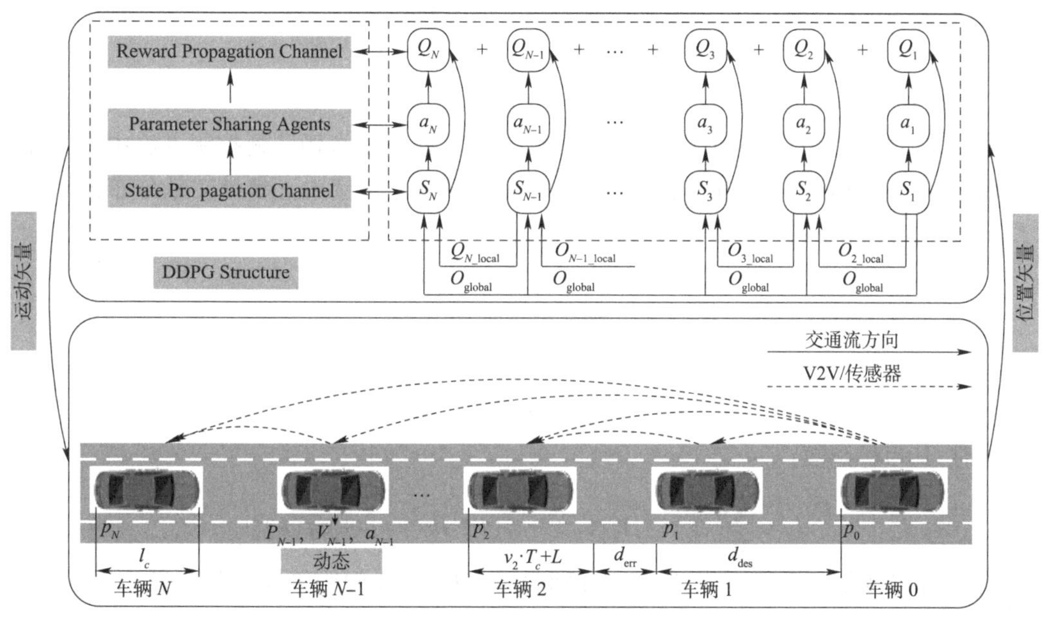

图 4-57 队列行驶场景图

2)车辆动力学模型

区别于传统车辆控制采用线性或非线性简化动力学模型，本节采用如图 4-58 所示的传动系统构建下层车辆纵向动力学模型，下层动力需求主要克服行驶时空气阻力、滚动阻力、加速阻力，表示如下：

$$F_{\text{tr}}=F_{\text{aero}}+F_{\text{rr}}+F_G\tag{4-89}$$

$$F_{\text{aero}}=2^{-1}\rho_{\text{air}}C_dA_fv^2\tag{4-90}$$

$$F_{\text{rr}}=mgC_{\text{rr}}\cos\alpha\tag{4-91}$$

$$F_G=ma\sin\alpha\tag{4-92}$$

式中，F_{tr}为车辆牵引力；ρ_{air}为空气密度；C_d 为空气阻力系数；A_f 为迎风面积；v 为车辆风中速度；m 为车辆质量；g 为重力系数；C_{rr}为滚动阻力系数；α 为道路坡度。

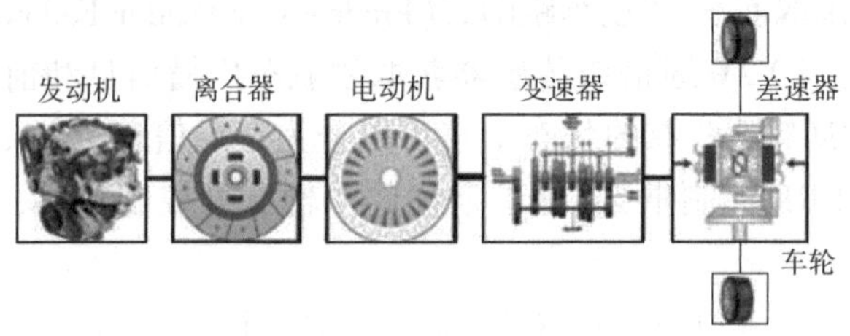

图 4-58　车辆传动结构

同时,引擎采用准静态模型,通过瞬时引擎转速和转矩插值获得燃油消耗,计算公式如下:

$$\text{Fuel} = \int_0^T m_f(T_{\text{eng}}, S_{\text{eng}})\,\mathrm{d}t \tag{4-93}$$

式中,m_f 为瞬时油耗;T_{eng}为发动机转矩;S_{eng}为引擎转速。

2. 算法设计

1)传统控制算法

为方便后续对比分析 DRL 控制方法性能,本节选取传统车辆队列控制方法中模型控制(Model Predictive Control)策略作为基准,在相同场景下进行应用。参考文献分布式模型预测控制策略,车辆队列状态空间模型表示如下:

$$\dot{x}(t) = Ax(t) + Bu(t) \tag{4-94}$$

其中,A、B 为系数矩阵。状态量与控制量表示如下:

$$x(t) = \begin{pmatrix} p_{i-1} - p_i - (v_i * T_C + L) \\ v_{i-1} - v_i \end{pmatrix}, u(t) = a_i \tag{4-95}$$

同时,其目标函数:

$$J = \sum_{k=t}^{t+Y_N} \{x(k)'Wx(k) + u(k)'Iu(k)\} + \omega f(k)_v \tag{4-96}$$

式中,W、I 为加权系数矩阵;T_C、Y_N 分别表示采用 CTH 间距策略时间常数以及 MPC 预测步长;f 为终端约束。且其状态约束:

$$0 \leqslant v \leqslant v_{\max}, a_{\min} \leqslant a \leqslant a_{\max}, p_{i-1} - p_i > l_c + L \tag{4-97}$$

式中,$a_{\min}$、$a_{\max}$、$v_{\max}$、L 分别为最小加速度、最大加速度、最大速度和 CTH 间距策略中最小静止距离。

2)基于 DRL 控制器设计

相比传统控制方法,DRL 是在没有任何先验知识情况下,智能体(Agent)通过与环境(Environment)不断交互过程中获得对于执行动作反馈(奖励或惩罚)的方法,以此来迭代更新获取最优动作的策略。车辆队列控制的状态转移过程可用马尔科夫决策过程(Markov decision process,MDP)描述,如式(4-98)所示,即当前状态转移到下一动作的概率只与当前状态和动作有关。

$$P(s(t+1)) = \mathbb{E}(s(t+1) \mid s(t), a(t)) \tag{4-98}$$

式中,$s(t)$、$a(t)$分别为当前时刻车辆队列行驶过程状态和动作的集合。

在状态转移过程中,智能体获得的奖励 $r(t)$ 以及执行的策略 π^* 满足下式:

$$\pi^* = \arg\max_{a_t \in A} \mathbb{E}\left[\sum_{t=0}^{T} \gamma^t r(t)\right] \tag{4-99}$$

其中,折扣因子 $\gamma \in (0,1)$,π^* 为获取最大回报的期望策略。

DDPG 是基于(Actor-Critic,AC)模型的算法,本节算法控制框架如图 4-59 所示。

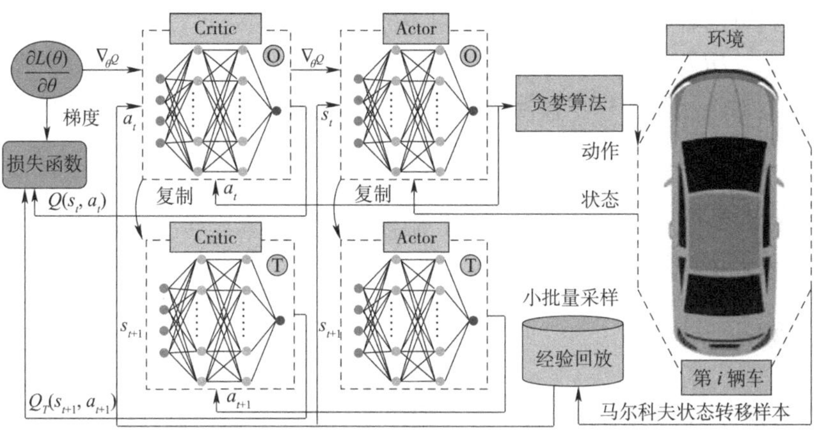

图 4-59 DDPG 算法框架

Actor 网络负责选择动作输出,Critic 网络负责评估动作的优劣,两个网络的参数分别用 θ^μ 和 θ^Q 表示。同时,每个网络又分为当前网络(Online)和目标网络(Target):

$$\text{Actor:Policy Net}\begin{cases}\text{Online}:\mu_\theta(s \mid \theta^\mu)\\ \text{Target}:\mu_{\theta'}(s \mid \theta^{\mu'})\end{cases} \tag{4-100}$$

$$\text{Critic:Q Net}\begin{cases}\text{Online}:Q_\theta(s \mid \theta^Q)\\ \text{Target}:Q_{\theta'}(s \mid \theta^{Q'})\end{cases} \tag{4-101}$$

回合网络训练中,从经验池 M 中随机选取若干序列 $\{s(t),a(t),r(t),s(t+1)\}$ 作为小批量样本,分别把 $s(t)$ 作为当前策略网络的输入,输出为 $\mu'(s(t+1) \mid \theta^{\mu'}) \mid \theta^{Q'}$,用于计算目标 Q 网络的状态价值函数。将下一态 $s(t+1)$ 和 $\mu'(s(t+1))$ 作为目标 Q 网络的输入,得到目标 Q 网络的状态价值函数 Q',计算其更新目标 $y(t)$:

$$y(t) = r(t) + \gamma Q'(s(t+1), \mu'(s(t+1) \mid \theta^{\mu'}) \mid \theta^{Q'}) \tag{4-102}$$

Critic 网络部分利用最小化损失函数对参数 θ^Q 进行更新:

$$L(\theta^Q) = \frac{1}{N}\sum_t \left[y(t) - Q(s(t),a(t) \mid \theta^Q)\right]^2 \tag{4-103}$$

其中,N 为随机采样样本个数。

Actor 网络部分根据确定性策略梯度求解方式对参数 θ^μ 进行更新:

$$\nabla_{\theta^\mu} J(\theta) = \frac{1}{N}\sum_t \left[\nabla_a Q(s(t),\mu(s(t) \mid \theta^\mu) \mid \theta^Q)\ \nabla_{\theta^\mu}\mu(s(t) \mid \theta^\mu)\right] \tag{4-104}$$

同时,为避免训练过程中计算网络梯度时出现振荡和发散,保证参数波动较小且易于收敛,按照软更新(Softupdate)方式更新两个目标网络参数:

$$\theta^{Q'} \leftarrow \tau\theta^{Q} + (1-\tau)\theta^{Q'}$$
$$\theta^{\mu'} \leftarrow \tau\theta^{\mu} + (1-\tau)\theta^{\mu'} \tag{4-105}$$

针对 DDPG 原有的经验回放策略,在队列多输入-多输出样本空间中进行随机采样进而训练网络,此方法会存在高维样本空间利用率不高,且影响网络收敛效率的问题。为此,引入优先经验回放策略加以改进:

(1)步骤 1:针对样本 j,计算其样本价值 $D(j)$:

$$D(j) = r(j) + \gamma Q'(s(j+1), \mu'(s(j+1) - Q(s(j), a(j)) \tag{4-106}$$

(2)步骤 2:对经验池中样本按照 $D(j)$ 绝对值进行降序排列,得到其抽取优先级:

$$p(j) = \frac{1}{\mathrm{rank}(j)} \tag{4-107}$$

其中,$\mathrm{rank}(j)$ 为样本 j 排序后队列序号,限制了噪声样本存在的影响。

(3)步骤 3:获取优先级后,进行可调采样:

$$P(j) = \frac{p(j,\lambda)}{\sum_{N_k} p(N_k,\lambda)} \tag{4-108}$$

其中,N_k 为新样本个数;$\lambda \in [0,1]$ 为可调样本在总样本中比例,以确保样本多样性。当 $\lambda = 0$ 时,表示随机采样。

为了保证价值越高的样本在抽样过程中优先级更高,对于可调样本一般使用高价值样本填充。

模型中,Actor 网络和 Critic 网络输入状态为:

$$s(t) = \{\Delta p_{i-1,i} - d_{\mathrm{des}}, \Delta p_{i,0} - id_{\mathrm{des}}, v_i, a_i(t-1) \mid T_s\} \tag{4-109}$$

其中,各通道状态维度共计 20,分别为 5 维度跟随车辆与前车间距误差 $\Delta p_{i-1,i} - d_{\mathrm{des}}$;5 维度与领航车之间间距误差 $\Delta p_{i,0} - id_{\mathrm{des}}$;5 维度跟随车辆速度 v_i;5 维度跟随车加速度 $a_i(t-1)$,此处加速度为上一状态动作输出,且本节采样时间 $T_s = 0.1\mathrm{s}$。

Actor 网络输出动作维度为 5,为避免过大或过小加速度影响学习效率,队列车辆加速度 a_i 同样应满足:$a_i \in [a_{\min}, a_{\max}]$,分别为各跟随车辆的期望加速度,即:

$$a(t) = \{a_i\} \tag{4-110}$$

在不同状态误差条件下,通过设置合理的奖励函数能够引导智能体达到期望的加速度。此处,本节模仿 MPC 控制器的目标函数,将奖励函数设置如下:

$$r(t) = \begin{cases} \beta_1 \sum \dfrac{1}{1 + (\Delta p_{i-1,i} - d_{\mathrm{des}})^2} \\ \beta_2 \sum \left\{ [a_i(t-1)]^2 + \dfrac{1}{(\Delta v_{i-1,i})^2} \right\} \\ \beta_3 \mathrm{Overshoot}(\Delta p_{i-1,i}, d_{\mathrm{des}}) - 10c(t) \end{cases} \tag{4-111}$$

对比 MPC 控制器实际物理意义,各通道奖励函数中,β 为通道引导系数。通道一:β_1 为车辆期望间距误差累积和奖励引导系数,即队列中车辆之间间距误差应趋向 0 时给予奖励。通道二:β_2 为车辆前一时刻加速度 $a_i(t-1)$ 与前后车辆速度误差 $\Delta v_{i-1,i}$ 累积和奖励系数。前两项通道通过求取累积和同时采用引入较小通道系数的方式避免过大的误差影响学习效率。通道三：β_3 为相邻车辆间距 $\Delta p_{i-1,i}$ 与期望间距 d_{des} 过冲惩罚系数，且惩罚项表示如下：

$$\max(\Delta p_{i-1,i} - d_{des}) \tag{4-112}$$

$c(t)$ 表示碰撞检测项：

$$c(t) = \text{any}(\Delta p_{i-1,i} - d_{des}) \leqslant 0 \tag{4-113}$$

$c(t)$ 触发给予较大惩罚，同时中止当前回合训练，进入下一回合。

[**小结**]

在本节中深入探讨了智能物流领域中的关键技术，包括自动物流技术、路径规划技术以及干线列队控制技术。智能物流技术是一种利用人工智能和物联网等技术来优化物流运作的技术，通过实时数据采集和分析，提供更精确的物流信息和预测，优化仓储和运输过程，提高物流效率和准确性。路径规划技术可以帮助确定货物的最佳运输路径，旨在提高物流运输的效率，减少运输时间和成本，并优化资源利用。干线列队控制技术是一种用于管理和控制物流运输中干线车辆的技术，通过智能调度和优化算法，对干线车辆进行合理的排队和调度，以提高物流运输的效率和安全性。

第五章

道路运输车辆大数据分析技术

第一节　车辆运行数据简介

随着移动通信技术的快速发展以及移动互联网技术的不断进步，营运车辆与交通系统安装的视频、雷达等感知设备日渐丰富，所能采集的数据量快速增加，这些数据对于汽车运输及交通系统运行安全具有重要的应用价值。本节针对近年来汽车运输领域常用的数据类型及特征进行介绍。

一、卫星定位与GIS数据

1. 数据采集

卫星定位数据集一般包括经度、纬度、时间戳、速度等位置信息。这些数据描述了被定位物体的位置和运动状态。表5-1为部分北斗车辆定位的原始数据。

北斗车辆定位原始数据　　表5-1

序号	车辆ID	北斗卫星时间	纬度(°)	经度(°)	速度(km/h)	方向(°)
1	豫DQ××××	0:04:27	33.8644524	112.9618378	0	167
2	豫DQ××××	0:04:57	33.8644524	112.9618378	0	196
3	豫DQ××××	0:05:27	33.8644524	112.9618378	0	209
4	豫DQ××××	0:05:57	33.8644524	112.9618378	0	142
5	豫DQ××××	0:06:04	33.86409	112.9617157	7	54

北斗卫星导航系统是中国自主建设运行的全球卫星导航系统，由空间段、地面段和用户段三部分组成，可在全球范围内全天候、全天时为各类用户提供高精度、高可靠定位、导航、授时服务，并且具备短报文通信能力，已经初步具备区域导航、定位和授时能力，定位精度为分米、厘米级别，测速精度0.2m/s，授时精度10ns。

地理信息系统(Geographic Information System，GIS)是一种特定的十分重要的空间信息系统。GIS是在计算机硬、软件系统支持下，对整个或部分地球表层(包括大气层)空间中的有关地理分布数据进行采集、储存、管理、运算、分析、显示和描述的技术系统。GIS数据既包括地理空间数据，也包括属性数据，其主要表现形式包括数字、文字、图形、图像和表格等。GIS的数据来源可以是外业测量、普通地图、遥感影像，也可以是其他图形软件的输出数据或其他相关的数据资料。GIS数据可以用于反映地理空间信息的背景和基础数据，其目的是为了解决复杂的空间问题，提供有效的空间信息管理工具，并辅助决策制定。

以GIS技术为核心的公路运输系统已成为交通运输行业发展的新趋势，该类系统契合智慧城市、智慧交通、智慧物流的标准与需求，在智慧交通建设的大环境下，GIS技术将成为公路交通运输信息化的主要技术手段之一。

GIS 数据具有以下特征：

(1)空间定位性,GIS 数据明确标注了地理实体的空间位置,能够展示地物间的相对布局和关系。

(2)具有时间动态特征,GIS 数据记录地理现象随时间的变化,支持时空分析,可以揭示地理实体的历史演变和未来趋势。

(3)数据属性多样,GIS 数据包含丰富的属性信息,如地形、气候、人口等,为综合分析和决策提供支持。

(4)数据载体灵活,GIS 数据可以以文字、数字、地图、影像等多种形式存在,并可通过纸质、数字介质等多种载体传输和存储。

GIS 数据应用难点：

(1)GIS 数据来源多样,质量参差不齐,需要进行严格的数据清洗、校验和标准化处理。同时,地理信息随时间变化,数据需定期更新,维护成本高,这对数据的质量控制提出了更高要求。

(2)GIS 数据格式多样,不同软件间数据共享存在障碍,缺乏统一的数据标准和共享协议导致数据整合复杂,影响数据的互操作性和利用效率。

(3)GIS 数据处理和分析涉及复杂的技术和专业知识,包括数据格式转换、空间分析、数据可视化等,需要专业人员具备相应的技能和经验,技术门槛较高,限制了 GIS 数据的广泛应用和深入挖掘。

2. 数据应用

(1)卫星定位数据可主要应用于以下方面。

卫星定位数据与 GIS 数据相结合,可以使管理者实时跟踪车辆的位置、速度和行驶轨迹信息,还能提供丰富的地理信息,这些数据有助于实时跟踪车辆的行驶轨迹并在地图上显示,帮助管理者全面了解车辆所处的交通环境和运输状态,使管理者可以直观地了解车辆分布、运输进度和路线规划等情况,提高运输效率和安全性。此数据不仅提高了交通管理的智能化水平,还为营运车辆的安全、高效运行提供了有力保障。

卫星定位数据有助于规范驾驶人的驾驶行为和提高运输安全性。通过分析卫星定位数据,可以获取丰富的车辆基本信息,如车速、经度、纬度、地理位置、方向、时间等。基于以上数据,可以提取出一些关键特征,如平均速度、速度最大值、超速次数和漂移数据次数等。通过统计分析方法和机器学习相关方法对这些特征进行分析,可以将驾驶人的驾驶行为进行分类,判别出驾驶人是否有不良驾驶行为或倾向。通过车辆行驶监测系统和驾驶行为分析系统,相关管理部门可以实时掌握车辆的行驶状态和驾驶人的驾驶行为信息,并根据驾驶行为分析报告中驾驶人的驾驶类型和综合评分,对其采取奖惩或者警示教育等其他相应的措施,提高驾驶人行驶的安全性。

在智能车辆调度中,卫星定位数据发挥着至关重要的作用。通过精确的路线规划,智能系统能够确保车辆高效抵达目的地,有效降低运输成本并提高运输效率。同时,数据分析有助于预测运输需求,进一步优化车辆调度,以适应市场变化和客户需求。例如,根据历史数据和实时路况信息,智能系统能够预测未来的运输需求,从而提前安排合适的车辆和路线,减少等待和空驶时间,可以减少运输过程中的能源消耗和污染排放。

相关管理部门还可以通过卫星定位数据实时掌握车辆的行驶状态和驾驶人的驾驶行为信息。通过分析这些数据,可以检测出车辆是否存在违法交通行为,如闯红灯、超速行驶等,对于存在违规驾驶行为的驾驶人,相关管理部门可以采取警告、罚款或重新培训等措施,以减少违法交通行为。当交通事故发生后,卫星定位数据有助于帮助相关部门及时获取事故地点、交通状况等信息,以便相关部门快速赶赴现场进行救援和处理,保障人们的生命财产安全和社会稳定。

(2)GIS 数据可主要应用于以下方面。

GIS 数据可应用于交通网络分析与规划。通过整合道路、铁路、航空等交通数据,GIS 技术能够优化交通网络布局,预测交通流量,并有效控制交通拥堵。借助 GIS 的空间分析能力,规划者能识别交通瓶颈,制定科学合理的交通规划方案,提升交通网络的运行效率。GIS 在交通流量监测与预测方面也展现出巨大潜力。它能够实时收集车速、车流量等数据,结合历史数据进行分析预测,为交通管理部门提供决策支持。GIS 的可视化功能使交通流量的分布和变化趋势一目了然,有助于公众做出更明智的出行选择,缓解交通压力。

GIS 能快速定位事故现场,提供周边道路和设施信息,为事故处理和应急响应提供有力支持。GIS 还能实时更新交通信息,发布事故信息和绕行路线建议,有效减少事故对交通的影响,保障公众出行安全。

GIS 技术能提供精准的空间信息服务,结合实时路况、天气条件等因素,为用户规划最优路径。GIS 还支持增强现实导航等功能,提升了用户的导航体验,确保了出行的安全性和效率,使公众出行更加便捷、安全。

GIS 在交通设施管理与维护方面也发挥着关键作用。它能实时监控交通设施状态和数据变化,及时发现和处理潜在问题,确保交通设施的安全运行,不仅保证了公众出行的便捷性,还提升了交通设施的运行效率。

二、视频图像数据

视频图像数据是指由连续的图像帧组成的数据序列。每个图像帧都是由像素组成的矩阵,每个像素表示图像的颜色和亮度信息。视频图像数据可以通过视频采集设备(例如摄像机)捕获,或者从视频文件中读取,视频图像数据可以通过各种编码格式来压缩和解码,常见的视频编码格式包括 H.264、H.265、VP9 等。

1. 数据采集

视频图像数据采集是通过摄像头等光学设备将场景的光线聚焦在图像传感器上,图像传感器将光信号转换成电信号,再经过 A/D 转换器将模拟信号转换成数字信号。随后,使用压缩编码技术将数字视频图像数据进行压缩,以满足存储和传输的需求。最后,通过解码和显示技术将压缩的数据还原成原始的数字信号,并转换成光学图像进行查看或进一步的分析处理。视频图像数据采集的主要构成设备包括数据收集设备、数据传输设备、数据收集整理设备等。视频数据采集的方法很多,主要分为两大类:自动图像采集和基于处理器的图像采集,视频数据传输过程如图 5-1 所示。

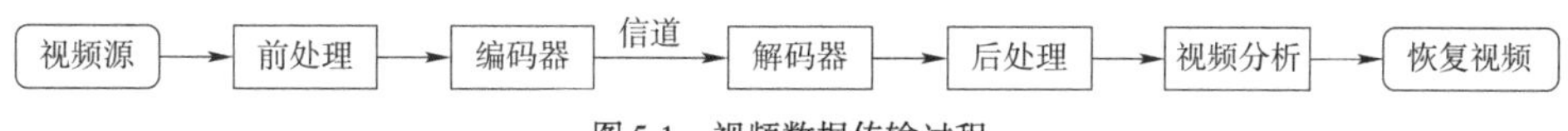

图 5-1 视频数据传输过程

自动图像采集采用专用图像采集芯片，自动完成图像的采集、帧存储器地址生成以及图像数据的刷新；除了要对采集模式进行设定外，主处理器不参与采集过程。这种方法的特点是采集不占用中央处理器(Central Processing Unit，CPU)的时间，实时性好，适应活动图像的采集，但电路较复杂、成本较高。基于处理器的图像采集采用通用视频 A/D 转换器实现图像的采集，不能完成图像的自动采集，整个采集过程在 CPU 的控制下完成，由 CPU 启动 A/D 转换，读取 A/D 转换数据，将数据存入帧存储器。其特点是数据采集占用 CPU 的时间，对处理器的速度要求高，但电路简单、成本低、易于实现，能够满足某些图像采集系统需要。

2. 视频图像数据特征

视频图像数据的特征包括要有颜色特征、纹理特征、形状特征、空间关系特征和多模态性等。这些特征使得视频图像数据分析具有挑战性和复杂性，需要使用先进的技术和算法进行处理和分析。颜色特征和纹理特征是全局特征，描述了目标的表面性质；形状特征有两类表示方法，一类是轮廓特征，另一类是区域特征，轮廓特征主要针对目标的外边界，区域特征则关系到整个形状区域；空间关系特征，是指图像中分割出来的多个目标之间的相互的空间位置或相对方向关系，这些关系也可分为连接/邻接关系、交叠/重叠关系和包含/包容关系等。视频图像数据是多模态的，即包含多种类型的信息，如视觉信息、音频信息、文本信息等。这些信息可以相互补充，提供更全面、准确的分析结果。

视频数据由多幅连续的图像序列构成，因而视频段之间的关系属性复杂，既有时间属性又有空间属性。

3. 数据分析难点

视频图像数据分析的难点主要包括数据量大，实时性要求高，复杂度高，受光照、遮挡等因素影响等。

(1)数据量大。视频数据通常包含大量的帧和像素点，因此需要处理的数据量非常大，需要使用高性能的计算机和专业的数据分析软件，以实现对数据的快速处理和分析。

(2)实时性要求高。在许多应用场景中，如视频监控、自动驾驶等，需要对视频数据进行实时分析，以便及时做出决策。因此要求视频图像数据分析算法具有高效性和实时性，能够在短时间内对大量数据进行处理和分析。

(3)复杂度高。视频数据中包含了大量的信息，如场景、目标、行为等，这些信息之间相互关联、相互影响，使得视频图像数据分析的复杂度非常高。为了准确分析视频数据，需要设计复杂的算法和模型，以实现对视频中各种信息的有效提取和利用。

(4)受光照、遮挡等因素影响。视频数据的质量受光照、遮挡等多种因素的影响，这些因素会导致视频图像质量的下降，从而增加了数据分析的难度。为了克服这些影响，需要使用先进的图像处理技术和算法，以提高视频图像的质量和清晰度。

4. 数据应用

视频检测方法具有诸多优点，具有直观、快速的特点，逐渐受到业界的关注。在汽车运输领域，视频图像数据可应用于疲劳驾驶检测、分心驾驶检测等异常驾驶行为判别，也在车辆识别、交通监控、车辆安全辅助、智能交通系统建设、自动驾驶等方向具有重要应用。

(1)疲劳驾驶检测。通过视频、图像处理技术,可以对驾驶人的驾驶行为、面部表情、视线等进行监测和分析,从而对驾驶人的疲劳、注意力、情绪等进行预警。通过视频检测获取的视频图像数据,能够有效识别出驾驶人在驾驶过程中出现的各种不良行为,从而尽可能地通过预警等方式对驾驶人在驾驶过程中所产生的不良行为进行规避,降低交通事故的发生率。

驾驶人眼球的运动和眨眼信息被认为是反映疲劳的重要特征,眨眼幅度、眨眼频率和平均闭合时间都可直接用于检测疲劳。对于获取到的视频数据,可以通过计算机视觉表情分析,运用电路板、微型计算机识别驾驶人脸上的表象特征,然后建立这些特征和疲劳之间的映射关系。

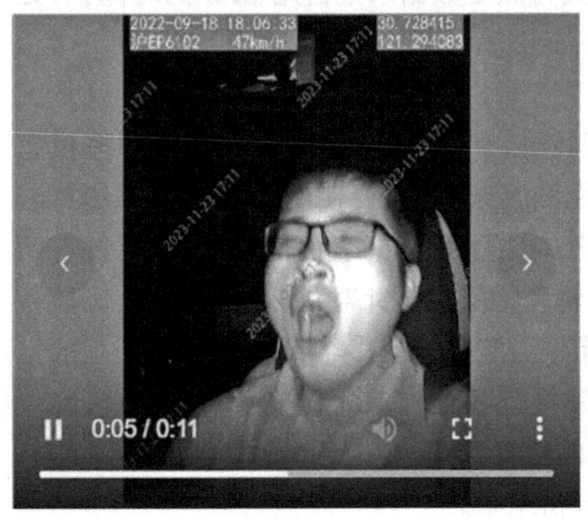

图 5-2　疲劳驾驶视频示例

相关研究表明,当驾驶人处于疲劳状态时,其环境感知能力和驾驶操作能力会显著降低,可能导致遗漏重要路况信息,无法对潜在的驾驶危险进行判断与修正,因而会频繁地出现异常驾驶行为。

疲劳驾驶视频截图如图 5-2 所示,驾驶人很显然处于一种疲劳驾驶的状态。通过车载摄像头及车辆传感器等设备进行获取驾驶人驾驶状况及车辆运行状况等数据,充分利用车载视频设备,基于视频数据分析,实现对驾驶人操作行为的智能感知,主要包括对车辆运行状态自动检测、对驾驶人行为及状态自动检测、对车辆的跟踪和识别等,这对于预防交通事故具有显著效果。疲劳驾驶检测的一般流程如图 5-3 所示。

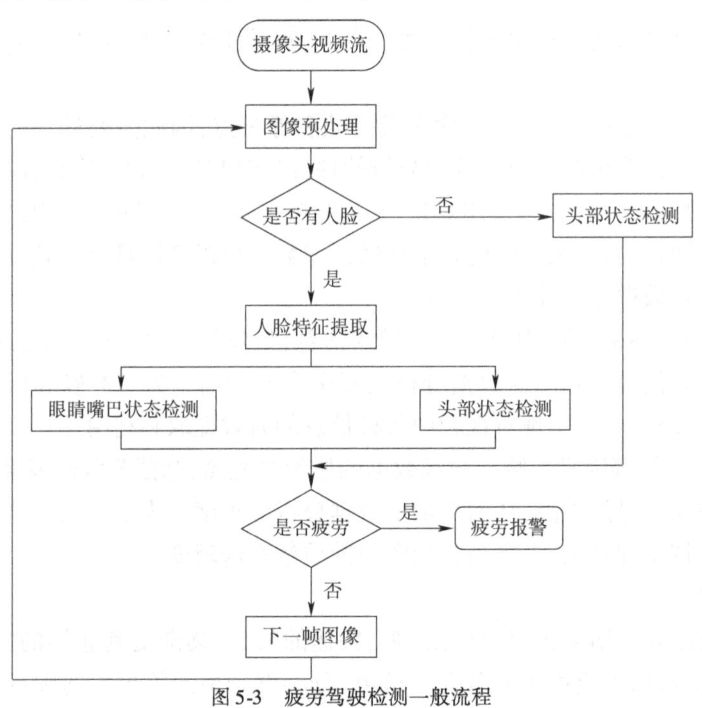

图 5-3　疲劳驾驶检测一般流程

目前我国已有部分省份的相关企业实现了驾驶人驾驶过程的视频检测分析,在日常的交通安全方面,视频检测分析发挥着越来越重要的作用。

(2)分心驾驶检测。分心驾驶不仅包括驾驶时使用手机,还包括驾驶时交谈、赶时间、听音乐、思考问题、情绪驾驶、进食、吸烟、东张西望等。驾驶人开车时不经意间的视线转移或短暂的思绪纷飞,很可能就是一起事故发生的原因。

车辆驾驶人在驾驶车辆过程中,有时不会意识到疲劳驾驶以及分心驾驶所带来的危害,或者说存在一种不会发生事故的侥幸心理,侥幸心理一直是事故发生的重要心理因素之一。图 5-4 中,驾驶人在行车途中东张西望,属于分心驾驶行为。

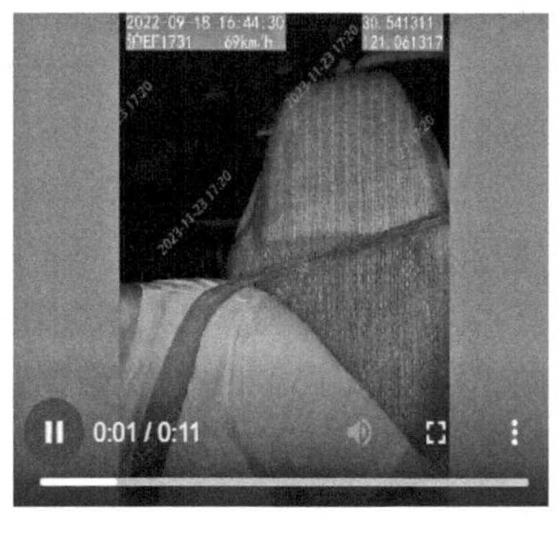

图 5-4 分心驾驶示例

近年来,由疲劳驾驶和分心驾驶造成的事故数量逐年上升,因此对驾驶人的行为信息进行采集至关重要。通过视频图像数据对驾驶行为进行实时记录,利用图像处理技术有效提取能够反映分心驾驶的头部姿态和视线方向特征,建立分心驾驶判别模型,可以判断驾驶人的注意力是否集中在道路上。如果系统检测到驾驶人的头部姿态异常或者视线偏离道路,系统会发出警告信号,提醒驾驶人保持警觉,并对危险情况进行预警和干预。分心驾驶检测流程图如图 5-5 所示。

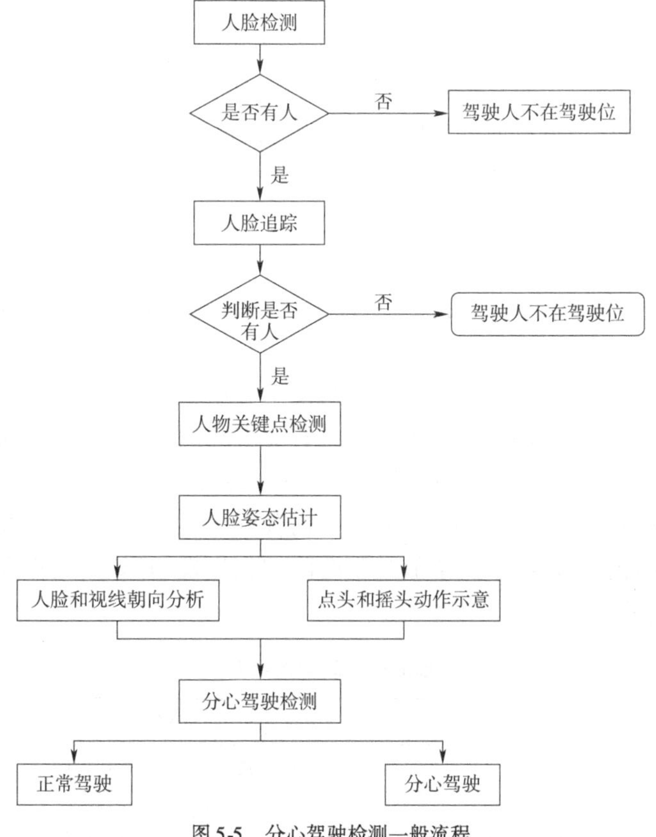

图 5-5 分心驾驶检测一般流程

(3)车辆识别。通过利用视频图像处理技术,可以对道路上的车辆(号牌、形状、大小等信息)进行准确的识别和跟踪,进而实现车辆行驶状态的监控和智能导航。此外,还可以帮助路边停车场实现自动收费和车位管理等功能。

(4)交通监控。道路交通监控设施获取的视频图像数据可以用于实时监测道路交通情况、车辆行驶轨迹和交通信号灯状态等信息,从而对交通拥堵、交通事故等进行及时发现和处理。

(5)车辆安全辅助。位于车辆车身的视频设备采集的视频图像数据可以用于实现车辆的碰撞预警、车道偏离预警、行人识别等安全辅助功能,提高车辆的安全性能。

(6)智能交通系统建设。视频图像数据可以用于智能交通系统的建设,例如通过分析交通流量和车速等数据,优化城市交通布局和信号灯配时方案。

(7)自动驾驶。视频图像数据可以用于自动驾驶的应用场景中,通过捕捉车辆周围物体的3D位置数据和2D视觉数据,将位置数据和视觉数据进行融合,使自动驾驶汽车系统能够更准确地了解周围环境。

三、道路交通事故数据

我国《道路交通安全法》将交通事故定义为:车辆在道路上因过错或者意外造成的人身伤亡或者财产损失的事件。在特定的时空环境中,道路交通事故一旦发生,与之相关的事故信息便被确定。道路交通事故数据作为事故信息记录的一种表现形式,具有客观、简洁、易表达、便于存储等诸多优点,因此道路交通事故数据成为记录事故的主要形式和手段。用以记录、表征、分析道路交通事故的各种形式数据都可以被统称为道路交通事故数据。

道路交通事故数据主要来源于公安交通管理部门的事故记录以及事故的统计报表,其中事故记录按照所表达事故信息的差异可将其分为不同的数据类型。

1.数据采集

从道路交通事故数据的来源看,包含事故发生时的现场记录和事故发生后的事故调查两个方面。

(1)事故发生时的现场记录。警察报告:当发生交通事故时,交通警察(简称交通)和保险公司通常会到达现场进行调查。警察会记录有关事故的详细信息,包括时间、地点、天气条件、涉及车辆和人员的信息等。事故报告表:警察或相关调查人员使用标准的事故报告表包含道路交通事故的各种细节,如事故类型、受伤程度、事故原因等。表5-2为某路段录入的事故报告表,其中包括事故编号、事故发生时间、路名、现场形态、死亡人数、受伤人数、直接财产损失、星期、天气等。

事故报告表录入示例　　表5-2

事故基本信息	内容
事故编号	610104120＊＊＊＊＊＊＊＊＊
管理部门	××支队××大队

续上表

事故基本信息	内容
事故发生时间	2023-02-01 10:47:00
路名	××东路与××路交叉口向南50米
现场形态	碰撞运动车辆
简要案情	此处由办案民警描述事故案情信息
死亡人数	1
受伤人数	0
直接财产损失	2000
星期	3
天气	晴
办案人	×××、×××

(2)事故发生后的事故调查。在分析处理道路交通事故的过程中,对事故现场的调查非常重要。事故现场的数据采集主要包括事故损失、事故发生地点、路面痕迹、散落物、当事人询问、目击者证词以及事后从其他数据库中获取的相关数据。通过事后调查可以获得大部分的事故相关数据,例如:

①采访目击者。调查人员可能会采访目击者,以获取目击者对事故的描述和看法,可以提供关于事故的更多细节。

②当事人陈述。事故当事人的陈述也是重要的数据来源,可能提供关于事故原因、对方驾驶行为等方面的信息。

③交通摄像头记录。在一些地区,交通摄像头可以提供实时的交通情况,包括事故发生时的画面。

④交通信号记录。交通信号控制系统可能会记录交叉口的信号状态,有助于了解事故的发生和原因。

2. 道路交通事故数据特征

根据具体目的的不同,道路交通事故的具体分类也不尽相同。例如,交警部门依据事故形态将道路交通事故分为正面相撞、侧面相撞、尾随相撞、车辆追尾、车辆侧撞、翻车、碾压等类别;依据事故的原因,可将道路交通事故分为责任事故、机械事故和道路事故;依据事故形态可分为单车事故、双车事故、多车事故;依据事故地点可分为平直路段事故、交叉口事故、弯道事故、坡道事故;依据人员伤害程度可分为死亡事故、重伤事故、轻伤事故。对于道路交通事故数据,一般可分为事故本体数据、事故车辆驾驶人数据、事故车辆数据、事故发生道路数据及事故发生环境数据等五类。

以下是一些典型的道路交通事故数据特征。

(1)事故基本信息。

①时间和地点。事故发生的确切时间和地点,包括日期、星期几、具体的交叉口或道路段。

②事故类型。碰撞、侧翻、追尾等。

(2)车辆和参与者信息。

①车辆类型。机动车、非机动车、行人等。

②车辆数量。事故中涉及的车辆数量。

③驾驶人信息。包括驾驶人的年龄、性别、驾驶经验等。

④受伤程度。事故参与者的受伤情况,分为轻伤、重伤、死亡等级别。

表5-3是某市交警六合一数据平台中的部分简易事故人员信息表,表中包括姓名(XM)、性别(XB)、年龄(NL)、伤害程度(SHCD)、违法行为(WFXW)、交通方式(JTFS)、驾龄(JL)、准驾车型(ZJCX)、事故责任(SGZR)、车身颜色(CSYS)、车辆类型(CLLX)等。表5-3中的字母和数字为代码,性别中1代表男性,年龄中数值代表年龄,伤害程度中1代表死亡,违法行为中1043代表变更车道时影响正常行驶的机动车的违法行为、1225驾车时有其他妨碍安全驾驶的行为,交通方式中K3代表驾驶小型汽车,驾龄中的数值代表机动车驾驶人取得机动车驾驶资格的年限,准驾车型中A2代表牵引车、C1代表小型汽车,事故责任中1代表全部责任,车身颜色中A代表白色、E代表红色、J代表黑色、G代表绿色,车辆类型中K32代表小型越野客车、K33代表小型轿车、K43代表微型轿车。

简易事故人员信息表　　　　表5-3

XM	XB	NL	SHCD	WFXW	JTFS	JL	ZJCX	SGZR	CSYS	CLLX
赵××	1	41	1	1043	K3	14	A2	1	GC	K33
李××	1	27	1	1225	K3	2	C1	1	J	K43
杨××	1	42	1	1225	K3	21	A2	1	E	K32
樊××	1	46	1	1225	K3	21	A2	1	A	K33
王××	1	23	1	1225	K3	4	C1	1	J	K33

(3)事故原因和责任。

①事故原因。事故发生的原因,如超速、闯红灯、失控等。

②责任判定。涉及方的事故责任,包括主要责任和次要责任。

(4)环境和道路条件。

①天气状况。包括晴天、雨天、雪天等。

②道路状况。平整、坑洼、施工等。

③能见度。恶劣天气下的能见度情况。

(5)交通信号和控制设施。

①交通信号状态。事故发生时交叉口的信号灯状态。

②交通控制设施。是否有交叉口、人行道等交通控制设施。

表5-4为某市交警六合一平台数据库中的数据,几乎满足道路交通事故数据的数据特征,其中包括事故地点(SGDD)、死亡人数(SWRS)、受伤人数(SSRS)、直接财产损失(ZJCCSS)、事故类型(SGLX)、事故认定原因(SGRDYY)、天气(TQ)、能见度(NJD)。表5-4中事故类型、事故认定原因、天气、能见度等内容中的数字是代码,其中死亡人数0就是无死亡人数,受伤人数中的数值就是受伤的人数,直接财产损失中数值代表财产损失的金额(单

位为元),事故类型中2代表伤人事故,事故认定原因中6023代表驾驶机动车在高速公路和城市快速路以外的道路上不按规定车道行驶、1371代表驾车时有其他妨碍安全驾驶的行为,天气中1代表晴天,能见度中1代表50m以下、4代表200m以上。

一般事故记录表 表5-4

SGDD	SWRS	SSRS	ZJCCSS	SGLX	SGRDYY	TQ	NJD
北池头二路	0	1	400	2	6023	1	4
三桥正街	0	1	3000	2	1371	1	4
友谊路	0	1	5000	2	1371	1	4
107省道	0	2	2000	2	1371	1	1
太华路	0	1	3000	2	1371	1	4
石化大道	0	2	3000	2	1371	1	4

3. 数据分析难点

道路交通事故数据是简洁、高效记录事故信息的方式之一,而实际的事故数据常出现各种分析难点,主要原因是数据的完整性缺陷及客观性不足,主要表现为部分事故数据质量较低、部分数据的缺失、难以处理的大规模数据、难以考虑事故多因素交互影响等。这些问题的存在将直接降低事故数据的应用质量,以下是数据分析的主要难点。

(1)数据质量。数据质量可能受到多方面的影响,包括录入错误、遗漏、不一致性等。确保数据的准确性是数据分析的先决条件。

(2)数据多样性。道路交通事故涉及多种因素,包括车辆、驾驶人、道路条件、环境因素等。若要整合这些多样性的数据,并进行综合分析,则需要处理不同数据源和数据格式。

(3)缺失数据。缺失的数据可能影响对事故的全面理解,因此在分析过程中需要考虑缺失数据的处理方法,以减小对结果的影响。

(4)数据量大。道路交通事故数据通常是大规模的,尤其是在城市交通繁忙的地区。处理大量数据需要高性能的计算资源和合适的算法。

(5)时空关联性。事故发生的时间和空间具有关联性,需要进行时空分析以揭示事故的时空分布规律,因此需要应用时序和地理信息系统(GIS)。

(6)多因素交互影响。道路交通事故通常是多因素交互的结果,例如天气状况、驾驶人行为、道路状况等因素的相互影响,分析这些交互作用需要高级的数据建模和分析技术。

4. 数据应用

道路交通事故数据在很多方面有重要的应用,以下是有关道路交通的主要的应用。

(1)建立道路交通事故风险管理模块。道路交通运输过程中很多事故是由于道路因素引起的,道路设施问题及道路设计问题是常见的问题,挖掘并治理道路隐患是预防道路交通事故发生的重要手段。道路交通事故风险管理模块通过开发事故多发点段模型,可以根据道路交通事故数据查找道路隐患,并针对隐患采用专家实地勘察及方案设计、隐患治理、治理后评估等信息化闭环处置。道路交通事故风险管理模块的具体功能如图5-6所示。

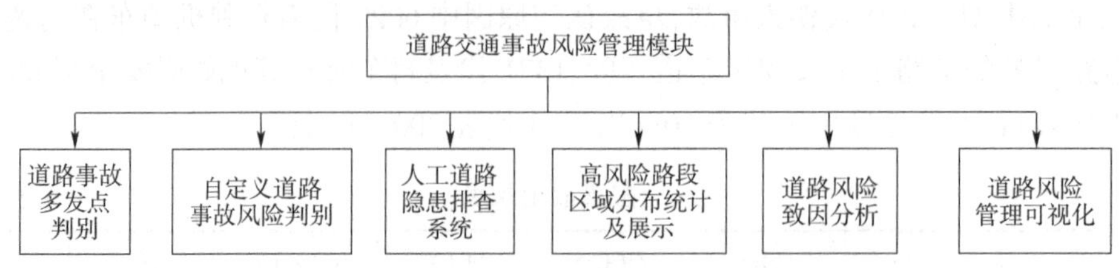

图 5-6　道路交通事故风险管理模块的功能框架图

道路交通事故风险管理模块主要包括以下功能。

①判别道路事故多发点。依据事故数据,采用多发点段模型定期查找事故多发点段,在地图呈现多发点段位置,弹窗呈现本路段事故详情。

②自定义判别道路事故风险。根据需求选择道路,如一些事故多发道路和重大事故发生道路,对道路设施和辅助设施进行整体风险分析。

③人工道路隐患排查系统。对于筛选出来的事故多发点段,组织高校专家、道路建设部门、道路养护部门、交管部门形成多方团队,实地考察现场,排查出隐患并讨论整改方案的可行性。

④高风险路段区域分布统计及展示。对判别出的高风险路段,按支队、大队、中队区域统计数量及变化情况。

⑤道路风险致因分析。从道路设施、道路设计、事故类型、时间段、天气等多维度分析本路段事故多发原因。

⑥道路风险预警及处置闭环。识别出的事故多发点段通过平台向相关部门预警,高校专家团队联合相关部门一起实地勘察、查找原因,并提交治理方案。按方案实施治理,评估治理效果。

⑦道路风险管理可视化。包括事故多发点段可在地图用红色标注,不同事故类型事故高发点段可在地图展示,高风险道路关联事故列表,高风险路段在各行政区等的分布数据统计。

(2)驾驶人风险评估、预警与处置。利用历史交通事故数据,结合驾驶人历史违法数据,可以进行驾驶人风险判定和防控。驾驶人风险预警主要分为驾驶人风险评估、驾驶人风险预警与处置两部分。在风险评估中,主要通过利用以驾驶人身份证号为 ID 构成的事故数据、违法数据、驾驶证信息数据的融合数据,通过数据清洗、筛选、指标重构处理等一系列预处理,然后利用生存分析来选择与事故显著相关的指标,最后用机器学习模型如 XGBoost 模型并结合少量合成过采样方法来预测驾驶人风险等级和概率。在驾驶人风险预警与处置中,对于评估判定出的高风险驾驶人,生成风险预警与处置单并下发到相关部门进行处理,结合后续一段时间的风险等级来评判预警的有效性。驾驶人风险预警框架如图 5-7 所示。

四、交通卡口数据

随着城市化的进程不断推进,城市交通管理与控制手段层出不穷,依托于通信技术、视频识别技术的快速发展,道路交通数据的来源越来越丰富。交通高清卡口(以下简称“卡口”)系统就是其中一种可以收集道路交通数据的设备,卡口系统已经应用于各大中小城市,几乎覆盖了城市道路的主干道交叉口以及公路出入口,有助于更加丰富立体地感知城市道路交通运行状态,同时卡口系统产生了大量的卡口数据,其中蕴含着丰富的出行特征信息,为智慧交通发展作出了极大贡献。

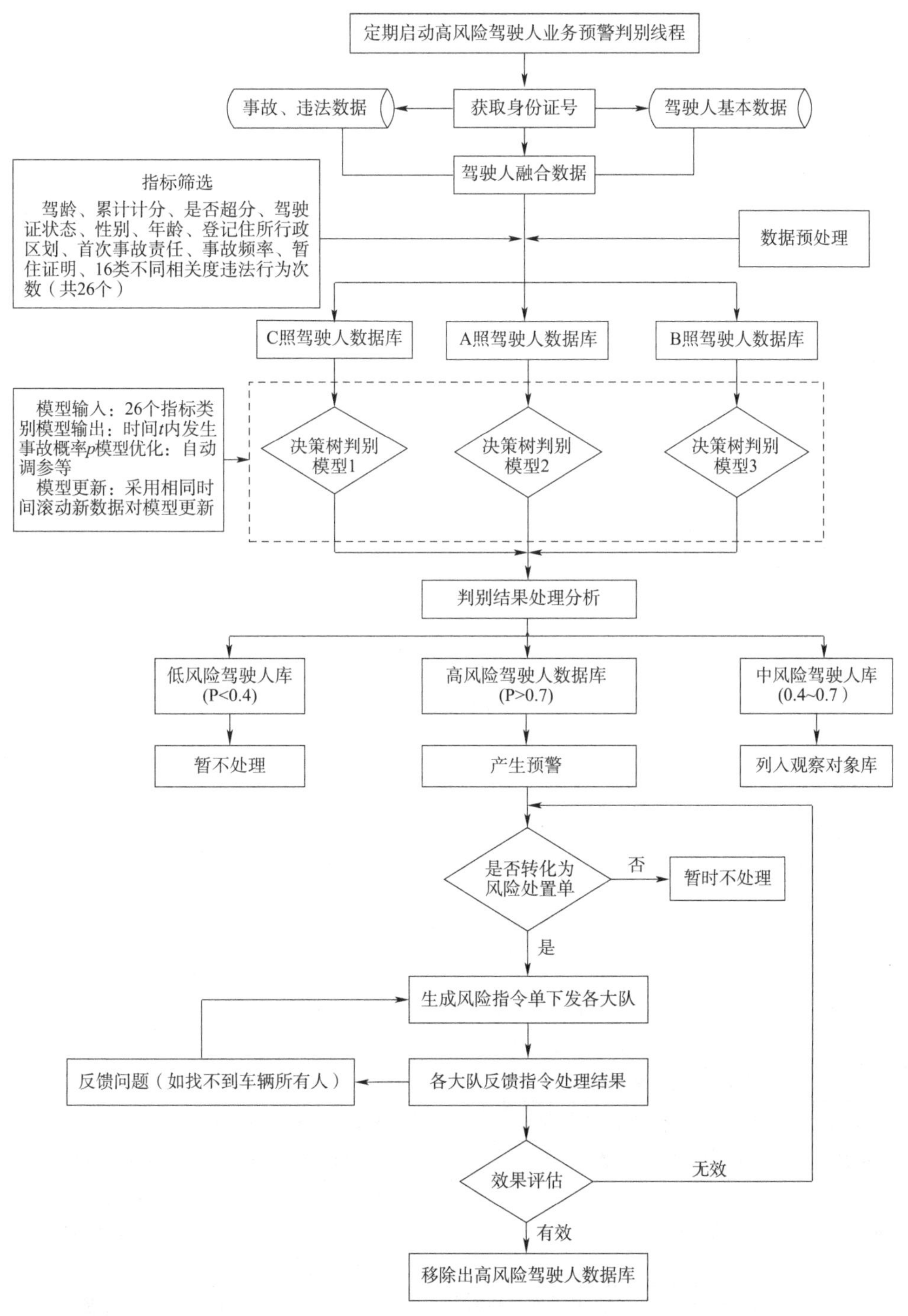

图 5-7 驾驶人风险预警框架

1. 数据采集

卡口数据通常由高清卡口系统进行采集。高清卡口系统采用光电技术、图像处理、模式识别等技术方法，对通过检测区域的车辆进行图像采集，同时自动识别出车辆号牌信息，将采集到的车辆信息、时间、地点等数据保存于服务器数据库。

卡口系统通常包括车辆检测系统、数据传输系统、后台管理系统以及数据存储系统。如图 5-8 所示，当车辆经过检测线圈时，卡口设备的智能抓拍单元便会启动抓拍功能，同时会对抓拍照片进行图像识别，并将识别出的车牌号码、车型等信息通过路口交换机传输到卡口服务器中，服务器通过图像识别等功能识别车辆的车牌、车型等信息并将这些信息存储到数据库中。

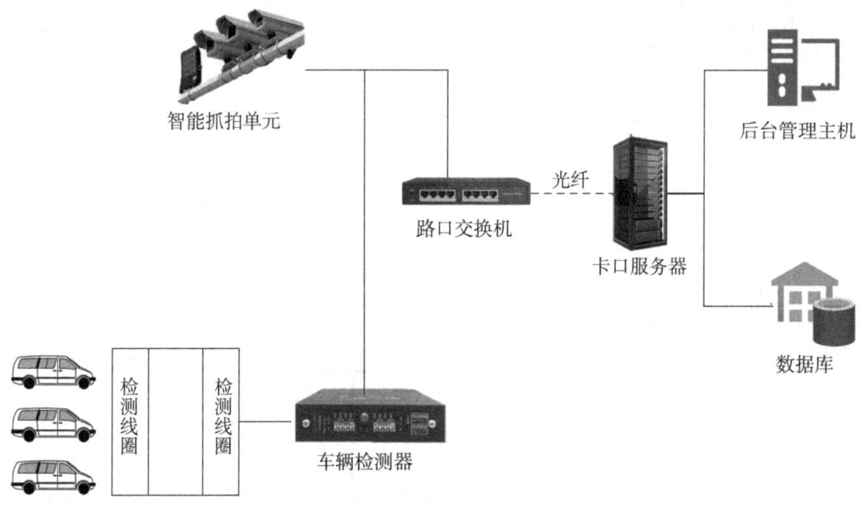

图 5-8　卡口设备采集原理

2. 卡口数据特征

卡口数据，是卡口系统采集、识别处理后存储于卡口服务器数据库的数据。卡口数据通常包括车辆牌照号码、车辆通过时间戳、检测器编号、检测位置、行驶方向、车道编号、车辆行驶速度、采集图像存储路径等多维度的车辆信息。卡口数据常用字段介绍及样例见表 5-5。

卡口数据常用字段介绍及样例　　表 5-5

字段	介绍	样例
车辆牌照号码	检测识别得到的车辆牌照号码	陕 A×××××
车辆通过时间戳	车辆通过检测器的实际时间，按“日期时间”格式或“时间戳”格式记录	2023-11-26 00:00:00-(日期时间格式)-5(时间戳格式)
检测器编号	某地区检测器的唯一标识编码	370303000000010119
检测位置	检测区域的具体位置	“元朔大道与明光路交叉口某进口道”
行驶方向	车辆的行驶方向	通常以“东”“西”“南”“北”表示东、西、南、北 4 个方向，以“东南”“东北”“西北”“西南”表示东南、东北、西北、西南 4 个方向
车道编号	以中央分隔带为基准，按照车道距离中央分隔带的远近依次为车道编号	“1”表示距离中央分隔带最近的车道，“2”表示距表示中央分隔带向右侧的第二条车道，以此类推

分析卡口数据,可以从中获取交通流量、行程时间等道路交通运行指标。因此卡口数据多用于城市交通特征的挖掘分析中,以协助交管部门制定交通管控措施。卡口数据实例见表5-6。

卡口数据示例 表5-6

卡口编号	车道	行驶方向	车牌号码	车牌颜色	车身颜色	通过道口时间
380303000000010115	02	南向北	陕A7××3Q	白色	其他	20220221070001
380303000000010115	03	东向西	陕U9××62	白色	其他	20220221070001
380303000000010117	01	北向南	陕A4××T4	白色	其他	20220221070004
380303000000010114	04	南向北	陕U07××9B	白色	其他	20220221070002
……	……	……	……	……	……	……

3. 数据分析难点

卡口数据蕴含的海量城市交通出行信息为交通管理决策提供了依据,但由于卡口设备识别能力参差不齐,伴随着设备故障、不良天气等原因,部分卡口设备无法完整检测所有车辆的数据,导致卡口数据存在冗余、错漏等现象,一般情况下卡口数据的准确率为75%~90%,足以满足大部分交通场景的需求,但是仍需对原始的卡口数据进行预处理工作。

卡口数据预处理主要包括对冗余数据的剔除以及缺失数据的剔除与填充。

(1)冗余数据剔除。卡口设备对经过断面的车辆进行图像识别会出现重复采集的现象,需要对这部分数据进行剔除,只保留单条数据记录。

(2)缺失数据剔除与填充。对于某些卡口数据缺失率达到80%以上的字段,需要进行剔除操作;而对于缺失率不高的卡口数据需要采用填充方法进行数据补全。

4. 数据应用

(1)交通量提取。交通量是交通研究最基本的数据,是交通工程和城市规划中的重要参数,对道路、交叉口和交通系统的设计、规划和管理都具有重要的影响。分析城市道路交通量,对于规划城市交通系统、设计道路、优化交叉口以及制定交通政策都至关重要。通过对交通量的监测和分析,交通工程师能够采取措施来改善道路流动性、减少交通拥堵、提高交通安全性,并促进城市可持续发展。

交通量的计算公式为:

$$Q=\frac{N}{T} \tag{5-1}$$

式中,Q为交通量(veh/5min);N为卡口在观测时段内通过的车辆数(veh);T为观测时间段,一般取5min。

以人工计数调查交通量为例,对于一个十字形交叉路口,通常需要12人才能完成交通流量调查工作。当前,城市主要交叉口已经全部安装了智能卡口设备。通过对卡口数据按时间进行精密分析,能够准确提取卡口记录的断面在全天内的交通流量数据。这一基于卡口数据的交通量提取方法不仅高效,而且明显减轻了进行交通调查所需的人力和资源负担。

(2)车辆轨迹预测。在城市道路行驶的车辆通过各个卡口时生成详细记录,将这些记录按照时间顺序进行排序,可以构建出一辆车的完整出行轨迹。通过对城市中所有车辆轨迹的数据挖掘,能够发现车辆的出行规律。这种基于车辆轨迹的数据分析方法不仅可以深入了解车辆行为,同时也为交通规划和管理提供了有力的信息支持。某市区卡口编号对照表见表 5-7。

卡口编号示例 表 5-7

卡口位置示例	编号	卡口位置示例	编号
联通路—原山大道	0	华光路—上海路	6
联通路—天津路	1	华光路—北京路	7
联通路—上海路	2	人民路—原山大道	8
联通路—北京路	3	人民路—天津路	9
华光路—原山大道	4	人民路—上海路	10
华光路—天津路	5	人民路—北京路	11

为方便描述基于卡口数据的车辆轨迹,进行如下定义。

①卡口编号。对主要干线交叉口的不同卡口设备进行编号,并用此编号表示卡口设备所在的交叉口。记 $V=\{v_i \mid 0,1,2,\cdots\}$ 为卡口编号集合。

②基于卡口数据的车辆轨迹。按照时间顺序对车辆通过的卡口依次排列,形成基于卡口数据的车辆轨迹,记为 b_{traj},是一组带有时间与位置信息的序列。

记 N 为车辆于 T 时在卡口 v_i 所记录的位置信息:

$$N=(T,v_i) \tag{5-2}$$

③车辆轨迹(长度为 n)。某车辆在不同时刻通过不同卡口点位被卡口设备记录形成的一系列轨迹:

$$b_{\text{traj}}=\{N_1,N_2,N_3,\cdots,N_n\} \tag{5-3}$$

考虑到设备故障、不良天气等外界因素导致卡口设备无法完整检测所有通过车辆的数据,这些不可控的因素会导致提取的车辆轨迹信息存在某些点位缺失的现象。因此,需要对原始的卡口数据预处理,并对车辆轨迹进行补全。

如图 5-9 所示,当卡口系统采集到的某车辆卡口序列为 $\{A,J,K,L\}$ 时,A 与 J 两个卡口并不相连,需要对原始轨迹序列进行补全。根据动态规划中的 Dijkstra 算法可以求得 $\{A,E,I,J,K,L\}$、$\{A,B,F,J,K,L\}$ 和 $\{A,E,F,J,K,L\}$ 三条最短路径。在存在多条最短路径的情况下,对传统 Dijkstra 算法得到的路径依据转弯次数由小到大的顺序对最短路径进行排序,最后得到补全的车辆轨迹 $\{A,E,I,J,K,L\}$,假设研究区域内的卡口个数为 n,则区域内的车辆轨迹补全的流程如下:

①对于每一辆车的卡口编号集合 $V=\{v_1,v_2,\cdots,v_i,v_{i+1},\cdots,v_n\}$, $i\in\{1,2,3,\cdots,n-1\}$,首先依次判断序列中相邻的卡口 $\{v_i,v_{i+1}\}$ 在实际道路中是否相邻,若相邻则继续判断下一对卡口,若不相邻则转入步骤②。

②对于不相邻的卡口,应用改进的 Dijkstra 算法求得这两个卡口之间的最短路径,并将

路径上的卡口依次补充到原卡口轨迹序列对应的位置。

③整条卡口轨迹遍历结束，则完成卡口轨迹的补全。将原始卡口数据预处理后根据车牌号码对所有卡口数据进行分组，并按时间顺序排序，得到每辆车被记录的所有时间下的行车轨迹序列。由于存在多次出行，因此，需要将获取的车辆轨迹分为多个单次出行的轨迹。

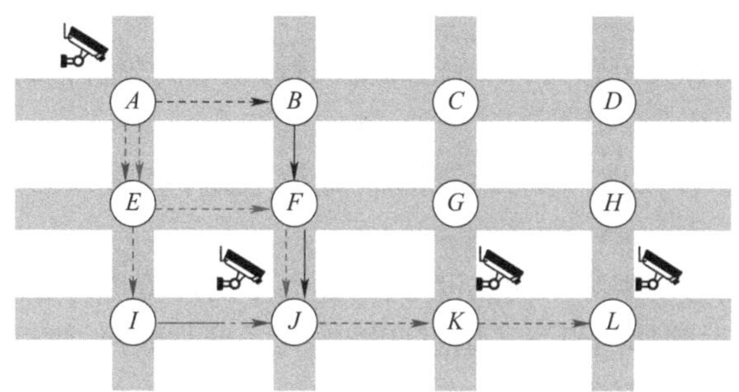

图 5-9 车辆轨迹补全示意图

通过车辆相邻记录中的时间间隔以及卡口空间位置来分离车辆轨迹，具体的轨迹提取流程如下(图 5-10)。

①数据清洗。删除由于卡口设备采集性能以及图像识别技术等原因生成的无效车牌数据，并将仅在研究区域内出现过一次车辆的卡口数据删除。

②将卡口数据按车牌号码分组，按时间顺序排序。

③遍历每个车牌号码，提取当前车牌号码的原始卡口过车记录，剔除冗余信息，形成每辆车完整的卡口轨迹序列。

④对于每一辆车的卡口轨迹序列，依据车辆相邻记录中的时间间隔以及卡口空间位置将一整条完整的出行序列划分为单次出行轨迹序列。

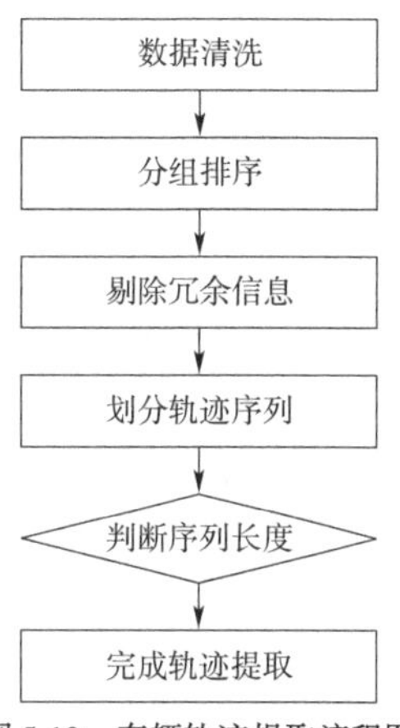

图 5-10 车辆轨迹提取流程图

⑤判断划分好的轨迹序列长度，如果长度大于 1，则完成此次出行的轨迹提取；如果长度为 1，则删除本条出行轨迹。

五、环境及气象数据

道路交通系统的运行与环境、气象等有密切关系，为更好分析道路交通系统的运行特性等，需要在研究工作中整合环境及气象数据。环境及气象的相关数据，主要包括空气质量相关数据、污染物浓度相关数据、气象相关数据(温度湿度风级、风向等)等多种类型。

1. 数据采集

环境及气象数据的获取方式主要包括传感器技术、遥感技术和实地观测等多种途径。

(1)传感器技术

①气象站。部署在地面或气球上，用于测量气温、湿度、气压、风速和风向等气象参数。

②水质监测仪器。安装在水域中，用于监测水质参数，如水温、溶解氧、pH 值等。

③空气质量监测设备。分布在城市各地,用于检测大气中的空气质量,包括颗粒物、二氧化硫、一氧化碳等。

(2)遥感技术

①气象卫星。运行在轨道上,通过遥感仪器获取地球大气、云层、地表温度等信息,用于气象监测和预测。

②遥感飞艇。搭载各类传感器,在特定高度飞行,获取高分辨率的气象和环境数据。

(3)实地观测

①定点监测站。在特定地点设置监测站,进行气象、水质和空气质量等参数的实时监测。

②地面观测。利用移动观测车辆或设备,对地面上的环境进行定点或行程观测。

例如,相关机构和主管部门设置了国家环境空气质量监测网,监测站点个数设置标准与建成区城市人口数量及建成区面积大小有关,具体标准见表5-8。

国家环境空气质量评价点设置数量要求 表5-8

建成区城市人口(万人)	建成区面积(km^2)	监测个数(个)
<10	<20	1
10~50	20~50	2
51~100	21~100	4
101~200	101~150	6
201~300	151~300	8
>300	>200	每25~30km^2建成区面积设一个监测点,且不少于8个点

(4)传统测量方法

①人工测量。通过人工手段,使用温度计、湿度计、气压计等传统仪器进行实地测量。

②气象雷达。用于探测降水情况,尤其在暴雨等极端天气的监测中起到重要作用。

例如,一些针对小范围的研究,其空气质量与污染物浓度相关数据可通过空气质量监测器进行人工定点检测。在进行人工测量时,需要避免车辆尾气或其他污染源直接对检测结果产生干扰。检测仪器采样口与道路的最小间隔应参照表5-9中的标准设定。

点式仪器采样口与交通道路之间最小间隔距离 表5-9

道路日均机动车流量(辆)	采样口与交通道路边缘间最小距离(m)	
	PM_{10}	SO_2、NO_2、CO和O_3
≤3000	25	10
3001~6000	30	20
6001~15000	45	30
15001~40000	80	60
>40000	150	100

2. 环境及气象数据特征

(1)时空变化。环境及气象数据具有明显的时空变化特征。气象数据在不同时间和地点呈现出多样化的变化规律，包括昼夜温差、季节性变化等。例如，国家气象数据中心对西安市同一天部分区的天气状况观测记录见表5-10。

西安市同一天部分区的天气状况 表5-10

区域	2021年1月24日	2021年1月25日	2021年1月26日
未央区	晴天	雨天	阴天
临潼区	雪天	晴天	晴天
雁塔区	晴天	雨天	阴天
长安区	阴天	雪天	晴天

(2)多维度性。气象数据涉及多个维度，如温度、湿度、风速、降水量等。这些维度相互关联，构成了复杂的多维数据集。表5-11列出了部分风级与风速的关系。

部分风级与风速的关系 表5-11

风级	名称	风速(m/s)	地面物体表征
0	无风	0~0.2	烟向上，风向标静止
1	软风	0.3~1.5	烟能表示方向，但风向标不动
2	轻风	1.6~3.3	人面感觉有风，风向标转动
3	微风	3.4~5.4	树叶及微枝摇动不息，旗帜展开
…	……	…	……

(3)不确定性。气象现象本身存在一定的不确定性，例如气象预测中的不确定性，因此需要在数据处理和分析中考虑到不确定性因素。

3.数据分析难点

(1)数据的高维性。环境及气象数据通常涉及多个维度，包括时间、地理位置、气象要素等。数据的高维性增加了数据分析的复杂性，需要采用合适的方法来降低维度和提取关键信息。

(2)时空数据的异质性。气象数据涉及时空变化，不同观测点的数据可能具有不同的分布特征。处理时空数据的异质性需要考虑使用空间插值、时间序列模型等方法，以获得更为准确和连续的数据。

(3)极端事件的不确定性。气象数据中存在一些极端事件，如暴雨、台风等。极端事件的发生通常不规律，而且预测的不确定性较大，给数据分析和预测带来了挑战。

4.数据应用

利用代表濮阳市道路交通状况的南乐县、范县、濮阳县公路交通事故资料和气象资料，分析了濮阳市道路交通事故发生的一般规律及其与气象条件的关系，以及几种主要气象要素对道路交通的影响，在此基础上提出了减少道路交通事故发生的防御措施和对策。

统计表明，道路交通事故的发生有明显的季节性，春季4、5月份和冬季12、1月份是事故多发季节。4、5月份正是冬春季向夏秋季转换的季节，冷暖空气的激烈交互往往易产生雷雨大风、冰雹等突发性恶劣天气，使乘驾来不及防范，所以事故发生率高。冬季12、1月是濮阳市最冷的月份，此时，寒潮大风天气出现频繁，大雾、路面结冰等给道路交通带来不便，极易发生交通事故，事故出现的可能性增大。

道路交通事故出现的时间有一定的日变化规律，一般早晨最多，下午次之，下半夜最少。这与人们户外活动"日出而作"的规律有关。车辆大多是白天出行，夜间外出较少。凌晨温度较低，易出现道路结冰及大雾，由于路面光滑，能见度低，极易出现道路交通事故。另外，下午常是雷雨大风、冰雹、局地强对流天气发生的时间，也是交通事故多发时段。

分析发现，交通事故的发生与天气关系密切。据不完全统计，有60%～70%的事故出现在不利的天气条件下，统计结果见表5-12。

不利天气条件对交通事故的影响 表5-12

参数	濮阳县	南乐县	范县
总次数	137次	112次	45次
不利天气影响次数	99次	76次	27次
几率(%)	72	68	60

在道路交通事故与各类气象要素的关系中，大雾、降水天气下出现事故的几率最高，如表5-13所列。

各类天气下各等级事故出现次数统计(单位:次) 表5-13

事故级别	大雾	降水	大风	霜或冰冻	其他	合计
小事故	2	6	4	4	7	23
一般事故	15	31	7	13	29	95
重大事故	31	19	6	7	27	90
特大事故	17	13	2	2	10	44

通过分析发现，11月、12月和1月是大雾造成道路交通事故最多的月份，大雾造成能见度较小，是重大事故发生的主要原因。

第二节 常用数据分析方法

在采集到所需的数据之后，需要进行数据处理。采集到的数据中并非所有数据都能符合要求，例如部分数据会出现冗余、缺失等问题。因此，需要采取一些方法对这些数据进行处理，下面将对数据预处理方法、数据探索与分析方法(即数据可视化方法)进行介绍。

一、数据预处理

数据预处理是数据科学和机器学习中不可或缺的关键步骤，其目的在于优化原始数据以满足模型的需求，从而提升数据分析和建模的效果。数据预处理的过程包括处理缺失值、清理异常值、解决重复数据、标准化数值范围、编码分类数据等多个步骤。数据预处理的重要性体现在多个方面。首先,数据预处理能确保数据的质量,通过清理噪声、提高一致性,从而提高模型的准确性和稳定性。其次,良好的数据预处理有助于提高模型的性能,通过消除无效信息和优化特征,确保模型能够更好地泛化到新的数据。此外,数据预处理还有助于满足特定模型对数据格式和表示的要求,确保模型的训练和应用能够顺利进行。处理不一致性、提高计算效率、支持可视化分析等方面的功能也使得数据预处理成为整个数据科学流程中的关键环节。总体而言,精心进行数据预处理不仅有助于确保数据的质量和适用性,也为构建高效、可靠的机器学习模型奠定了坚实的基础。

1. 数据清洗

数据清洗(Data Cleaning)是指对采集到的数据进行重新审核和校检,处理异常值和光滑噪声,使数据在最大程度上能够满足需求。数据清洗主要是指对异常数据和噪声数据进行处理的过程。

(1)异常值。异常值指某个或某些属性的值是不符合逻辑的或不完全的,主要是由于数据采集或保存不当导致的。处理异常值的方法主要分为三种:删除记录、数据插补法(即视为数据缺失值)和不处理。

①删除记录法。删除记录法指直接删除含有缺失值的记录。假设某条样本记录的大部分有效数据已经缺失,而插补操作可能改变该条记录原本的含义,此时可以将该条记录直接删除。

②数据插补法。可以将异常数据视为缺失值,采用数据插补法来处理。数据插补法是指根据已有的数据来推测缺失数据的值。常见的缺失值插补方法有均值/中位数/众数插补法、固定值插补法、最近邻插补法和插值法。其中,均值/中位数/众数插补法是指根据属性值的类型、用该属性值的平均数/中位数/众数进行插补;固定值插补法是指将缺失的属性值用一个常量替换;最近邻插补法是指在记录中找到与缺失样本最接近的样本属性值插补;插值法是利用已知点建立合适的插值函数 $f(x)$,未知值由对应点 x 求出的函数值 $f(x_i)$ 近似替代。

③不处理法。在进行数据预处理时,并不是所有的异常值都是需要剔除的,有些异常值是有用的,这时可以直接在具有异常值的数据集上进行数据挖掘和分析。

(2)噪声数据。噪声数据指在数据采集、传输或处理过程中,由于各种干扰因素的影响而产生的不规律或误差数据。这些噪声数据可能会对数据分析和建模产生负面影响,例如降低模型预测精度、引起错误决策等。因此,需要光滑数据,去掉噪声。常用的数据光滑技术主要有分箱法、回归法和离群点分析法。

①分箱法(Binning)。分箱法也称为离散化或区间划分,主要目的是将连续型数据划分为离散的区间,将一系列数值映射到若干个有序的区间(箱子)中,这种转换有助于处理不同尺度的数据、减少异常值的影响,并改善模型的稳定性。

②回归法。回归法指采用一个函数拟合数据来光滑数据。采用线性回归法可以用一个属性来预测另一个属性,对于两个及以上数量的属性而言,可以采用多元线性回归,将数据拟合到一个多维曲面中进行数据处理。

③离群点分析法。离群点可以通过聚类等方法来检测,聚类会将类似的值聚成群或簇,落在簇集合之外的值就是离群点。离群点分析可以帮助识别和排除异常值,从而提高数据的可靠性和准确性。

2. 数据集成

由于数据来源广泛,数据分析和处理过程难以顺利进行。数据集成(Data Integration)则可以将多个数据源中的数据合并,存放在一个一致的数据存储中,减少结果数据集的冗余和不一致性,提高数据挖掘过程的速度及精确度。

(1)实体识别问题

实体识别是指从文本中自动识别和提取出具有特定意义的实体,如时间、日期等,将来自多个信息源的现实世界的等价实体进行匹配。现实中的实体在不同的数据源中有不同的表达形式,实体识别可以统一不同数据的矛盾之处,常见的矛盾性形式有同名异义、异名同义和单位不统一。

(2)冗余和相关性分析

冗余问题也是数据集成的一个重要问题。同一属性多次出现或同一属性命名不一致,均有可能导致冗余。有些冗余可以用相关分析进行检测,若给定两个属性,相关性分析可以根据可用的数据,衡量一个属性能在多大程度上包含另一个属性。对于标称数据,可以采用χ^2(卡方)检验;对于数值属性,可以使用相关系数和协方差检测。

(3)元组重复问题

对于给定的唯一的数据实体,可能存在两个或多个相同的元组。因此,除了检测属性间的冗余外,还需要在元组级检测重复。去规范化表的使用是数据冗余的另一个来源。去规范化是指将已经规范化的数据库表合并为更大、更冗余的表,可以提高查询性能或简化数据操作,但是可能会导致元组重复的出现。通过合并重复记录或使用视图、索引等方法可以避免出现元组重复的问题,以确保数据的正确性和可靠性。

(4)数据值冲突问题

数据集成还涉及数据值冲突的检测和处理问题。数据值冲突是指在数据库中存在两个或多个记录之间的数据不一致性,即相同的数据在不同的记录中具有不同的值。对于现实世界的同一实体,来自不同数据源的属性值可能不同。例如,对于长度属性,在一个系统中以国际单位存放,而在另一个系统中以英制单位存放,这就可能会导致数据查询或分析错误,可以通过数据校验、数据清洗或定期更新数据来解决数据值冲突问题。

3. 数据标准化

数据标准化(Data Normalization)是指将不同尺度、范围或单位的数据转换为统一的比例或范围。在交通大数据分析问题中,常用的数据标准化方法有三种:最小-最大标准化、零均值标准化和小数定标标准化。

(1)最小-最大标准化。最小-最大标准化也称为离差标准化,是对原始数据的线性变换,将数值x映射到[0,1]之间得到x^*。转换公式见式(5-4):

$$x^* = \frac{x - \min}{\max - \min} \tag{5-4}$$

式中，x 为原始数据值；x^* 为标准化后的数据值；max 为样本数据的最大值；min 为样本数据的最小值；max − min 为极差。

离差标准化保留了原有数据中存在的关系，是消除量纲和数据取值范围影响的最简单方法。但是这种处理方法的缺点在于，若数据集中且某个数值很大，则标准化后各值会接近于 0，并且标准化后的数据之间相差不大。同时，若遇到超过目前属性取值范围[min，max]的时候，会引起系统出错，需要重新确定 min 和 max。

(2)零均值标准化。零均值标准化是一种常用的数据预处理方法，也称为 Z-score 标准化。零均值标准化的基本思想是将原始数据进行线性变换，使其均值为 0，标准差为 1，从而使得数据更加符合正态分布的要求，便于后续的数据分析和处理。变换公式见式(5-5)：

$$x^* = \frac{x - \overline{x}}{\sigma} \tag{5-5}$$

式中，$\overline{x}$ 为原始数据的均值；σ 为原始数据的标准差。

(3)小数定标标准化。小数定标标准化是一种常用的数据预处理方法，其基本思想是通过移动数据的小数点位置，将数据映射到[−1，1]之间，从而达到数据标准化的目的。变换公式见式(5-6)：

$$x^* = \frac{x}{10^k} \tag{5-6}$$

式中，k 为缩放的位数。

4. 数据归约

数据归约(Data Reduction)是指在尽可能保持数据原貌的前提下，最大限度地精简数据量。进行数据分析时，所涉及的数据集可能会非常大，在海量数据上进行复杂的数据分析和挖掘将耗费大量时间。与非归约数据相比，在归约的数据上进行挖掘，所需的时间和内存资源更少，挖掘将更有效，并产生相同或几乎相同的分析结果。数据归约常用的方法包括维归约、数量归约和数据压缩。

(1)维归约(Dimensionality Reduction)也称为特征规约，是指通过减少属性特征的方式压缩数据。维归约的方法有小波变换、主成分分析和属性子集选择。小波变换和主成分分析可以把原数据投影或变换到较小的空间来降低维数，而属性子集选择可以将其中不相关、弱相关或冗余的属性或维被检测和删除。

(2)数量归约(Numerosity Reduction)是指用较小的、替代的数据表示形式来替换原数据，包括参数型和非参数型两种技术方法。对于参数方法，在使用模型估计数据时，一般可以只存放模型参数，不存放实际数据；而非参数方法不依赖于特定的模型或参数，因此通常需要存储实际数据，以便在归约过程中使用。

(3)数据压缩(Data Compression)是指在尽量保存原有数据中信息的基础上，用较小空间来表示原有数据。数据压缩分为有损压缩和无损压缩。若原数据可以从压缩后的数据重构而不损失信息，则被称为无损压缩；若无法完全恢复为原有数据，只能近似重构原数据，则被称为有损压缩。维归约和数量归约也可以被视为是某种形式的数据压缩。

5. 数据变换与数据离散化

数据变换(Data Transformation)是指将原始数据格式变换为较好数据格式的方法，而数据离散化则是一种数据变换的形式。

数据变换策略主要有以下几种。

(1)光滑。光滑是指去除数据中的噪声。在数据分析中,光滑策略是一种常用的数据变换方法,其主要目的是平滑原始数据中的噪声和异常值,使得数据更加稳定和可靠。常用的数据光滑技术有分箱法、回归法和离群点分析法,详细介绍可参考数据清洗过程。

(2)属性构造。在数据变换中,属性构造是指通过对原始数据进行处理和转换,创建新的属性或特征,以增加数据的表达能力和模型的预测能力。属性构造可以基于原始数据的特点和领域知识,通过组合、转换和衍生等方式,生成新的属性表示,从而提取更多的信息和特征。

(3)聚集。聚集是一种数据操作,用于对数据进行汇总或聚集,为多个抽象层次的数据分析构建数据立方体。通过聚集操作,可以根据特定属性或条件将原始数据分组,并应用聚合函数,如求和、平均值、最大值、最小值等,生成汇总结果。例如,可以聚集每日的气温数据,计算每月和每年的平均气温,以便更好地理解和分析数据。

(4)规范化。规范化是指将属性数据按一定比例缩放,使之落入一个特定的小区间,如[0,1],以消除数据中的冗余、提高数据质量和一致性,并支持更有效的数据分析和处理。规范化的主要目标是消除数据中的重复信息、减少数据冗余、确保数据的一致性和完整性,并提高数据的可靠性和可比性。通过规范化,可以将数据分解为更小的、更简洁的组成部分,并建立适当的关系和连接,以便更好地组织和管理数据。

(5)离散化。离散化是指将连续或定量数据分成有限数量的离散化区间。根据离散过程使用类信息,离散化技术可以分为两种:若离散过程使用类信息,则被称为监督的离散化;否则被称为非监督的离散化。常用的离散化方法主要有分箱和直方图分析。

①通过分箱离散化。分箱是一种基于指定箱个数的自顶向下的分裂技术。分箱法也可以作为数据归约和概念分层产生的离散化方法。例如,使用等频或等宽分箱,用箱均值替换箱中的每个值,可以将属性值离散化,这与用箱均值光滑方法类似。分箱不使用类信息,属于非监督的离散化技术,对用户指定的箱个数很敏感,也很容易受到离群点的影响。

②通过直方图分析离散化。直方图离散化是一种基于直方图的数据离散化方法。直方图分析与分箱一样,不使用类信息,因此也属于一种非监督的离散化技术。可以使用各种划分规则定义直方图,例如,对于等宽直方图,是将数据范围分成相等大小的区间;对于等频直方图中,是将数据分成相等数量的组。在这两种直方图中,每个区间或组内的数据个数可能不一样。直方图分析算法可以递归地用于每个分区,自动地产生多级概念分层,直到达到一个预先设定的概念层数,该过程才会终止。

(6)由标称数据产生概念分层。在处理标称数据时,可以使用概念分层来识别数据中隐藏的模式和规律。例如,有一个标称数据集包含性别、民族和职业三个属性,可以对数据集进行概念分层。首先,可以将性别和民族分别定义为两个概念层次,然后对职业进行聚类或关联规则挖掘,最后可以得到若干个职业概念层次。通过概念分层的方法,可以深入了解标称数据集中各属性之间的关系,挖掘其潜在价值,为业务决策和数据分析提供指导和支持。

二、数据探索与分析

通过对数据的预处理，相对于刚采集到的数据，数据的质量有了明显的提高，而在对数据进行正式挖掘之前，需要先进行数据探索，以下将介绍数据的探索与分析。数据探索通常是指对已有的数据(特别是调查或观察得来的原始数据)在尽量少的先验假定下进行探索，通过作图、制表、方程拟合、计算特征等手段探索数据的结构和规律的一种数据分析方法。当无法确定采用哪种统计方法进行数据分析时，探索性数据分析方法是很好的选择。

1. 统计分析

对数据进行统计分析是从定量的角度探索数据，是最基本的数据探索方式，可以大致了解数据的基本特征。在数据探索过程中，常常需要使用一些统计量来描述和概括数据的性质和分布。下面是数据探索中常用的几种统计量。

(1)算术平均值和中位数

算术平均值和中位数是用来表示位置的统计量。算术平均值 $\bar{x}$ 通过平均化所有观测值来得出一个总体的典型值，用来描述数据取值的平均位置，其数学表达如式(5-7)所示：

$$\bar{x} = \frac{1}{n}\sum_{i=1}^{n} x_i \tag{5-7}$$

算术平均值的优点在于对异常值不敏感，能够较好地反映整体数据的中心位置；缺点在于当数据分布不均匀或存在极端值时，算术平均值可能会被拉向极端值，导致对数据的集中趋势有所误导。

中位数是指将数据集中的所有数据值按大小排序，然后找出位于中间位置的值。中位数的优点在于不受极端值的影响，能够更好地反映数据的中心位置。因此，当数据集中存在异常值或数据分布不均匀时，中位数通常比算数平均值更具代表性。

(2)标准差、方差和极差

在数据分析中，标准差、方差和极差是常用的统计量，通常用于描述数据的离散程度。

计算标准差 S 的数学表达式见式(5-8)：

$$S = \sqrt{\frac{1}{n-1}\sum_{i=1}^{n} (x_i - \bar{x})^2} \tag{5-8}$$

标准差可以用来衡量每个观测值与平均值之间的差异。标准差越大，表示数据的离散程度越高；标准差越小，表示数据的离散程度越低。

方差是标准差的平方即 $\sigma = S^2$，其数学表达式见式(5-9)：

$$\sigma = \frac{1}{n-1}\sum_{i=1}^{n} (x_i - \bar{x})^2 \tag{5-9}$$

方差可以用来衡量每个观测值与平均值之间的差异的平方的平均值。方差越大，表示数据的离散程度越高；方差越小，表示数据的离散程度越低。

极差 R 是数据集中最大值与最小值之差，可以根据其变动范围来表示总体数据的离散程度。极差的数学表达式见式(5-10)：

$$R = x_{\max} - x_{\min} \tag{5-10}$$

极差越大表示总数据的离散较高；极差越小表示总数据的离散程度较低。极差计算简单，可以提供一个整体的数据范围，但并不能提供关于数据分布的更详细信息，受极端值的影响较大。

(3)偏度和峰度

偏度和峰度是用来表示分布形状的统计量。

如图5-11所示，偏度 V 是统计数据分布偏斜方向和程度的度量，是统计数据分布非对称程度的数字特征。偏度分布有三种形式，即正偏分布、负偏分布和无偏分布。正偏分布又称为右偏分布($V>0$)，表示大部分数据集中分布在均值右侧，负偏分布又称为左偏分布($V<0$)，表示大部分数据集中分布在均值左侧；无偏分布又称零偏分布(V 接近于0)，表示数据分布相对均值对称。偏度的计算公式为：

$$V = \frac{1}{n}\sum_{i=1}^{n}\left(\frac{x_i - \bar{x}}{\sigma}\right)^3 \tag{5-11}$$

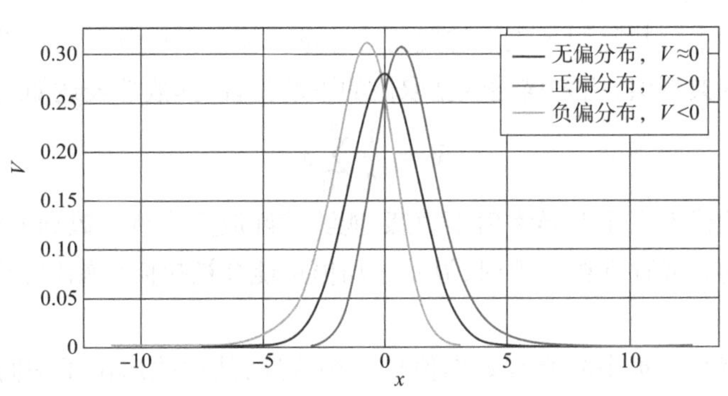

图5-11　偏度图

如图5-12所示，峰度 K 可以用来衡量数据分布的尖锐程度或平坦程度。正态分布的峰度为3，据此，若峰度 K 大于3，代表数据分布具有比正态分布更高、更尖锐的峰，即样本中含有较多远离均值的数据，为扁平分布；若峰度 K 远小于3，表示数据分布具有比正态分布更低、更平坦的峰，即表明数据分布集中，为尖峰分布。峰度的数学表达式为：

$$K = \frac{1}{n}\sum_{i=1}^{n}\left(\frac{x_i - \bar{x}}{\sigma}\right)^4 \tag{5-12}$$

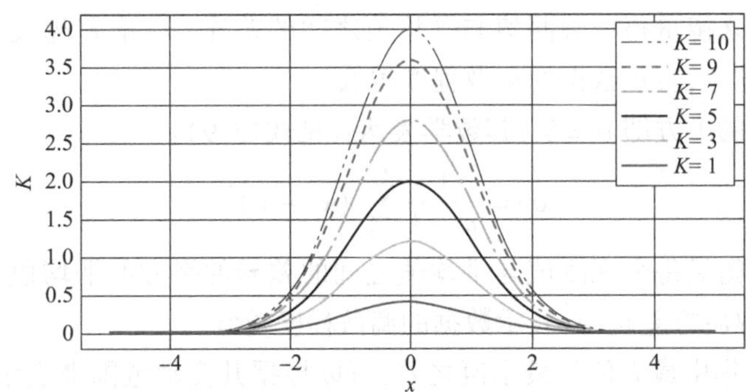

图5-12　峰度图

2.对比分析

探索性数据分析强调灵活地探求线索和证据,重在发现数据中可能隐藏着的有价值的信息,例如数据的分布模式和变化趋势等。下面是几种常见的对比分析方法。

(1)绝对数比较。绝对数比较是利用绝对数进行对比,从而寻找差异的一种方法。在绝对数比较中,只关注数值本身的大小,而不考虑数值所代表的含义或背景。绝对数比较通常使用数值的绝对值进行比较。绝对值是一个数与零的距离,即使数值为负数,其绝对值也是非负数。

通过比较数值的绝对值,可以确定其大小关系,而不受正负号的影响。例如,对于两个数值 -5 和 10,其绝对值分别为 5 和 10。通过绝对数比较,可以确定 10 大于 5,而不需要考虑正负关系。

(2)相对数比较。相对数比较是由两个有联系的指标对比计算的,用以反映客观现象之间数量联系程度的综合指标,其数值表现为相对数。由于研究目的和对比基础不同,相对数可以分为以下几种。

①结构相对数。结构相对数是相对数的一种特定类型,将同一总体内的部分数值与全部数值对比求得比重,用于比较不同组成部分在整体中的相对比例或结构关系。例如,结构相对数可以用于比较不同行业在国内生产总值中的相对份额,帮助了解各行业对经济的贡献程度和结构特征。

②比较相对数。将同一时期两个性质相同的指标数值进行对比,以说明同类现象在不同空间条件的数量对比关系。例如,通过比较两个季度或两个年度内不同产品类别的销售额占比,可以确定产品销售结构的变化趋势和市场需求的变化情况。

③强度相对数。将两个性质不同但有一定联系的总量指标进行对比,以说明现象的强度、密度等。例如,可以使用城市间的人均 GDP 强度相对数来比较不同城市的经济发展水平,通过计算不同城市的人均 GDP 值,并与国家或地区的平均水平进行比较,可以了解各城市的经济强度相对于整体水平的差异。

④计划完成程度相对数。计划完成程度相对数是一种用于比较实际完成情况与计划目标之间的相对数,可以衡量某项任务、项目或计划在特定时间内实际完成的程度。例如,假设某项目计划完成总工作量为 100 个任务,实际完成了 80 个任务,计划完成程度相对数为 80%,这表示项目实际完成了计划工作量的 80%。

⑤动态相对数。动态相对数是一种用于比较同一指标在不同时间点上的变化情况的相对数,用以说明发展方向和变化的速度。例如,假设某城市去年的人口数量为 100 万人,今年的人口数量为 120 万人,其动态相对数为 $(120-100)/100\times100\%=20\%$,表示人口相对于去年增长了 20%。

3.相关性分析

相关性分析是一种用于研究两个或多个变量之间关系的统计方法,通过相关性分析,可以了解变量之间的相互依赖程度,以及它们如何随着彼此的变化而变化。通过分析变量之间的相关性,还可以揭示出隐藏的模式、趋势和关联关系,从而为决策和预测提供有价值的信息。相关性分析的常用方法包括以下几种。

(1)散点图法。散点图法是一种常用的可视化方法,用于展示两个变量之间的关系。通过绘制两个变量的散点图,可以观察数据点的分布和趋势,初步判断它们之间的关联程度。如果数据点呈现出明显的趋势,如向上或向下的线性模式,则可以认为两个变量存在线性关系。如果数据点呈现出一种非线性的模式,如弯曲或聚集在特定区域,则可以推断两个变量之间存在非线性关系。

散点的分布特征主要有六种:完全正线性相关(Pearson 相关系数 =1)、完全负线性相关(Pearson 相关系数 = -1)、正线性相关(0.3 < Pearson 相关系数 <1)、负线性相关(-1 < Pearson 相关系数 < -0.3)、非线性相关(-0.3 < Pearson 相关系数 <0.3)和完全不相关(Pearson 相关系数 =0)。具体的分布特征如图 5-13 所示。

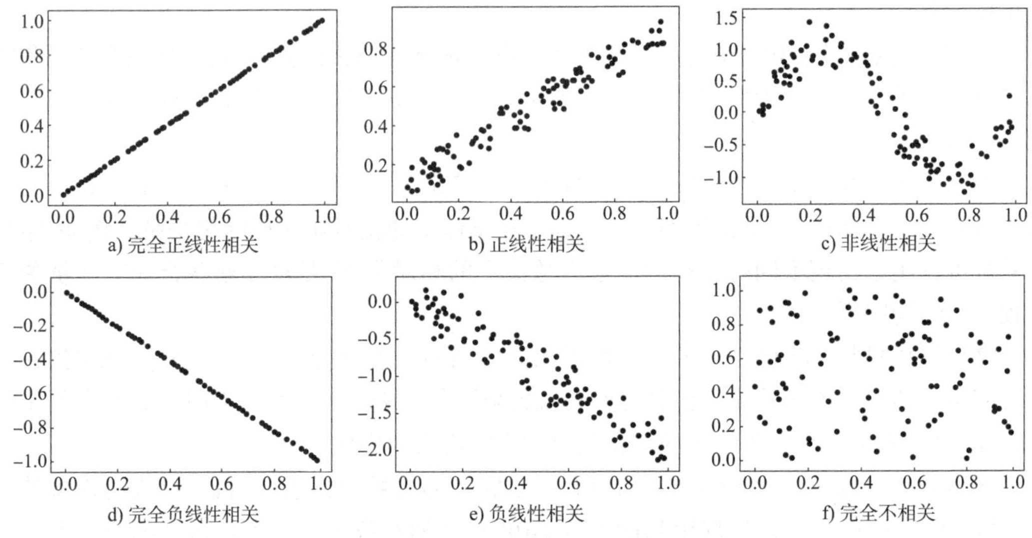

图 5-13 散点图描述分布特征示例

(2)相关系数法。相关系数是一种统计指标,用于衡量变量之间的线性相关程度。为了更加准确地描述变量之间的线性相关程度,可以通过计算相关系数进行相关性分析。在二元变量的相关分析过程中,比较常用的有 Pearson 相关系数、Spearman 秩相关系数和判定系数。

①Pearson 相关系数。Pearson 相关系数是一种常用的相关系数,一般用于分析两个连续性变量之间的关系。Pearson 相关系数 r 的取值范围为:$-1 \leqslant r \leqslant 1$,其中 -1 表示完全的负相关,1 表示完全的正相关,0 表示无相关性。Pearson 相关系数的表达式及不同程度下的线性相关代表的结果见式(5-13):

$$r = \frac{\sum_{i=1}^{n}(x_i - \overline{x})(y_i - \overline{y})}{\sqrt{\sum_{i=1}^{n}(x_i - \overline{x})^2 \sum_{i=1}^{n}(y_i - \overline{y})^2}} \tag{5-13}$$

$$\begin{cases} r > 0 \text{ 为正相关}, r < 0 \text{ 为负相关} \\ |r| = 0 \text{ 表示不存在相关关系} \\ |r| = 1 \text{ 表示完全线性相关} \end{cases}$$

$$\begin{cases} |r| \leqslant 0.3 \text{ 为不存在线性相关} \\ 0.3 < |r| \leqslant 0.5 \text{ 为低度线性相关} \\ 0.5 < |r| \leqslant 0.8 \text{ 为显著线性相关} \\ |r| > 0.8 \text{ 为高度线性相关} \end{cases}$$

②Spearman 秩相关系数。Spearman 秩相关系数是一种非参数的相关系数，用于衡量两个变量之间的单调关系，不仅适用于连续变量，也适用于有序变量或者非线性关系。Spearman 秩相关系数的取值范围为：$-1 \leqslant r_S \leqslant 1$，其计算公式见式(5-14)：

$$r_S = 1 - \frac{6\sum_{i=1}^{n}(R(x_i) - Q(y_i))^2}{n(n^2 - 1)} \tag{5-14}$$

式中，x_i 为第一个变量的第 i 个观测值；y_i 为第二个变量的第 i 个观测值；R_i 为 x_i 的秩次；Q_i 为 y_i 的秩次；n 为样本数量。

研究表明，在假设数据服从正态分布的情况下，Spearman 秩相关系数与 Pearson 相关系数在效率上具有相似的表现，因此可以互相替代。然而，对于连续测量数据而言，使用 Pearson 相关系数更为合适，因为 Pearson 相关系数能更准确地反映线性关系的强度和方向，而且计算方法更简单直观，便于解释和理解。因此，在分析连续测量数据时，优先考虑使用 Pearson 相关系数，但在处理有序变量或非线性关系时，Spearman 秩相关系数则更具优势。综合考虑数据类型和研究目的，选择合适的相关系数能够更准确地描述变量之间的关系。

③判定系数。判定系数是用来衡量回归方程对因变量 y 的解释程度的指标，通常用 r^2 表示。判定系数取值范围为：$0 \leqslant r^2 \leqslant 1$，其中 $r^2 = 0$ 表示回归方程无法解释因变量的变异性，而 $r^2 = 1$ 则表示回归方程能够完全解释因变量的变异性。因此，r^2 越接近于 1，说明自变量 x 与因变量 y 之间的相关性越强，回归方程能够更好地解释 y 的变异性；而 r^2 越接近于 0，意味着自变量 x 和因变量 y 之间几乎没有相关关系，回归方程对 y 的解释程度较低。总体上看，判定系数提供了对回归模型拟合优度的评估，可以帮助理解自变量对因变量的解释程度。

4. 回归分析

相关分析是研究变量之间是否具有相关性及相关性强弱的一种统计方法，变量不分主次，处于同等地位。与相关性不同，回归分析研究的是因变量和自变量之间的关系，需要区分因变量和自变量。只有一个自变量的回归分析被称为一元回归分析；有多个自变量的回归分析被称为多元回归分析。另外，根据变量间的相关形式不同，又可以分为线性回归和非线性回归，这里主要介绍线性回归分析。

(1)一元线性回归分析。一元线性回归分析(图 5-14)是统计学和机器学习领域中常用的一种回归分析方法，也是交通领域常用的数据分析方法，用于建立一个自变量(也称为特征或解释变量)和一个因变量(也称为响应变量或目标变量)之间的线性关系模型。在一元线性回归中，假设自变量和因变量之间存在线性关系，这意味着可以通过一条直线来描述它们之间的关系，如果得到该线性关系，当已知自变量 x 时，就可以通过线性关系预测因变量 y。一元线性回归模型的一般表达形式见式(5-15)：

$$y_i = \alpha + \beta x_i + \varepsilon_i \tag{5-15}$$

式中，x_i 为自变量；y_i 为因变量；α、β 为回归参数；ε_i 为随机误差，表示除自变量外的随机因素对因变量产生的影响的总和。

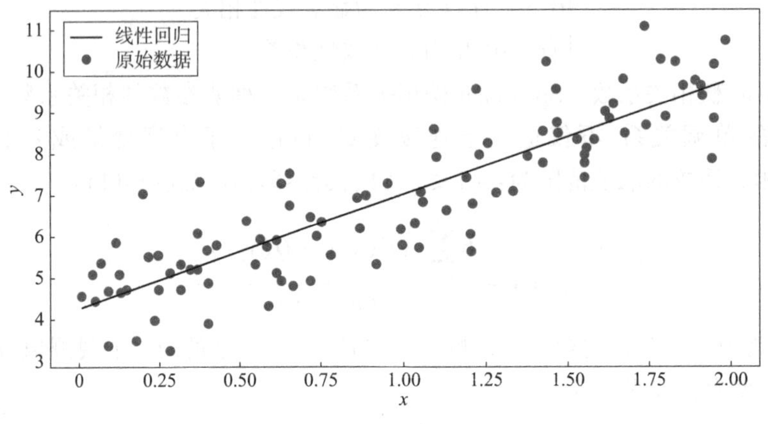

图 5-14　一元线性回归

(2)多元线性回归分析。多元线性回归与一元线性回归相比，允许存在多个自变量(特征)与一个因变量之间的线性关系。对于总体的 n 次观测，存在 n 个相同参数的回归方程，多元线性回归模型的一般表达形式见式(5-16)：

$$y_i = \hat{\beta}_0 + \hat{\beta}_1 x_{1i} + \hat{\beta}_2 x_{2i} + \cdots + \hat{\beta}_k x_{ki} + \varepsilon_i \qquad (i = 1,2,\cdots,n) \tag{5-16}$$

式中，k 为自变量的个数；$\hat{\beta}_j(j=0,1,2,\cdots,k)$ 为模型参数；ε_i 为随机误差项；$x_{1i},x_{2i},\cdots,x_{ki}$为对总体的第 i 次观测。

将式(5-16)用矩阵表达：

$$Y = X\beta + \varepsilon \tag{5-17}$$

其中，

$$Y = \begin{bmatrix} y_1 \\ y_2 \\ \vdots \\ y_n \end{bmatrix}, X = \begin{bmatrix} 1 & x_{11} & \cdots & x_{k1} \\ 1 & x_{12} & \cdots & x_{k2} \\ \vdots & \vdots & \ddots & \vdots \\ 1 & x_{1n} & \cdots & x_{kn} \end{bmatrix}, \beta = \begin{bmatrix} \beta_1 \\ \beta_2 \\ \vdots \\ \beta_n \end{bmatrix}, \varepsilon = \begin{bmatrix} \varepsilon_1 \\ \varepsilon_2 \\ \vdots \\ \varepsilon_n \end{bmatrix}$$

样本回归模型和回归方程的矩阵表示为：

$$\begin{cases} Y = X\hat{\beta} + \varepsilon \\ \hat{Y} = X\hat{\beta} \end{cases} \tag{5-18}$$

其中，因变量均值向量、回归系数向量和残差向量分别为：

$$\hat{Y} = \begin{bmatrix} \hat{y}_1 \\ \hat{y}_2 \\ \vdots \\ \hat{y}_n \end{bmatrix}, \hat{\beta} = \begin{bmatrix} \hat{\beta}_1 \\ \hat{\beta}_2 \\ \vdots \\ \hat{\beta}_n \end{bmatrix}, \varepsilon = \begin{bmatrix} \varepsilon_1 \\ \varepsilon_2 \\ \vdots \\ \varepsilon_n \end{bmatrix} \tag{5-19}$$

(3)Logistic 回归。Logistic 回归又称 Logistic 回归分析,是一种广义的线性回归分析模型,其基本思想是通过建立一个逻辑函数(logistic 函数)来描述自变量与因变量之间的关系。

Logistic 回归分析与多重线性回归分析有很多相同之处,都具有$\omega^{\mathrm{T}}x+b$,其中ω和b是待求参数,其区别在于因变量不同,多重线性回归直接将$\omega^{\mathrm{T}}x+b$作为因变量,即$y=\omega^{\mathrm{T}}x+b$,而 Logistic 回归通过逻辑函数将线性组合映射到 0 到 1 之间的概率,即$P=\frac{1}{1+e^{-(\omega^{\mathrm{T}}x+b)}}$。然后,根据概率$P$与$1-P$的大小,可以确定因变量的值。

逻辑回归模型基于分类响应而定义可分为三种类型,分别是二元逻辑回归、多项逻辑回归和有序逻辑回归。

①二元逻辑回归是逻辑回归模型中最常见的类型,它基于 Logistic 回归模型,并使用逻辑函数来模拟结果的概率。在二元逻辑回归中,响应变量只有两个可能的取值,其基本原理是通过建立一个线性回归模型,将输入特征与对数几率之间的关系进行建模,然后,通过一个逻辑函数或 sigmoid 函数的非线性转换,将线性预测转化为概率值。二元逻辑回归的数学表达式如式(5-20)所示。

$$\ln\left(\frac{P}{1-P}\right)=\beta_0+\beta_1X_1+\beta_2X_2+\cdots+\beta_mX_m \tag{5-20}$$

式中,$\ln\left(\frac{P}{1-P}\right)$服从二元 Logistic 分布,表示发生的概率。

在训练过程中,逻辑回归模型使用最大似然估计方法来估计模型的参数,使得模型对训练数据的预测概率最大化。一旦模型参数估计完成,就可以使用该模型对新的样本进行分类预测,将预测的概率值与一个阈值进行比较,通常取 0.5 作为二分类的判定阈值。通过适当选择和处理特征,并正确训练模型,二元逻辑回归可以提供有关不同类别的概率预测,并帮助做出决策和预测。

②多项逻辑回归是逻辑回归的一种扩展形式,用于解决具有多个互斥类别的分类问题。多项逻辑回归是一种用于多类别分类问题的统计模型,通过使用 Softmax 函数将输入特征映射到每个类别的概率分布。多项逻辑回归基于最大似然估计的原理,通过调整权重矩阵来最大化观测到的类别概率与模型预测概率的匹配程度。多项逻辑回归可以通过梯度下降等优化算法来求解,常用于自然语言处理、图像识别等领域的多类别分类任务。

假设有一个多类别的目标变量Y,包含K个互斥的类别(例如,类别 1、类别 2、……、类别K)。对于给定的输入特征向量X,多项逻辑回归通过计算每个类别的概率来进行预测,见式(5-21)。

$$P(Y=k\mid X)=\frac{\exp(\beta_{0k}+\beta_{1k}X_1+\beta_{2k}X_2+\cdots+\beta_{pk}X_p)}{1+\exp(\beta_{0k}+\beta_{1k}X_1+\beta_{2k}X_2+\cdots+\beta_{pk}X_p)} \tag{5-21}$$

式中,$P(Y=k\mid X)$为在给定输入变量X的条件下,分类结果为第k个类别的概率;β_{0k},β_{1k},β_{2k},…,β_{pk}为模型的参数,用于表示输入变量对分类结果的影响;X_1,X_2,X_p为输入变量。

多项逻辑回归模型的参数估计可以使用最大似然估计或优化算法来完成。模型训练完成后,可以使用该模型对新的输入样本进行分类预测,并获得每个类别的概率。

在训练过程中,多项逻辑回归模型使用最大似然估计方法来估计模型的参数。通过最大化对数似然函数,可以找到最优的参数估计值,使得模型对训练数据的预测概率最大化。

③有序逻辑回归是一种用于处理有序分类问题的统计模型,是对二元逻辑回归的扩展,适用于具有多个有序类别的情况。在有序逻辑回归中,目标变量的取值具有一定的顺序关系,例如低、中、高等级,该模型基于多个预测变量,通过估计每个类别的累积概率来进行分类,通常使用最大似然估计或梯度下降等方法来寻找最优的模型参数。

假设有一个有序响应变量 Y,包含 K 个有序的类别(例如,低、中、高)。对于给定的输入特征向量 X,有序逻辑回归通过计算每个类别的概率来进行预测。

对于第 k 个类别($k=1,2,\cdots,K-1$),有序逻辑回归的表达式为:

$$P(Y=k \mid X)=\frac{1}{1+\exp(-z(k))} \tag{5-22}$$

其中,$z(k)$ 是一个与输入特征向量 X 相关的线性组合,可以表示为:

$$z(k)=\beta(k,0)+\beta(k,1)\times X_1+\beta(k,2)\times X_2+\cdots+\beta(k,p)\times X_p \tag{5-23}$$

式中,$\beta(k,0)$,$\beta(k,1)$,$\beta(k,2)$,$\cdots$,$\beta(k,p)$ 为与第 k 个类别相关的参数;p 为输入特征的数量。

通过最大似然估计或优化算法,可以估计出这些参数的值,从而得到有序逻辑回归模型。模型训练完成后,可以使用该模型对新的输入样本进行分类预测,并获得每个类别的概率。

有序逻辑回归在分类问题中发挥了重要作用,它能够处理有序响应变量,将其分为多个有序的类别,并预测每个类别的概率。这使得可以对数据进行更准确的分类,了解不同类别之间的顺序关系,并得出有关类别间差异的结论,可以为决策提供更深入以及更有针对性的指导。

5. 聚类分析

聚类分析是一种无监督学习方法,是指根据数据特征,将数据集划分为不同群组(簇),使得属于同一簇的观测值尽可能相似。假定样本集 $D=\{x_1,x_2,\cdots,x_m\}$ 包含 m 个无标记的样本,每个样本 $x_i=\{x_{i1},x_{i2},\cdots,x_{in}\}$ 是一个特征向量,则聚类算法将样本集 D 划分为 k 个不相交的簇 $\{C_l \mid l=1,2,\cdots,k\}$,其中 $C_{l}' \cap_{l'\neq l} C_l=\varnothing$ 且 $D=\cup_{l=1}^{k} C_l$。相应地,用 $\lambda_j \in \{1,2,\cdots,k\}$ 表示样本 x_j 的"簇标记",即 $x_j \in C_{\lambda_j}$。于是聚类的结果可用包含 m 个元素的簇标记向 $\lambda=(\lambda_1;\lambda_2;\cdots;\lambda_n)$ 表示。

聚类分析算法主要分为三类,分别是原型聚类、层次聚类和密度聚类,见图 5-15。

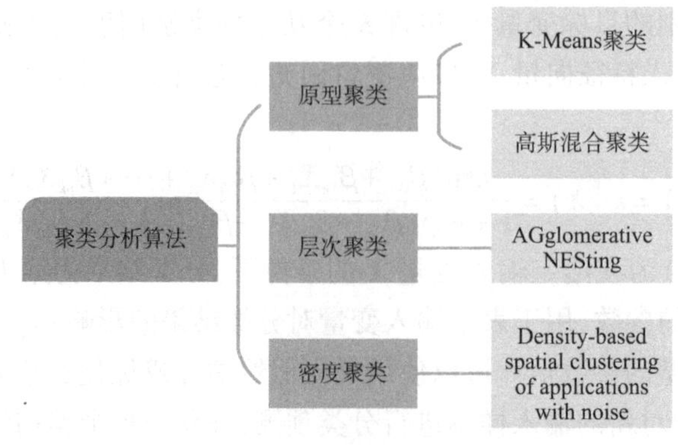

图 5-15 常用的聚类算法

(1)K-Means 聚类(K-Means Clustering)是一种常用的无监督学习算法,用于将数据集划分成 K 个互不重叠的簇。K-Means 聚类算法的核心思想是将样本划分到 K 个簇中,以使得每个样本与其所属簇的中心点(质心)之间的距离平方和最小。K-Means 聚类的过程包括以下步骤。

①确定簇的数量 K。通过领域知识、实验或其他方法预先指定将数据划分为多少个簇。

②初始化质心。随机选择 K 个样本作为初始质心,每个质心代表一个簇的中心。

③分配样本。对于每个样本,计算其与各个质心之间的距离,并将其分配到距离最近的簇中。

④更新质心。对于每个簇,计算其所有样本的平均值,将该平均值作为新的质心。

⑤重复步骤③和④。重复执行步骤③和④,直到质心不再发生显著变化或达到预定的迭代次数。

⑥输出结果。最终,每个样本都被分配到一个簇中,形成了 K 个簇。算法的输出是每个簇的质心和每个样本所属的簇标签。

K-Means 聚类的优点包括简单易实现、计算效率高,其缺点为对初始质心的敏感性和对异常值的敏感性。

(2)层次聚类(Hierarchical Clustering)试图在不同层次对数据集进行划分从而形成树形的聚类结构。数据集的划分可采用"自底向上"的聚合策略,也可采用"自顶向下"的拆分策略。

AGNES 是一种采用自底向上聚合策略的层次聚类算法。AGNES 先将数据集中的每个样本看作一个初始聚类簇,然后在算法运行的每一步中找出距离最近的两个聚类簇进行合并,该过程不断重复,直至达到预设的聚类簇个数。其关键是如何计算聚类簇之间的距离。实际上,每个簇是一个样本集合,因此,只需采用关于集合的某种距离即可。例如,给定聚类簇 C_i 与 C_j 可通过表 5-14 中的公式计算距离。

距离算法 表 5-14

距离名称	公式
最小距离	$d_{\min}(C_i,C_j)=\min\limits_{\boldsymbol{x}\in C_i,\boldsymbol{z}\in C_j}\text{dist}(\boldsymbol{x},\boldsymbol{z})$
最大距离	$d_{\max}(C_i,C_j)=\max\limits_{\boldsymbol{x}\in C_i,\boldsymbol{z}\in C_j}\text{dist}(\boldsymbol{x},\boldsymbol{z})$
平均距离	$d_{\text{avg}}(C_i,C_j)=\dfrac{1}{\lvert C_i\rvert\lvert C_j\rvert}\sum\limits_{\boldsymbol{x}\in C_i}\sum\limits_{\boldsymbol{z}\in C_j}\text{dist}(\boldsymbol{x},\boldsymbol{z})$

最小距离由两个簇的最近样本决定,最大距离由两个簇的最远样本决定,而平均距离则由两个簇的所有样本共同决定当聚类簇距离由 $d_{\min}$、$d_{\max}$ 或 d_{avg} 计算时,AGNES 算法被相应地称为单链接(Single-linkage)、全链接(Complete-linkage)或均链接(Average-linkage)算法。

(3)基于密度聚类(Density-Based Spatial Clustering of Applications with Noise,DBSCAN)是一种常用的密度聚类方法,其核心思想是先发现高密度的样本,然后把相邻的高密度样本相连生成各种簇。该方法可以在有噪声的数据中发现不同类型的数据集,以下主要以二维平面点聚类为例进行介绍。DBSCAN 有两个参数:邻域半径(ε)和邻域内的最小包含点数(MinPts)。

DBSCAN 算法通过一组邻域参数(ε, MinPts)来刻画样本分布的紧密程度,即 $D=\{x_1, x_2\cdots,x_m\}$,表 5-15 是一些基本概念的定义。

DBSCAN 算法基本概念 表 5-15

概念名称	定义
ε - 邻域	对于 $x_j \in D$,其 ε-邻域包含数据集 D 中与 x_j 的距离不大于 ε 的样本,即 $N_\varepsilon(x_j)=\{x_j \in D \mid \mathrm{dist}(x_i,x_j) \leqslant \varepsilon\}$
核心点	若点的 ε-邻域至少包含不少于 MinPts 个样本,则该点为核心点
密度直达	若 x_j 位于 x_i 的 ε-邻域内,且 x_i 是核心对象,则称 x_j 由 x_i 密度直达
密度可达	对于 x_j 与 x_i,若存在样本序列 $p_1,p_2,\cdots,p_n$,其中 $p_1=x_i=x_j$ 且 p_{i+1} 由 p_i 密度直达,则称 x_j 由 x_i 密度可达
密度相连	对 x_j 与 x_i,若存在 x_k 使得 x_j 与 x_i 均由 x_k 密度可达,则称 x_j 与 x_i 密度相连

基于上述概念,DBSCAN 将数据点划分为核心点、边界点和噪声点,具体步骤如下(图 5-16)。

①从未访问的数据点开始,如果该点是核心点,则以该点为起点,找出所有密度可达的点,形成一个簇。

②对于未访问的核心点,重复上述过程,直到所有核心点都被访问。

③边界点是那些不是核心点但在核心点的 ε-邻域内的点。

④未被访问的点被视为噪声点。

DBSCAN 的优点包括对噪声和异常值的鲁棒性,以及对簇的形状和大小的适应性。然而,DBSCAN 对参数 ε 和 MinPts 的选择敏感,需要根据具体问题进行调整。

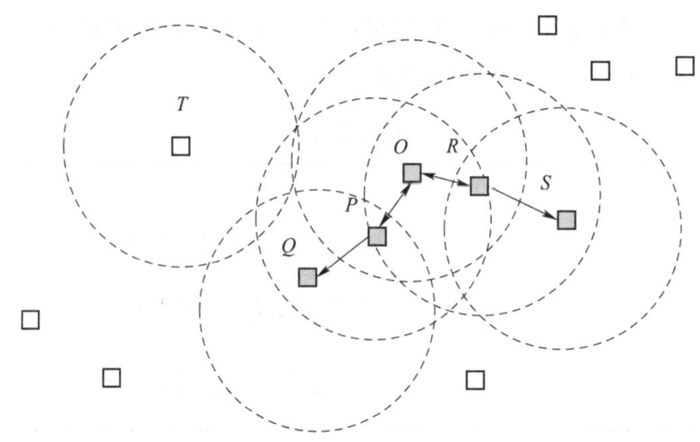

图 5-16 DBSCAN 算法原理示意图

(4)空间聚类是指在空间数据中,通过对数据点的位置信息进行分析,将空间上相近的点划分到同一簇或群组的过程。这种聚类方法旨在发现空间数据中的潜在空间模式、集群和关联性。空间聚类方法在地理信息系统(GIS)、遥感图像分析、城市规划等领域得到广泛应用,有助于从空间数据中提取有意义的结构和模式。

(5)点聚类主要是对空间数据中的点数据进行空间聚类,包括网约车的 GNSS 采样点、停留点或者是上下客点。常用的聚类算法有 K-Means 算法和 DBSCAN 算法。点聚类得到的结果通常是要素聚集的面状区域,但在数据量较大时,难以快速识别出不规则形状的聚类簇。同时,如何确定具有多重属性的点数据相似系数也是目前难点之一。

(6)轨迹聚类是对空间数据中行驶轨迹数据进行聚类,得到的结果是具有相似形态且聚集的轨迹簇。轨迹聚类的难点是如何定义轨迹在时空维度上的相似性度量,基于整体的轨迹聚类会忽略子轨迹的细节信息,而基于分段的轨迹聚类会分割轨迹,使一条轨迹分属于多个聚类簇。从聚类准确度出发,多数研究者认为基于分段的轨迹聚类方法粒度更细、准确度更高。

6. 分类分析

分类是一种重要的数据挖掘技术。分类的目的是根据数据集的特点构造一分类函数或分类模型(也常称作分类器),该模型能把未知类别的释本射到路的类别中。分类方法是解决分类问题的方法,是数据挖掘、机器学习和模式识别中一个重要的研究领域。

1)决策树

(1)基本概念

决策树(Decision Tree)是一种基本的分类器,是在已知各种情况发生概率的基础上,通过构成决策树来求取净现值的期望值大于等于零的概率,评价项目风险,判断其可行性的决策分析方法,是直观运用概率分析的一种图解法。由于这种决策分支画成图形很像棵树的枝干,因此称为决策树。决策树是一种树状结构,其中每个内部节点表示一个属性上的测试,每个分支代表一个测试输出,每个叶节点代表一种类别。

(2)决策树的构造

构造决策树的关键步骤是分裂属性。所谓分裂属性就是在某个节点处按照某一特征属性的不同划分构造不同的分支,其目标是让各个分裂子集尽可能地"纯",也就是尽量让一个分裂子集中待分类项属于同一类别。分裂属性分为以下三种不同的情况。

①属性是离散值且不要求生成二叉决策树,此时用属性的每一个划分作为一个分支。

②属性是离散值且要求生成二叉决策树,此时使用属性划分的一个子集进行测试,按照"属于此子集"和"不属于此子集"分成两个分支。

③属性是连续值,此时确定一个值作为分裂点,按照"大于分裂点"和"小于等于分裂点"生成两个分支。

构造决策树的关键性内容是进行属性选择度量,属性选择度量算法有很多,一般使用自顶向下递归分治法,并采用不回溯的贪心策略。这里介绍 CART(基尼指数)和 ID3(信息增益)两种常用算法。

①CART(基尼指数)。

数据的基尼指数越小,则其纯度越高。基尼指数计算公式如式(5-24)所示。

$$G = \sum_{k=1}^{K} P_{mk}(1 - P_{mk}) \tag{5-24}$$

式中,P_{mk}为第 m 个区域里面第 k 个类别的训练观测数据的比例。

数据的信息熵越小,数据的纯度就越高。信息熵一般用 E 表示。假设有一个数据集合

Q,其中第 K 个样本的比例为 P_k,则其信息熵 E 的计算公式如式(5-25)所示。

$$G = \sum_{k=1}^{K} P_{mk}(1 - P_{mk}) \tag{5-25}$$

②ID3(信息增益)。

信息增益是指在数据分析和决策树算法中用于衡量一个特征对于分类结果的贡献程度的度量指标。在决策树算法中,选择最佳特征作为分裂点是非常重要的步骤之一,而信息增益就是用来评估每个特征的重要性。信息增益一般用 Gain(D,a)表示,信息增益越大则数据纯度越高,信息增益如式(5-26)所示。

$$\mathrm{Gain}(D,a) = \mathrm{Ent}(D) - \sum_{v=1}^{V} \frac{|D^V|}{|D|}\mathrm{Ent}(D^V) \tag{5-26}$$

式中,Ent( )为信息熵函数;D 为数据集;a 为选择的属性;V 为 a 中的取值。

由信息论知识可知,期望信息越小,信息增益越大,从而纯度越高。所以 ID3 算法的核心思想就是以信息增益度量属性选择,选择分裂后信息增益最大的属性进行分裂。

(3)剪枝

当数据中有噪声或训练样例的数量太少时,决策树归纳算法会出现过度拟合。此外,决策树可能很大,很复杂,难以理解,因此需要修剪决策树。修剪决策树有两种常用的剪枝方法:先剪枝(即提前停止树增长)和后剪枝。

对于先剪枝而言,精确地估计何时树停止增长非常困难。一般进行统计测试来估计扩展个特定的节点是否可能改善质量,如用卡方测试统计显著性,另外可以使用信息增益、Gini 指标及预定义的阈值。

后剪枝有如下两种方法。

①代价复杂度后剪枝,CART 算法使用的是该种剪枝方法。代价复杂度是树叶结点个数与错误率的函数使用与训练和测试集合完全不同的修剪验证集合来评估的。

②规则后修剪。将决策树转化为等价的 IF-THEN 规则,并尝试修剪每个规则的每个前件(Preconditions)。规则后修剪的好处是使对于决策树上不同的路径,关于一个属性测试的修剪决策可以不同,另外避免了修剪根结点后如何组织其子节点的问题。

2)神经网络

神经网络是一种机器学习方法,受到生物神经系统的启发而设计的算法模型。它由神经元、层和权重构成,通过反向传播和优化器进行训练,学习数据中的模式和规律。在训练过程中,通过前向传播将输入信号传递至输出层,然后通过反向传播调整权重,以最小化损失函数。激活函数引入非线性因素,损失函数度量模型预测与实际值的差异,而优化算法则调整权重以提高模型性能。神经网络是一种非常灵活的模型,可以用于回归问题,也可以用于分类问题,具有广泛的应用范围。

(1)神经元模型

神经元是构成神经网络的基本单元,也是神经网络中信息传递和处理的基本单元。神经元模型(图 5-17)基于对生物神经元的简化,用于描述神经网络中的信息传递和计算过程。

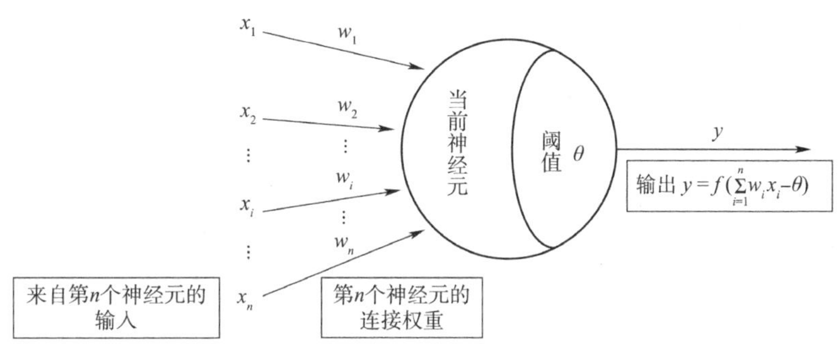

图 5-17 神经元模型示意图

神经元接收来自上游神经元的输入,这些输入通过连接到神经元的树突传递电信号,每个输入都有一个权重,用于调整其相对于其他输入的重要性。权重是连接到神经元的每个输入的参数,用于调整输入的相对影响。权重越大,对应的输入在神经元的计算中就越重要。神经元对所有输入的加权和,即将每个输入乘以其对应的权重,然后将结果相加。加权和经过激活函数,将其转换为神经元的输出。激活函数引入非线性性,使得神经网络能够学习和表示复杂的模式。在一些神经元模型中,激活函数的输出需要超过一个阈值才会激活神经元,否则神经元保持不激活状态。神经元的最终输出是经过激活函数处理后的结果,表示神经元对输入的响应。

以上基本概念构成了一个简单的人工神经元的模型,神经网络则是由许多这样的神经元相互连接而成,形成层次结构,通过学习过程调整连接权重,以实现对输入数据的复杂模式识别和信息处理。

(2)神经网络模型

神经网络是由多个神经网络层相互连接而成的模型,通常包括输入层、隐藏层(可以有多层)、输出层(图 5-18)。每一层都包含多个神经元,这些神经元通过权重连接,构成了复杂的非线性映射关系。

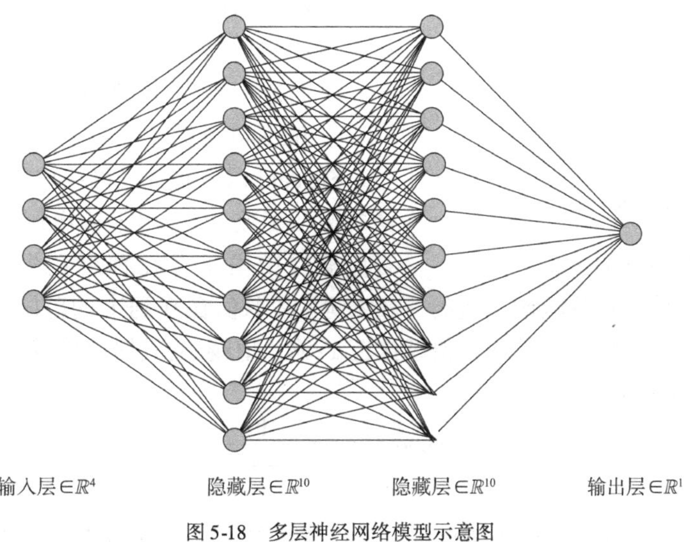

图 5-18 多层神经网络模型示意图

输入层接收来自外部的数据，每个输入对应数据的一个特征。输入层的神经元数量等于特征的数量。隐藏层位于输入层和输出层之间，对输入进行一系列非线性变换，从而学习数据的抽象表示。多层神经网络中可以包含多个隐藏层。每个隐藏层的神经元与上一层（可能是输入层或前一隐藏层）的所有神经元相连接。输出层产生网络的最终输出，其神经元数量取决于任务的性质。例如，在二分类问题中，输出层通常包含两个神经元，每个神经元表示一个类别的概率；在多分类问题中，输出层的神经元数量等于类别的数量。每个连接都有一个关联的权重，用于调整信息在网络中的传递强度。权重是神经网络学习的参数之一，通过训练过程中的反向传播算法进行更新。每个神经元都有一个偏置，它是一个常数，用于调整神经元的激活阈值。偏置也是神经网络学习的参数之一。在每个神经元中，加权和经过激活函数产生神经元的输出。激活函数引入非线性，使得神经网络能够学习和表示复杂的映射关系。常见的激活函数包括 Sigmoid 函数、ReLU 函数、Tanh 函数等。数据从输入层经过隐藏层传递到输出层的过程称为前向传播。在前向传播中，每个神经元将接收到的输入乘以权重，加上偏置，然后通过激活函数产生输出。反向传播是通过计算网络输出与实际目标之间的误差，然后将误差沿着网络反向传递，从而更新网络中的权重和偏置，以减小误差，是一种通过梯度下降优化网络参数的方法。

神经网络由于其强大的表示能力，能够学习和逼近复杂的非线性函数关系，因此在深度学习中得到广泛应用。深度学习模型通常包含许多层和大量参数，通过大规模数据训练，以解决图像识别、自然语言处理、语音识别等问题。

（3）激活函数

激活函数是神经网络中的一个关键组件，通过对输入进行非线性变换，使神经网络能够学习和表示非线性关系。如果没有激活函数，多层神经网络将等效于单层线性模型，限制了其表示能力。激活函数引入非线性关系，使得神经网络可以逼近任意复杂的函数，这是神经网络之所以能够处理复杂任务的原因之一。激活函数的导数（梯度）在反向传播中用于更新神经网络的权重。合适的激活函数有助于梯度在网络中传播，从而实现有效的学习。

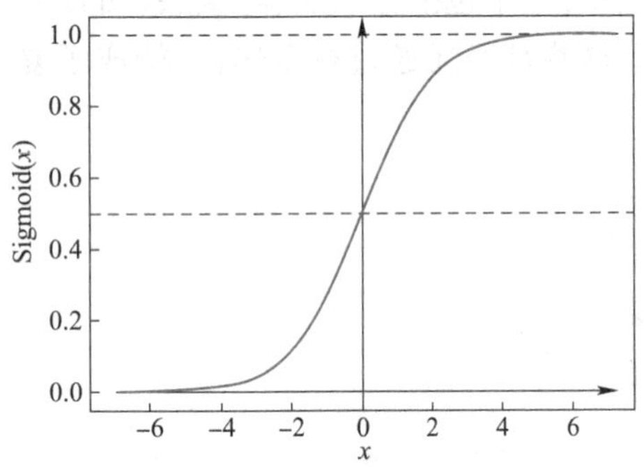

图 5-19　Sigmoid 函数

下面是一些常见的激活函数。

①Sigmoid 函数。

Sigmoid 函数是神经网络中使用较早和较为广泛的激活函数，主要用于输出层的二分类问题，但在隐藏层中由于存在梯度消失问题，使用较少。Sigmoid 函数的本质是将阶跃函数进行平滑处理，其取值在 0 到 1 的范围内。如图 5-19 所示，Sigmoid 函数输入值越大，其输出值越接近 1；输入值越小，其输出值越接近 0。Sigmoid 函数的数学定义式如下：

$$\mathrm{Sigmoid}(x)=\frac{1}{1+\mathrm{e}^{-x}} \tag{5-27}$$

②ReLU 函数。

Rectified Linear Unit（ReLU）函数是一种在深度学习中常用的激活函数。ReLU 函数是

一种非常简单但有效的函数,用于引入非线性特性。ReLU 函数的定义如下:

$$\mathrm{ReLU}(x)=\max(0,x) \tag{5-28}$$

在图 5-20 中,x 是输入值,ReLU(x)则是输出值。如果输入值大于零,ReLU 函数会输出输入值;如果输入值小于或等于零,ReLU 函数则输出 0。ReLU 函数引入了非线性,允许模型学习更复杂的特征和模式,这对于深度神经网络的训练而言是至关重要的,因为线性变换的组合本质上仍然是线性的。ReLU 函数的计算非常简单,只需要比较输入值和零,然后输出较大的值,这有助于提高模型的训练和推理速度。在传统的激活函数中,如 Sigmoid 函数或 Tanh 函数,梯度在接近零的地方变得非常小,会导致梯度消失问题。ReLU 的导数在正数部分是恒定的,因此不会出现梯度消失问题。

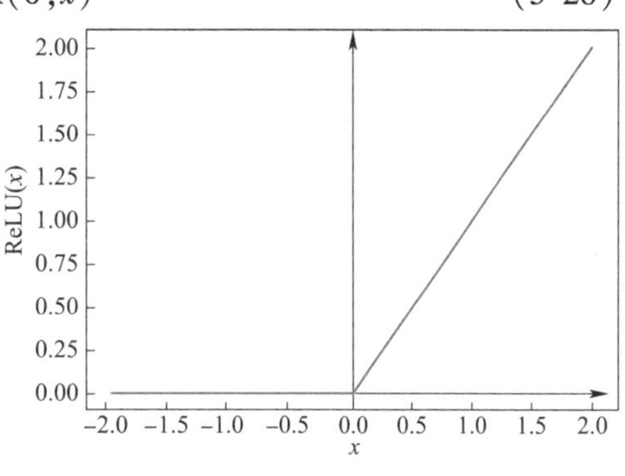

图 5-20　ReLU 函数

然而,ReLU 函数也存在一些问题,如果输入值为负数,则 ReLU 函数输出为零,可能导致神经元在训练过程中停止更新。另外,由于 ReLU 函数的输出在正数部分是恒定的,可能导致训练过程中的梯度爆炸问题。为了缓解这些问题,出现了一些变体,如 Leaky ReLU 函数和 Parametric ReLU 函数。

③Softmax 函数。

Softmax 函数是一种常用于多类别分类问题的激活函数。Softmax 函数将一个实数向量映射到一个概率分布,其中每个元素的取值范围在(0,1)之间,并且所有元素的和等于 1。Softmax 函数的定义如下。

给定一个实数向量 $\boldsymbol{z}=(z_1,z_2,\cdots,z_k)$,Softmax 函数的输出 $\boldsymbol{y}=(y_1,y_2,\cdots,y_k)$计算如下:

$$y_i=\frac{\mathrm{e}^{z_i}}{\sum_{j=1}^{k}\mathrm{e}^{z_j}},i=1,2,\cdots,k \tag{5-29}$$

式中,e 为自然对数的底;z_i 为输入向量的第 i 个元素。

Softmax 函数通过对输入进行指数化和标准化来产生概率分布,主要用于多类别分类问题,其中模型需要输出一个样本属于每个类别的概率。为确保输出的元素之和为 1,可以将其解释为一个概率分布,其中每个元素表示相应类别的概率。Softmax 函数对输入中较大的值有很强的响应,而对较小的值则趋近于零,这使得网络能够更强烈地选择最有可能的类别。

三、数据可视化

数据可视化是将数据以图形或图像的形式呈现,以便易于理解、分析和解释。通过可视化,人们能够发现数据中的模式、趋势和关系,从而更好地做出决策。以下是一些常见的数据可视化方法。

(1)折线图。一般用来显示某一变量随时间(或其他变量)的变化而变化的趋势,可以清晰地反映出数据变化情况,从中预测出一定的数据发展趋势。如果分类标签是代表均匀分布的数值(如日、月、季度、年等),则推荐使用折线图。图 5-21 展示了 2014—2022 年期间新能源汽车销量及同比增长变化情况。

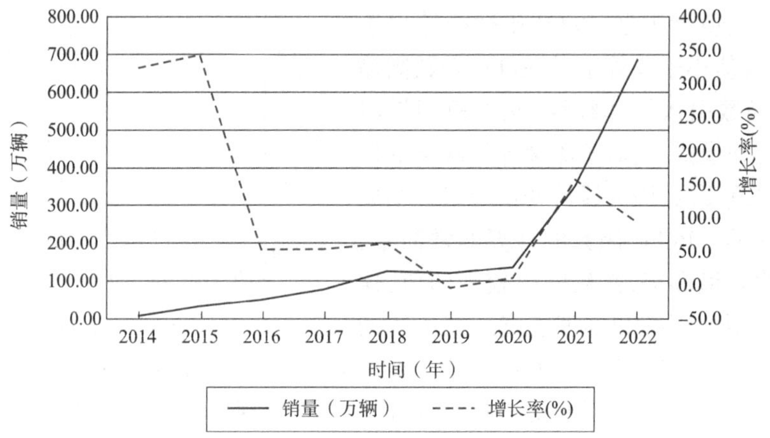

图 5-21 2014—2022 年期间新能源汽车销量及同比增长变化情况

(2)柱状图。柱状图是由一系列垂直的矩形(通常是等宽且相邻)组成,每个矩形的高度代表相应分类或组的数值大小。不同高度表示不同指标对应的指标值,可以将其进行直接对比,更加简洁明了。如果要对比不同类别的相似性或差异性,则推荐使用柱状图。图 5-22展示了我国部分轿车生产企业销量(1～12 月)情况。

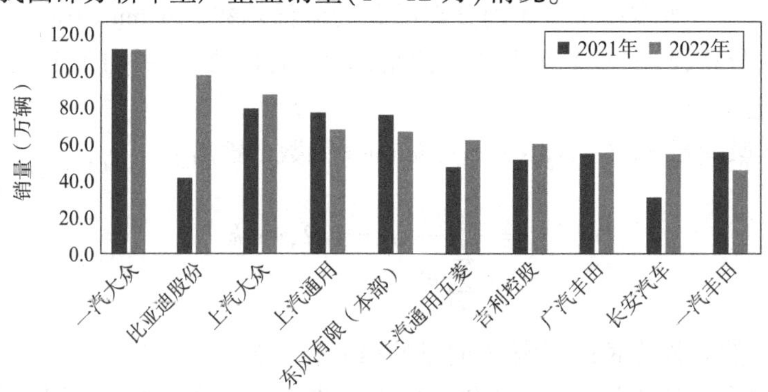

图 5-22 我国部分轿车生产企业销量(1—12 月)情况

(3)饼状图。饼状图将数据按比例分成若干部分,用于展示不同类别的占据比例和百分数。饼状图可以直观地表示各个部分在整体中所占比例的大小,常用于展示各个部分之间的比较和相对大小关系。通过不同的颜色、标签等方式,可以进一步突出饼状图中的各个部分的特点和相对大小关系。在数据类型较多时,推荐使用饼状图,对比感比柱状图更强。如图 5-23 所示,该饼状图描述了我国 2022 年前十家汽车生产企业销售占有率情况。

(4)箱型图。箱型图又称盒式图或箱线图,用于展示数据的分布情况和离群值。箱型图能够提供关于数据集分布的多个指标,包括中位数、四分位数和离群值等。箱型图可以用于识别数据异常值、判断数据偏态和尾部重量及比较不同数据分散程度等,从而对数据进行更深入的分析和比较。图 5-24 展示了 2020—2022 年不同月份中国品牌乘用车月度市场份额变化情况。

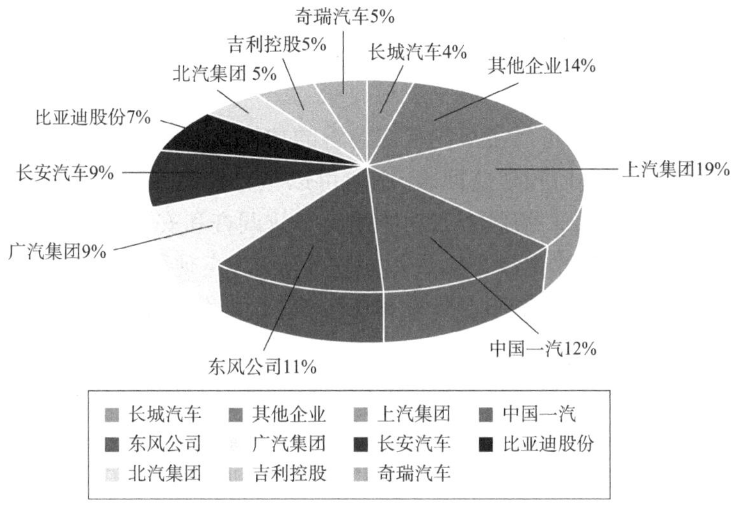

图 5-23 2022 年我国前十家汽车生产企业销售占有率

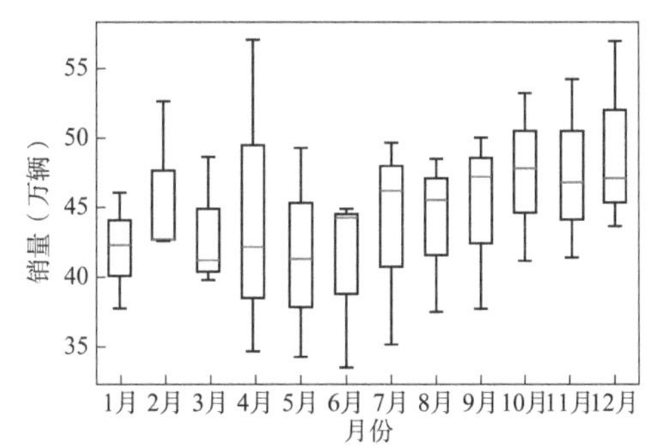

图 5-24 2020—2022 年中国品牌乘用车月度市场份额箱型图

(5)地区分布图。地区分布图常用于展示不同地理区域或区域单位之间数量、比例或其他统计指标的差异性。当指标数据与地域有关联时,可以采用地图作为背景,做空间分布分析。一般不同区域采用不同的颜色级数来表示,通过颜色块的深浅来表现不同区域变化情况。

第三节 交通运输大数据案例分析

一、案例一:某危化品运输监控平台案例

1. 应用背景

危化品运输监控平台是一种专为危险化学品运输行业设计的综合性管理系统,旨在提高运输安全性、效率和管理水平。该平台通过实时监控和数据分析,为用户提供全面的车辆

运营总览信息。

首先,危化品运输监控平台实现了对车辆运营的总览功能,包括行驶里程、行驶时长、安全统计等关键信息的可视化展示。这有助于管理人员迅速了解车队的整体运营状况,从而更好地进行决策和优化运营计划。

其次,危化品运输监控平台具备车辆智能监管的功能,包括车辆监控、轨迹回放、视频查看等实用功能。通过实时监控和轨迹回放,用户可以全方位地了解车辆的行驶轨迹和实时状态,提高对车队的监管效果。视频查看功能则为事故调查和安全管理提供了有力的支持。危化品运输监控平台还针对危化品车辆进行了安全管理,实现了风险管控、报警查询、规则管理等一系列功能,有助于提高危险品运输的安全性,及时发现并应对潜在的安全风险,从而最大程度地保障运输过程中的安全。

此外,危化品运输监控平台还具备数据智能分析功能,包括统计报表、设备健康检测、行业报告、行业检测等,为用户提供更深层次的数据分析和业务洞察。通过这些分析功能,用户可以更好地了解运营状况、优化流程,并根据数据做出科学决策,提高整体运输效益。

危化品运输监控平台通过信息可视化、智能监管、安全管理和数据分析等多方面的功能,为危险品运输企业提供了一套全面而强大的管理工具,帮助其实现更安全、高效和可持续的运营管理。危化品运输监控平台界面如图 5-25 所示。

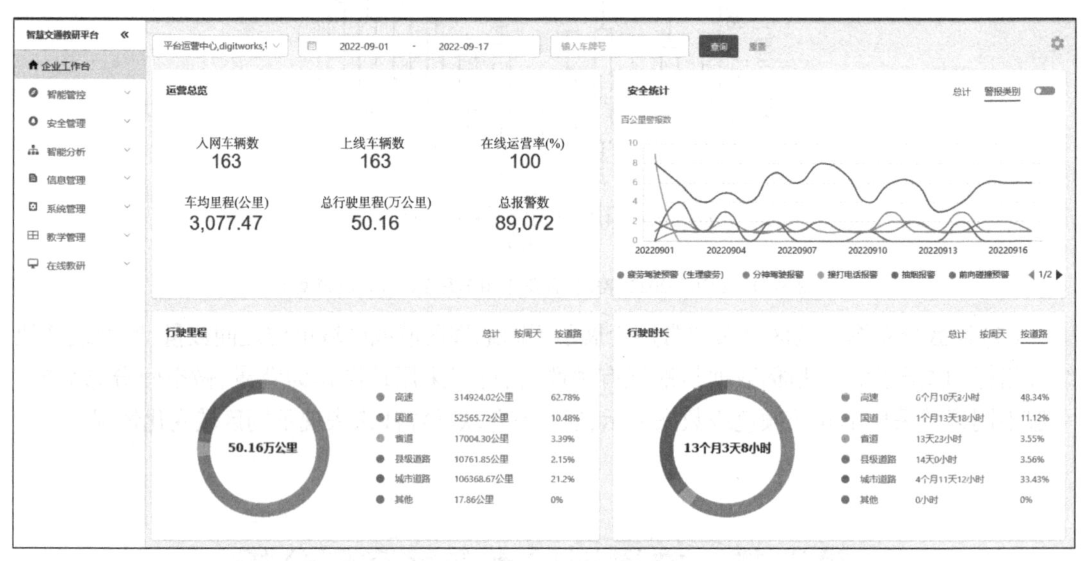

图 5-25　危化品运输监控平台界面

2. 危化品车辆监管平台常用数据

下面对平台采集的车辆卫星定位数据、危化品车辆停车数据、车辆报警统信息等多源数据进行介绍。

(1) 车辆卫星定位数据

车辆卫星定位数据是指利用北斗、GPS 等卫星定位系统采集的数据,主要包括车辆经纬度数据、车速数据、车辆方向数据以及点火状态数据等。某危化品运输车辆的卫星定位数据示例见表 5-16。

危化品运输车辆卫星定位数据示例 表5-16

数据	示例	说明
数据采集时间	2022/9/17 17:39	记录数据采集的时间,数据精确到秒
经度(°)	121.279632	数据采集时刻,车辆的经度,数据精确到小数点后6位
纬度(°)	30.705502	数据采集时刻,车辆的纬度,数据精确到小数点后6位
速度(km/h)	34.4	数据采集时刻,车辆的瞬时速度值,数据精确到小数点后1位
方向(°)	54	数据采集时刻,水平面内车头转动角度,数值有效范围为0°到360°,数值精确到个位
点火信号	0	数据采集时刻,车辆的点火状态,有效值为0和1,0代表发动机处于熄火状态,1代表发动机处于点火状态

其中,经纬度数据用于定位车辆位置,通过监控车辆的实时位置,系统可以追踪危化品运输车辆的行驶路线,确保车辆按照规定的路径行驶,另外就是便于事故定位与应急救援,在发生事故或紧急情况时,可以快速定位车辆的准确位置,以便及时采取救援和应急措施。车速数据主要用于超速监控和行驶分析,监控车辆的速度,确保在规定的速度范围内行驶,防止因超速引发的危险情况;通过分析速度数据,可以评估车辆的行驶状况,提高运输的效率和安全性。车辆方向数据主要用于跟踪车辆的行驶方向,确保其按照预定的路线行驶,避免偏离规划路径,分析车辆方向数据可以识别车辆是否正确驶入或驶出交叉口,提高交通安全性。点火信号数据可用于监测车辆的启动和熄火状态,有助于确认车辆是否正常运行,另外通过点火信号数据,可以检测到未经授权的点火行为,提高车辆的防盗能力。

(2)危化品车辆停车数据

危化品车辆停车数据包括机构名称、车牌号、停车开始和结束时间、停留位置和站场等,危化品车辆停车数据,某危化品运输车辆的卫星定位数据示例见表5-17。

危化品运输车辆停车数据 表5-17

数据字段名称	示例	说明
机构名称	××运输公司	被监控车辆所属机构名称
车牌号	××6783	被监控车辆牌照
停车开始时间	2022/9/19 22:19:39	被监控车辆停车时刻,数据精确到秒
停车结束时间	2022/9/19 23:54:40	被监控车辆停车结束时刻,数据精确到秒
停车时长	1小时35分1秒	被监控车辆停车时长,数据精确到秒
停留位置	西安市北三环路周家村西230米	被监控车辆停车点具体位置
停车场	××中转场地	被监控车辆停车站场名称

表5-17中,机构名称用于标识危化品运输车辆所属的具体机构或公司,有助于进行责任追踪、管理和统计分析。车牌号是唯一的车辆标识,用于准确识别和跟踪具体的运输车辆。停车开始、结束时间及停车时长用于监测车辆在不同地点的停留时长,异常长时间的停车可能表示车辆存在某种特殊问题,需要进一步调查。停车位置主要用于进行车辆停车位置的追踪和路径规划,采集停车位置信息可以追踪车辆在运输过程中的停靠位置,有利于了

解卸货、装货、中途休息或其他停车原因。通过分析停车位置数据,可以进行路径规划和优化,提高运输效率,减少停留时间,确保危化品运输的及时性。停车场信息可以用于站场管理以及危险品装卸区域监控,如果涉及在特定站场或区域的停车,相关数据可用于站场管理,包括车辆在站场的停留时长、频率等信息,如果停车站场与危险品装卸有关,相关数据可用于监控装卸过程的安全性和合规性。

(3)危化品车辆报警统信息

危化品车辆报警信息主要包括报警时间位置信息、报警次数统计信息以及报警视频图像信息数据。

①报警时间位置信息。危化品车辆报警时间位置信息(表5-18)主要包括车牌号码、警报类型、所属机构、车辆速度、报警时间和事件位置信息。准确的时间、位置信息可以帮助相关人员更迅速地做出决策,采取必要的应急措施,迅速响应紧急情况。

危化品车辆报警时间位置数据 表5-18

车牌号码	警报类型	所属机构	车辆速度(km/h)	报警时间	事件位置
××4426	车辆偏离预警	××运输公司	42	2022-09-18 23:59:35	××市××区××路××号××园区东175米
××0047	疲劳驾驶预警	××运输公司	54	2022-09-18 23:58:52	××市××区××路××号××机床厂西南435米
××9552	车距过近预警	××运输公司	77	2022-09-18 23:58:20	××市××区××路××号××村西南102米
××8220	车辆偏离预警	××运输公司	64	2022-09-18 23:57:00	××市××区××路××号××制造厂南929米
××0047	车辆偏离预警	××运输公司	36	2022-09-18 23:54:42	××市××区××路××号××园区西379米
××9552	前向碰撞预警	××运输公司	74	2022-09-18 23:53:47	××市××区××路××号××花园西南317米
××4419	车辆偏离预警	××运输公司	41	2022-09-18 23:52:59	××市××区××路××号××商场北308米
××2279	分神驾驶报警	××运输公司	32	2022-09-18 23:50:26	××市××区××路××号××工业区东南393米

②报警次数统计信息。报警次数统计信息(表5-19)主要包括车辆所属的机构名称、车牌号及各种危险驾驶行为的总次数。通过统计危险驾驶行为的次数,监管机构和公司可以评估驾驶员的驾驶行为质量。报警次数统计信息数据的获取与分析有助于确定是否需要提供额外的培训,以改善驾驶员的技能和安全意识。通过统计危险驾驶行为的次数,监控平台可以识别和预防潜在的事故。对于频繁出现某种危险驾驶行为的驾驶员,可以采取措施以减少事故风险。分析驾驶员的危险驾驶行为有助于优化车队的运作。通过减少不安全行

为,可以提高运输效率、降低燃油消耗,并延长车辆寿命。

危化品车辆报警次数统计数据 表 5-19

机构名称	车牌号码	疲劳驾驶预警	分神驾驶报警	接打电话报警	抽烟报警	车距过近报警	前向碰撞预警	急加速报警	急减速报警	急转弯报警	车道左偏离报警	车道右偏离报警	超速	驾驶超时
××	××0291	468	495	1	33	193	27	0	0	0	0	0	0	0
××	××1191	4	330	1	0	121	20	0	0	0	0	0	0	0
××	××0977	0	118	0	0	265	51	0	0	0	0	0	0	0
××	××3396	23	106	0	0	216	53	0	0	0	0	0	0	0
××	××0807	0	81	0	0	70	98	0	0	0	0	0	0	0
××	××5150	0	65	0	0	2	0	0	0	0	0	0	0	0
××	××7219	0	62	0	0	27	33	0	0	0	0	0	0	0
××	××6783	5	61	0	0	147	65	0	0	0	0	0	0	0
××	××5952	2	60	0	0	218	46	0	0	0	0	0	0	0

③报警图像与视频信息。在危化品运输过程中,酒后驾驶、疲劳驾驶、驾驶分心等不良行为可能会增加交通事故发生率。因此,对驾驶员的行为信息进行采集至关重要。一方面,通过传感器可以采集车辆数据,包括紧急制动、紧急加速、车道偏离等,如果驾驶员出现了不良驾驶行为,例如饮酒,这可能会导致反应时间延长。当然,也可以采用人工检测的方式来判断驾驶员是否出现酒后驾驶行为。另一方面,通过车载摄像头或行车记录仪等设备,可以采集驾驶员的面部和眼部状态图像或视频信息数据(图 5-26),利用图像处理方法可以分析驾驶员的疲劳程度和分心情况,例如眼睛是否频繁闭合、眨眼频率的变化,判断是否存在打电话、哈欠、闭眼、左右交谈等高风险驾驶行为,并对危险驾驶行为进行及时预警和必要干预。

3. 危化品运输车辆数据分析示例

(1)基于定位的行驶里程统计

在面向驾驶行为的保险和风险控制应用的兴起背景下,许多保险公司和汽车制造商已开始试点 UBI(Usage-Based Insurance)产品,这种基于驾驶行为的数据应用将在交通治理、企业管理、保险、汽车销售等领域逐渐得以实现。以特斯拉汽车公司(简称特斯拉)为例,它获得了保险经纪牌照,并在中国成立了保险经纪公司,该应用的核心目标是通过大数据分析车辆行驶数据来实现风险控制和提供保险定价。

基于里程的驾驶行为保险以及基于驾驶行为数据的应用的兴起,意味着对车辆的行驶里程进行准确的计算是该领域中非常重要的一部分。保险公司、车辆制造商以及其他相关企业需要能够准确地评估车辆的行驶里程,以便更好地定价保险产品或提供其他相关服务。因此,在这种背景下,强化了对车辆行驶里程进行准确计算的重要性,旨在通过大数据分析和特定的数学计算方法,帮助人们了解如何处理并计算车辆的行驶里程,从而满足该行业对于精确行驶数据的需求,提高数据的可靠性和准确性,为车辆保险定价和风险控制提供可靠的数据支持。

a) 前向碰撞预警图片数据

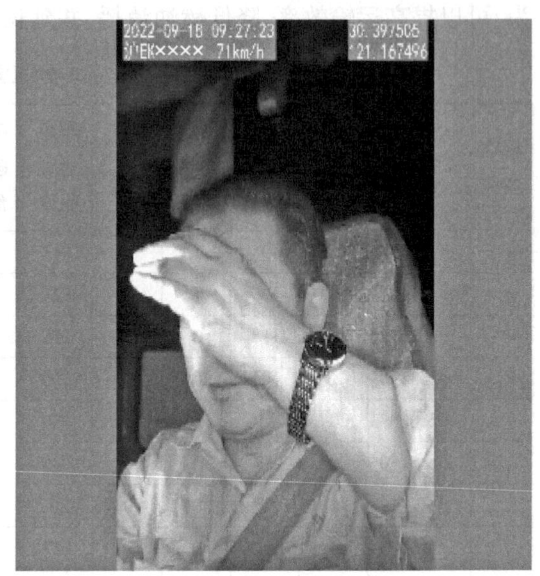

b) 疲劳驾驶报警图片数据

c) 车距过近预警视频数据

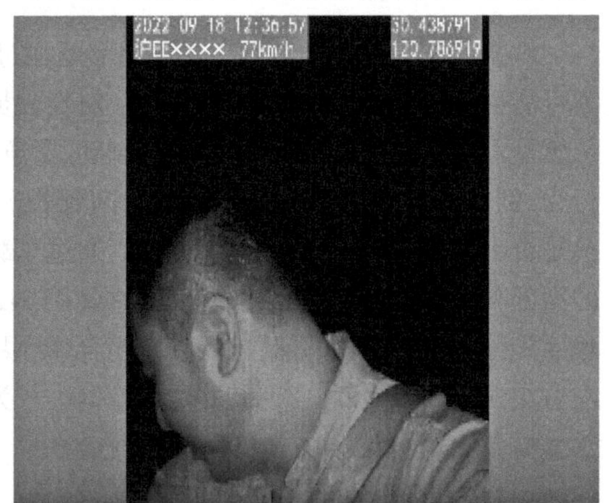

d) 分神驾驶报警视频数据

图 5-26　报警视频与图像信息数据示例

车辆行驶里程的计算有两种主要方法,分别是基于速度与时间和基于坐标点之间的球面距离。不论采用哪种方法,计算结果与实际行驶里程之间存在一定的差异,需要在数据分析过程中考虑这一点,以确保数据的准确性。

①基于速度与时间的计算方法需要使用车辆的定位数据,具体是车辆的速度和时间信息。通过在一段时间内不断测量车辆的速度,然后将速度与时间的乘积相加,可以得到行驶里程。此方法通常适用于那些能够提供高频率定位数据的车辆,因为需要实时速度数据来计算行驶里程。

②基于坐标点之间的球面距离的计算方法更依赖于车辆的定位坐标数据,特别是经度和纬度信息,利用地球上两个坐标点之间的球面距离来计算行驶里程。此方法更加通用,因为无论定位数据的采样频率如何,均可以适用于任何具有定位坐标数据的车辆。

球面距离的计算涉及一些几何学原理。具体地,球面距离的计算使用了地球的球面模型,根据坐标点的经度和纬度来计算两点之间的弧长距离。此方法对于长距离的行驶计算尤为有用,因为它不受速度数据的采样频率限制,如图 5-27 所示。

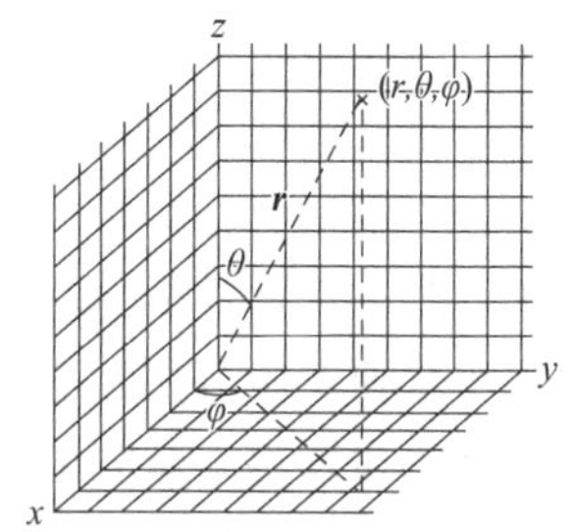

图 5-27 球面距离计算原理示意图

如图5-27 所示,假设球面上任意一点,可以定义:θ 为 z 轴和向量 $\boldsymbol{r}$ 之间的夹角;φ 为 x 轴与向量 $\boldsymbol{r}$ 在 xy 平面上投影的夹角;$d = 2R \times \sin^{-1}(\sqrt{\sin^2((\theta_2 - \theta_1)/2) + \cos\theta_1 \times \cos\theta_2 \times \sin^2((\varphi_2 - \varphi_1)/2)})$。

式中,θ_1、φ_1 为第一个点的经纬度坐标;θ_2、φ_2 为第二个点的经纬度坐标;R 为地球点半径($R = 6371\text{km}$);d 为地球表面两个坐标点之间的距离。

(2)停车点分析

在车辆行驶的过程中,除了已经采集的坐标点信息之外,车辆还会通过特定的通信协议将车身的控制信号传输至一个中央平台,其中包括 ACC 点火信号,该数据提供了关于车辆状态的重要信息。

通过监测车辆的行驶速度以及 ACC 点火开关信号的状态,能够准确判断车辆的启停状态,并计算车辆在行程中停车的时间。首先选择参数,选取一段时间内的车辆行驶轨迹定位数据,包括车辆的经纬度、速度、方向、点火信号信息以及数据采集时间信息。然后计算停车点和停车时间,通过 ACC 为 0 时车辆为静止状态,利用速度波动来过滤数据,再根据 ACC 为 1 的状态变化和速度值的变化来计算停车点和停车时长。这些停车时间的长度可以反映不同情境下的停车原因,短时间的停车往往代表车辆需要等待红绿灯或其他交通信号;而较长时间的停车可能意味着车辆正在进行货物的装卸、泊车或者已经到达最终的目的地停车。表 5-20为不同类型车辆行程开始和结束的判断规则。

不同类型车辆行程开始和结束判断规则 表 5-20

车辆类型	行程开始判断规则	行程结束判断规则
非自动启停燃油汽车	点火开关在 ON 状态,车辆总线活跃,发动机转速有效且其值首次大于 500 为行程开始	点火开关在 LOCK 状态,车辆总线非活跃发动机转速无效为行程结束
自动启停燃油汽车	点火开关在 ON 状态,车辆总线活跃发动机转速有效为行程开始	点火开关在 LOCK 状态,车辆总线非活跃发动机转速无效为行程结束
混动汽车	点火开关在 ON 状态,车辆总线活跃发动机或电动机转速有效为行程开始	点火开关在 LOCK 状态,车辆总线非活跃发动机或电动机转速无效为行程结束
纯电动汽车	点火开关在 ON 状态,车辆总线活跃电动机转速有效为行程开始	点火开关在 LOCK 状态,车辆总线非活跃电动机转速无效为行程结束

在实际应用中,特别是在商用车辆领域,通常存在着明确的行驶目的地。因此,对车辆的停车情况进行统计和分析结果对于管理车队的运输效率和规范非常重要,可以帮助优化运输流程、提高运输效率、降低成本,并确保车辆的规范使用。同时,通过对大量停车数据的分析,还能够洞察特定区域内的交通拥堵情况,评估红绿灯的分布和时序设置是否合理。车

辆的停车情况信息对于交通基础设施的改进和城市交通管理的决策制定具有重要意义,有望改善交通流畅性,减少交通拥堵,提高道路安全,以及推动城市可持续发展。

(3)车辆风险分析

在工业4.0背景下,智能座舱技术在商用车辆领域发挥着越来越重要的作用。随着交通事故和驾驶人疲劳相关事件的增加,智能座舱系统越来越成为关注的焦点。此系统能够通过传感器和算法来监测驾驶人的行为和状态,并及时发出警报以避免事故的发生。然而,尽管智能座舱系统的应用越来越广泛,但在实际应用中,仍然存在着一些挑战。

危化品运输监控平台方案的实施背景是为了解决智能座舱系统中的一些挑战,其中包括对不同类型警报的机理不够清晰,警报的准确性有待提高,以及对警报发生时间和地理分布特点缺乏全面了解。因此,此方案旨在通过大数据分析方法来深入了解智能座舱系统的报警类型及机理,以及在商用车辆行驶数据中的时间和地理分布特点,从而提供数据支持以改进智能座舱系统的精准性和实用性。

通过对座舱报警数据的全面分析,可以帮助厂家和研究人员更好地了解智能座舱系统的运行情况,发现潜在的问题和优化空间,为未来的智能座舱系统设计和改进提供有力支持。同时,这也有助于提高商用车辆的安全性能,保障驾驶人的安全,减少交通事故的发生,提升整体交通安全水平。驾驶舱内外的智能设备摄像头,会及时捕捉各种行驶过程中的驾驶行为异常数据,并及时回传平台。

智能座舱系统收集来自商用车辆的座舱传感器数据,包括但不限于生理疲劳、碰撞预警和车道偏离等。处理数据以去除重复项、缺失数据和异常值,确保数据质量。使用可视化和描述性统计分析,了解不同类型警报的分布情况,发生频率和持续时间。车辆风险时间和空间分布分析旨在深入洞察智能座舱系统报警在不同时间和地理位置的变化趋势,以便提出针对性的改进和优化方案,具体包括:

①时间分析。警报时间趋势分析能够分析智能座舱系统报警随时间的变化模式,如小时、日、周和月的变化趋势,以识别高发时段和低发时段。季节性分析考察智能座舱系统警报在不同季节的分布情况,以了解季节因素对报警的影响。特定事件触发分析研究特定事件(如恶劣天气、交通拥堵等)对警报频率的影响,为应对特定情景提供优化建议。

②空间分布分析。地理位置热点分析能够分析智能座舱系统报警在不同地理位置的分布情况,以识别事故高发地点或区域,为交通管理提供参考。路段特征分析探究不同路段(高速公路、城市道路等)智能座舱系统报警的分布特征,以改进警报设置和路段规划。城市间比较分析将不同城市或地区的智能座舱系统报警进行比较,寻找可能存在的城市间差异,以定制区域化的智能座舱系统策略。

二、案例二:网约车时空特征分析案例

1. 应用背景

随着出行需求和出行方式的多样化,网约车在人们的日常出行活动中发挥着越来越重要的作用。网约车平台产生了大量精确的位置数据,包括起始地和目的地。与传统调查数

据不同,网约车数据反映了人们出行的广泛移动空间和实际起点和目的地。因此,网约车提供了一个新的数据信息来源,可以用来研究人们的出行行为和城市流动性。越来越多的准确定位数据为了解城市背景下人们的出行提供了很好的机会。

POI 是"Point of Interest"的缩写,中文翻译为"兴趣点",是地图上任何非地理意义的有意义的点,如商店、酒吧、加油站、医院、车站等。城市、河流、山峰这些具有地理意义的点不属于 POI。为探究不同出行强度的地区分布以及出行强度与 POI 密度之间的关系,可以利用网约车数据进行分析和探究,揭示出行与 POI 之间关系,并为交通运输管理、车辆部署和基于位置的服务提供有用的信息。

2. 数据收集和处理

本案例基于 2016 年 11 月在中国成都收集的网约车订单数据进行探究。首先进行数据的清洗和筛选,删除掉重复订单、速度值过大、起点和目的地之间的距离小于 300m、旅行时间小于 1min 或长于 2h 以及起点和目的地位于城市范围之外等数据后,选择 180391 条数据进行研究。其中,每条订单包含 7 个字段:订单 ID、乘车开始时间、乘车停止时间、上车经度、上车纬度、下车经度和下车纬度。订单数据示例见表 5-21。

订单数据实例 表 5-21

项目	数据类型	示例	说明
订单 ID	字符串	gcfbelbl981tA6oAua6589ihj469vFbl	匿名
乘车开始时间	字符串	1477942946	Unix 时间戳,s
乘车停止时间	字符串	1477943889	Unix 时间戳,s
上车经度	字符串	104.027541	GCJ-02 坐标系
上车纬度	字符串	30.631678	GCJ-02 坐标系
下车经度	字符串	104.065740	GCJ-02 坐标系
下车纬度	字符串	30.690100	GCJ-02 坐标系

根据城市空间和网约车出行地点和目的地的分布情况,将整个研究区域划分为 16100 个均匀的小块,经度粒度为 0.002、纬度粒度为 0.002,区域东西长约 190m、南北长约 220m。

使用 API 获取研究区域内 343865 个 POI 的名称、类型、地址、经度和纬度信息。可将所有 POI 分为 13 类,包括餐饮设施、景区景点、公司、购物设施、交通设施、金融设施、科教文化设施、商业住宅、生活服务设施、体育设施、医疗单位、政府机构、住宿服务设施等。对于每个区块,各种 POI 的密度也被分为 5 个级别。由于所有块的大小是均匀的,所以 POI 的密度与 POI 的数量成比例,因此可以根据 POI 的数量对 POI 的密度进行分类。根据每个块中每种类型的 POI 的最大数量,将每个块中的各种 POI 的数量相对均匀地划分为 5 个相等的间隔,对应于 5 个级别的 POI 密度。研究区域内各类 POI 的数量、单个区块内的最大数量以及 POI 的分类标准见表 5-22,其中 L 表示兴趣点密度等级,I 表示各等级对应的单个区块内兴趣点的数量区间,N 表示各等级对应的区块数。

POI 类型和密度分类 表 5-22

POIs	数量	最大值	密度分类					
			L	1	2	3	4	5
餐饮设施	61101	202	I	[0,40)	[40,80)	[80,120)	[120,160)	[160,202]
			N	15800	258	30	7	5
景区	337	23	I	[0,5)	[5,10)	[10,15)	[15,20)	[20,23]
			N	16084	12	0	3	1
公司	42299	379	I	[0,80)	[80,160)	[160,240)	[240,320)	[320,379]
			N	15994	74	24	6	2
购物设施	102214	510	I	[0,100)	[100,200)	[200,300)	[300,400)	[400,510]
			N	15968	104	18	7	3
交通设施	20226	47	I	[0,10)	[10,20)	[20,30)	[30,40)	[40,47]
			N	15731	357	9	2	1
金融设施	7157	46	I	[0,10)	[10,20)	[20,30)	[30,40)	[40,46]
			N	15980	95	12	9	4
科教文化设施	10916	47	I	[0,10)	[10,20)	[20,30)	[30,40)	[40,47]
			N	15887	168	33	9	3
商业住宅	11727	24	I	[0,5)	[5,10)	[10,15)	[15,20)	[20,24]
			N	15371	557	141	28	3
生活服务设施	54729	285	I	[0,60)	[60,120)	[120,180)	[180,240)	[240,285]
			N	16057	39	3	0	1
体育设施	6753	32	I	[0,6)	[6,12)	[12,18)	[18,24)	[24,32]
			N	15870	190	21	11	8
医疗单位	12974	103	I	[0,20)	[20,40)	[40,60)	[60,80)	[80,103]
			N	16012	65	14	5	4
政府机构	6959	34	I	[0,7)	[7,14)	[14,21)	[21,28)	[28,34]
			N	15814	213	59	9	5
住宿服务设施	6473	177	I	[0,35)	[35,70)	[70,105)	[105,140)	[140,177]
			N	16084	10	3	0	3

3.数据分析方法

利用有序 Logistic 回归方法研究了各种 POI 的活动强度与密度之间的关系。有序 Logistic 回归是一种有序因变量的回归模型。因变量 y 可以表示排序和分类的结果,其值是一个有序整数,如 0,1,…。解释变量是可能影响因变量顺序的各种因素。作为 Logit 模型,有序 Logistic回归模型的事件具有累积性。不测量因变量 y 的实际值,因此使用不同的比例值。

有序 Logistic 回归因其具有较好的解释性和简单性而被应用于本案例。$y^* = \beta \boldsymbol{X} + \varepsilon$,其中,$y^*$ 是精确但未观察到的因变量;$\boldsymbol{X}$ 是解释变量的向量;β 是需要估计的向量的回归系数;ε 是误差项。设 $\mu_1, \mu_2, \cdots, \mu_N$ 为每个级别的阈值,则有:

$$y=\begin{cases}0, y^{*} \leqslant \mu_1 \\ 1, \mu_1 \leqslant y^{*} \leqslant \mu_1 \\ 2, \mu_2 \leqslant y^{*} \leqslant \mu_3 \\ \cdots \\ N, \mu_N \leqslant y^{*}\end{cases} \tag{5-30}$$

系数β和阈值$\mu_1, \mu_2, \cdots, \mu_N$可以通过最大似然法来估计。

4. 结果分析

1)出行起点与POI密度之间的关系

取因变量$y(y=1,2,3,4,5)$为街区出行活动强度水平。自变量包括上下车发生的时间段$x_1(x_1=1,2,3,4)$和各种POI的密度$x_i(i=2,3,\cdots,14; x_i=1,2,3,4,5)$。

出行活动强度在时段2至3中增加,在时段4至1中减小。因此,将一天分为两个阶段进行建模,第一阶段由时段2至3组成,第二阶段由时段4至1组成。

在第2、3时段,平行线检验结果如下,$\chi^2=10.178$,$P=1.000>0.05$,表明有序逻辑回归可以应用于本研究。拟合优度检验中,离差$\chi^2=968.019$,$P=1.000>0.05$。偏差检验的结果表明,该模型拟合良好。选择网约车出行强度最低的人群作为参照组,与其他强度水平进行比较,根据最大似然估计计算回归模型的参数(表5-23)。

第2、3时段的出行强度的回归结果 表5-23

解释变量	相关系数	比值比	标准误差	P值
时间段	0.697	2.009	0.133	0.000*
餐饮设施密度	0.811	2.250	0.138	0.000*
景区密度	0.697	2.007	0.307	0.023*
公司密度	0.014	1.014	0.170	0.933
购物设施密度	0.368	1.444	0.168	0.029*
交通设施密度	1.178	3.247	0.140	0.000*
金融设施密度	0.552	1.737	0.136	0.000*
科教文化设施密度	0.414	1.513	0.138	0.003*
商品住宅密度	0.347	1.415	0.094	0.000*
服务设施密度	-0.300	0.741	0.262	0.252
体育设施密度	0.041	1.043	0.164	0.799
医疗设施密度	1.085	2.960	0.114	0.000*
政府机构密度	0.474	1.607	0.115	0.000*
住宿服务设施密度	0.5662	1.938	0.191	0.001*
Number of obs = 11547 LR chi2(14) = 467.89 Prob > chi2 = 0.0000 Pseudo R^2 = 0.1530 Log likelihood = -1295.1				

注:*表示5%显著水平下显著相关。

第4、1时段平行线检验结果:$\chi^2=25.792$, $P=0.977>0.05$。这表明有序逻辑回归可以应用于本研究。拟合优度检验,离差$\chi^2=817.436$, $P=1.000>0.05$。偏差检验的结果表明,该模型拟合良好,且第4、1时段的出行强度的回归结果见表5-24。模型结果中排除了在0.05水平上不显著的解释变量。

第4、1时段参数估计结果(上车) 表5-24

解释变量	相关系数	比值比	标准误差	P值
时间段	1.144	3.138	0.381	0.000*
餐饮设施密度	0.948	2.580	0.371	0.000*
景区密度	0.759	2.137	0.808	0.045*
公司密度	0.210	1.234	0.220	0.238
购物设施密度	0.393	1.481	0.268	0.030*
交通设施密度	1.012	2.750	0.467	0.000*
金融设施密度	0.521	1.684	0.270	0.001*
科教文化设施密度	0.506	1.658	0.246	0.001*
商品住宅密度	0.515	1.674	0.172	0.000*
服务设施密度	-0.698	0.497	0.163	0.034*
体育设施密度	0.453	1.574	0.243	0.003*
医疗设施密度	0.741	2.099	0.326	0.000*
政府机构密度	0.132	1.141	0.180	0.404
住宿服务设施密度	0.406	1.501	0.378	0.106
Number of obs = 8788 LR chi2(14) = 513.12 Prob > chi2 = 0.0000 Pseudo R2 = 0.1952 Log likelihood = -1057.6586				

注:* 表示5%显著水平下显著相关。

从上述检验结果可得出以下结论。

(1)一般而言,POI密度越高,出行活动强度越高。在0.05的显著水平下,公司密度对出行强度没有显著影响,原因可能是大多数在公司工作的人通常不会通过在线叫车服务离开公司。高密度的生活服务设施对出行强度有负面影响,原因可能是高密度生活服务设施的街区与居住区混杂在一起,这些地方总是远离城市的主要道路,因此住在附近的人倾向于在主要道路附近乘坐汽车。

(2)白天出行活动强度随时间变化,从第2时段到第3时段增加,从第4时段到第1时段减少。比值比(OR)值和系数(Coef.)之间存在以下关系,$OR=e^{Coef.}$。以交通设施密度为例,系数为1.012(表5-24),$OR=e^{1.012}=2.750$,因此,在模型中其他变量保持不变的情况下,交通设施密度水平每增加一个单位,出行强度越高与出行强度越低的概率几乎增大3倍。

(3)在交通设施密度较高的街区,人们的出行强度也更大。在模型中其他变量保持不变的情况下,餐饮设施、景区或医疗设施密度水平每增加一个单位,较高出行强度相对于较低出行强度的发生比要高出2倍以上。在模型中其他变量保持不变的情况下,购物设施、金融设施、科教文化设施、商业住宅、体育设施、政府机构或住宿服务设施密度水平增加一个单位,较高出行强度相对于较低出行强度的发生比高出1倍以上。不同类型POI密度的增加对出行强度的影响程度不同。交通设施的影响最为明显,原因可能是交通设施附近的换乘活动数量较多。

2)目的地活动强度与POI密度的关系

第2、3时段的平行线检验结果:$\chi^2=48.722$,$P=0.221>0.05$,表明有序Logistic回归模型可以应用于本案例。拟合优度检验,离差$\chi^2=1314.191$,$P=1.000>0.05$。偏差检验的结果表明,该模型拟合良好。表5-25显示了时段2和3中目的地活动强度的回归结果。与出行分析类似,在0.05水平下不显著的解释变量也被排除在外。

第2、3时段参数估计结果(下车) 表5-25

解释变量	相关系数	比值比	标准误差	P值
时间段	0.196	1.216	0.123	0.113
餐饮设施密度	0.908	2.479	0.119	0.000*
景区密度	1.372	3.943	0.238	0.000*
公司密度	0.134	1.143	0.140	0.337
购物设施密度	0.756	2.129	0.134	0.000*
交通设施密度	1.308	3.699	0.134	0.000*
金融设施密度	0.684	1.982	0.115	0.000*
科教文化设施密度	0.591	1.806	0.119	0.000*
商品住宅密度	0.253	1.288	0.090	0.005*
服务设施密度	-0.160	0.852	0.212	0.451
体育设施密度	-1.145	0.865	0.159	0.360
医疗设施密度	1.102	3.011	0.114	0.000*
政府机构密度	0.456	1.578	0.108	0.000*
住宿服务设施密度	0.536	1.709	0.214	0.012*
Number of obs = 10179 LR chi2(14) = 713.35 Prob > chi2 = 0.0000 Pseudo R2 = 0.1952 Log likelihood = -1470.5106				

注:*表示5%显著水平下显著相关。

第4、1时段的平行线检验结果如下：$\chi^2 = 21.040$，$P = 0.997$。说明有序Logistic回归可以应用于本案例。在拟合优度检验中，偏差$\chi^2 = 623.762$，$P = 1.000$。偏差检验结果表明，该模型具有较好的拟合效果。表5-26显示了第4、1时段目的地活动强度的回归结果。模型结果中剔除了在0.05水平上不显著的解释变量。

第4、1时段参数估计结果 表5-26

解释变量	相关系数	比值比	标准误差	P值
时间段	1.055	2.871	0.337	0.000 *
餐饮设施密度	1.103	3.011	0.433	0.000 *
景区密度	0.684	1.983	0.744	0.068
公司密度	0.070	1.073	0.214	0.725
购物设施密度	0.388	1.473	0.269	0.035 *
交通设施密度	0.957	2.603	0.454	0.000 *
金融设施密度	0.259	1.296	0.246	0.173
科教文化设施密度	0.372	1.451	0.240	0.025 *
商品住宅密度	0.291	1.338	0.151	0.010 *
服务设施密度	-0.472	0.623	0.195	0.132
体育设施密度	0.248	1.282	0.209	0.128
医疗设施密度	0.539	1.715	0.302	0.002 *
政府机构密度	-0.175	0.840	0.166	0.376
住宿服务设施密度	0.532	1.703	0.400	0.023 *
Number of obs = 8749 LR chi2(14) = 400.57 Prob > chi2 = 0.0000 Pscudo R2 = 0.1567 Log likelihood = -1077.4461				

注：* 表示5%显著水平下显著相关。

从上述检验结果可出以下结论。

(1)存在更多POI的目的地中发生更多的下车行为。在0.05的显著水平上，公司、服务设施和体育设施的密度对目的地强度没有显著影响。结果表明，这些类型的兴趣点并不能有效地吸引乘客通过网约车到达。

(2)在模型中其他变量保持不变的情况下，景区或交通设施密度每增加1个单位，高出行强度相对于低出行强度的发生比增加3倍以上。这说明，很多人白天都是选择网约车到达景区的。相比之下，出发时选择这样的出行方式的人数相对较少。假设模型中其他变量保持不变，餐饮设施或医疗设施密度水平增加1个单位，较高的出行强度相对于较低的出行强度的发生比几乎高出2~3倍。在模型中其他变量保持不变的情况下，购物设施、金融设施、科教文化设施、商业住宅、政府机构或住宿服务设施密度水平每增加1个单位，高出行强度相对于低出行强度的发生比增加1倍以上。

(3)从上车和下车强度的角度考虑,交通设施密度的增加对出行强度的增加影响最大,其次是景区密度。对于餐饮设施和医疗设施的密度水平增加1个单位,较高的出行强度相对于较低的出行强度的发生比总是大于2倍。在0.05水平上,服务设施和体育设施密度对接送强度没有显著影响,但对接送强度有显著影响;公司密度对接送强度没有显著影响。对于其他类型的POI的密度水平的1个单位的增加,较高的出行强度相对于较低的出行强度的发生比在1~2倍之间。

根据以上分析,主要结论可归纳如下:

(1)高出行强度区域主要分布在二环以内,而城市郊区通常是大型交通枢纽,如机场、火车站等;

(2)具有较高POI密度的区域具有较高的出行强度的概率。交通设施密度对活动强度的影响最大,包括上落客,其次是景区密度;

(3)服务设施和体育设施密度对接送强度有影响,而对接送强度的影响不显著;

(4)公司密度对接送强度没有显著影响。

三、案例三:交通事故与违法数据分析与应用案例

1.应用背景

为进一步提高西安市道路交通事故风险防控能力,做到事故预防工作前置,严格落实公安部"减量控大"工作要求,服务实战,在道路交通事故分析判预警平台的基础上,全面升级为道路交通事故风险防控平台,融合更多数据和信息资源,通过大数据技术及信息化手段及时发现和动态辨别交通事故风险和交通安全隐患,构建隐患治理闭环,重点加强支队对引发事故的交通事故风险预防、隐患处置能力,开创西安市道路交通安全管理工作的新局面。

西安市交警"六合一"数据库中主要包括简易事故信息库、简易事故人员信息库、一般事故信息库、一般事故人员信息库、驾驶人信息库、车辆信息库、违法行为信息库、强制措施信息库以及非现场文本信息库。

现根据西安市交警"六合一"数据库所包含的数据,对车辆、进行风险评估与判别,以促进西安市城市交通安全管理。

2.数据获取与整理

"六合一"数据库中和企业相关的数据库主要有简易事故库、简易事故人员信息库、事故信息库、事故人员信息库、违法行为库、强制措施库、非现场文本库以及车辆库。在车辆库中,可以查询车辆的基本信息比如车身颜色、使用性质、状态等等,然后以"号牌号码""号牌种类"字段为子查询,在一般事故表、简易事故表以及这两个表对应的人员信息表通过表连接的方式,得到对应车辆的事故和违法信息,最终得到所需使用的数据表。

对原始事故数据进行预处理可以使数据与预测模型具有更好的兼容性,同时能降低样本数据特征(如异常值、缺失值等)对模型的扰动,使预测模型具有更好的性能。本项目对原始数据的处理主要包括事故信息合并、缺失值处理、异常值清除、特征增强(根据已知信息挖

掘相关特征)、冗余项合并(对特征取值的合并)、影响因素编码、非平衡样本处理等。

首先,根据号牌号码和号牌种类信息将事故信息表与车辆信息表中对应的数据合并,形成待处理数据集;接着,对待处理数据集进行数据清洗,主要包括缺失值处理、异常值清除等步骤;进一步对数据集中的特征进行深度挖掘,发现数据集中的潜在特征,如根据违法行为代码归纳高风险交通行为等;其次,确定一起事故的严重程度判定指标;最后,对数据集的影响因素进行编码并作初步统计,若不同严重程度指标下数据样本分布差异较大,则需对不平衡的样本数据进行处理,以降低非平衡样本对预测模型的干扰。

例如由于数据输入的不规范等原因,事故发生时间和违法时间有些只有年月日,而有些还加了时分秒,在数据处理的过程中会存在时间格式不一致的问题。因此,利用 Python 对不带时分秒的数据加入“00:00:00”,方便后续使用数据计算。在后续的算法研究中也是采用 Python 进行数据处理和分析的。

1)车辆类型分类

由于在车辆表中,车辆类型种类较多,如果将这些类型的车辆放在一起进行风险评判,则会因为不同车辆类型之间存在的种种差异导致评估结果出现较大的误差,因此将车辆类型分为小汽车、中大型客车、轻微型货车和中大型货车这四类比较典型的车辆类型分别进行安全风险评估。

通过对数据表的统计分析可以得到小汽车共有 2190661 条数据、中大型客车共有 54846 条数据,轻微型货车共有 310592 条数据,中大型货车共有 131559 条数据。车辆类型具体信息如表 5-27 所列。

车辆信息表 表 5-27

代码	车辆类型	判定标准
05	小汽车	1. 使用性质为:非营运或营转非或出租转非或预约出租转非; 2. 车辆大类为:客车; 3. 核定载客为:小于等于 9 人
06	中大型客车	1. 车长大于或等于 6000mm 或者乘坐人数大于或等于 20 人; 2. 使用性质不为:幼儿校车、中学生校车、中小学生校车、初中生校车; 3. 车辆大类为:客车
09	中大型货车	1. 总质量大于或等于 12000kg; 2. 车长大于或等于 6000mm 的载货汽车,或者总质量大于或等于 4500kg 且小于 12000kg; 3. 车辆大类为:货车、牵引车
10	轻微型货车	1. 车辆大类为:货车; 2. 车长小于 6000mm

2)模型指标选取

评价指标选取车龄、机动车状态、使用性质、使用性质、是否新能源、排量、轴距、事故频率、事故次数等,具体信息如表 5-28 所列。

模型指标与特征值 表 5-28

字段名	含义	数据类型	取值
ZT	机动车状态	category	全部事故数/车龄取值范围：0 ~ 0.0000001；0.0000001 ~ 0.2；0.2 ~ 0.5；0.5 以上 分别编号 0,1,2,3
CL	车龄	Int64	
SYXZ	使用性质	category	
PL	排量	category	
ZJ	轴距	category	
SGPL	事故频率	category	
SYQ	所有权	category	
SFNXY	是否新能源	category	
WFXW	相关性分析分类后的违法数量	Int64	用 wf3.py 替换违法记录里的 WFXW 编号，统计每类违法的数量
SG	是否发生一般事故	category	如果发生一般事故，就为 1，否则为 0

利用逻辑回归，最终确定 36 类高风险违法行为，分别为驾驶员或号牌不符合规定、人员异常停留或侵入、不避让行人、超速、车辆技术状况问题、违反标志标线和信号、酒驾或者服用违禁药物、跟车距离过近、逆行、违章停车、不按规定会车、操作不当、肇事逃逸、不按规定让行、强行超车、强行变道、超载、非机动车抢行、疲劳驾驶、违法倒车、非机动车违反信号、非机动车不靠右行驶、非机动车逆行、强行掉头、其他不安全行为。其中，“其他不安全行为”是指在原始数据分类中存在的、违法行为代码表中独立于其他违法行为的一类风险交通行为，由于下文归纳的 36 类重点违法行为既具有高发性，又具有较强的致死性，因此称其为“高风险违法行为”，具体如表 5-29 所列。

重点违法行为 表 5-29

序号	违法行为类型
1	超速
2	酒后驾车
3	逆行
4	疲劳驾驶
5	醉酒驾车
6	不减速行驶
7	变更车道影响其他车辆行驶
8	不按规定倒车
9	违反规定掉头
10	随意穿插车辆
11	不按规定使用设备
12	未放置检验合格标准或设施机件不全

续上表

序号	违法行为类型
13	未带行驶证或驾驶证
14	驾驶不符合规定的车辆上路
15	违规停放车辆
16	不按规定车道行驶
17	违规载员载客
18	运载危险品不符合规定
19	超载
20	违反标志指示
21	不必让车辆或行人
22	超员
23	未按规定变更信息的
24	禁鸣区鸣喇叭
25	实习期驾驶特殊车辆
26	未按规定使用安全带
27	不与前车保持安全距离
28	逾期不参加审验的
29	无证驾驶
30	驾驶证吊销后驾车
31	驾车时有妨碍安全驾驶行为的
32	道路交通事故驾驶人应当自行撤离现场而未撤离，造成交通堵塞的
33	故障车不按规定使用设备或不设标志的
34	违规低速行驶
35	车门或车厢未关好行车
36	驾驶室放置物品妨碍安全

3）模型训练集划分

对于每一个车辆样本，以是否发生事故为标签构建数据集。考虑到数据集随时间不断滚动更新和实际预测的需求，将 $n-2$ 年的特征和 $n-1$ 年的标签构成训练集，将 $n-1$ 年的特征和 n 年的标签构成测试集。由于训练集中不同标签样本比例悬殊，结合 SMOTE（少量合成过采样技术）通过合成少量样本来使两类样本比例均衡。在使用 XGBoost 模型训练时，综合考虑查准率和查全率作为目标函数，对查准率赋予较大的权重，并结合网格搜索来得到使目标函数结果最佳的模型参数。

为了获得最优的模型算法，本模型使用了多种训练集，具体情况见表 5-30。

训练集划分 表 5-30

车辆类型	使用方法	训练集
小汽车	决策树/XGBoost	数据集 1/数据集 2
大中型客车	决策树/XGBoost	数据集 1/数据集 2
轻微型货车	决策树/XGBoost	数据集 1/数据集 2
中大型货车	决策树/XGBoost	数据集 1/数据集 2

注:1. 数据集 1 指基于 1 年累计重点违法次数的训练集。

2. 数据集 2 指基于 2 年累计重点违法次数的训练集。

3. 四种车型分别采用数据集 1 和 2 当作训练集,以是否发生事故为目标值,构建决策树和 XGBoost 模型,每种车型共四种模型。

3. 车辆风险判别研究

融合事故、违法数据,如一定时间内事故、违法的频次、违法未处理、违法时段、GPS 轨迹数据、所属行业等数据(不同行业指标权重有差异),建立车辆风险评判系统。

使用决策树(Decision Tree)模型,在已知各种情况发生概率的基础上,通过构成决策树来求取净现值的期望值大于等于零的概率,评价车辆风险,判断其可行性的决策分析方法,是直观运用概率分析的一种图解法,车辆风险预警框架如图 5-28 所示。

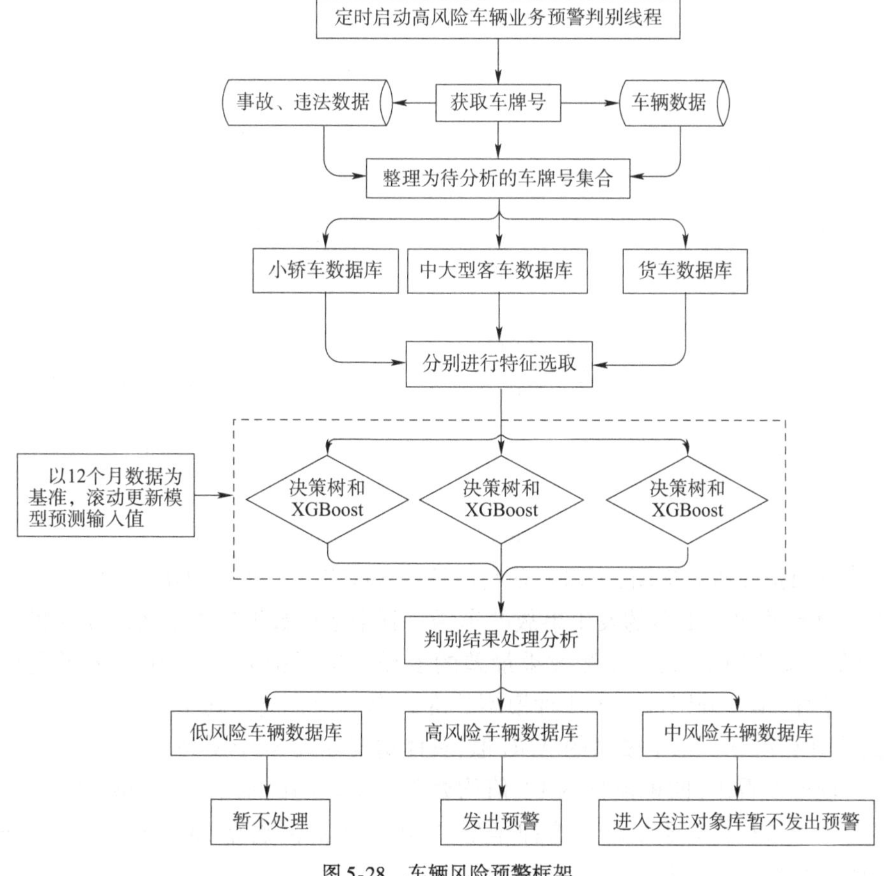

图 5-28 车辆风险预警框架

对于四种车型,分别采用了两种训练集和两种方法共四种模型进行了安全风险评估,具体结果如下。

对于小汽车两种数据集经过决策树与 XGBoost 两种模型分别训练后得到的混淆矩阵如图 5-29 所示,其中,0 代表未发生事故的车辆,1 代表发生事故的车辆。其中,图 5-29a) 为数据集 1,即数据量为 1 年的数据集,采用决策树模型得到的混淆矩阵图;图 5-29b) 为数据集 2,即数据量为 2 年的数据集,采用决策树模型得到的混淆矩阵图;图 5-29c) 为数据集 1 采用 XGBoost 得到的混淆矩阵图;图 5-29d) 为数据集 2 采用 XGBoost 得到的混淆矩阵图。由这四个混淆矩阵可以看出,每个模型的准确率都达到了 95% 以上,这是由于实际数据中未发生事故的占了绝大多数,因此模型能够轻松预测出未发生事故的车辆,但模型的重点是能否将发生事故的车辆准确的预测出来,因此需要特别关注模型对 1 的预测效果。

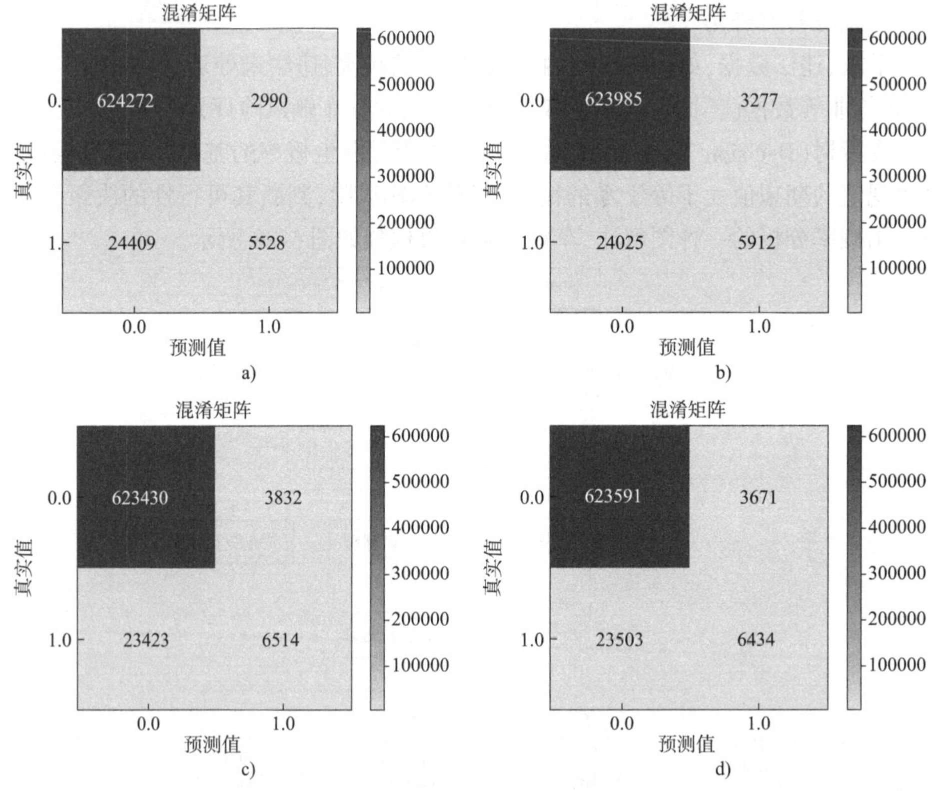

图 5-29　小汽车四种模型的混淆矩阵

对比分析四张混淆矩阵图,可以发现与决策树模型相比,两种 XGBoost 模型均可以预测出更多的 1,即预测出了更多的发生事故的车辆。其中运用数据集 1 的 XGBoost 模型预测出了 6514 个发生事故的车辆,比预测效果最差的多预测出了接近 1000 个。为了更加准确地看出模型的差异,本文分别计算了四种模型的准确率、召回率、精确率、F1 值,并由四种模型的 ROC 曲线计算得到了每个模型的 AUC 值,具体情况如表 5-31 所列。

通过比较可以看出,四种模型的 F1 值均处于一个较高的水平,而模型 XGBoost 1 的 F1 值高于其他三个,说明,对于小汽车这种车型,采用 1 年数据建立 XGBoost 模型来评估以及预测车辆风险水平效果较好。

四种模型评价指标比较 表 5-31

模型种类	决策树 1	决策树 2	XGBoost 1	XGBoost 2
准确率	0.9583	0.9585	0.9585	0.9587
召回率	0.1847	0.1975	0.2176	0.2149
精确率	0.6489	0.6434	0.6296	0.6367
F1 值	0.9470	0.9478	0.9488	0.9487
AUC	0.96	0.96	0.96	0.96

对于大中型客车,两种数据集经过决策树与 XGBoost 两种模型分别训练后得到的混淆矩阵如图 5-30 所示。其中,图 5-30a)为数据集 1,即数据量为 1 年的数据集,采用决策树模型得到的混淆矩阵图;图 5-30b)为数据集 2,即数据量为 2 年的数据集,采用决策树模型得到的混淆矩阵图;图 5-30c)为数据集 1 采用 XGBoost 得到的混淆矩阵图;图 5-30d)为数据集 2 采用 XGBoost 得到的混淆矩阵图。与小汽车不同,通过混淆矩阵可以看出对于大中型客车,决策树模型预测发生事故的车辆效果要优于 XGBoost 模型,其中决策树 1 模型在测试集中预测出了 201 的发生事故的车辆,相比效果最差的多预测出了 39 个。

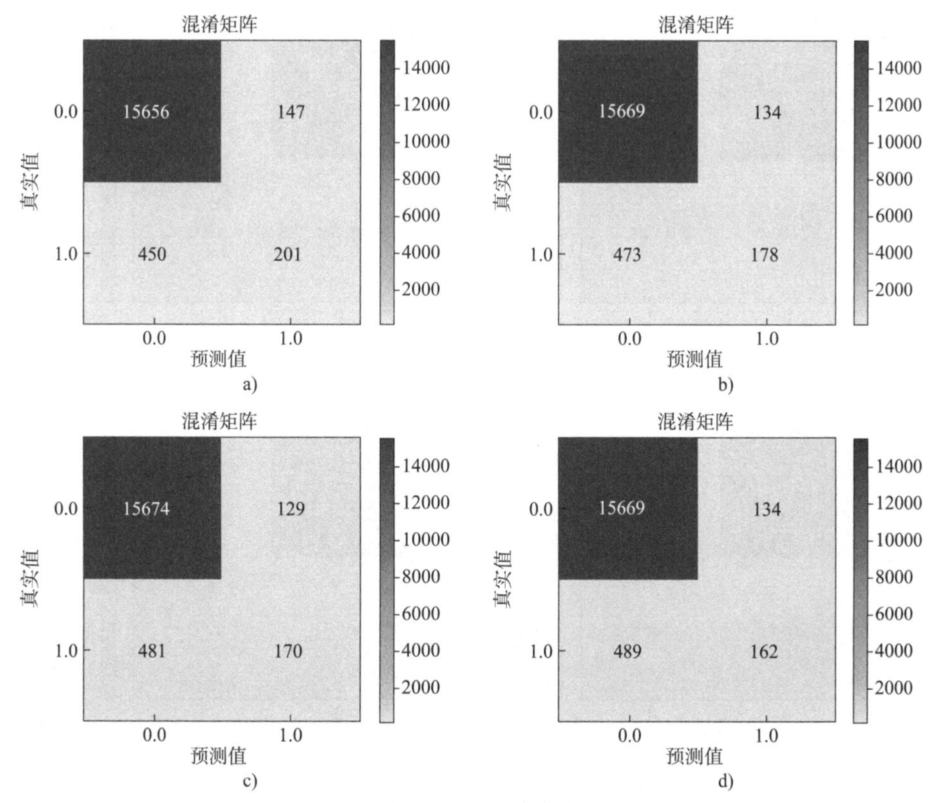

图 5-30 大中型客车四种模型的混淆矩阵

为了更加准确地看出模型的差异,本文分别计算了四种模型的准确率、召回率、精确率、F1 值,并由四种模型的 ROC 曲线计算得到了每个模型的 AUC 值,具体情况如表 5-32 所列。

四种模型评价指标比较　　表 5-32

模型种类	决策树 1	决策树 2	XGBoost 1	XGBoost 2
准确率	0.9637	0.9631	0.9629	0.9621
召回率	0.3088	0.2734	0.2611	0.2488
精确率	0.5776	0.5705	0.5687	0.5473
F1 值	0.9584	0.9568	0.9563	0.9553
AUC	0.96	0.96	0.96	0.97

决策树 1 的准确率、召回率、精确率以及 F1 值均高于其他三种模型，而决策树 1 的 AUC 值也高达 0.96，虽低于 XGBoost 2 的 AUC 值，但综合来看，对于大中型客车，采用决策树 1 模型，即运用 1 年数据建立决策树模型来进行风险评估效果最好。

对于轻微型货车，两种数据集经过决策树与 XGBoost 两种模型分别训练后得到的混淆矩阵如图 5-31 所示。其中，图 5-31a) 为数据集 1，即数据量为 1 年的数据集，采用决策树模型得到的混淆矩阵图；图 5-31b) 为数据集 2，即数据量为 2 年的数据集，采用决策树模型得到的混淆矩阵图；图 5-31c) 为数据集 1 采用 XGBoost 得到的混淆矩阵图；图 5-31d) 为数据集 2 采用 XGBoost 得到的混淆矩阵图。

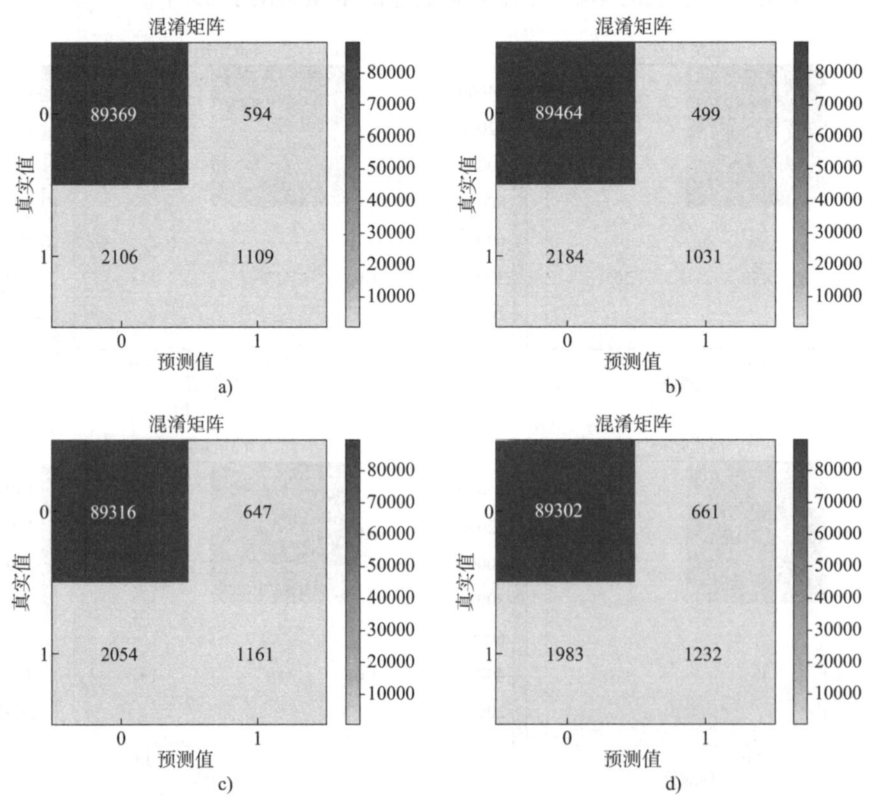

图 5-31　轻微型货车四种模型的混淆矩阵

对比分析四张混淆矩阵图，可以发现与决策树模型相比，两种 XGBoost 模型均可以预测出更多的 1，即预测出了更多的发生事故的车辆。其中 XGBoost 2 即运用数据集 2 的 XGBoost 模型预测出了 1232 个发生事故的车辆，相比效果最差的多预测了 123 个。为了更加准确地看出模型的差异,本文分别计算了四种模型的准确率、召回率、精确率、F1 值,并由四种模型的 ROC 曲线计算得到了四种模型的 AUC 值,具体情况如表 5-33 所列。

四种模型评价指标比较 表 5-33

模型种类	决策树 1	决策树 2	XGBoost 1	XGBoost 2
准确率	0.9710	0.9712	0.9710	0.9716
召回率	0.3449	0.3207	0.3611	0.3832
精确率	0.6512	0.6508	0.6421	0.6739
F1 值	0.9667	0.9662	0.9671	0.9681
AUC	0.97	0.98	0.98	0.98

XGBoost 2 的准确率、召回率、精确率、F1 值以及 AUC 值均高于其他三种模型,这表明,对于轻微型货车,XGBoost 2 模型即运用 2 年数据建立 XGBoost 模型来进行风险评估与预测效果最好。

对于大中型货车,两种数据集经过决策树与 XGBoost 两种模型分别训练后得到的混淆矩阵如图 5-32 所示。其中,图 5-32a)为数据集 1,即数据量为 1 年的数据集,采用决策树模型得到的混淆矩阵图;图 5-32b)为数据集 2,即数据量为 2 年的数据集,采用决策树模型得到的混淆矩阵图;图 5-32c)为数据集 1 采用 XGBoost 得到的混淆矩阵图;图 5-32d)为数据集 2 采用 XGBoost 得到的混淆矩阵图。

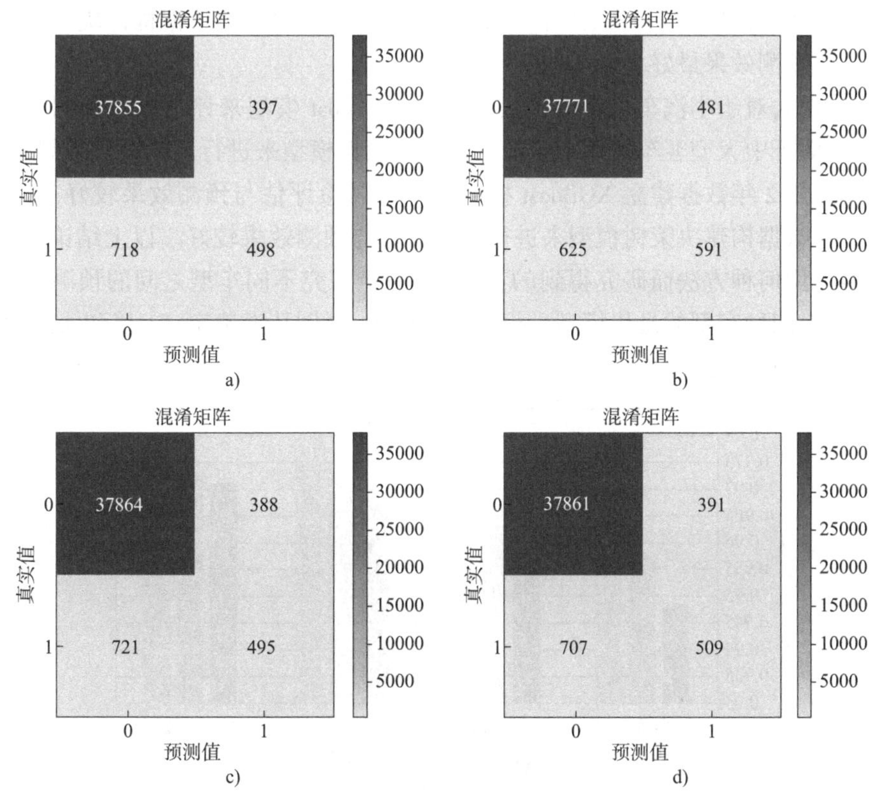

图 5-32 大中型货车四种模型的混淆矩阵

由图 5-32 的四张混淆矩阵图可以看出，与其他三种车型不同，在对中大型货车的预测中，并没有表现出决策树模型全面优于 XGBoost 模型或相反的情况，在对于发生事故车辆的预测中，采用 2 年数据建立的决策树模型效果最好，预测出了 591 个发生事故的车辆，比效果最差的多预测了 96 个。同理，为了更加准确地看出模型的差异，本文分别计算了四种模型的准确率、召回率、精确率、F1 值，并由四种模型的 ROC 曲线计算得到了四种模型的 AUC 值，具体情况如表 5-34 所列。

四种模型评价指标比较　　表 5-34

模型种类	决策树 1	决策树 2	XGBoost 1	XGBoost 2
准确率	0.9717	0.9720	0.9719	0.9722
召回率	0.4095	0.4860	0.4071	0.4186
精确率	0.5564	0.5513	0.5606	0.5656
F1 值	0.9697	0.9711	0.9697	0.9702
AUC	0.97	0.98	0.98	0.98

四种模型的准确率、召回率以及精确率各有高低，因此需要比较四种模型的 F1 值，由表 5-34可以看出，决策树 2 的 F1 值为 0.9711，高于其他三种模型，而决策树 2 的 AUC 值也高达 0.98，因此对于中大型货车，采用决策树 2 模型，即运用 2 年数据构建决策树模型来进行风险评估与预测效果最好。

由前文可知，对于小汽车采用 1 年数据建立 XGBoost 模型来评估以及预测车辆风险水平效果较好；对于中大型客车运用 1 年数据建立决策树模型来进行风险评估效果较好；对于轻微型货车运用 2 年数据建立 XGBoost 模型来进行风险评估与预测效果较好；对于中大型货车运用 2 年数据构建决策树模型来进行风险评估与预测效果较好。以上结论是为了探究同一种车型适用何种方法而研究得到的，为了进一步探究不同车型之间的预测效果是否存在差异，下文对四种车型的最优模型进行了横向比较，分别从准确率、F1 值和 AUC 值进行分析，结果如图 5-33 所示。

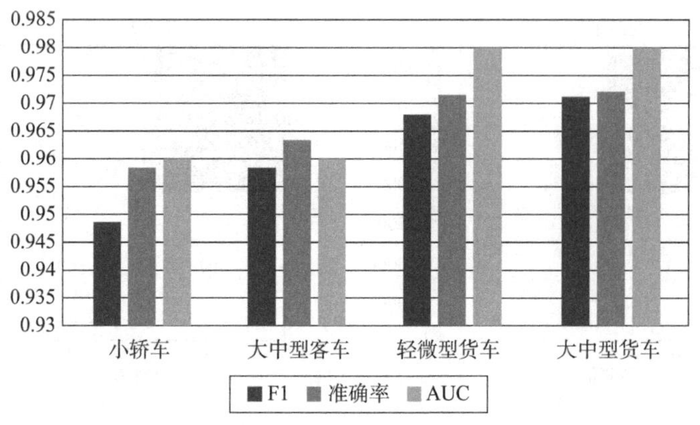

图 5-33　四种车型的准确率、F1 值和 AUC 值

由图 5-33 可以看出，四种车型的准确率、F1 值均呈上升趋势，其中小汽车的准确率和 F1 值最低，其次为大中型客车、再次为轻微型货车，中大型货车的准确率和 F1 值最高。图 5-33 表明，针对这四种车型，中大型货车的预测效果最好也就是最容易预测，小汽车的预测效果最差也就是最难预测。分析其原因，可能是小汽车数量较多，存在多个车辆基本特征和违法特征相同或相似、但有的发生事故有的却没有的车辆，给模型训练带来了一定的影响；而中大型货车数量较少，且违法特征和车辆基本特征相同或相似的较少，区别较为明显，因此模型训练效果较好。

第六章

车辆运输管理信息化系统案例

第一节　车载录像系统

车载视频监控构架由车载终端、传输网络和中心管理系统组成三层联网式综合监管系统，可实现车辆防盗、反劫、行驶路线监控、车内车外视频图像实时无线传输、事故快速响应、呼叫指挥等功能，解决现有车辆的动态管理问题。车载录像系统主要应用于商用车，具体如下。

一、城市公交车视频监控系统

随着社会和经济的发展，公交客运也在蓬勃发展。公交事业的飞快发展，使得公交车辆运营的安全和管理也越来越被重视。全国各地的公交客运都存在乘运纠纷、公交车上盗窃、抢劫和侮辱妇女等安全和管理问题，严重干扰了社会安定。随着公交车视频监控系统的普及，以上问题得到了有效解决。

1. 系统构成

城市公交车视频监控系统由终端车载监控系统、视频监控平台，公交调度系统三大部分组成，终端车载监控系统包括无线车载硬盘录像机、车载摄像机、车载拾音器、车载显示屏、车载 GNSS、报站器等。驾驶员可以通过车辆点火或者定时开关机方式使无线车载硬盘录像机开始工作。车载硬盘录像机将摄像头采集到的视频信息进行压缩编码，通过无线网络把视频数据实时传送到视频监控平台，配合车载 GNSS 系统实现视频，车辆运行轨迹的实时监控，实现车辆信息智能管理。车载硬盘录像机还可以将高清图像压缩存储在本地硬盘中，当车辆到达终点站时，管理中心工作人员通过更换车载硬盘或者 Wi-Fi 无线下载的形式获取该车辆运行的视频资料，车辆管理人员可通过视频轨迹回放客户端来查阅录像。

2. 系统功能

城市公交车视频监控系统（图 6-1）通过在公交车辆上固定安装的四个监控摄像机以及拾音器实时采集音视频信号。车辆管理人员可以通过视频监控平台远程调看车辆行驶状态和运行环境，及时发现问题，包括随意停车、无关搭乘等，还可以与驾驶员进行远程通话，下达行车指令，实现临时调度。

图 6-1　城市公交车视频监控系统

公交车上的四个监控摄像机分别负责监控不同区域，图 6-2 为每个摄像头所拍摄到的具体画面。

四个摄像头的具体分布以及功能如下。

(1) 前门摄像机。安装于驾驶座后方的车内顶板，镜头对着前车门及驾驶座位置，拍摄乘客上车、投币箱、驾驶员驾驶行为等情况，可记录乘客上车信息并规范驾驶员驾驶行为。

a) b) c) d)

图6-2 具体监控画面

(2)车前摄像机。位于在汽车挡风玻璃后面,可安装在车内天花板或仪表板上,镜头朝前,用于拍摄前方道路状况、行车标志信息、红绿灯等,有利于提高驾驶员的交通规则意识,保障行车安全。

(3)车厢前部摄像机。位于车厢前部的车内顶板,镜头方向向后,主要拍摄车厢前部位置,可基本拍摄到车内的所有位置,用于记录乘客的各种行为,便于事后查证。

(4)车厢后部摄像机。安装在车厢中后部天花板上,镜头朝向后部并兼顾下车门,主要拍摄车厢后部位置以及乘客下车情况。

二、危险货物运输车辆视频监控系统

随着国家经济的飞速发展,工业领域对于危险化学品的需求量一直在不断增加,并且主要依靠道路运输,危险品运输途径的单一性和危险品运输条件的特殊性导致危险品运输车辆的数量持续增加。危险品道路运输企业规模逐渐扩大,使得企业对旗下危险品运输车辆的管理成本极大地提高,而且危险品运输途中的安全事故也时有发生,带来了一系列安全问题和环境问题。危险品道路运输的安全性和企业信息化管理的高效性越来越受到重视,将车辆视频监控系统应用于危险品车辆的监控和管理是一个行之有效的解决方案,这对于进行危险品车辆监控、车辆调度、企业信息化管理具有重要的现实意义。

1. 系统构成

危险货物运输车辆视频监控系统一般由三大部分组成,分别为车载终端、数据传输系统和中心平台，如图 6-3 所示。

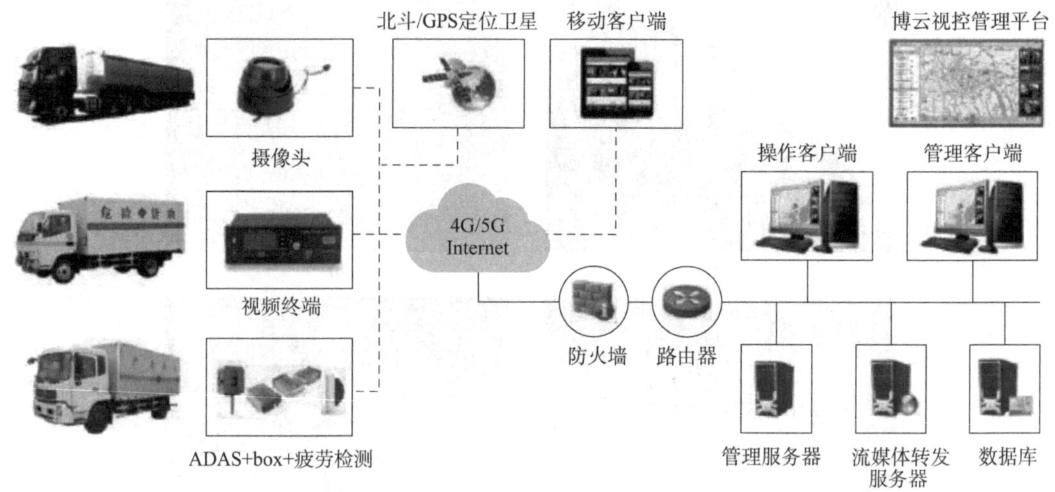

图 6-3　危险货物运输车辆视频监控系统构成

车载终端(图 6-4)一般包括车载 DVR、车载摄像机、车载信息交互端、语音对讲手柄、拾音器和报警按钮等，车载 DVR 集成微处理器、视频压缩器、卫星定位模块、数据存储模块、车辆信息采集模块、外围设备接入模块等，提供视频录像、卫星定位、信息采集、数据存储等功能。由于危险品运输车辆处于移动状态，且温度、湿度变化很大，灰尘很多，工作环境恶劣，因此对数字录像机的要求较高。另外汽车用电设备比较多，电压变化幅度比较大，电磁干扰也比较强，因此对于电源的输入电压范也有着较高要求。

图 6-4　车载终端

数据传输系统负责将车上的音视频相关行车信息实时传输到监控中心，实现危险品运输车辆的远程实时的音视频监控。

中心平台可接收并存储危险品运输车上无线数字传送器传输过来的音视频图像和车辆到达后行驶记录仪上相关信息，通过定位系统还能将车辆所在位置的定位信息在电子地图上显示出来。中心平台还可查询驾驶员的信息资料，实现对车辆以及驾驶员的管理。

2. 系统功能

危险货物车辆视频监测系统可对危险货物运输车辆进行远程实时监控、视频录像、车辆定位、疲劳驾驶提醒、事故取证、信息查询、驾驶行为管理等功能，具体如下。

(1)视频录像记录(图6-5)。危险货物运输车辆视频监控系统可实现远程实时监控、视频录像。视频监控功能可实时记录车辆车内情况和车外情况，以便监控人员及时发现违规情况，并通知当班驾驶员予以纠正，以达到提高安全防范意识、保障运输安全的目的。

a) b) c) d)

图6-5 视频监控画面

(2)车辆运行安全监控。危险货物运输车辆视频监控系统可进行车辆定位、跟踪、轨迹回放、疲劳驾驶提醒、夜间行车提醒、车辆偏移预警、违章报警、违章查询等(图6-6)，可对车辆运行数据进行及时收集和反馈，一旦有违规情况系统就会提示警告，相关管理人员可及时进行有效操作和处置，确保车辆安全。当中心控制室在显示危险品运输车发生紧急事件时，能将车辆所在位置的定位信息显示在电子地图上，便于相关部门迅速赶赴现场处理。

(3)车辆及驾驶员管理。危险货物运输车辆视频监控系统通过下载驾驶员的信息资料，如驾驶员姓名、年龄、驾驶记录、车牌号码、车型、所属单位等，可实调阅所有车辆驾驶员的个人信息和驾驶记录，实现对车辆以及驾驶员的管理。危险货物运输车辆视频监控系统还可对运输企业监控人员使用平台的登录时间、操作时间、登录历史、操作记录进行统计和分析，统计监管人员登录督查管理系统的时间及操作次数确保企业监控人员在责、在岗、能及时提醒和纠正驾驶员违法违规行为，消除安全隐患。

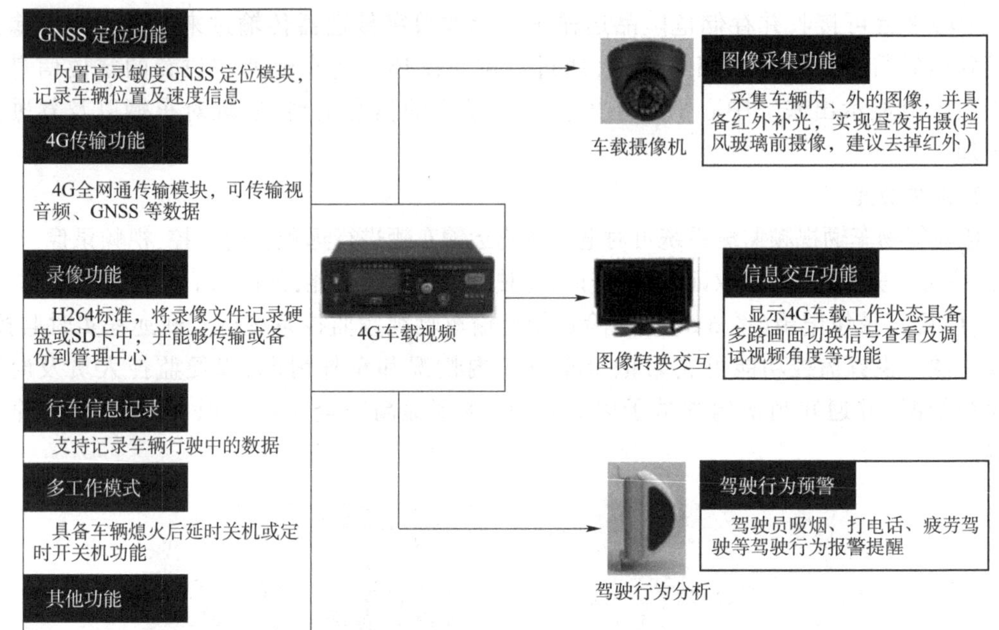

图 6-6　危险货物运输车辆运行监控功能

三、客运车辆视频监控系统

我国公路发展迅速，客运车辆和交通信息化得到了较快的发展，但是在交通建设和客运车辆高速发展的背后，交通安全问题已经引起了广泛讨论，在此背景下客运车辆视频监控系统得到了广泛应用。

1. 系统组成

客运车辆视频监控系统可细分为车载视音频监控模块、信息交互模块、定位模块、中心管理平台和车载终端主机，如图 6-7 所示。

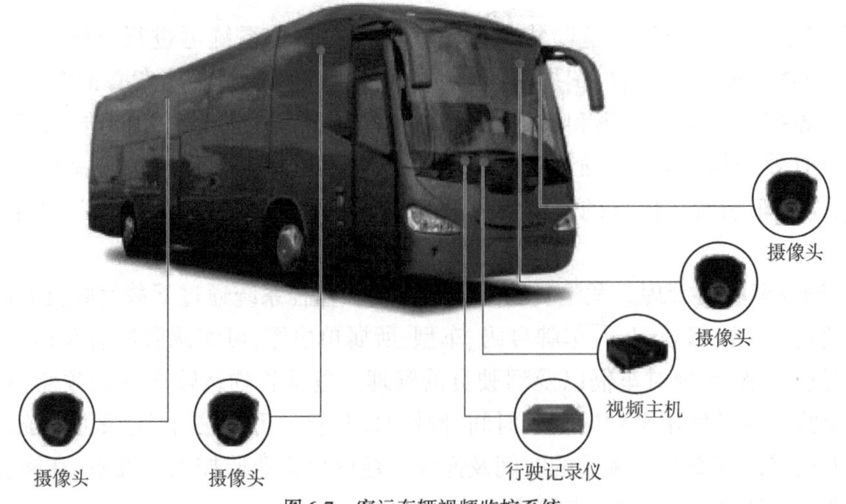

图 6-7　客运车辆视频监控系统

车载视音频监控模块的主要功能是完成客运车辆(简称客车)所处环境的实时采集,主要是对车载摄像机所采集的数字信号和音频信号进行打包和压缩存储,并在一定的时间内将采集到的数据进行分析。

信息交换模块的主要功能是完成客运车辆终端与指挥中心终端的信息实时传输,通过信息交换模块可实现两个终端的信息实时交互

定位模块主要安装在车辆的内部完成对所管辖车辆的实时位置定位,在取得定位信息后通过定位系统和无线传输模块将采集到的相关车速、所在位置和运行状态上传至总监控服务中心。

中心管理平台是整个系统的中心,主要完成对所有车载终端的信息管理和运行状态的监控,对车辆发出的报警信息、违章信息进行处理并完成远程指挥。

车载终端主要安装在需要进行跟踪和定位的客运车辆上,其功能是完成数据的采集和信息的发送等功能。车载终端主要组成包括主机、显示设备和其他信息采集设备,车载终端的各个组成部分发挥着不同的作用,是组成客运监控运行和调度系统的重要组成部分。

2. 系统功能

客运车辆视频监控系统的主要功能包括客运车辆远程实时监控、调度、录像、定位及视频通话等,通过系统可实现对客运车辆的电子监控、运营管理、设备控制等。通过此系统还可获得各个客运车辆在地图上的分布位置,可对各个客运车辆的具体位置进行监控,查看各个客运车辆当前的具体运行状态信息,具体介绍如下。

(1)视频监控。客运车辆视频监控系统(图6-8)可实时或者定时地记录视频信息,方便客车管理员对客车行驶状态(乘客数、客车服务情况、客车治安等)进行管理。当发生纠纷时,录像可提供有效的依据。

图6-8 客运车车辆视频监控系统

(2)监控调度。客运车辆视频监控系统通过获得各个客车的实时位置,根据统计得出的各个时段、各个车次、各个路段的车载量,便于配车排班业务的开展,系统还可通过监控调度指挥监控现场车辆的运行状况,并根据现场的复杂多变的情况实时调整车辆运行指标,提高运行计划的完成率,避免因事后调度而导致的生产效率低下。

(3)诊断和报警。客运车辆视频监控系统通过对客车的各种运行状态和参数指标的处理分析,配合管理工程师及时诊断车载系统的故障,确保车辆安全运行。当客车在运行过程中,遇到了特殊的或者意外的情况,可将报警信息和视频传送回总部,总部对报警信息和视频进行分析,及时有效地采取各种措施。

四、出租汽车视频监控系统

出租汽车数量的快速增长对城市交通产生了重要影响,然而行业管理的落后却引发了一系列问题,如效率低下、费用高昂、实时性差、调度分散、资源浪费以及行业发展受阻等。此外,出租汽车被劫、驾驶员被害等问题也给这个行业带来了巨大的安全隐患。为了解决这些问题,引入出租汽车视频监控管理系统十分必要。该系统通过实时监控和记录出租汽车内的状况,不仅可以提高驾驶员和乘客的安全性,还能提高行业管理效率和调度效率,促进行业的健康发展。因此,对出租汽车进行视频监控管理是一项必要且有益的措施。

1. 系统组成

出租汽车视频监控系统(图 6-9)分为前端车载监控系统、通信线路、监控平台。前端车载监控系统又包括监控主机、监控摄像机、拾音头、报警按钮、报警闪灯无线传输模块和定位系统等设备。通信线路包含前端移动传输、后台指挥中心和以太网网络。监控平台包含监控软、流媒体、数据库、应用服务器等一系列服务群,可以根据需要在出租汽车管理中心、市公安局、派出所等单位建设多级监控平台。

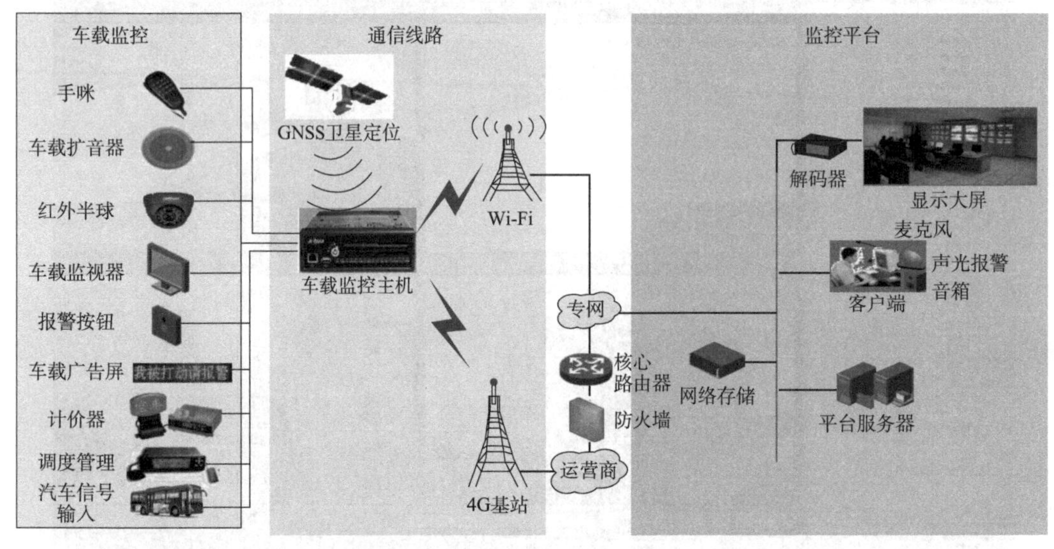

图 6-9　出租汽车视频监控系统构成

2. 系统功能

车载监控系统(图6-10)主要通过在出租汽车上安装监控主机、摄像机、拾音头、GNSS定位系统报警按钮、无线传输模块等设备,实现对行车现场及出租汽车内的视频音频监控并上传到监控平台,并协助中心管理人员完成电召、调度、通话及报警等业务,具体介绍如下。

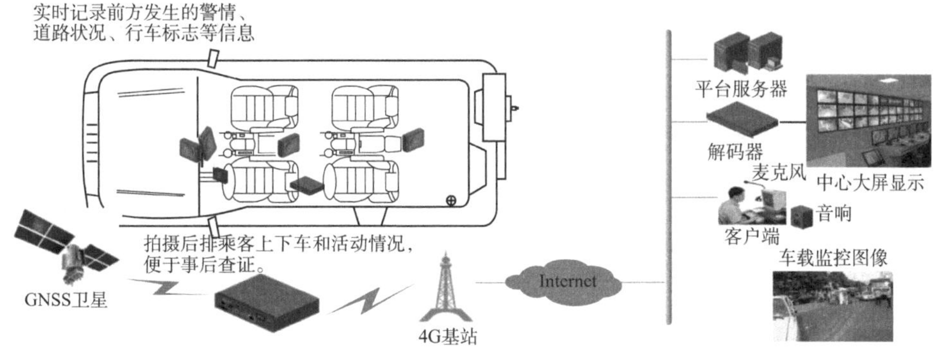

图6-10 出租汽车视频监控系统

(1)出租汽车视频监控(图6-11)。前端车载监控系统可进行实时视频查看,出租汽车视频监控系统通过4G/5G网络,对出租汽车内及车外的实时视频进行浏览查看,可以了解到车内载客状况以及车外道路状况,以此对出租汽车的运营状况及路面状况达到实时跟踪;并且可设置开机录像、定时录像、报警录像等录像方式,通过无线方式上传的图像信息可通过录像方式存储在监控调度管理平台的存储服务器上,可为运营纠纷、违章运行以及车辆事故等提供真实有效的证据。

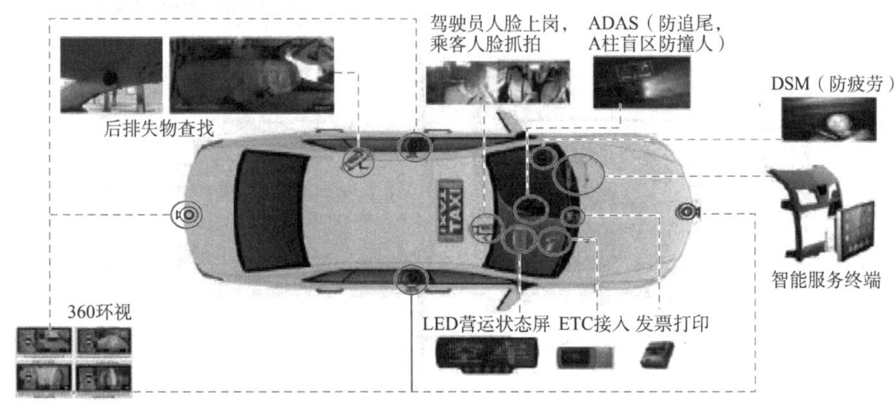

图6-11 出租汽车内外视频监控

(2)出租汽车运行监控(图6-12)。监控平台能够实时获取出租汽车的运行信息,包括位置、数量和车速等关键数据,这些数据有助于及时发现异常情况,如超速、违规行驶等,并采取相应的管理措施。此外,监控平台还能够回放车辆的历史数据,以便对驾驶员的行为进行评估和监督,监控平台可显著提升对出租汽车的管理效率和效果。

(3)出租汽车安全监控(图6-13)。出租汽车视频监控系统可实时、准确、完善、智能地对出租汽车运行状况进行跟踪和显示,保证出租汽车运营管理部门及时掌握车辆的实际运行情况。当车内驾驶员和乘客遭遇危险时,可通过系统的报警模块迅速报警。视频监控系统可记录事件过程以及违法人员的部分人像信息，便于相关人员处理违法犯罪事件。

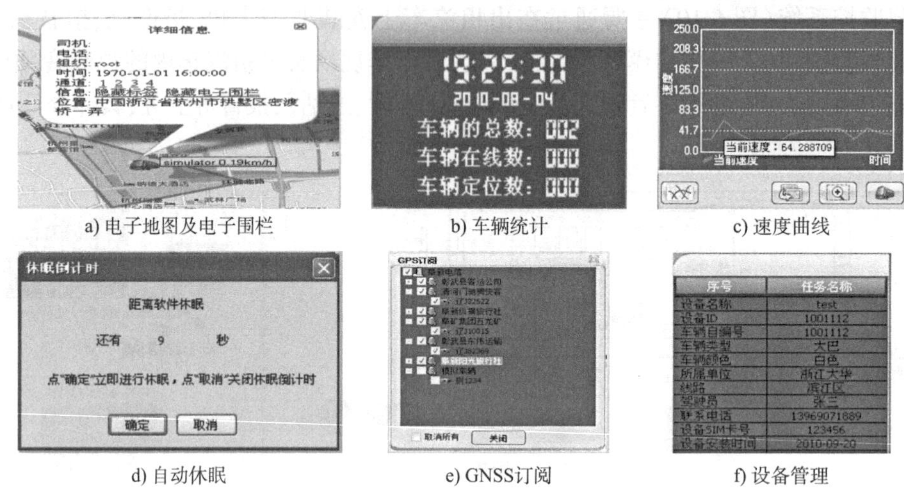

a) 电子地图及电子围栏　b) 车辆统计　c) 速度曲线

d) 自动休眠　e) GNSS订阅　f) 设备管理

图 6-12　出租汽车运行管理系统

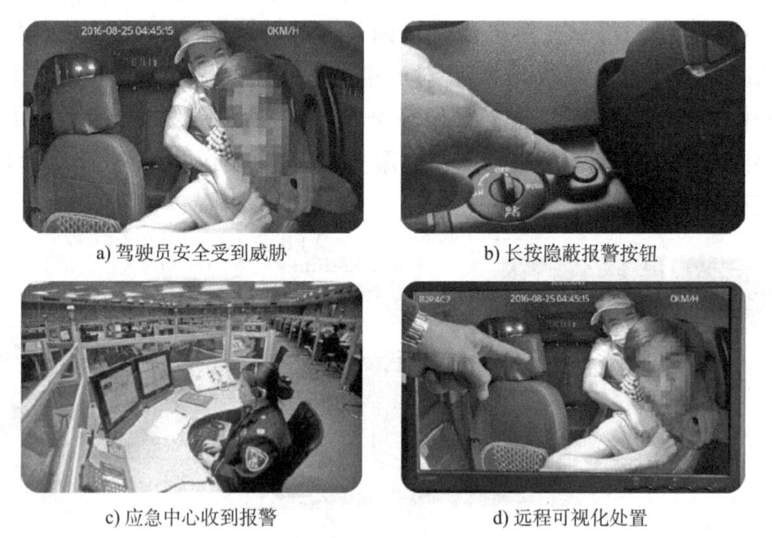

a) 驾驶员安全受到威胁　b) 长按隐蔽报警按钮

c) 应急中心收到报警　d) 远程可视化处置

图 6-13　出租汽车报警过程

第二节　疲劳驾驶检测与预警系统

在交通事故原因统计中，疲劳引起的驾驶人操控障碍被认为是主要原因之一。鉴于驾驶人疲劳对驾驶安全的影响，目前出现了许多疲劳驾驶辅助系统（ADAS）。然而，这些技术大多依赖于单一的驾驶人疲劳预测指标（如瞳孔闭合、车道位置、转向运动等），可能存在传感器失效、驾驶人个体差异等因素造成数据不可用。

驾驶人疲劳测量可分为直接监测(基于驾驶人)和间接监测(基于车辆)两种,图6-14描述了一个简单的疲劳驾驶检测方法。

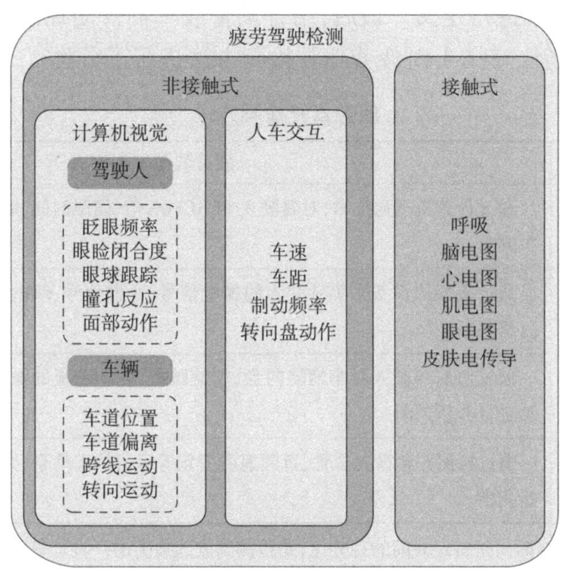

图6-14　简单的疲劳驾驶检测方法

一、疲劳驾驶定义

疲劳是一个抽象的概念,人类对疲劳的研究至今已有100多年的历史,但目前还没有一个公认的统一定义。疲劳可以理解为是一种复杂的生理、心理现象,此现象因人而异,常表现为作业能力明显下降、注意力不集中、工作效率降低等,且并非由一种明确的单一因素构成。

疲劳并不等同于困倦或睡意,尽管困倦是身体的自然状态,但疲劳却是一种可由外部因素引起的被动状态,也许源于身体或精神劳累,疲劳会引起瞌睡;而困倦或睡意可能源于无聊、缺少睡眠、饥饿或其他原因。这两者之间的共同点是它们对人的感受处理、感知和驾驶人各种功能的丧失的影响。

疲劳驾驶是指驾驶人在长时间连续行车后,生理机能和心理机能失调,并影响驾驶行为,导致驾驶人感知机能弱化、注意力下降、驾驶操作行为失调、反应时间延长,此时容易造成判断错误和操作失误,极易发生道路交通事故。

二、疲劳驾驶检测方法

疲劳检测方法可分为两大类:

(1)通过测量和观测驾驶人生理症状和状态(直接监测);

(2)通过测量车辆变量和状态(间接监测)。

无论是何种疲劳检测方法,每种方法都要求首先找到疲劳和一个或多个对应的可测变量之间的强相关性，而且所识别的与疲劳相关的变量需要精确、可靠地测量。为了确定检测方法，必须提出一个假设来定义驾驶人疲劳时的状态。基于假设的变量模式或阈值，可以利用统计模拟器等实验样本进行定义。最后，结合预警或车辆自动控制开发检测方法，以避免疲劳驾驶，保障驾驶安全。表 6-1 对疲劳驾驶检测方法进行了分类。

疲劳驾驶检测方法 表 6-1

分类		疲劳驾驶监测方法
驾驶人自身特征	驾驶人生理反应	通过计算机视觉技术，对驾驶人 PERCLOS 值、闭眼时间、眨眼频率等有关参数进行分析判断
	驾驶人生理信号	通过接触式设备采集驾驶人的脑电信号、心电信号、肌电信号等，结合医学数据进行分析判断
车辆状态参数	驾驶人操作行为	通过监测驾驶人对车辆转向盘、加速踏板、制动踏板的操作特征，结合大数据建立模型进行分析判断
	车辆运行状态	通过检测车辆横向位置、行驶速度变化等运行状态信息，结合大数据建立模型进行分析判断

注：PERCLOS 值为眼睛闭合时间是特定时间的百分比，是检测驾驶人疲劳的一种计算方法。

1. 疲劳驾驶评价标准

目前驾驶人疲劳程度评价标准按照执行者不同分为自评法和他评法。自评法就是驾驶人根据 KSS(Karolinska Sleepiness Scale)标准(表 6-2)，每隔一段时间对自己当前状态的疲劳程度打分，从十分清醒到十分疲劳划分为 10 个等级，对应分数为 1 分到 10 分。

KSS(Karolinska Sleepiness Scale)标准 表 6-2

等级类型	等级
Extremely alert(极度警觉)	1
Very alert(非常警觉)	2
Alert(警觉)	3
Rather alert(有点警觉)	4
Neither alert nor sleepy(既不警觉又不嗜睡)	5
Some signs of sleepiness(有一些嗜睡的征象)	6
Sleepy, but no effort to keep awake(嗜睡，但是还可以保持清醒)	7
Sleepy, but some effort to keep awake(嗜睡，需要努力才能保持清醒)	8
Very sleepy, great effort to keep awake, fighting sleeping(非常嗜睡，需要十分努力才能保持清醒，尽力克服不睡着)	9
Extremely sleepy, can't keep awake(极度嗜睡，不能保持清醒)	10

2. 直接监测

直接监测基于驾驶人身体与生理状况感知，使用驾驶人面部运动、眼部运动、心电、脑电等直接表征驾驶人疲劳状态的信号。与采集心电信号和脑电信号相比，采集驾驶人面部运动和眼部运动信号比较简单方便并且精度较高，所以目前直接监测系统中基于驾驶人面部运动信号和眼部运动信号的监测系统应用比较广泛。

(1)闭眼

监视驾驶人的眼睛是最成功的疲劳检测技术之一。PERCLOS(眼睛处于80% ~100%关闭状态的时间间隔的比例)估计值已被公认为是最有效的眼部测量方法,用于检测驾驶人睡意的程度。

(2)脑电图(EEG)测量

人的头皮的EEG信号是中枢神经系统激活和警觉性的最重要的生理指标。在时域中,通常使用的脑电图测量值包括平均值、标准差和EEG幅值的平方和;而在频域中,最常用的测量是每个频带的频域能量、平均频率和EEG图谱的重心。

(3)面部表情和身体姿势

面部活动是了解一个人意图和情绪状态的主要信息来源,目前已引起工业界和学术界越来越多的关注。经过训练的观测器能基于驾驶人脸部视频图像区分驾驶人的疲劳水平。面部活动识别主要分为面部特征点跟踪和面部表情识别。

①面部特征点跟踪。准确的定位和跟踪局部面部特征点对后续的面部行为分析和识别很重要,基于模型的方法在跟踪正面面部时是有效的。图6-15展示了所追踪的28个人的脸部特征点,这些点位于已定义的位置。为了表达变化引起的脸型的非线性变形,提出了以下两种算法。

a.解决脸姿势的变化,建议先估计脸姿势,然后使用所估计的姿态校正架构中的每个形状模型。

b.解决面部表情的变化,提出了一个统一的框架,以同时跟踪不同程度的面部活动,也就是同时进行面部特征点跟踪、面部动作单位(AU)识别和表达。

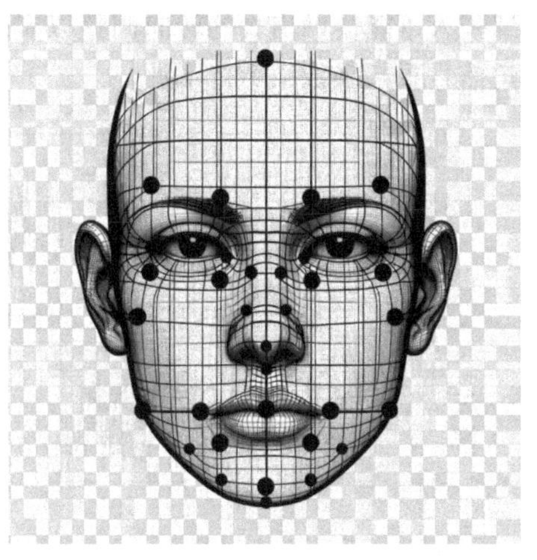

图6-15 脸部特征点(黑圈表示特征点)

②面部表情识别。目前普遍认为,表情可以用独立于文化和民族的AU描述。每个AU描述基于局部面部肌肉参与情况进行编码。例如,AU27(嘴部拉伸)描述了一张张大的嘴,AU4(眉毛下移)使眉毛下移并挤在一起。图6-16为AU描述示意图。

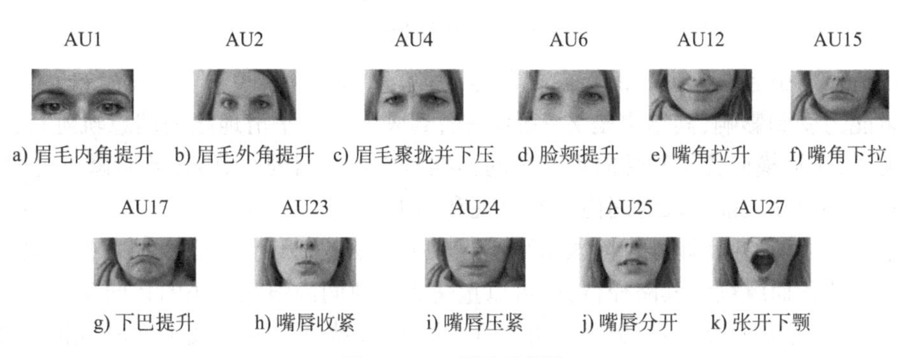

图6-16 AU描述示意图

一般情况下,一个表情识别系统包括两个主要阶段:首先,提取各个代表脸部表情或面部运动的面部特征,提取得到面部特征后,再由识别引擎辨认表情。识别引擎通常包括:神经网络、隐式马尔科夫模型、贝叶斯网络等。

3. 间接监测

间接监测则使用驾驶行为信号并结合车辆状态信号,采用统计分析、机器学习等方法分析驾驶人的状态。目前该方法的精度虽然没有直接监测方法精度高,但不需要在车辆上额外增加任何传感器及硬件设备,不会造成车辆制造成本的增加。因此各个整车厂、零部件制造商和科研机构纷纷深入研究间接监测方法,并已经实现产品化。疲劳与车辆状态的相关性指标测量方法通常有:车辆转向动作和横向位置。

(1)车辆转向动作

大量研究已表明车辆转向可以作为预测驾驶人疲劳的特征变量。驾驶时,驾驶人通过两种类型的转向调整/校正来控制车辆,如图 6-17 所示。微观调整可用为保持车辆在车道中心而做出的微小转向角振幅来衡量(车道保持调整)。宏观调整即在车道保持调整之外,驾驶人可能会做出大的转向调整以实现曲线行驶或变道。在这种情况下,相应的转向盘转角信号看起来像一个矩形波。

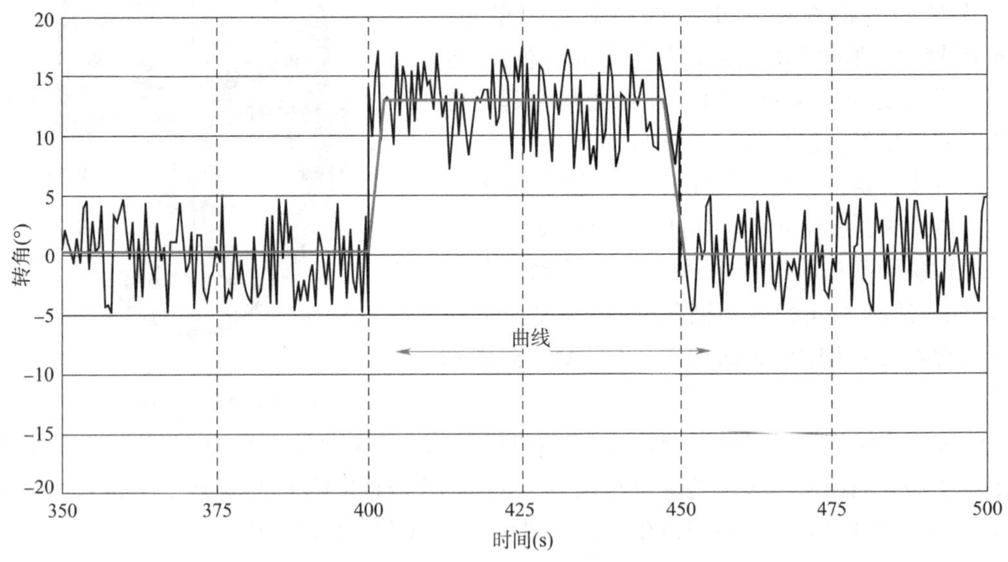

图 6-17 曲线行驶工况下转向盘转角波形中的微观调整和宏观调整

由疲劳可以引起两个主要的转向控制退化阶段。第一个“受损”阶段(阶段 I)中,驾驶人的决策能力受到影响,其结果是 Z 字形驾驶,驾驶人无法平滑地跟随理想轨迹行驶。在 Z 形驾驶期间,车辆横向位移和转向盘转角的标准差比正常驾驶时更大(转向修正过度),这种现象在驾驶人瞌睡之前一段时间内不断出现和消失。

在第二个所谓的瞌睡阶段(阶段 II)中,驾驶人无法提供任何纠正反馈来控制转向盘,车辆没有任何纠正而继续沿其路径行驶,可以量化为短时间内恒定大小的转向角(转向盘转角变化小)和不断增加的横向位移(车道偏离)。图 6-18 描述了一个疲劳驾驶人的上述阶段,并将其与一个清醒驾驶人的转向盘转角信号样本进行比较。

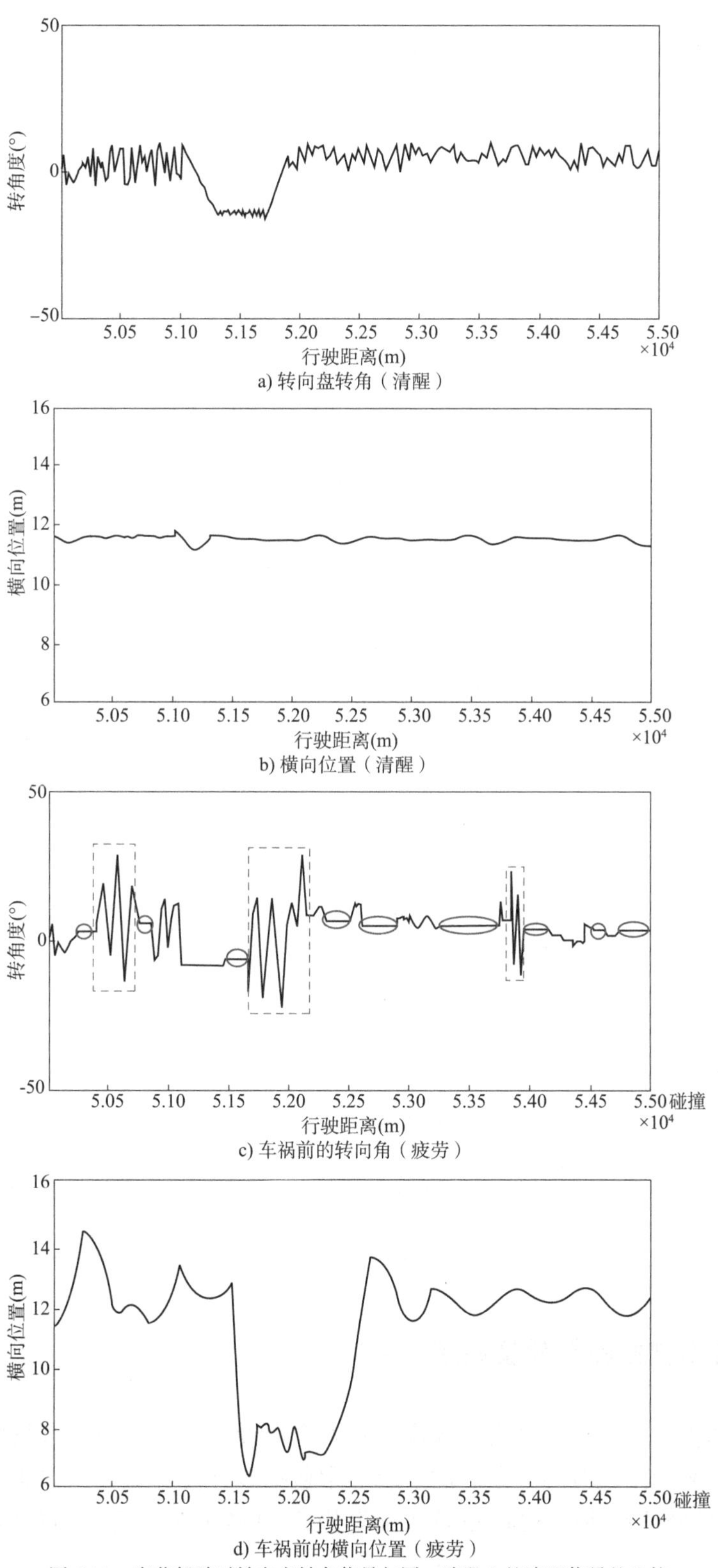

图 6-18　疲劳驾驶时转向盘转角信号与同一路段上的清醒信号的比较

（矩形：受损阶段；虚线：瞌睡阶段）

①转向盘的频率。每次转向盘通过0°记作一个反转。缺乏睡眠的驾驶人发生转向反转的频率更低。同时,大振幅转向运动(转向速度通过0°后超过15°)和中等幅度转向运动(转向速度通过0°后超过5°但不超过15°)的数量随着疲劳程度而增加。

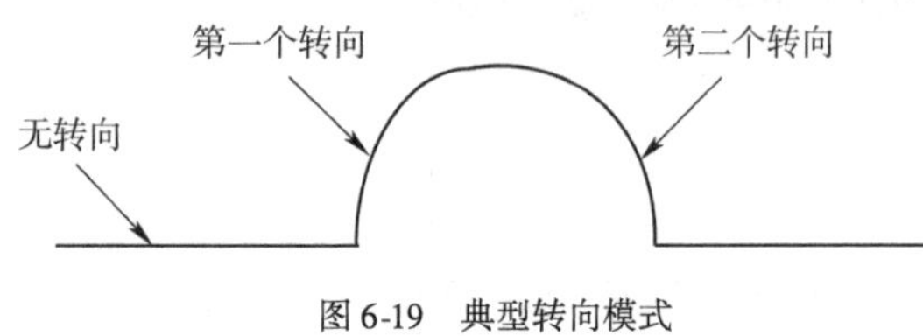

图6-19 典型转向模式

②转向调整。驾驶人疲劳或瞌睡后其转向行为变得更不稳定,即"清醒"期间转向操作更频繁,而在疲劳期间,先是长时间没有转向校正,之后是跳跃式的转向动作。如图6-19所示。

a. 当第一次和第二次转向幅度达到3°及以上时,长时间无转向期出现的频率。

b. 当无转向期持续时间达到1s及以上时,出现较大转向的频率。

c. 当无转向期持续时间、第一次和第二次转向幅度分别达到不小于1s、不小于6°及不小于3°时,第一次转向速度出现的频率。

③转向速度。疲劳和缺乏睡眠降低了转向速度,并增加了转向速度的标准差。

(2)横向位置

随着任务时间的增加,车辆横向位置的保持能力(即车道跟踪能力)降低。车辆车道位置相关的测量可以用于疲劳检测。车道偏离的次数、车道位置的标准差和车道偏离最大值等变量被发现与闭眼高度相关。车道偏离的均方值和高通横向位置均方值显示出作为疲劳指标的良好潜力。表6-3简要列举了基于车辆状态的疲劳检测系统的优缺点。

基于车辆状态的疲劳检测系统的优缺点 表6-3

优点	无需将电极和导线连接到驾驶人; 无需将相机、显示器、光源或其他设备对准驾驶人(隐私问题); 仅需较少的计算能力来处理信号,例如转角,从而很容易实现数据的在线处理; 从转向、节气门及加速踏板等车辆部件获取信号的硬件要求比图像处理或获取人体信号的硬件要少得多,往往较为便宜且多数现成可用; 由于此类方法的非干涉特性,往往更适合于实施
缺点	由于不同类型车辆的动力学的变化,很难得到适用于所有车辆的通用系统,此类系统必根据使用车型进行调试; 相比于脑电图监视,此类方法的精度可能不高,因为脑电图始终与身体连接并提供连续的信号(甚至当车不运动时)

三、疲劳驾驶检测与预警系统

疲劳驾驶检测与预警系统是为了提高道路安全而设计的先进技术,通过监测驾驶人的生理和行为特征来识别疲劳的迹象。此系统通常包括多种传感器和摄像头,用于捕捉驾驶人的面部表情、眼睛活动、眨眼频率以及头部姿势,这些数据被分析来判断驾驶人是否处于疲劳状态。

当疲劳驾驶检测与预警系统检测到疲劳驾驶的迹象时,会发出警报,提醒驾驶人休息或更改驾驶行为。一些更先进的系统甚至可以与车辆的控制系统相连,如自动减速或启动紧急制动,以防止可能的事故。

疲劳驾驶检测与预警系统的关键在于使用先进的算法和人工智能技术,不仅能准确检测疲劳的迹象,还能及时作出反应,从而提供一个更安全的驾驶环境。随着技术的不断进步和市场的扩大,越来越多的企业投身疲劳驾驶检测与预警系统的研发工作,系统正在变得越来越智能化,能够更有效地帮助减少因疲劳驾驶引起的交通事故。依据疲劳驾驶监测方法,下文介绍三种典型的疲劳驾驶检测与预警系统。

1. 直接监测预警装备与系统

(1)眼动追踪系统

眼动追踪系统以 Smart Eye Pro 眼动追踪系统为代表(图 6-20),是一种先进的眼动追踪系统,广泛应用于科学研究、汽车安全测试以及人机交互领域。此系统通过高精度的摄像头捕捉和分析用户的眼部活动,提供详细的眼动数据,主要特点和应用包括以下内容。

图 6-20 Smart Eye Pro 眼动追踪系统

①高精度跟踪。Smart Eye Pro 眼动追踪系统利用多摄像头系统,精确追踪眼球运动,包括眼睛的位置、视线方向、瞳孔大小等。

②多种场景适用性。此系统能够适应不同的环境和应用场景,例如在驾驶模拟器中评估驾驶人的注意力分布,在飞行模拟器中分析飞行员的视线路径等。

③用户界面友好。Smart Eye Pro 眼动追踪系统提供直观的用户界面,方便用户设置参数,实时监控眼动数据,以及进行后期数据分析。

④广泛的应用。除了在科研领域的应用,眼动追踪系统也被用于汽车行业中,以提高驾驶安全。例如,通过分析驾驶人的眼动模式来评估疲劳程度,或者监测驾驶人的注意力是否集中在道路上。

⑤高度定制化。根据不同的研究需求,Smart Eye Pro 眼动追踪系统可以进行高度定制化,以满足特定的实验设计和数据收集需求。

图 6-21 依次展示 Tobii Pro Glasses 3 眼动仪、EYESO 眼动仪系统以及 EyeLink II 头戴式眼动仪。

a) Tobii Pro Glasses 3眼动仪

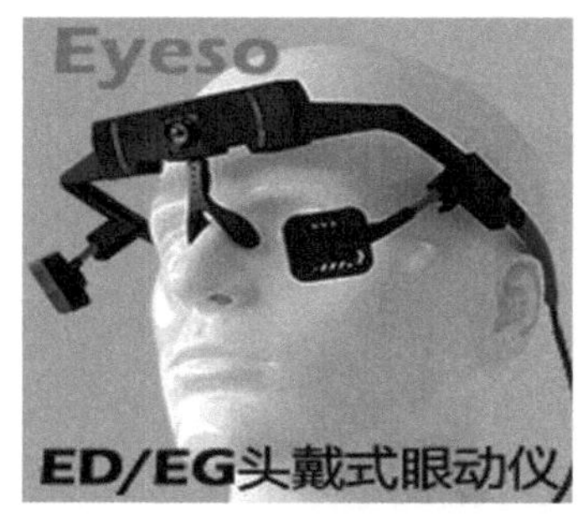

b) EYESO 眼动仪系统

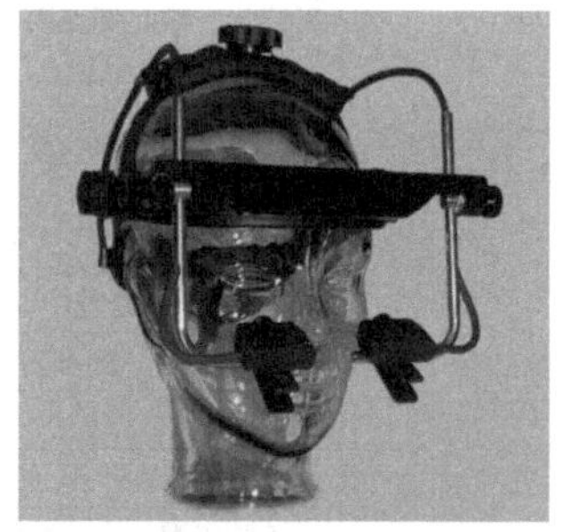

c) EyeLink II头戴式眼动仪

图 6-21 三款眼动仪

(2)疲劳驾驶监测系统

捷豹公司研发的疲劳驾驶监测系统(Driver Monitor System,DMS)是一种先进的驾驶人监测系统,旨在提高驾驶安全性和舒适性。DMS 通过集成在汽车内部的高级技术来监控驾驶人的警觉状态和注意力水平,特别是在长时间驾驶或驾驶条件复杂时。

DMS 主要依靠一套精密的摄像头和传感器工作,这些设备通常位于仪表盘或车辆前部,专门用于捕捉驾驶人的面部特征、眼动、表情以及头部姿势。通过实时分析这些数据,DMS 能够识别出疲劳、分心或不专注的迹象。

图 6-22　捷豹汽车配置的 DMS

一旦检测到驾驶人的警觉性降低,DMS 会通过视觉和听觉信号提醒驾驶人,可能包括警告灯的点亮、声音警报或车辆内部显示屏的提醒信息。在某些情况下,DMS 甚至可能采取进一步的措施,如调整车辆的控制设置,以帮助驾驶人恢复注意力或采取安全措施。图 6-22 展示了捷豹汽车配置的 DMS,突出显示了传感器和摄像头等部件的位置和功能。

2. 间接监测预警装备与系统

梅赛德斯-奔驰公司研发的 Attention Assist 是德系汽车驾驶人疲劳状态监测系统的代表,主要应用于高级轿车和 SUV 车型中,属于间接监测,是一种创新的驾驶辅助技术,旨在识别驾驶人的疲劳和注意力下降,以提高驾驶安全性。此系统主要通过监测驾驶人的行为模式评估其警觉状态,特别是在长时间的驾驶过程中。如图 6-23 所示,Attention Assist 依据驾驶人驾驶行为、基于车辆状态参数检测驾驶人状态,例如车速、发动机转速、横摆角速度、侧向加速度、转向盘角速度和角加速度等及各信号的后处理参数,综合考虑以上因素进行分析计算得到驾驶人状态监测结果。

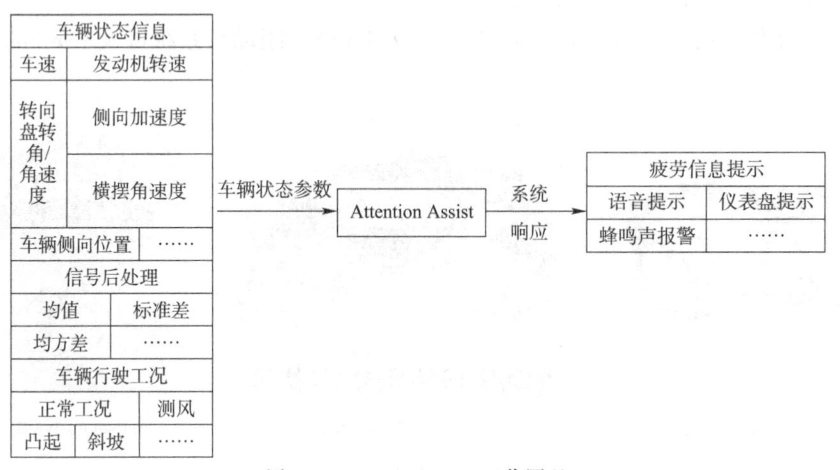

图 6-23　Attention Assist 工作原理

3. 直接监测和间接监测融合预警装备与系统

福特公司研发的 Driver Alert System 采用直接监测和间接监测相融合的方法，从车辆运动状态、驾驶行为、周围环境和驾驶人生理信息四个维度出发，如图 6-24 所示，依靠庞大而全面的数据源使监测算法的准确性得到较大提高。大量数据运算时需要占用较大内存，一般很难集成到某一电子控制系统的控制器里，因此需要额外增加一个控制器，用于 Driver Alert System 的数据运算。Driver Alert System 在后视镜的后方安装一个前置摄像头，以获取车辆运动轨迹信息。

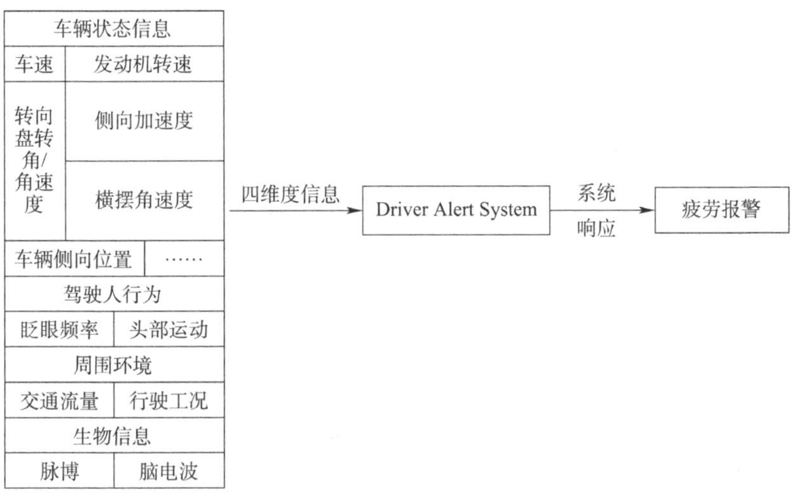

图 6-24 Driver Alert System 工作原理

第三节 风险驾驶行为检测与预警系统

一、系统研发背景

车辆行驶路线跨越高速、国道、乡村道路等各种等级道路，途经山路、坡道、人口密集无序的城乡接合部等复杂路况。车辆驾驶人主观过错、道路上其他交通参与者干扰以及道路情况变化导致的交通事故是整个运输事故最多的 3 种情况。其中驾驶人主观因素，如疲劳、分神等原因导致的事故是占比最高的。按照美国交通部对 2189000 起交通事故分析的相关事故数据统计结果显示，94% 左右的事故与驾驶人因素有关，而这些人为因素导致的事故中又有将近 90% 的原因是因为驾驶人操作过程中出现判断失误、分神、疲劳等主观原因。因此，驾驶人员岗前安全驾驶教育、驾驶习惯以及途中精神状态等一系列因素都应引起物流经营者重点关注。

二、驾驶违规风险情况分析

驾驶人在驾车时使用手机等高频违规驾驶行为严重危害到行车安全，根据发生频次、危害度对以上各行为进行归类如表6-4所列。

危险驾驶行为归类　　表6-4

违规类别	危害等级	发生频次	备注
瞌睡	极高	少	杜绝
开车捡东西	极高	少	杜绝
超速	高	较多	控制
看微信	高	较多	控制
看短信	高	较多	控制
接打电话	高	较多	控制
分神	高	多	控制
接电话	较高	较多	控制
吸烟	较低	较多	控制

对于危害级别高、发生频次高的行为需要重点针对进行控制。瞌睡、开车捡物品这类发生概率小但风险级别特别高的行为，必须要完全杜绝。而超速、看微信、分神这类行为应进行管理考核，严格落实惩罚制度。当驾驶人进行按键拨号、语音拨号等典型的使用手机分心操作时，会对车辆运行特征与驾驶人视觉特性指标中的一项或几项产生显著影响。

物流是离线型作业模式，每辆车都是一个作业单元，虽然有安全操作相关制度制约，但车辆在作业过程中驾驶员的行为不受控，驾驶员的行为规范得不到一致性。驾驶员的操作习惯、职业素养决定了行车风险状态。除了通过实施严格惩罚制度以及落实有效的培训方法，让驾驶员对自身的违规行为进行主动意识上的减少和控制以外，还需要寻找一些先进技术手段，在纠正和监控驾驶员的无意识或习惯性违规操作的同时，还能获取所有驾驶员的工作状态动态描述数据，为驾驶安全评估提供分析数据。

三、驾驶主动安全预警系统

主动安全预警系统是近年来发展的新技术。驾驶主动安全预警系统由驾驶员行为状态分析设备、前向主动安全预警设备、车载4G录像机设备组成，依托AI算法、云计算和大数据分析等新技术，对在途运输车辆运行安全状态进行诊断预警，对潜在危险驾驶行为风险进行实时评估，以实现对车辆运行过程中驾驶安全状况(疲劳、吸烟、接打电话、前向碰撞)的全模式管控与智能预警。驾驶主动安全预警系统能自动监测疲劳驾驶、驾驶分神、接打电话、打哈欠、长时间不目视前方、吸烟等违规驾驶行为，系统设备也有自身自检功能，能够感知是否被覆盖遮挡。当发现此类违规驾驶行为后会引发车载设备报警和后台监控报警，并在数据端生成产生这些报警时刻点的驾驶员状态照片或视频，供后台监控人员甄别并保存为报警分类文件,后台监控人员可以视不同风险情况针对驾驶员进行不同的干预监控操作。

通过先进的图像识别技术、车道检测和定位技术、卫星定位技术及后台 AI 算法能自动识别并通过视频、图片、告警形式主动上报后台预警监控中心。预警监控中心的工作内容主要有甄别风险,干预驾驶员、责令其即时整改违规行为,记录违规台账,提供监控佐证资料,执行监控流程等。驾驶员开车接打电话、分神驾驶、吸烟、遮挡设备等主观违规行为逃不过驾驶主动安全预警系统的自动监管,系统也能结合车速、连续驾驶时长等数据精确捕捉驾驶员疲劳、瞌睡、精神状态差等短暂性不适宜驾驶情况,而对于车载传感器发出的 SOS 紧急劫警求助、侧翻碰撞等报警,预警监控中心更是会即刻启动应急预案,视情况进行后续联动流程。驾驶主动安全预警系统的所有警告处理均有记录,并将按照分级警告报告流程通过电子邮件、微信等方式实时向预警监控中心的管理员及领导发送数据报告。

驾驶主动安全预警系统针对不同严重程度的驾驶行为风险等级,采用不同级别的预警,具体划分为以下三个预警级别。

(1)一级警告。对于违规类行为,会在设备端提示后对在短时间内仍然继续违规类行为的驾驶员进行后台告警输出,预警监控中心会对违规行为进行记录并人工语音警告,对于仍然不改正违规行为的驾驶员,系统会自动升级违规告警类别将告警输出至配送中心管理部门,以处理违规行为。

(2)二级警告。当发现有不适宜驾驶情况时,将通过设备免提语音功能通知驾驶员并劝导其合理休息,做好记录后通知车辆所属配送中心管理部门,之后会根据驾驶员配合度及报警程度而定是否将此驾驶员被列入高风险跟踪。预警监控中心将会通过 4G 视频直播和录像功能连续查看高风险驾驶员状态,直至驾驶员停车休息。

(3)三级警告。驾驶主动安全预警系统内置多种传感器,能准确感知车身侧翻、碰撞事故以及劫持紧急告警。一旦发生最高级别警告,预警监控中心将第一时间精准识别车辆所在位置并通过车载图像视频传输直播接入进行人工鉴别,并视事态情景进行后续的联动应急方案流程处理。

四、系统功能

驾驶主动安全预警系统主要包含以下 12 个功能。

1)驾驶员疲劳预警(闭眼、打哈欠等情形预警)

驾驶主动安全预警系统首先定位驾驶员面部关键点(眼睛、嘴巴),同时基于驾驶员疲劳检测算法,通过一定时间内眼睛闭合所占的时间比例以及张嘴打哈欠的频度来评价驾驶员的疲劳状态(图 6-25)。一旦判定为驾驶员疲劳驾驶,系统则会在前端产生声音提示驾驶员。

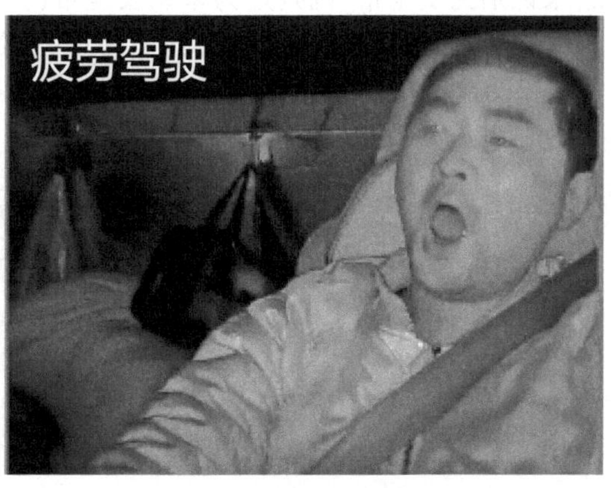

图 6-25 疲劳驾驶预警

2)驾驶违规行为预警

(1)分神预警

驾驶主动安全预警系统基于深度学习的头部姿态估计利用深度学习算法回归人脸关键点,根据3D旋转公式可计算得到人脸的三个姿态角度,再结合视频信息可以得到驾驶员是否存在长时间不目视前方的情况(图6-26)。一旦判定为分神预警,系统则会在前端产生声音提示驾驶员。

(2)吸烟预警

驾驶主动安全预警系统首先定位驾驶员面部关键点(嘴巴),运用深度学习算法对驾驶员吸烟的亮光、姿态和拿烟手的动作进行分析和判断,识别后进行预警(图6-27)。一旦判定为吸烟预警,系统则会在前端产生声音提示驾驶员。

图6-26 不目视前方预警

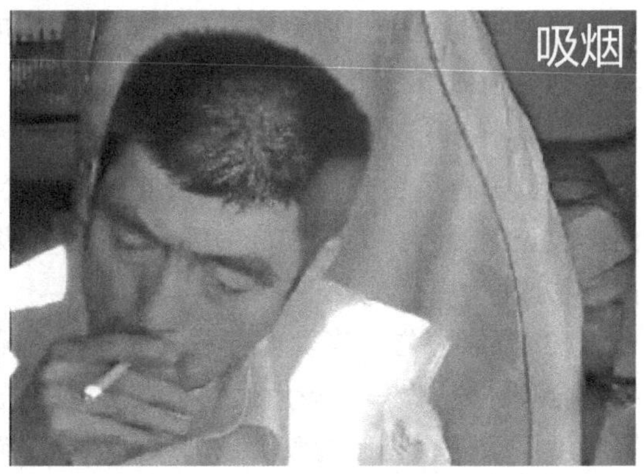

图6-27 吸烟预警

(3)接打电话预警

驾驶主动安全预警系统通过定位左手或右手附耳打电话的动作和人脸识别算法中嘴部点位的变化,运用深度学习算法分析,识别出驾驶员打电话的危险驾驶行为(图6-28)。一旦判定为接打电话预警,则会在前端产生声音提示驾驶员。

3)未系安全带预警

驾驶主动安全预警系统通过定位驾驶员双肩及头部以下,判定是否按规定使用安全带。若未识别到安全带,则判定为未系安全带(图6-29),会在前端产生声音提示驾驶员。

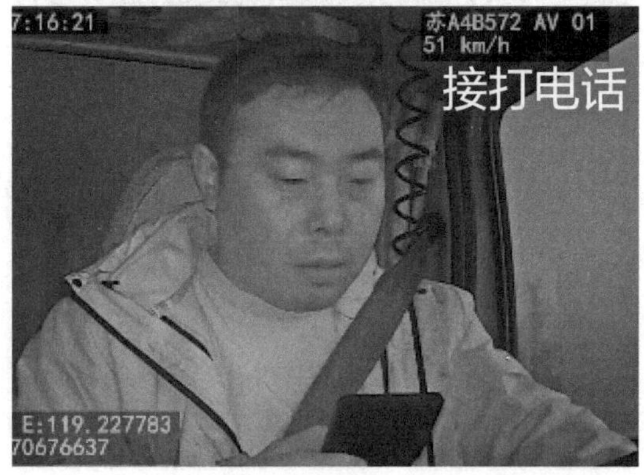

图6-28 接打电话预警

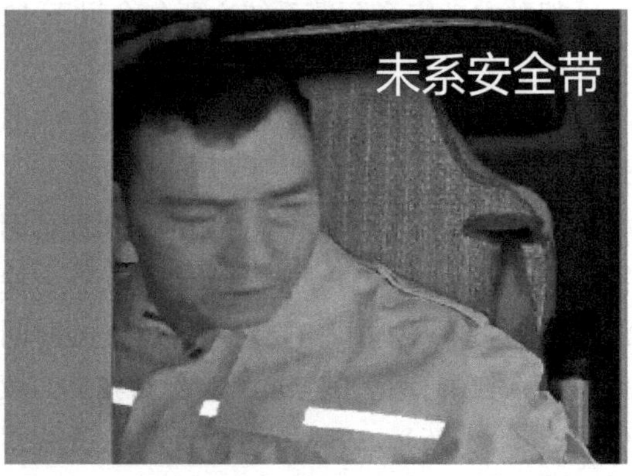

图6-29 未系安全带预警

4)偏离驾驶位预警

在车辆行驶过程中,驾驶主动安全预警系统对驾驶员偏离驾驶位的情况进行识别和分析,并对驾驶员异常情况进行报警提示,同时保存报警点驾驶位置照片和视频。驾驶主动安全预警系统支持在白天、夜晚、顺光、侧光、逆光、树荫下阳光交替闪烁、车身振动等环境下实现驾驶员偏离驾驶位的识别(图6-30)。

5)遮挡摄像头预警

在车辆行驶过程中,驾驶主动安全预警系统对摄像头视角的情况进行识别和分析,若是视角内存在一定区域的图像重复,则判定为遮挡摄像头(图6-31)。

图6-30　偏离驾驶位预警

图6-31　遮挡摄像头预警

6)人脸比对(身份核验、换人提醒)

驾驶员发车前应打卡签到,此时触发身份核验。根据驾驶主动安全预警系统中的排班信息,获取到匹配该车辆的驾驶员人脸,同时对现场实际的驾驶员进行人脸抓拍,进行人脸比对。驾驶主动安全预警系统可设置人脸比对的相似度,当达到相似度以上时,即判定核验通过,否则核验失败。以上原理同样适用于替驾检测。

7)车道偏离预警

驾驶主动安全预警系统通过车辆距道路线的偏移角度和测速功能,运用深度学习车道线检测算法、拟合算法识别车辆行驶路线和道路线方位,当TTLC等于预设危险值时触发车道偏离预警(图6-32)。该功能的预警效果与设置的报警灵敏度相关,灵敏度越高,以车辆为边界的虚拟越线边界越大,越容易触发车道偏离预警。

图6-32　车道偏离预警

8)前向碰撞预警

驾驶主动安全预警系统在相机的视角内对前方的车辆进行目标检测,对车辆目标进行3D立体检测,并对每一个车辆目标进行跟踪。驾驶主动安全预警系统结合相机自身的安装高度与相机俯视角度,通过单目测距算法,输出与目标车辆的相对距离;再根据目标车辆的移动方向等输出相对速度,计算获取目标车辆离开危险区域的时间,若时间低于设定的碰撞时间(图6-33),则发出声光报警提示驾驶员。

图 6-33　前向碰撞预警

9）行人碰撞预警

驾驶主动安全预警系统在相机的视角内对前方的行人进行目标检测，对行人目标进行3D立体检测，并对每一个行人进行跟踪。驾驶主动安全预警系统结合相机自身的安装高度与相机俯视角度，通过单目测距算法，输出与目标行人的相对距离；再根据目标行人的移动方向等输出相对速度，然后获取最小碰撞时间，当最小碰撞时间低于设置的阈值时（图 6-34），则发出声光报警提示驾驶员。

10）车距过近预警

驾驶主动安全预警系统在相机的视角内对前方的车辆进行目标检测，对车辆目标进行3D立体检测，并对每一个车辆目标进行跟踪。驾驶主动安全预警系统结合相机自身的安装高度与相机俯视角度，通过单目测距算法，输出与目标车辆的相对距离；再结合目标车辆的移动方向等输出相对速度，然后获取最小碰撞时间，当最小碰撞时间低于设置的阈值时（图 6-35），则发出声光报警提示驾驶员。

图 6-34　行人碰撞预警

图 6-35　车距过近预警

第四节　智能车辆调度系统

一、公交车智能调度系统

1. 系统介绍

公交车智能调度系统中的公交线路采用的是北斗/GPS 卫星定位系统，可通过调度中心大屏幕显示公交车运行状况，中心调度人员可实时监视所有受控公交车的具体运行位置、运行轨迹、行进速度及方向等有效信息，图 6-36 为深圳某公交车智能调度系统。

彩图
（图6-36）

图6-36　深圳某公交车智能调度系统

公交车的运营调度是根据乘客流量的多少、各个公交的特征以及企业的运行能力所决定，通过完成对公交车运行时刻的编制、行车计划及时间间隔的制定、司乘人员的排班计划等来完成一系列的公交车调度管理。通过对公交车司乘人员及其运行车辆下达调度指令，及时了解车辆的运行状态，完成了公交企业的营运效益以及对社会的服务。

公交车调度过程主要包含三个基本模块：

（1）公交车运行时刻表的编排；

（2）公交车行车计划的编制；

（3）司乘人员的排班安排。

2. 组成部分

公交车智能调度系统主要包含了数据采集系统、数据传输系统、数据服务系统和数据处理系统四大组成部分，如图6-37所示。

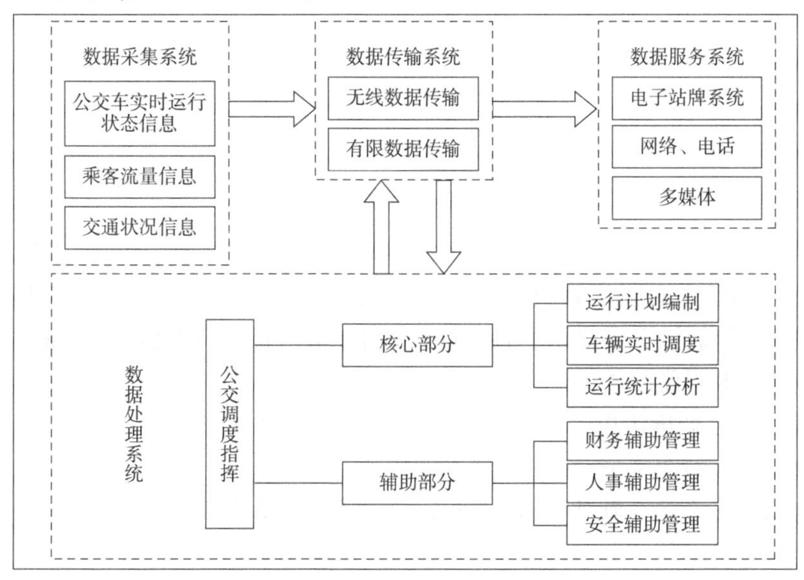

图6-37　公交车智能调度系统组成部分

数据采集系统采集到的公交实时运行状态、乘客流量信息和交通状况信息传递到数据传输系统，然后数据传输系统将数据通过无线数据传输和有线数据传输的方式传递到数据处理系统中，在数据处理系统中进行公交调度指挥。其中数据处理系统的核心部分包括运行计划编排、车辆实时调度、运行统计分析，辅助部分包括财务辅助管理、人事辅助管理、安全辅助管理。最后将数据采集的信息以及数据处理的结果通过数据传输系统传递到数据服务系统。

彩图（图6-38）

3. 系统功能

调度员调度线路的默认图标颜色均为黑色，当线路上有车辆进入总站并进入待发状态时，线路图标颜色会从黑色变为红色，以提醒调度员该线路有待发车辆，需调度员进行调度操作，如图6-38所示为调度系统窗口。

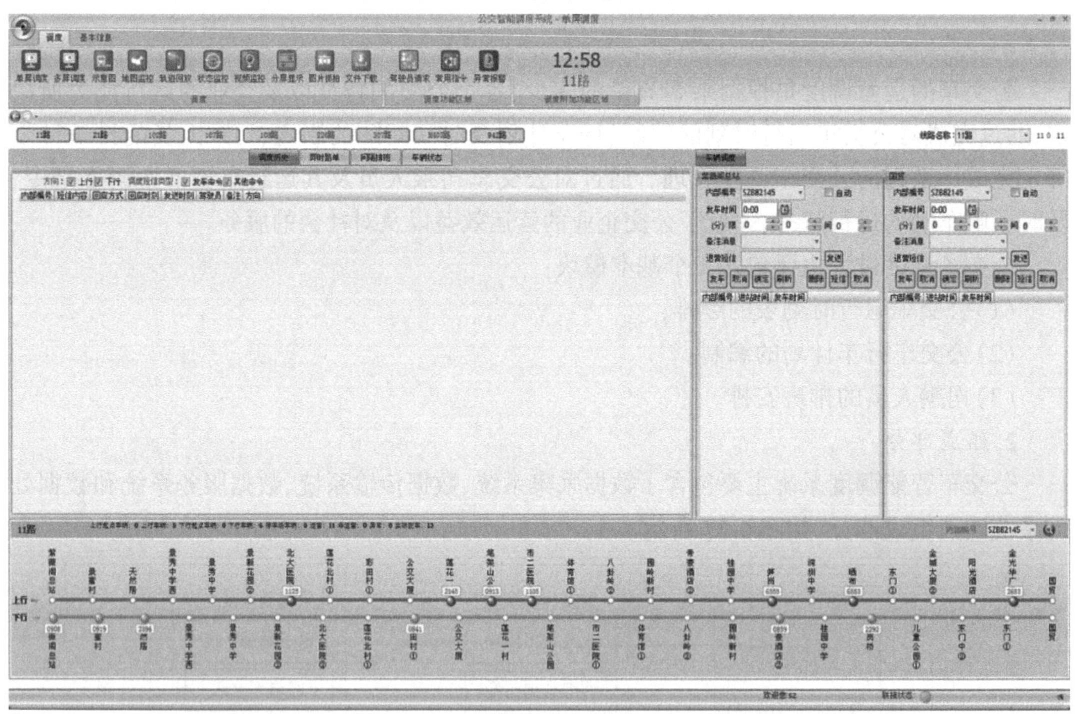

图6-38 调度系统窗口

公交车智能调度系统具备查询调度历史、即时路单、间隔排班、车辆状态以及进行车辆调度等功能。公交车智能调度系统可以进行单屏调度、多屏调度、示意图、地图监控、轨迹回放、状态监控、视频监控、分屏显示、图片抓拍、文件下载等操作，调度功能区域功能包括驾驶员请求、常用指令和异常报警。

(1)调度历史。调度历史中默认显示以下8列数据(图6-39)。

①内部编号(车牌粤变成SZ)。

②短信内容(发车命令默认为“请于××:××发车，单边限××分，间隔××分”，其他命令显示实际内容)。

③回应方式(无-中心平台指令已发出，车载终端无响应；回应-中心平台指令已发出，车

载终端自动响应;手动确认-中心平台指令已发出,司机按车载终端确认键响应)。

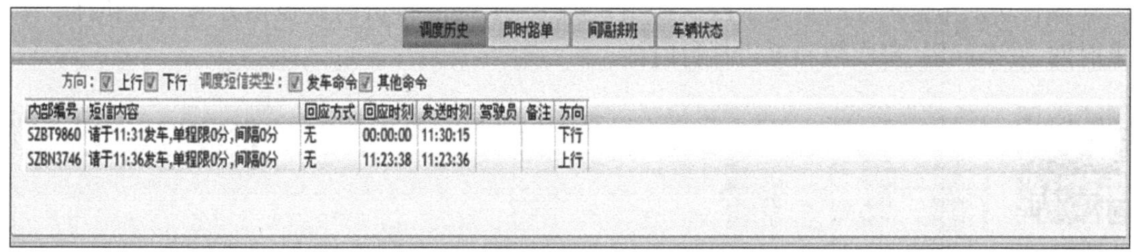

调度历史 即时路单 间隔排班 车辆状态

方向:☑上行☑下行 调度短信类型:☑发车命令☑其他命令

内部编号	短信内容	回应方式	回应时刻	发送时刻	驾驶员	备注	方向
SZBT9860	请于11:31发车,单程限0分,间隔0分	无	00:00:00	11:30:15			下行
SZBN3746	请于11:36发车,单程限0分,间隔0分	无	11:23:38	11:23:36			上行

图 6-39 调度历史窗口

彩图

(图 6-39)

④回应时刻(显示车载终端响应时刻)。

⑤发送时刻(中心平台指令发出时刻)。

⑥驾驶员(当班驾驶员姓名)。

⑦备注。

⑧方向(对应显示上行或下行中心平台的调度指令)。

(2)即时路单。即时路单默认显示 13 列数据(图 6-40)。

调度历史 即时路单 间隔排班 车辆状态

☑自动刷新 新增路单 编辑路单 路单查询 路单确认 方向:☑上行☑下行

内部编号	驾驶员	乘务员	方向	计划发	实际发	计划到	实际到	起点	终点	里程	快慢	备注
SZBT7457			下行	05:12	05:07	00:00	07:27	赤湾总站	西丽动物园总站	15.00	140.58	④
SZBT9576			上行	05:53	05:48	00:00	00:00	西丽动物园总站	赤湾总站	0.00	0.00	
SZBN4657			上行	06:14	06:10	00:00	07:22	西丽动物园总站	赤湾总站	27.14	72.50	④
SZBT9990			上行	06:18	06:13	00:00	07:46	西丽动物园总站	赤湾总站	27.19	93.38	④
SZBN4120			下行	06:21	06:16	00:00	06:16	赤湾总站	西丽动物园总站	15.00	0.15	⑤
SZBT9409			下行	06:25	06:20	00:00	07:55	赤湾总站	西丽动物园总站	27.45	95.75	④
SZBN4797			下行	06:26	06:21	00:00	06:21	赤湾总站	西丽动物园总站	0.03	0.98	⑤
SZBT9986			下行	06:26	06:21	00:00	08:03	赤湾总站	西丽动物园总站	0.21	102.67	⑥
SZBN4127			上行	06:36	06:31	00:00	07:53	西丽动物园总站	赤湾总站	27.16	82.67	④
SZBU0140			上行	06:36	06:31	00:00	00:00	西丽动物园总站	赤湾总站	0.00	0.00	

图 6-40 即时路单窗口

彩图

(图 6-40)

①内部编号(车牌粤记为 SZ)。

②驾驶员(当班驾驶员姓名)。

③乘务员(当班乘务员姓名)。

④方向(对应显示上行或下行的即时路单)。

⑤计划发(由排班自动计算计划发车时间,未排班的线路系统自动计算)。

⑥实际发(根据车辆实际离开总站的 GNSS 时刻计算)。

⑦计划到(由排班和单边限时综合计算,未排班的线路系统自动计算)。

⑧实际到(根据车辆实际到达总站的 GNSS 时刻计算)。

⑨起点(对应即时路单的起点站的站点名称)。

⑩终点(对应即时路单的终点站的站点名称)。

⑪里程(对应即时路单的 GNSS 里程)。

⑫快慢(根据单边限时和即时路单实际运行时间综合计算)。

⑬备注。

在即时路单中还可以进行添加路单、路单编辑以及路单查询等操作。

(3)间隔排班。间隔排班是根据公交集团下发的任务并结合车队实际运营情况,对线路车辆在日常运营中进行合理有效的工作安排。在公交智能调度系统中,应用间隔排班是保障车辆自动发车合理性的重要手段。如图 6-41 所示,间隔排班内容包括方向、起始时间、结束时间、发车间隔、班次数和单边运行时间。

彩图
(图 6-41)

调度历史 即时路单 间隔排班 车辆状态

方向	起始时间	结束时间	发车间隔	班次数	单边运行时间
上行	06:00	07:00	8	7	50
上行	07:01	07:30	4	6	61
上行	07:31	09:00	4	22	63
上行	09:01	11:30	5	30	58
上行	11:31	13:30	6	18	52
上行	13:31	17:00	6	36	57
上行	17:01	19:00	5	23	63
上行	19:01	21:00	6	18	56
上行	21:01	22:30	8	7	51
下行	06:00	07:00	8	7	51
下行	07:01	07:30	4	6	60
下行	07:31	09:00	4	22	69
下行	09:01	11:30	5	30	59
下行	11:31	13:30	6	18	56
下行	13:31	17:00	6	36	59
下行	17:01	19:00	5	23	69
下行	19:01	21:30	6	18	56
下行	21:31	22:30	8	7	55

图 6-41　间隔排班窗口

(4)车辆状态。车辆状态默认显示 13 列数据(图 6-42)。

①台班(用于区分车辆不同总站的单双班显示)。

②内部编号(车牌粤记为 SZ)。

③时刻(中心平台收到车载终端最后一次上报数据的 GNSS 时间)。

④方向(中心平台收到车载终端最后一次上报数据的方向)。

⑤站序(中心平台收到车载终端最后一次上报数据的 GNSS 站序)。

⑥位置描述(中心平台收到车载终端最后一次上报数据的 GNSS 位置)。

⑦运营中(中心平台收到车载终端最后一次上报数据的运营状态)

⑧在线中(中心平台收到车载终端最后一次上报数据的在线状态)。

⑨驾驶员(当班驾驶员姓名)。

⑩乘务员(当班乘务员姓名)。

⑪经度(中心平台收到车载终端最后一次上报数据的 GNSS 经度)。

⑫纬度(中心平台收到车载终端最后一次上报数据的 GNSS 纬度)。

⑬GNSS 速度(中心平台收到车载终端最后一次上报数据的 GNSS 速度)。

在车辆状态窗口也可针对指定车辆进行营运、在线、发送短消息等操作,选定车辆所在行,右键单击即可弹出如下图所示的对话框,调度员可根据实际情况来进行操作。

(5)车辆调度。

①车辆进入总站后,对应车辆会进入待发调度控制台,确定车辆、发车时间、发车单边限时和间隔后点击发车即可。

②对未进入待发车辆的车辆进行调度,需在内部编号中选择车辆点击确定,然后在选择指定车辆的发车时间、单边限时和发车间隔后点击发车即可。对应的取消、删除等键均为默认实际功能;短信功能是指在待发车辆中选择车辆点击短信编辑自定义语句发送。发送后的调度指令会在左侧调度历史中同步显示,调度员可根据回应方式可判断车载硬件设备是

否接收到调度指令。车辆调度的编辑窗口如图 6-43 所示。

11路 21路 102路 107路 108路 226路 307路 M403路 942路

调度历史 即时路单 间隔排班 车辆状态

方向：☑ 上行 ☑ 下行　　状态：○ 运营 ○ 非运营 ◉ 全部

加入运营
退出运营
短消息 ▸
转入上行
转入下行

比前车慢一点
比前车快一点
雨天路滑，小心驾驶!
注意车辆运营间距!
请遵守交通规则!
请规范开门!
请打开电视机!
✓ 语音播报
自定义

台班	内部编号	时刻	方向	站序	位置描述	运营中	在线中	驾驶员	乘务员	经度	纬度	GPS速度
常规	SZB65607	2014-11-18 00:00:00	未知	0	东门中①+19.27Km	☐	☐			0.0000	0.0000	0.00
常规	S	11-18 00:00:00	未知	0		☐	☐			0.0000	0.0000	0.00
常规	S	11-18 00:00:00	未知	0		☐	☐			0.0000	0.0000	0.00
常规	S	[illegible]	[illegible]	[illegible]	金城大厦①+0.24Km	☑	☑			114.1171	22.5433	37.70
常规	S	[illegible]	[illegible]	[illegible]	丽湖花园总站	☑	☑			114.1006	22.6324	0.00
常规	S	[illegible]	[illegible]	[illegible]	金城大厦①	☑	☑			114.1174	22.5452	12.80
常规	SZB67756	2014	[illegible]	[illegible]	上水径+0.42Km	☑	☑			114.1008	22.6272	23.80
常规	SZB67781	2014	[illegible]	[illegible]	丽湖花园总站	☑	☑			114.1008	22.6323	0.00
常规	SZB67793	2014	[illegible]	[illegible]	三岛中心总站	☑	☑			114.1126	22.5397	0.00
常规	SZB67820	2014	[illegible]	[illegible]	金城大厦①+0.76Km	☑	☑			114.1177	22.5434	26.60
常规	SZB67830	2014	[illegible]	[illegible]	布吉一村+0.31Km	☑	☑			114.1060	22.6156	20.20
常规	SZB67836	2014	[illegible]	[illegible]	独树村②+0.14Km	☑	☑			114.1179	22.5710	27.10
常规	SZB67838	2014-11-18 00:00:00	未知	0	金光华广场+-5255.27Km	☐	☐			114.1134	22.5424	0.00
常规	SZB67839	2014-11-18 09:43:00	下行	37	上水径+0.26Km	☑	☑			114.1052	22.6196	21.20
常规	SZB67849	2014-11-18 09:42:36	上行	7	布吉一村+0.33Km	☑	☑			114.1059	22.6163	0.00
常规	SZB67856	2014-11-18 09:42:35	上行	15	田贝①+0.31Km	☑	☑			114.1177	22.5680	45.70
常规	SZB67857	2014-11-18 09:42:43	下行	24	金城大厦①+0.01Km	☑	☑			114.1177	22.5448	20.80
常规	SZB67858	2014-11-18 00:00:00	未知	0	独树村②	☐	☐			114.1147	22.5819	38.70
常规	SZB67861	2014-11-18 09:42:55	上行	22	三岛中心总站	☑	☑			114.1123	22.5396	0.00

图 6-42　车辆状态窗口

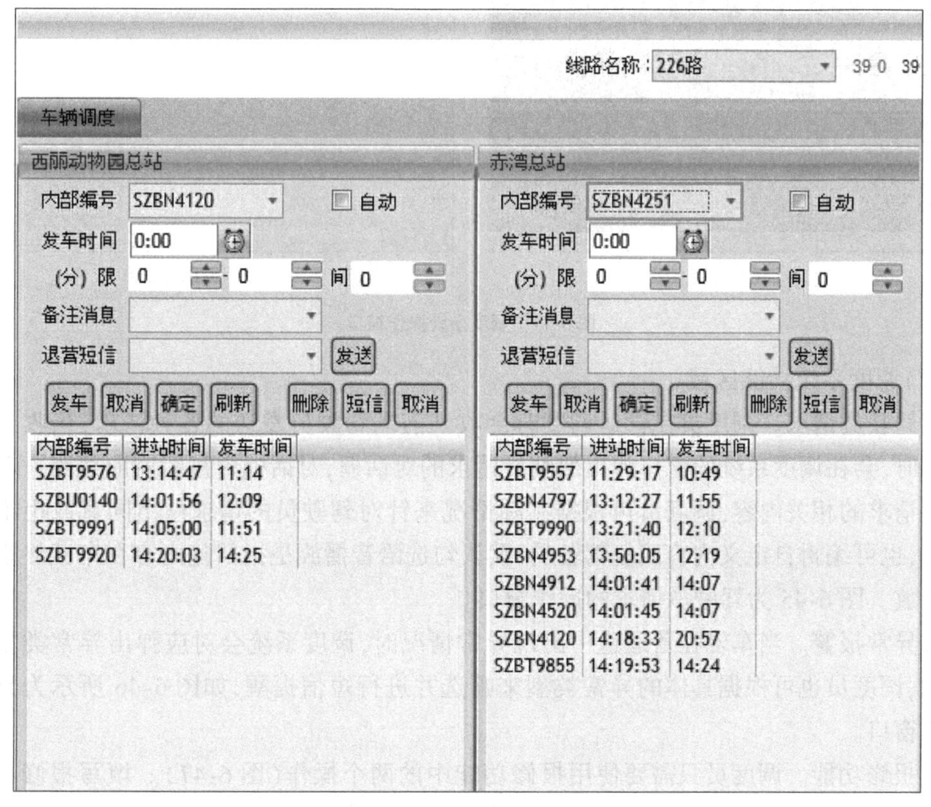

图 6-43　车辆调度的编辑窗口

(6)调度系统显示操作。

调度系统的部分操作窗口如图6-44所示。图6-44a)中的文字说明详细描述了当前所有公交车辆的实际营运情况。上行默认为蓝色图标,下行默认为绿色图标。调度系统的操作窗口中也可观察车辆的实时运营情况,鼠标移动到对应车辆停止不动即可显示。除显示公交车辆的实时运行状态外,调度系统中也可显示车辆在地图上的信息监控、车辆行驶轨迹回放、车载视频监控[图6-44c)]和图片抓拍[图6-44d)]等。

彩图

(图6-44)

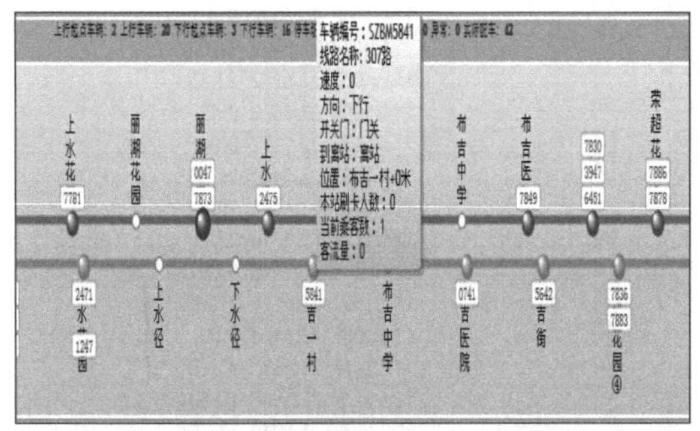

a)示意图

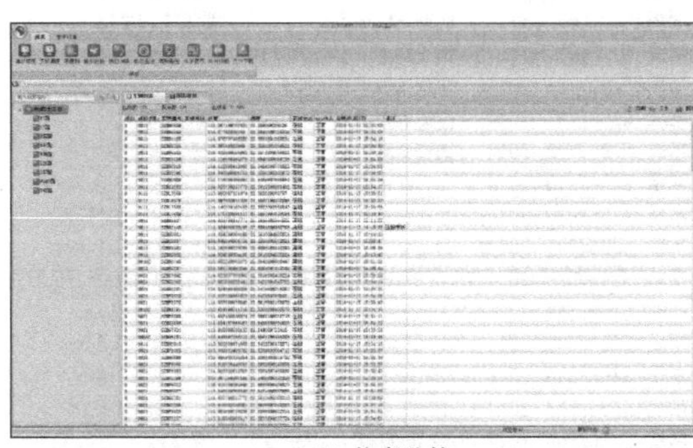

b)状态监控

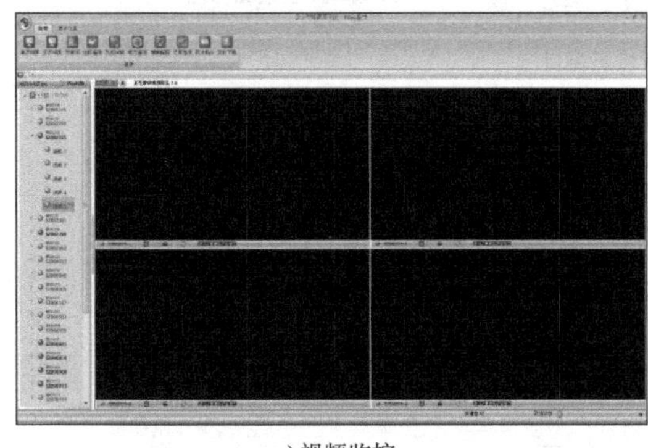

c)视频监控

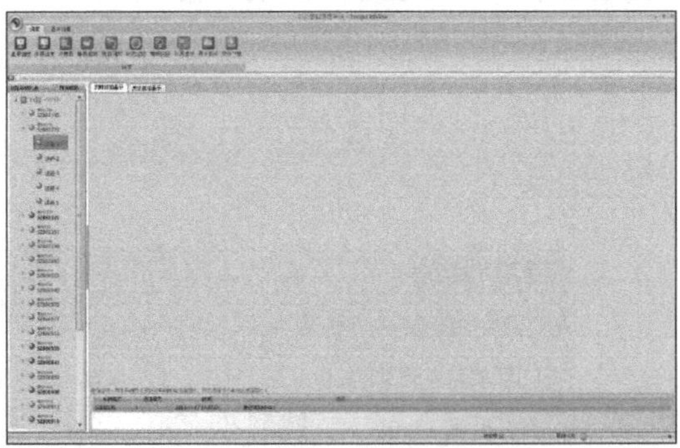

d)图片抓拍

图6-44　调度系统操作窗口

(7)调度系统功能区域。

①驾驶员请求。调度员在营运调度时会收到前端驾驶员发送的各种请求,当收到驾驶员请求时,会在调度系统的窗口弹出驾驶员请求的对话框,对话框中显示对应线路、车辆、驾驶员及请求的相关内容,调度员可根据实际情况来针对驾驶员的请求做出同意或拒绝的回复操作,也可编辑自定义内容回复驾驶员,默认勾选语音播放是指回复内容在车载终端进行语音播放。图6-45为驾驶员请求的操作窗口。

②异常报警。当车辆在营运途中出现异常情况时,调度系统会对应弹出异常类型的窗口提示,调度员也可根据具体的异常类型来筛选并进行短信提醒,如图6-46所示为异常报警操作窗口。

③报修功能。调度员只需要使用报修功能中的两个操作(图6-47)。填写报修单需要注意的是供应商处应对应选择硬件供应商,故障内容和备注按照实际故障填写即可;如报修

单填写错误，对应勾选错误报修单再进行修改即可。

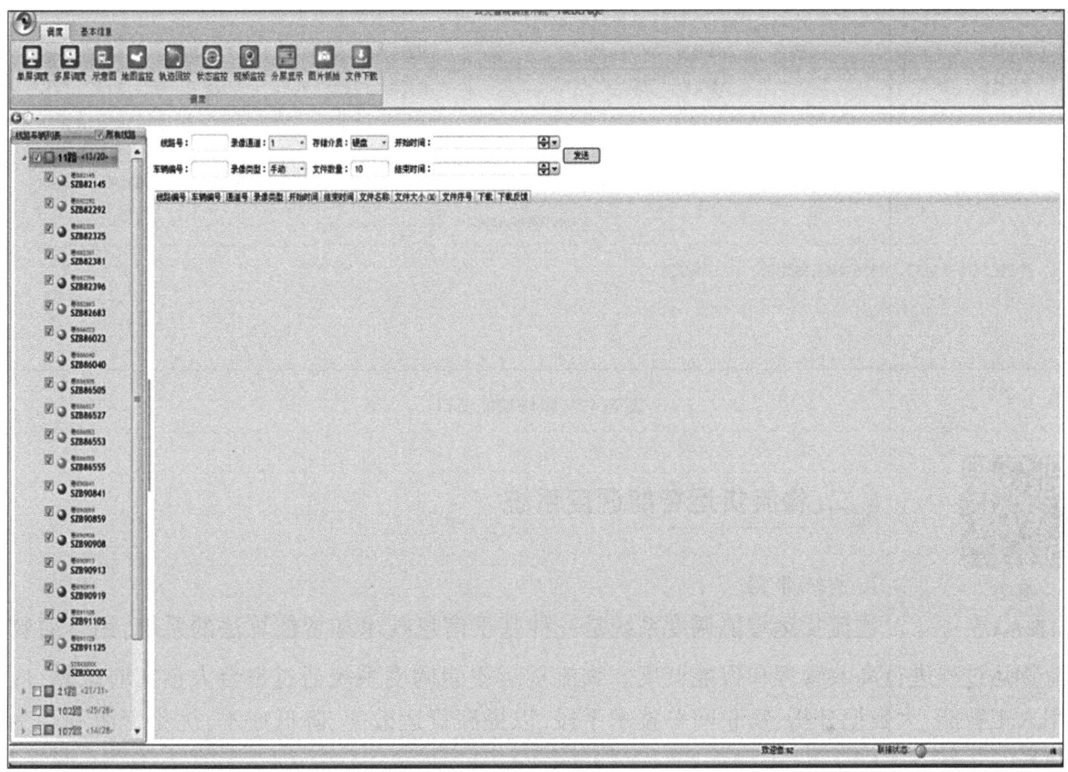

图 6-45　驾驶员请求窗口

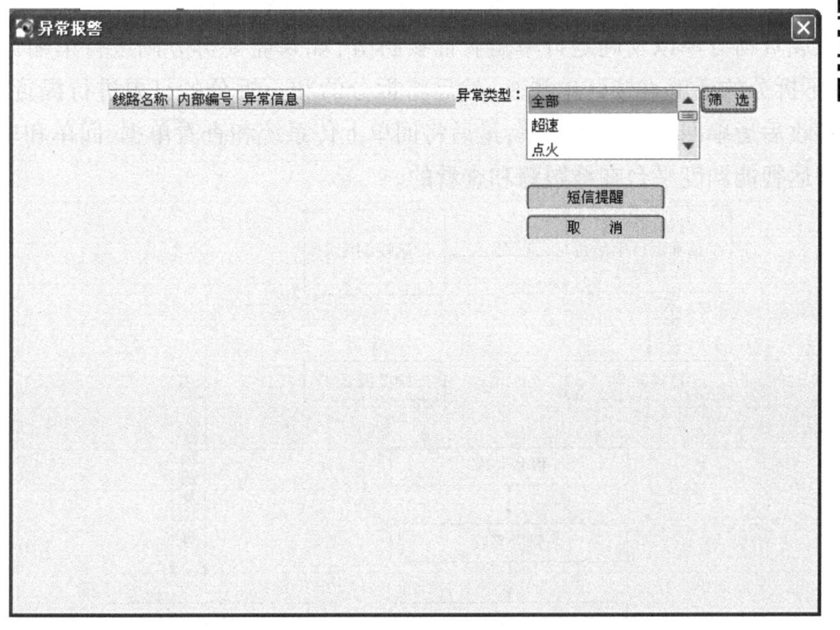

图 6-46　异常报警窗口

彩图
（图 6-45）

报修工单列表

起始日期 2015-03-30　结束日期 2015-03-30　线路名称 全部　车牌号码

报修状态 全部　维修类型 全部　供应商 全部　报修人 自己

+填写报修单　修改报修单　处理报修单　查询

	报修单号	线路名称	车牌号码	报修单状态	供应商	报修时间	报修人	派工时间	处理完成时间	处理人	确认完成时间	确认人
没有找到匹配的记录												

显示第1到第0条记录，总共0条记录 每页显示 10 条记录　<< < > >>

图 6-47　报修功能窗口

彩图

(图 6-47)

二、物流货运智能调度系统

1. 系统介绍

物流货运智能调度系统是一种基于信息技术和智能算法的系统，用于对物流货运过程进行高效管理和智能调度。物流货运智能调度系统通过整合大量实时数据，应用人工智能、大数据分析、物联网等技术手段，以提高货运效率、降低成本、优化资源利用为目标。

2. 组成部分

物流货运智能调度系统在物流货运智能调度平台进行运作，主要内容为如图 6-48 所示。首先生成货物订单以及确定订单是否需要拆分，如果需要拆分则进行运输调度后调度派车，如果不拆分的话就直接订单派车；然后将拆分的和不拆分的订单进行提货装车，货物到了进行签收后运单回收和订单回单；最后将回单上传系统和查看单据，回单和单据都是可以在物流货运智能调度平台在线跟踪和查看的。

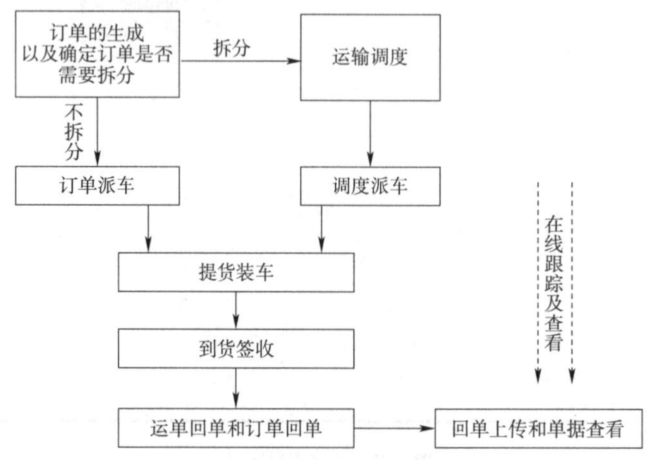

图 6-48　物流货运智能调度流程图

3. 系统功能

(1)订单管理。订单管理窗口如图6-49所示,可操作内容为订单接受、订单新增、订单维护、订单排分等。

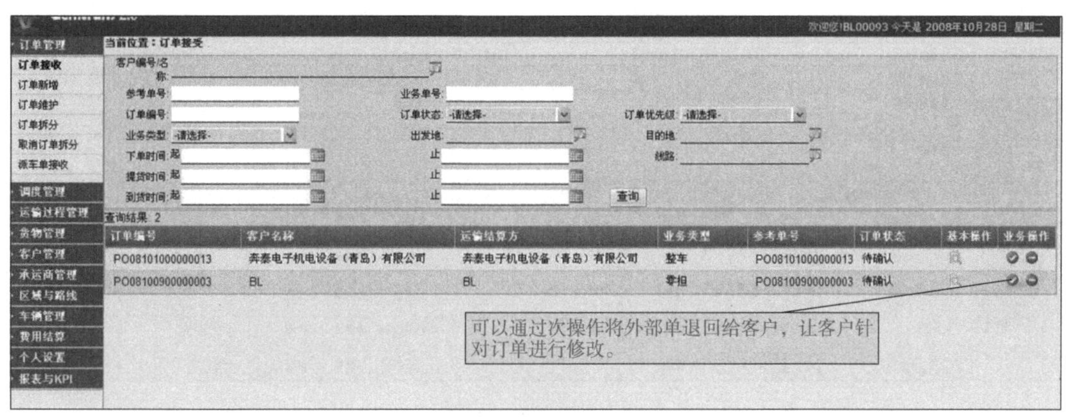

图6-49 订单接受窗口

①订单的生成和修改。点击左侧的订单管理,再点击订单接受。如果订单过多可以根据订单的编号,出发地和目的地或者起始时间进行查询,查到所需的订单后就可以查看订单的内容,然后决定接收还是拒绝。订单的内容主要有订单编号、客户名称、运输结算方、业务类型、业务操作等,而在业务操作一列业务员可以将外部单退回给客户,让客户针对订单进行修改。

彩图
(图6-49)

订单新增一栏中需要填写订单的基础信息、订单条目、订单的其他信息,填写完成后即可增加新的订单,如图6-50所示为订单新增窗口。

图6-50 订单新增窗口

②订单维护。订单维护是对订单数据进行管理、更新、监控和优化的过程。如图6-51所示为订单维护窗口,需要填写和更改的内容主要有订单编号、客户名称、业务类型、线路等。

彩图
(图6-50)

③订单的拆分。订单的拆分操作分为三步。第一步选择要拆分的订单,可同时选择多个;第二步点击拆分后选择拆分点;第三步点击拆分后,选择到达拆

分点的时间，具体窗口如图 6-52 所示。

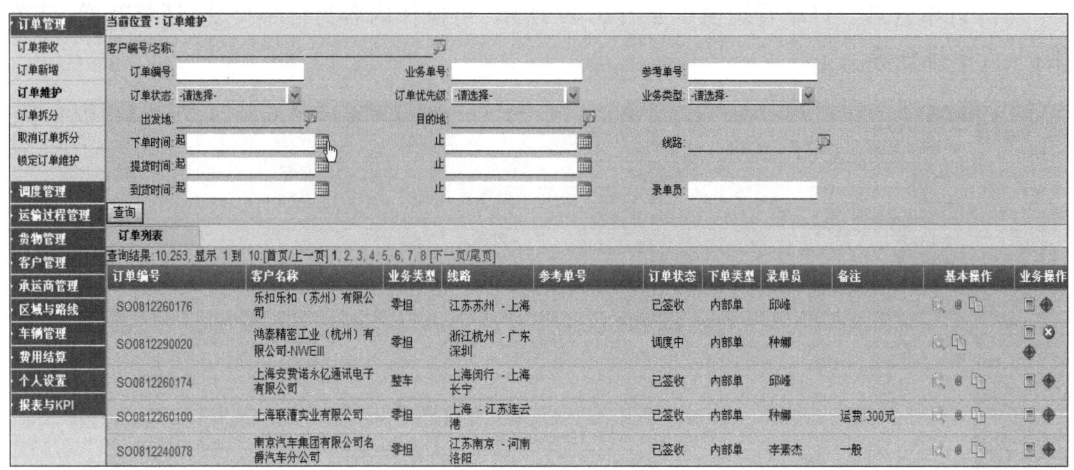

图 6-51　订单维护窗口

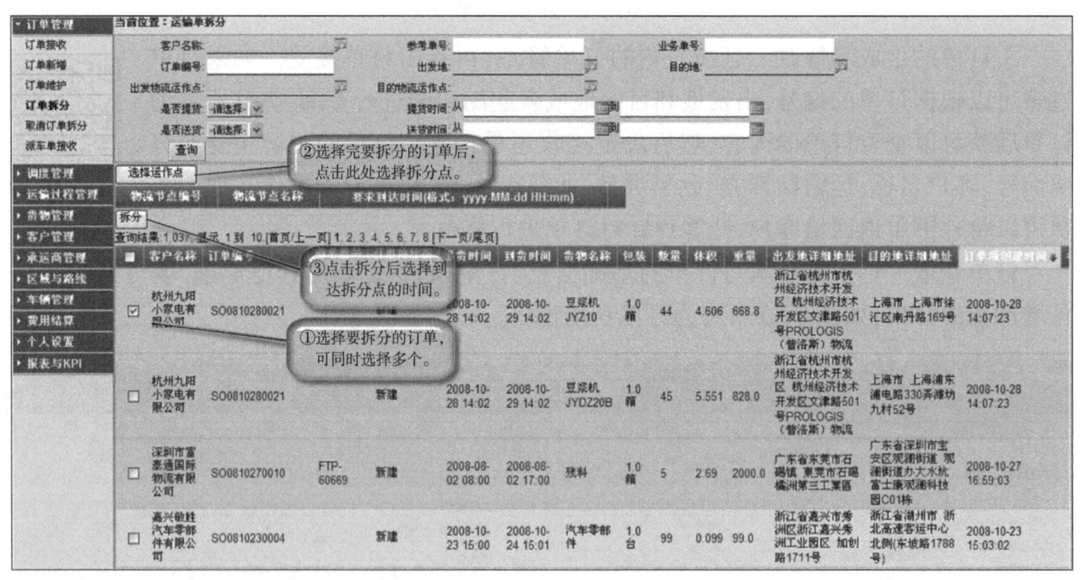

图 6-52　订单拆分窗口

彩图
（图 6-51）

彩图
（图 6-52）

（2）调度管理。

调度管理窗口如图 6-53 所示，可操作内容有订单派车、运输调度、派车需求维护、派车单维护和承运商反馈维护。

①订单派车。点击左侧派车显示下页（图 6-53）货物订单不需要拆分后直接进行订单派车，点击订单列表的最左侧后再点击直接派车即可完成。

②运输调度。点击左侧运输调度显示下页（图 6-54）。货物订单若需要拆分，则进行运输调度后再派车，需要调度的订单在选择后点击调度即可。

③派车单需求维护。点击左侧派车单需求维护显示下页（图 6-55），可以根据下面空格内的多种方式查询所要找的派车单，然后可以进行查看和修改的基

本操作,也可以进行业务操作。业务操作可直接派车、发至承运商、撤销、打印、跟踪。跟踪可以查到业务相关的所有单号和运输信息。

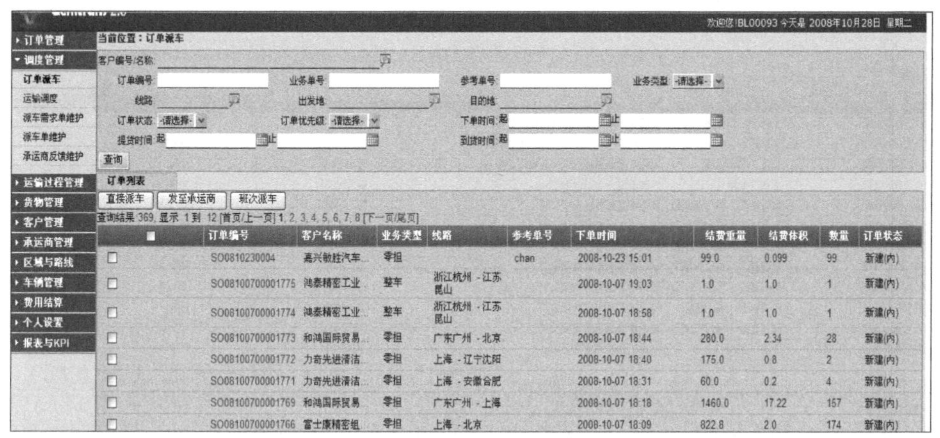

彩图

(图6-53)

图6-53　订单派车窗口

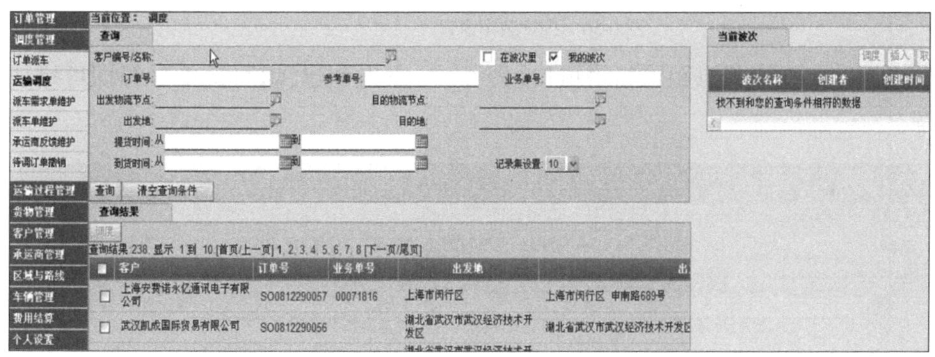

彩图

(图6-54)

图6-54　运输调度窗口

彩图

(图6-55)

图6-55　派车单需求维护窗口

(3)运输过程管理。调度管理窗口如图6-56所示,可操作内容为提货装车、在途节点跟踪新增和维护、到达签收、订单回单维护和订单跟踪等。

彩图

(图6-56)

①提货装车。点击左侧提货装车显示下页(图6-56)。在装货单列表查询要装货的派车单后双击,出现需求单提货点列表,然后业务员可进行业务操作。

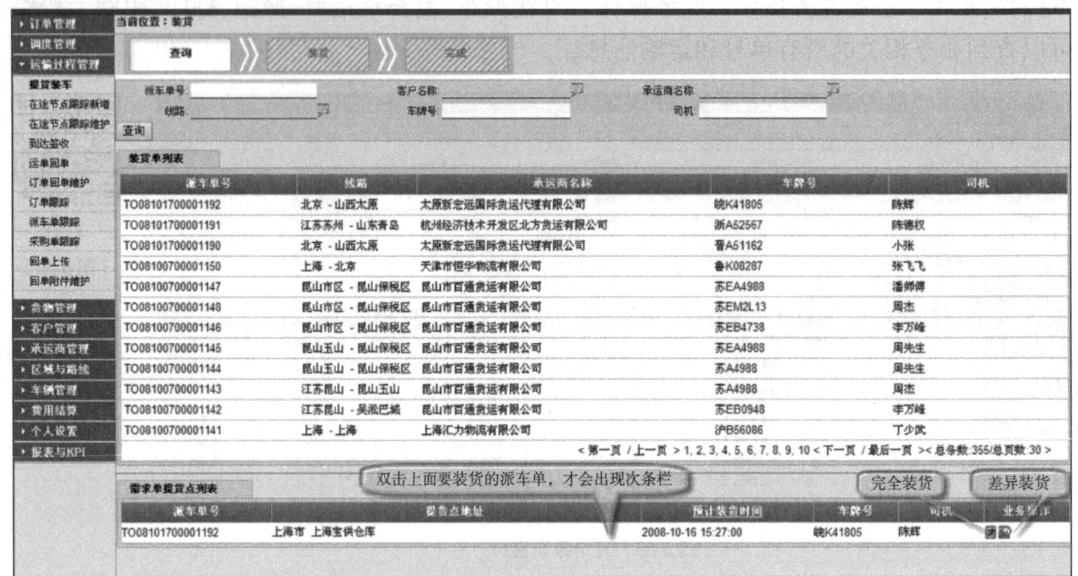

图 6-56　提货装车窗口

②在途节点跟踪。在途节点跟踪新增窗口(图 6-57)点击创建,填写运单号等即可增加新的节点跟踪。

图 6-57　在途节点跟踪

彩图
(图 6-57)

③到达签收。点击左侧达到签收显示下页(图 6-58)。在卸货单列表查询要装货的派车单后双击,出现需求单卸货货点列表,然后业务员可进行业务操作。其操作与提货装车相似。

④订单跟踪。点击左侧订单跟踪显示下页(图 6-59)。在此窗口可根据订单号实时查询货物的条目信息和跟踪信息。

三、出租汽车智能调度系统

1. 系统介绍

出租汽车智能调度系统通过 GNSS 定位、视频识别、无线传输等技术,为出租汽车驾驶员合理安排等车路线、安全驾驶提供帮助,为乘客智能约车、了解周边出租汽车信息提供必要的服务,同时驾驶中心可以对出租汽车进行监控和黑车稽查。

彩图
（图 6-58）

图 6-58　到达签收窗口

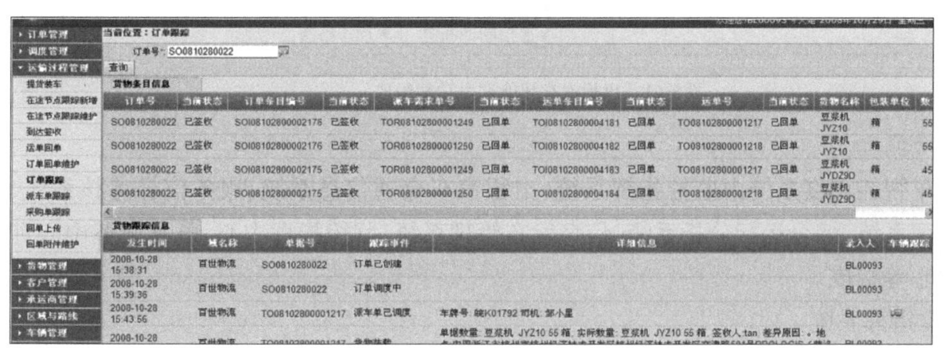

彩图
（图 6-59）

图 6-59　订单跟踪窗口

乘客候车引导子系统（图 6-60）将在车站、机场等大型的出租汽车候车点利用视频识别、图像处理等技术，统计候车点人数，传输到控制指挥中心。控制指挥中心将各个大型站点人数实时信息以及近一段时间（如 1h）的平均人数信息发送到所有出租汽车的终端设备上。

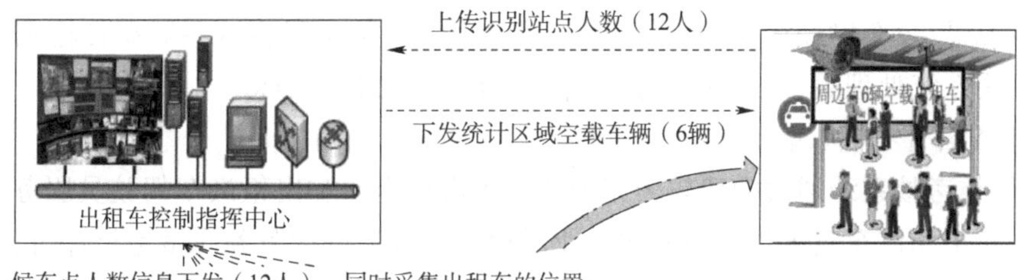

图 6-60　乘客候车引导子系统

2. 组成部分

出租汽车智能调度系统功能组成由驾驶员、乘客、出租企业和主管部门构成（图 6-61）。

在此系统中驾驶员可以使用防劫报警、防盗报警、电话召租、分段计价、语音通话、信息接受和查询、车辆定位、车辆跟踪等功能；乘客拥有刷卡消费、电子钱包消费、电话召租、失物查询、车辆预约、服务评价、信用显示、投诉建议、视频点播等功能；出租企业拥有驾驶员考勤管理、驾驶员资料管理、车辆轨迹回放、公司调度、信息发布、超速管理、超时停车管理、电子围栏、禁入管理、遥控断油断电等功能；主管部门则拥有运营数据统计、行业数据分析、浮动车数据管理、车辆移动管理、车辆违章管理、拒载/绕道投诉认定、集中调度、决策支持、信息发布、动态稽查等功能。

驾驶员	乘客	出租企业	主管部门
●防劫报警 ●防盗报警 ●电话召租 ●分段计价 ●语音通话 ●信息接受和查询 ●车辆定位 ●车辆跟踪	●刷卡消费 ●电子钱包消费 ●电话召租 ●失物查询 ●车辆预约 ●服务评价 ●信用显示 ●投诉建议 ●视频点播	●驾驶员考勤管理 ●驾驶员资料管理 ●车辆轨迹回放 ●公司调度 ●信息发布 ●超速管理 ●超时停车管理 ●电子围栏 ●禁入管理 ●遥控断油断电	●运营数据统计 ●行业数据分析 ●浮动车数据管理 ●车辆移动管理 ●车辆违章管理 ●拒载、绕道投诉认定 ●集中调度 ●决策支持 ●信息发布 ●动态稽查

图 6-61　出租汽车智能调度功能组成

3. 系统功能

出租汽车智能调度系统由监控指挥系统、出租汽车交通信息系统、服务信誉考核系统、电召服务管理系统、综合运行分析系统、信息发布管理系统、监控指挥中心、电召服务中心和运营服务中心等构成。

（1）监控指挥系统

监控指挥系统是出租汽车综合监管与服务平台的重要支撑，包括定位、跟踪、报警、轨迹回放、电子围栏、异动监控投诉认定、超速监测等功能；车辆监控系统能够实现车载终端与监控中心的数据通信，并为其他系统提供数据支撑。

（2）出租汽车交通信息系统

出租汽车交通信息系统依托先进的动态交通信息采集技术，利用出租汽车的车载设备，在车辆行驶过程中采集沿途的各种交通数据，如速度、加速度、行驶距离、行驶时间、停车、超速、紧急情况，以及车辆经纬度定位信息等，通过无线通信手段将这些数据传输到数据资源中心，经应用系统处理后，向不同的对象提供多样的实时交通信息。

（3）服务信誉考核系统

服务信誉考核系统通过构建较为完善的出租汽车企业和出租汽车驾驶员服务质量评价指标体系，对出租汽车驾驶员和企业在从业活动中的行为进行服务质量考核评价，建立基本档案，定期发布驾驶员和企业的服务质量信息。考核评价内容包括质量评价、指标体系、年检数据、稽查情况、违章数据、车容车貌、行车安全、客户投诉、行为规范、服务评分等。

（4）电召服务管理系统

电召服务管理系统是面向社会服务的应用系统，为乘客提供叫车、取消订单、订单改派、网上订车、失物查找、里程费用查询、投诉建议、信用管理等服务功能，为驾驶员提供车辆调度功能、线路规划、出城登记，通话功能等服务。另外，电召服务管理系统可实现与市公安110 指挥中心接处警系统联动，提高应急处置与救援能力。

(5)综合运行分析系统

综合运行分析系统是面向行业管理者服务的应用系统，该系统基于出租汽车辆数据库，依托数据挖掘工具，通过不同的分析和算法模型进行行业热点和难点专题分析，以直观的图形和报表展现方式为行管部门提供决策参考。

通过对营运过程中的里程、金额、车辆状态、位置信息等数据的分析，形成里程利用率营收同比环比分析、区域载客对比、告警信息分析、电召分析等多种专题分析，作为政府和企业宏观决策的依据。

(6)信息发布管理系统

信息发布管理系统通过无线通信链路，实现对智能服务终端、智能顶灯等显示内容的管理，可以显示公益信息、预警、报警、路况、广告等信息。

(7)监控指挥中心

监控指挥中心可作为交通运输部门监控指挥中心的子平台。监控指挥中心包括大屏幕显示、值班座席等系统，该中心以数据资源中心提供的数据为基础，实现对出租汽车实时定位跟踪、报警监控、轨迹回放、远程控制、投诉认定、电子围栏、禁入管理、出城登记、应急指挥和值班会商等功能，并对出租汽车向同一方向大量聚集的异动情况及时预警，防止不稳定事件的发生。监控指挥中心可以实现数据挖掘分析、智慧管理、车辆实时监控、缓解交通问题等目标。

(8)电召服务中心

电召服务中心以呼叫中心技术为基础，将电话、手机、传真、计算机、网络有效整合起来，使用全市统一特服电话号码，通过建设电话接入交换机、人工座席系统、交互式互动语音应答系统等。电召服务中心可以缓解“打车难”，减少车辆空载，缓解交通拥堵，促进节能减排。

(9)运营服务中心

运营服务中心负责出租汽车广告的运营及管理，包括广告招商、广告管理、系统维护、设备运维等，运营服务中心是获取收益的渠道，是保障项目面向大众提供长期、稳定、优质服务的基础。

利用出租汽车为城市第一张名片的优势，更好地宣传城市风光，带动旅游业、服务业等行业的经济发展；通过出租汽车广告、电召等运营手段，合理运营获取收益，保障项目持续提供服务，减少交通主管部门投入。

第五节　新能源汽车国家监测与管理平台

新能源汽车国家监测与管理平台（以下简称国家平台）于 2016 年受工业和信息化部委

托,由北京理工大学电动车辆国家工程实验室负责建设和运维。国家平台具备千万辆级新能源汽车运行数据实时监测与安全监管能力,是全球规模最大的新能源汽车车联网平台。截至2021年8月底,国家平台共接入新能源汽车企业318家、车型6477款、新能源汽车546.8万辆,接入车辆累计行驶1783亿km。

国家平台可获得新能源汽车“产、售、购、役”等全生命周期相关数据,是国家新能源汽车产品准入、质量监督、安全监管、补贴核算、减排评估的重要抓手。当前国家平台具备安全监管、车辆里程核算、企业平台对接测试以及车辆运行情况统计分析等功能,实现新能源汽车全国一张网的一体化管理。

1. 安全监管

国家平台对新能源汽车安全状态实时监测,配备值班人员7×24h值守,对高风险车辆实时反馈、低风险车辆定时反馈,保障新能源汽车运行安全。每一辆新能源汽车上都安装了数据采集终端,实现了车速、位置、电流、电压等状态参数数据的实时采集,通过4G或5G通信网络传输到车企的企业平台,企业平台再上报到各个省级平台和国家平台。国家平台实现了运行车辆数据全覆盖,旨在通过大数据手段加强行业管理。国家平台主要从已发生的故障分三级报警、新能源汽车长期聚集停放预警、故障苗头及时预警等方面进行深度挖掘分析,给出预警提示,及时维修、消除隐患,做到主动预警、主动防护、主动保养。根据统计数据显示自2019年至今,新能源汽车着火事故率降低了56.1%。

2. 车辆里程核算

国家平台开发了车辆恶意空驶、单车多终端、达标后终止运行等判别功能,为财政部新能源车辆补贴清算提供数据支撑。根据整体运行轨迹,可以看到车辆的真实运行使用情况,这也是公共领域新能源汽车补贴的数据依据。国家平台以此技术支持了国家财政部870万辆新能源汽车补贴核算,涉及资金1700多亿,做到补贴资金扶优扶强,推动新能源汽车产业的快速发展。

3. 企业平台对接测试

国家平台负责对企业平台的预约审核、对接检测、堆积审核、行业政策展示、新闻发布等功能。

4. 车辆运行情况统计分析

国家平台总结车辆生产、销售、运行等特征,每月向国家部委提供新能源汽车统计与分析月报,每周提供新能源汽车数据质量及安全监管汇报,为国家新能源汽车政策制定提供支撑。在碳排放方面大数据核算方法和数据,与工信部的双积分平台联动,有效推动我国纯电动乘用车的发展。2022年新能源汽车的平均百km电耗较2016年下降21.5%,实现了节能降碳。目前,我国新能源汽车整车能耗控制技术保持国际领先地位。

新能源汽车产业仍是未来发展的趋势,也是我国实现绿色低碳和可持续发展的重要途径。电动车辆国家工程实验室作为推动产学研深度融合的主要参与者和引导者,在行业关键共性技术和基础共性技术的研发方面发挥重要作用。新能源汽车国家监测与管理平台将继续落实国家政策,为新能源汽车企业提供更优质的服务。

参 考 文 献

[1] 全国汽车标准化技术委员会(SAC/TC 114). 汽车、挂车及汽车列车的术语和定义 第1部分:类型:GB/T 3730.1—2022[S]. 北京:中国标准出版社,2022.

[2] 周炜,李文亮,李旭. 营运车辆智能化运用技术[M]. 北京:人民交通出版社股份有限公司,2021.

[3] 边少锋,李文魁. 卫星导航系统概论[M]. 北京:电子工业出版社,2005.

[4] 陈梅,尹蓓蓓,李鑫,等. GPS/DR 与电子地图匹配的定位研究[J]. 计算机测量与控制,2008,16(6):3.

[5] 钟海丽,童瑞华,李军,等. GPS 定位与地图匹配方法研究[J]. 小型微型计算机系统,2003,024(001):109-113.

[6] Robert Bosch GmbH. Automotive Handbook[M]. 11th ed. New York: John Wiley & Sons,2022.

[7] 丁树钦,王松鹤. 汽车电子控制技术[M]. 北京:清华大学出版社,2012.

[8] Robert Bosch GmbH. Bosch automotive electrics and automotive electronics: systems and components, networking and hybrid drive[M]. Berlin: Springer Group,2006.

[9] MAREK J, TRAH H P, SUZUKI Y, et al. Sensors for automotive applications[M]. New York: John Wiley & Sons,2014.

[10] 张晓红. 现代传感器原理与应用[M]. 北京:电子工业出版社,2011.

[11] WEBSTER J G. The measurement, instrumentation and sensors handbook[M]. Florida: CRC Press,1999.

[12] 吴振森,黄志高. 汽车传感器原理与应用[M]. 北京:化学工业出版社,2010.

[13] EISENHAUER T. Automotive sensors[M]. Momentum Press,2017.

[14] 陈伟. 汽车雷达技术[M]. 北京:电子工业出版社,2016.

[15] WINKLER V. Range doppler radar sensors for automotive applications[M]. Berlin: Springer Group,2007.

[16] 李志龙. 车载激光雷达技术与应用[M]. 北京:清华大学出版社,2017.

[17] 王磊. 车载激光雷达传感器及其应用研究[D]. 上海:同济大学,2018.

[18] JOHNSON M D. Autonomous vehicle navigation using LIDAR and vision sensors[D]. Massachusetts Institute of Technology,2017.

[19] 刘建军. 汽车视觉传感器技术[M]. 北京:机械工业出版社,2015.

[20] PARK J, PARK I H, LEE B H. Advanced infrared technology and applications [M]. Berlin: Springer Group,2011.

[21] ZHANG Q, CAO Y, WANG Z. Millimeter-wave radar and ultrasonic sensors fusion for obstacle detection and tracking[J]. IEEE sensors journal,2018,18(10):4183-4194.

[22] RAO S S, DEY S B. Automotive Sensors[J]. IEEE transactions on instrumentation and measurement,2019,68(6):1650-1664.

[23] CHEN L, WANG F Y. A review of LIDAR sensing principles and their applications in intelligent vehicles[J]. IEEE transactions on intelligent transportation systems,2020,21(10):3896-3915.

[24] SMITH A R. Design and analysis of automotive radar systems[D]. San Francisco: Stanford University,2019.

[25] 王杰,李明. 车载网络与通信技术[M]. 北京:电子工业出版社,2017.

[26] HARTENSTEIN H, LABERTEAUX K P. VANET: vehicular applications and inter-networking technologies[M]. New York: John Wiley & Sons, 2010.

[27] LEE J, PARK S. Overview of vehicle-to-everything communication technology[J]. Journal of communications and networks,2018,20(6):563-575.

[28] 陈思宇. 车联网架构与关键技术研究[D]. 北京:北京交通大学,2020.

[29] LIU J, MA X. CAN bus technology: applications and design[M]. Berlin: Springer Group, 2019.

[30] 王新亮. 汽车 CAN 总线技术原理与应用[M]. 北京:机械工业出版社,2018.

[31] BISDIKIAN C. An overview of the bluetooth wireless technology[J]. IEEE communications magazine,2001,39(12):86-94.

[32] 王涛. 专用短程通信(DSRC)技术及其在智能交通中的应用[J]. 智能系统学报,2018,13(3):456-462.

[33] IEEE. IEEE standard for information technology—local and metropolitan area networks—specific requirements—part 11: wireless lan medium access control (MAC) and physical layer (PHY) specifications amendment 6: wireless access in vehicular environments: IEEE 802.11p—2010[S]. New York: IEEE standards association,2010.

[34] IEEE. IEEE standard for wireless access in vehicular environments—security services for applications and management messages[S]. New York: IEEE standards association,2016.

[35] 王志强,张伟. 车联网通信安全与隐私保护技术研究[J]. 信息安全学报,2019,14(6):47-54.

[36] 王浩. 车联网安全体系及关键技术研究[D]. 哈尔滨:哈尔滨工业大学,2019.

[37] STALLINGS W. Cryptography and network security[M]. 7th ed. State of New Jersey: Pearson Prentice Hall,2017.

[38] 陈为. 车载通信技术[M]. 北京:机械工业出版社,2018.

[39] 刘东风,张伟. 车联网概论[M]. 北京:电子工业出版社,2015.

[40] 王强. 汽车嵌入式系统原理与应用[M]. 北京:机械工业出版社,2017.

[41] AUTOSAR. AUTOSAR Standard 4.3 [EB/OL]. https://www.autosar.org,2020.

[42] 张小红,李明. 汽车嵌入式系统软件开发技术[M]. 北京:清华大学出版社,2018.

[43] WOLF W. Automotive embedded systems handbook[M]. Florida: CRC Press,2009.

[44] 王伟. AUTOSAR 标准与应用[M]. 北京:电子工业出版社,2019.
[45] Steven F B, Daniel J P. Embedded systems design and applications with the 68HC12 and HCS12[M]. State of New Jersey: Pearson Prentice Hall,2005.
[46] 陈立. 车载终端应用开发技术[M]. 北京:电子工业出版社,2018.
[47] 刘勇. 车联网云平台管理技术与应用[M]. 北京:机械工业出版社,2020.
[48] SMITH J E. Cloud computing for intelligent transport systems[M]. Berlin: Springer Group,2019.
[49] 李强. 车联网云平台架构与应用技术[M]. 北京:电子工业出版社,2019.
[50] HUANG G. Cloud computing: research issues and implications[J]. Information systems, 2013,28(1):1-23.
[51] WANG L, RANJAN R. Cloud computing in transport systems[J]. IEEE transactions on intelligent transportation systems,2015,16(1):1-10.
[52] 张起森,张亚平. 道路通行能力分析[M]. 北京:人民交通出版社,2002.
[53] Pierre D, Azim E, Damoon S, et al. Measuring speed behaviors for future intelligent, adaptive in-vehicle speed management systems[J]. 2008 IEEE Intelligent Vehicles Symposium, 2008:950-955.